# Spitzenbewusstseins-Zustände

## Band I

„Methoden zur grundlegenden Veränderung der menschlichen Psyche"

# Spitzenbewusstseinszustände
## Theorie und Anwendung

## Band I

Bahnbrechende Techniken
für
Außergewöhnliche Lebensqualität

Erste Ausgabe

Grant McFetridge
mit
Jacquelyn Aldana und
Dr. James Hardt

Aus dem Englischen übersetzt von Astrid Paulini

Zusammenarbeit bei der Übersetzung: Gudrun Lüderitz und Nemi Nath

*Spitzenbewusstseinszustände: Band 1, Bahnbrechende Techniken für außergewöhnliche Lebensqualität.* Copyright 2004 von Shayne McKenzie. Alle Rechte vorbehalten. Veröffentlicht in Kanada. Kein Teil dieses Buches darf ohne schriftliche Genehmigung des Institute for the Studies of Peak States Press in irgendeiner Weise verwendet oder vervielfältigt werden, mit Ausnahme von kurzen Zitaten in kritischen Artikeln und Rezensionen.

Erste Ausgabe
Erster Druck, 2004


National Library of Canada Cataloguing in Publication
    Spitzenbewusstseinszustände: Theorie und Anwendung / Grant McFetridge ... [et al.].
    Beinhaltet einen Index.
    Inhalte: B. 1. Bahnbrechende Techniken für eine außergewöhnliche Lebensqualität
    ISBN 0-9734680-0-9
    1.Bewusstsein. 2.Spitzenerlebnisse. 3. Psychische Gesundheit.    I. McFetridge, Grant, 1955-
BF311.P3175 2004         153    C2004-900146-9


Institute for the Study of Peak States Press
3310 Cowie Road
Hornby Island, British Columbia
Canada
V0R 1Z0
http://www.peakstates.com

# Inhalt

Bücher des Institute for the Study of Peak States Press..........vii
Einführung zu Band 1, Erste Ausgabe.................................ix
Danksagungen....................................................................xv
Namenskonventionen.......................................................xviii
Gesetzliche Haftungsvereinbarung....................................xix

Kapitel 1   Aktuelle Paradigmen in der Studie über außergewöhnliche Lebensqualität und psychische Gesundheit................1

Kapitel 2   Spitzenbewusstseinszustände als Ursache einer außergewöhnlichen Lebensqualität und einer geistigen Gesundheit.........................................................................27

Kapitel 3   Aktuelle Techniken für den Erwerb von Spitzenzuständen des Bewusstseins.....................................................53

Kapitel 4   Das Entwicklungsereignismodell für die Spitzenerfahrungen, Fähigkeiten und Zustände................................79

Kapitel 5   Perry-Diagramme und Dreifachhirn-Bewusstseinszustände ...........................................................................107

Kapitel 6   Entwicklungsreignisse für Dreifachhirn-Verschmelzungszustände...............................................................149

Kapitel 7   Anwenden des Modells: Chakren, Meridiane, Vorleben, Auren, Archetypen, Bilder der Ureinwohner und Alterung..............189

Kapitel 8   Ein „Trauma"-Ansatz: Regression zu Dreifachhirn-Entwicklungsereignissen und entsprechende Spitzenzustände ..................................................................217

Kapitel 9   Ein „Trauma"-Ansatz: Gaja-Befehle im Inner-Peace-Prozess nutzen......................................................261

Kapitel 10  Ein „alternativ"-Ansatz: Ausrichtung auf Spitzenzustände durch den 15-Minuten-Wunderprozess..................289

Kapitel 11  Ein „meditativer" Ansatz: Lernen und identifizieren von Spitzenzuständen mithilfe von Biofeedback des Gehirns am Biocybernaut Institute..................315

Kapitel 12  Persönliche Berichte über Spitzenzustände des Bewusstseins ..................347

Anhang A  Ein Index der Spitzenbewusstseinszustände Wahrscheinlichkeit des Vorkommens..................373

Anhang B  Eine Zeitleiste von Entwicklungsereignissen..................395

Glossar..................401

Index..................409

## Bücher des Institute for the Study of Peak States Press

*Peak States of Consciousness: Theory and Applications, Volume 1: Breakthrough Techniques for Exceptional Quality of Life,* von Dr. Grant McFetridge und Jacquelyn Aldana und Dr. James Hardt (2004)

*Peak States of Consciousness: Theory and Applications, Volume 2: Acquiring Extraordinary Spiritual and Shamanic States* von Grant McFetridge Ph.D. und Wes Gietz (2008)

*Peak States of Consciousness: Theory and Applications, Volume 3: Subcellular Psychobiology, Disease and Immunity* von Grant McFetridge Ph.D., *et al.* (demnächst)

*The Basic Whole-Hearted Healing™ Manual (3rd Edition)* von Grant McFetridge Ph.D. und Mary Pellicer M.D. (2004)

*The Whole-Hearted Healing™ Workbook, Volume 1* von Paula Courteau (2013)

*Subcellular Psychobiology Diagnosis Handbook: Subcellular Causes of Psychological Symptoms - Peak States® Therapy, Volume 1* von Grant McFetridge Ph.D. (2014)

*Silence the Voices: The Biology of Mind Chatter - Peak States® Therapy, Volume 2* von Grant McFetridge Ph.D. (2017)

*Suicide Prevention - Peak States® Therapy, Volume 3* von Grant McFetridge Ph.D. *et al.* (demnächst)

*Spiritual Emergencies - Peak States® Therapy, Volume 4* von Grant McFetridge Ph.D. *et al.* (demnächst)

*Addiction and Withdrawal - Peak States® Therapy, Volume 5* von Kirsten Lykkegaard DVM Ph.D. und Grant McFetridge Ph.D. (demnächst)

*Breakthrough Research: Techniques, Insights, and Mindset* von Grant McFetridge Ph.D. und Kirsten Lykkegaard DVM Ph.D. (demnächst)

**Bestellung unter: www.peakstates.com**

# Einführung zu Band 1, Erste Ausgabe

**Willkommen in dem aufregenden neuen Feld der Spitzenzustände des Bewusstseins**

Während Sie diese Worte lesen, werden weltweit neue Durchbrüche und Entdeckungen in diesem neuen und schnell wachsenden Bereich gemacht. Mein Name ist Grant McFetridge und ich bin Forschungsdirektor und Mitbegründer des *Institute for the Study of Peak States*. Wir arbeiten seit fast zwei Jahrzehnten und machen Fortschritte, die sich in den letzten Jahren in neuen Ansätzen und einem neuen Paradigma niedergeschlagen haben. Ich hoffe, dieses Buch gibt Ihnen einen Vorgeschmack auf das Wunder dieser Zeit in unserer Geschichte, mit seiner Kameradschaft und Aufregung. Immer mehr Technik-Entwickler machen Durchbrüche und teilen ihre Ergebnisse in selbstlosem Bemühen, dieses Umfeld für alle zu verbessern.

Dieses Buch ist ein Überblick über den Bereich für den interessierten Laien und ein vertiefender Blick auf die wichtigsten Ansätze, die jetzt bereits verfügbar sind. Es ist ein Schulungshandbuch für unsere eigenen Institutsprojekte. Ursprünglich wurde dieser Text als eine Sammlung von Lektionen für Schüler geschrieben. Wir haben es für die Veröffentlichung umgeschrieben, um es jedem zugänglich zu machen, der sich für dieses Thema interessiert. Insbesondere hoffen wir, dass andere mit diesem Inhalt unsere Ergebnisse verbessern, unsere Erkenntnisse in andere Prozesse einfließen lassen und ihr eigenes Leben und das ihrer Klienten deutlich verbessern.

Dieser Text ist sowohl theoretisch als auch erfahrungsbezogen. Wir beziehen unsere aktuellen Prozesse und kurzen Beispiele aus den Erfahrungen realer Menschen mit ein. Anstatt dies nur als eine trockene Liste von Fakten und Prozessen zu gestalten, haben wir auch unsere eigenen persönlichen Erfahrungen mit einbezogen, als wir langsam herausgefunden haben, wie unsere Experimente und Entdeckungen sich zu einem zusammenhängenden Ganzen zusammenfügten.

**Dieser Band erklärt den zugrunde liegenden Mechanismus für viele Spitzenzustände des Bewusstseins.**

Einer der wichtigsten Beiträge dieses Buches ist ein einfaches Modell, in welchem die Begriffe wie Spitzenzustände, Spitzenerfahrungen, veränderte Zustände, Biologie, Religion, Spiritualität, Schamanismus und Psychologie in ein einfaches Grundgerüst zusammengefügt werden können. Bisher wurden die verschiedenen Arten von Daten und Bereichen der menschlichen Erfahrung als getrennte Themen behandelt, wobei Informationen aus anderen Bereichen von den Ermittlern im Allgemeinen als irrelevant ignoriert wurden. Sehr oft erlaubten wir es uns, Prozesse und Phänomene vorherzusagen, von denen wir damals noch nichts gehört hatten oder die noch nicht entdeckt waren. Wir nennen unseren Rahmen das „Developmental Events Model for Peak States, Experiences and Capabilities" oder das „Developmental Events Model" (Modell der Entwicklungsereignisse) als Kurzform. In diesem Band konzentrieren wir uns speziell auf die Entwicklungsereignisse für Spitzenbewusstseinszustände des Dreifachhirns.

**Dieser Band enthält alle aktuellen Ansätze zur Erfassung von Spitzenbewusstseinszuständen, die uns bekannt sind.**

Der andere wichtige Beitrag dieses Buches ist ein weltweiter Überblick über die neue Generation von Techniken, die erst seit kurzem verfügbar sind. Wir sind damit gesegnet, dass diese Kapitel von in diesem neuen Bereich bahnbrechenden Prozessentwicklern geschrieben wurden, die ihre eigene Arbeit und den von ihnen verwendeten Ansatz beschreiben. Zum Zeitpunkt dieser Niederschrift kennen wir keine anderen Prozesse als die in diesem Buch aufgeführten, obwohl wir sicherlich einige von ihnen verpasst haben, da dieser Bereich so schnell wächst und sich verändert.

Da dieses Feld so neu ist, konzentrieren sich unsere Mitarbeiter auf ihre eigenen Prozesse und Modelle ohne jegliche Integration miteinander. Das wird sich mit der Zeit ändern, denn wir alle freuen uns sehr, unsere Arbeit an der Entwicklung neuer und besserer Prozesse miteinander zu teilen.

*Einführung zu Band 1, Erste Ausgabe*

**Sie müssen keine bestimmte Therapie kennen, um dieses Buch zu verstehen.**

Obwohl ein Großteil des Materials in diesem Buch aus Durchbrüchen mit den neuen Powertherapien hervorgeht, haben wir uns bewusst dafür entschieden, dieses Buch als Buch über Spitzenbewusstseinszustände und nicht als Buch über Therapien oder therapeutische Techniken zu halten.

Es könnte jedoch hilfreich sein, etwas über die effektive und dennoch einfache Meridian-Powertherapie EFT (*Emotional Freedom Technique*) zu wissen. Einer der Ansätze für den Erwerb eines Spitzenbewusstseinszustands in diesem Band, *IPP (Inner Peace Process*) nutzen EFT auf einzigartige Weise, um ihre Ergebnisse zu erzielen. Das EFT-Handbuch kann unter www.emofree.com. heruntergeladen werden.

**Viele der hier vorgestellten Prozesse sind experimentell und einige können potenziell gefährlich sein.**

Dieses Buch handelt vom Stand der Technik bei der Induktion und Erforschung von Spitzenzuständen des Bewusstseins. So haben wir fertige und getestete Ansätze wie das 15-Minuten-Wunder, PEAT, IPP usw. behandelt, die sicher und effektiv sind. Wir haben aber auch Institutsprozesse aufgenommen, die noch sehr experimentell sind. Da wir Originalforschung betreiben und dies unsere Werkzeuge der ersten Generation sind, sind viele noch nicht getestet oder für die breite Öffentlichkeit optimiert. Wir haben uns entschieden, sie zum Nutzen anderer Ermittler in diesem Studienbereich aufzunehmen, in der Hoffnung, dass sie unsere Arbeit ausbauen und verbessern werden.

Daher wurden die experimentellen Prozesse nicht an einer großen Anzahl von Menschen getestet und sollten daher als potenziell gefährlich eingestuft werden. Wir haben sie nur für Bildungszwecke aufgenommen. Sie sollten nur unter geschulter Aufsicht durchgeführt werden, mit der Maßgabe, dass alles, was passiert, auf eigene Gefahr und Verantwortung geschieht

**Derzeit gibt es drei Bände in dieser Reihe.**

Band 2 behandelt außergewöhnliche spirituelle und schamanische Bewusstseinszustände. Unter anderem untersuchen wir grundlegende Fragen nach Gott und dem planetarischen Bewusstsein, das wir Gaia nennen. Dieses Buch behandelt viele Bewusstseinszustände, die in der breiten Bevölkerung selten vorkommen. Wir zeigen, wie man sie verwendet, um einfache Prozesse zur Heilung und

Spitzenbewusstseinszustände zu erzeugen, die von Menschen mit einem durchschnittlichen Bewusstsein genutzt werden können.

Band 3 über fortgeschrittene Heilmethoden behandelt relevante Spitzenzustände des Bewusstseins und wie man sie effektiv nutzt. Dieser Band in dieser Serie ist speziell für Menschen konzipiert, die unsere Entdeckungen nutzen, um emotionale und körperliche Probleme zu heilen oder die Ursache für mehrere schwere Krankheitsprozesse zu entdecken. Es ist beabsichtigt, an unser Buch *The Basic Whole-Hearted Healing Manual* von Grant McFetridge und Mary Pellicer MD anzuschließen, das von unserer Website unter www.PeakStates.com. heruntergeladen werden kann.

**Erwarten Sie in Zukunft Änderungen.**
Dies ist eine laufende Arbeit und sollte als solche betrachtet werden. Diese Bücher beschreiben innovative Forschungsarbeiten, die immer noch stattfinden, während Sie dies lesen. Wir glauben, dass wir in ein unglaublich wichtiges Forschungsgebiet eingedrungen sind, das noch nie zuvor gesehen wurde, so dass es für die kommenden Jahre in der Anfangsphase sein wird. In diesem Sinne haben wir versucht, im Text anzugeben, wenn wir uns über die Bedeutung eines Ergebnisses unsicher sind oder alternative Hypothesen zu geben. Wir erwarten jedoch, dass wir im Laufe der Zeit feststellen werden, dass wir eventuell Fehler gemacht haben oder dass das, von dem wir uns eine Meinung bildeten, tatsächlich anders zu deuten ist. Wir sind in der Position, dass die geschichtsträchtigen blinden Männer den Elefanten an verschiedenen Stellen berühren und versuchen, eine genaue Beschreibung des Tieres zu finden. Erwarten Sie also in Zukunft neue Ausgaben, die unsere Ergebnisse aktualisieren, unsere Fehler korrigieren, unbeabsichtigte Auslassungen auffüllen und unsere Nomenklatur überarbeiten.

Grant McFetridge
Hornby Island, BC, Canada

The Institute for the Study of Peak States
5808A Summitview Ave #120
Yakima, WA 98908USA
250-413-3211

*Dieses Buch ist meinem Vater, Dr. John McFetridge
gewidmet, dessen liebevolle Ermutigung und finanzielle
Unterstützung in der Anfangsphase dieser Arbeit dies
alles möglich gemacht hat.*

# Danksagungen

Diese Arbeit ist aus der Begeisterung, dem Schmerz, dem Kampf und dem Leiden von buchstäblich Tausenden von Menschen entstanden - Freunde, Mitarbeiter und Klienten. Ich möchte ausdrücklich die Beiträge einiger dieser Personen hier würdigen:

Alle derzeitigen und ehemaligen Freiwilligen des Instituts - Frank Downey, der an mich glaubte, verbrachten Zeit damit, mich zu unterstützen und ermutigten mich, auch wenn wir über einen längeren Zeitraum keine Fortschritte machten; Kate Sorensen von den Trauma-Hilfsdiensten, die am Anfang dieser Arbeit mit mir arbeitete. Es teilten meine Begeisterung über die ersten Entdeckungen: Wes Gietz, dessen Pionierarbeit die Hypothese von wichtigen Entwicklungsereignissen für Spitzenbewusstseinszustände verifizierte; Deola Perry PhD, die einen Großteil dieser Arbeit an sich selbst testete und das Perry-Diagramm zur Kommunikation von Bewusstseinszuständen der Dreifachhirne entwickelte; Marie Green PhD, deren finanzielle und persönliche Unterstützung und Begeisterung diese Arbeit ermöglichten und der das aktuelle Paradigma viel Spaß machte; Dr. Mary Pellicer, meine Workshop-Mitausbilderin und Dr. Adam Waisel, der diese Arbeit an sich selbst angewendet hat, während er in den letzten Jahren in virtueller Isolation von uns anderen gearbeitet hat; Scott McGee, der die Bildbeschreibungen in Kapitel 8 und das Chakra-Ball-Material erweitert hat; Preston Howard, der den Schlüssel zum Zustand der Ganzheit gefunden hat; Matt Fox, der unsere Arbeit konsequent angewendet hat; und Joel Sanders, der seine Zeit freiwillig zur Verfügung gestellt hat, um die erste ISPS-Website zu erstellen, durch die uns viele neue Freunde und Kollegen finden konnten.

Alle Mitglieder der ersten *Radical Physical Healing Klasse*, die per E-Mail und Telefon die Lektionen, die den Kern dieses Buches bilden, ausprobierten und deren finanzielle Beiträge es uns ermöglichten, dieses

Buch zu schreiben - insbesondere Adam Waisel, Eddie Kendrick, Jorge Aldana, Maarten Willemsen und Richard Hunt.

Alle Teilnehmer unseres Whole-Hearted Healing Workshops, die es uns ermöglichten, unsere Entwicklungsprozesse an ihnen zu testen - insbesondere Jerry Pegden, der unsere Arbeit testete, mit erheblichen finanziellen Beiträgen unterstützte und uns alle ermutigte, weiter zu machen; und Colleen Engel, die meine Arbeit auch testete und finanziell unterstützte.

Meine Co-Autoren in diesem Band - Jacquelyn Aldana, deren Begeisterung eine Inspiration ist und die freundlicherweise mit einem Kapitel über ihre Methoden zu diesem Buch beigetragen hat; Jim Hardt, der mir vor vielen Jahren die Hoffnung gab, dass das, was ich untersuchte, aus einer rationalen, wissenschaftlichen Perspektive verstanden werden konnte.

Denjenigen Fachleuten, mit denen ich so viel Freude hatte, Ideen auszutauschen, als wir neue Methoden schufen und dadurch so große Veränderungen im Bereich der Psychologie vorantrieben - Gary Craig, dessen Entwicklung und Verbreitung der *Emotional Freedom Technique* die Art und Weise, wie Menschen Heilung erfahren können, im Alleingang verändert hat; Larry Nims, dem Erfinder des BSFF, dessen Freundschaft ich sehr genossen habe und der mir den Wert des Zuhörens zeigte; Gerald French vom TIR-Institut, der mir die Parallelen zwischen TIR und WHH zeigte und dessen Humor mich heute immer noch begeistert; Terry Larimore, für ihre Freundschaft und den Austausch ihrer Arbeit über pränatale Phasen und Traumata; David MacQuarrie MD, vom '*A Place Two Be*' Day Retreat Center, das den Inneren Friedensprozess unabhängig getestet hat; Harold McCoy vom *Ozark Research Institute* für seine Freundlichkeit und die Möglichkeit, in seiner Einrichtung zu unterrichten; und Melvin Suhd, dessen *Association for the Whole Person* uns ein rechtliches Mittel zur Verfügung gestellt hat, um diese Arbeit fortzusetzen.

Die Freiwilligen, Mitwirkenden und Herausgeber, die dieses Buch ermöglicht haben - Paula Courteau, bereit um die Verfahren in diesem Band zu testen, neue Entdeckungen zu machen und mir zu helfen, einen verständlichen Text zu schreiben; Dhyani Jo Sinclair, die den Text für mich kostenlos bearbeitet hat. (Alle Fehler sind auf meine eigenen Änderungen in letzter Minute zurückzuführen und nicht auf ihre Arbeit!); Sudha Putnam, eine liebe Freundin, die auch geholfen hat, das Buch kostenlos zu editieren; Star Love, die die Covergrafiken gemacht hat; und

Tantra Bensko, die das Coverfoto gemacht hat; Maura Hoffman, Janet Taylor und David Burnet, die ihr Wissen über andere Peak State Prozesse teilten; Jim Bisakowski, der bei der endgültigen Textgestaltung und all den anderen arkanen Aspekten des Publizierens half; Bruce Rawles, der diese Arbeit in vielerlei Hinsicht unterstützt hat, von der Ermutigung bis zur Website- und Softwareunterstützung; Astrid Paulini, die diesen Band ins Deutsche übersetzt hat und Gudrun Lüderitz, die ihre Übersetzung Korrektur gelesen hat; und Fred und Lorraine Lepper und Dan Bruiger, in deren schönen Inselhäusern das meiste davon geschrieben wurde; und schließlich die vielen Menschen, die bereitwillig ihre eigenen persönlichen Erfahrungen zu diesem Band beigetragen haben.

# Namenskonventionen

In einer Reihe von Fällen mussten wir Namen für verschiedene Spitzenbewusstseinszustände wählen. Im Allgemeinen haben wir versucht, Namen auszuwählen, die das offensichtlichste oder dominanteste Merkmal des Zustandes widerspiegeln. In Fällen, in denen wir es wussten, hätten wir die Zustände nach dem benennen können, was sie verursacht hat, oder wir hätten sie nach der Hauptfähigkeit benennen können, die der Zustand verleiht. Wir haben aber beschlossen, dass es wichtiger ist, die Nomenklatur für die breite Öffentlichkeit zugänglich und aus eigener Erfahrung erkennbar zu machen, als einen Fachjargon nach abstrakteren Kriterien zu entwickeln.

In Fällen, in denen es einen Unterschied in den Eigenschaften zwischen Männern und Frauen für den gleichen Zustand gab, wählten wir willkürlich das dominante Merkmal, das bei Männern gefunden wurde, auch wenn es bei Frauen nicht so dominant war. Ein Beispiel dafür ist der Zustand *„Underlying Happiness"*, in dem beide Geschlechter das zugrundeliegende Glück mit einem dazugehörigen liebevollen Gefühl hegen, doch bei Männern dominiert das Glück, während bei Frauen das liebevolle Gefühl dominiert.

In Fällen, in denen es verschiedene Merkmale für den gleichen Zustand gibt, wenn sie mit anderen Zuständen kombiniert werden, haben wir das Merkmal gewählt, das am häufigsten in der allgemeinen Bevölkerung auftauchte. Ein Beispiel dafür ist der Zustand des *„Brain Light"*, der für die meisten Menschen so wahrgenommen wird, als ob sanftes Sonnenlicht im Körper wäre, aber in Kombination mit dem „*Sakral*"-Zustand ein helles fluoreszierendes schwarzes Innenlicht erzeugt.

Gelegentlich hatte der Zustand bereits einen existierenden Namen, der allgemein anerkannt ist, zum Beispiel der Zustand *„Beauty Way"* aus indianischer Tradition. Obwohl es verlockend war, unsere eigene Wahl für den bereits existierenden zu verwenden, haben wir uns Allgemeinen für den älteren, gebräuchlicheren Namen entschieden, soweit er ausreichend bekannt war.

# Gesetzliche Haftungsvereinbarung

> **WICHTIG!**
> LESEN SIE DAS FOLGENDE, BEVOR SIE MIT DEM TEXT FORTFAHREN!

Das Material in diesem Buch ist experimentell und wurde in vielen Fällen nicht an großen Gruppen von Menschen getestet. Es dient nur zu Bildungszwecken und ist nicht dazu bestimmt, von der Allgemeinheit als Selbsthilfe verwendet zu werden. Die Prozesse in diesem Buch werden zum Nutzen anderer Fachleute auf dem Gebiet der Erforschung dieser Phänomene einbezogen und sind nicht dazu bestimmt, von Laien ohne kompetente und qualifizierte Aufsicht verwendet zu werden. Da es sich um ein relativ neues und spezialisiertes Studienfach handelt, verfügen selbst die meisten lizenzierten Fachkräfte nicht über einen ausreichenden Hintergrund und eine angemessene Ausbildung in pränataler und perinataler Psychologie und Powertherapie.

Es ist möglich und in einigen Fällen wahrscheinlich, dass Sie sowohl kurz- als auch langfristig eine extreme Belastung empfinden werden, wenn Sie die Prozesse in diesem Buch nutzen. Wie bei jedem intensiven psychologischen Prozess können lebensbedrohliche Probleme auftreten, die auf die Möglichkeit zurückzuführen sind, ein schwaches Herz zu belasten, auf die Aktivierung suizidaler Gefühle und auf andere Ursachen. Obwohl wir versucht haben, die gefährlicheren und die, die wir für relativ sicher halten, anzugeben, bedeutet dies nicht, dass Sie keine ernsthaften oder lebensbedrohlichen Probleme mit einem der Prozesse in diesem Buch haben könnten.

Nach dem, was wir gerade gesagt haben, stellen die folgenden vernünftigen Erklärungen eine rechtliche Vereinbarung zwischen uns dar. Dies gilt für alle, einschließlich lizenzierter Fachleute und Laien. Bitte lesen Sie die folgenden Aussagen sorgfältig durch:

- Ich und alle Personen, die mit dem *Institute for the Study of Peak States* in Verbindung stehen und die anderen Autoren in diesem Text können und werden keine Verantwortung dafür übernehmen, was Sie mit diesen Techniken machen.
- Wenn Sie diese Prozesse oder Variationen nutzen, müssen Sie die volle Verantwortung für Ihr eigenes emotionales und körperliches Wohlbefinden übernehmen.
- Sie sind verpflichtet, andere, an denen Sie diese Prozesse anwenden oder Variationen dieser Prozesse vermitteln, in Kenntnis zu setzen, dass sie für ihr eigenes emotionales und körperliches Wohlbefinden vollständig verantwortlich sind.
- Verwenden Sie diese Techniken unter Aufsicht eines qualifizierten Therapeuten oder Arztes.
- Sie müssen zustimmen, mich und jeden, der mit diesem Text oder mit dem *Institute for the Study of Peak States* in Verbindung steht, von jeglichen Ansprüchen freizustellen, die von jedem, der diese oder Variationen dieser Prozesse verwendet, einschließlich sich selbst, erhoben werden.
- Die Fortführung der Lektüre stellt eine rechtliche Zustimmung zu diesen Bedingungen dar. Danke für Ihr Verständnis.

# Kapitel 1

# Aktuelle Paradigmen in der Studie über außergewöhnliche Lebensqualität und psychische Gesundheit

## Einführung

Das *Institute for the Study of Peak States (ISPS)* hat den Durchbruch in ein völlig neues Wissensgebiet geschafft. Dieses Feld ist die Erforschung von Spitzenzuständen des Bewusstseins, ein Feld, das im dominanten Paradigma unserer Kultur praktisch unbekannt und unvermutet ist. So seltsam es einigen von Ihnen auch erscheinen mag, keines der aktuellen sozialen und akademischen Modelle der menschlichen Psychologie und des Verhaltens erkennt an, dass viele Menschen ihr tägliches Leben in ganz anderen Arten von Bewusstsein leben, weit überlegen gegenüber denen, in denen die meisten von uns leben. Unser Institut nennt diese Arten von Bewusstsein *„Spitzenzustände"*, und es gibt davon verschiedene. Dies ist einer der wichtigsten konzeptionellen Durchbrüche, die wir gemacht haben, um viele scheinbar unzusammenhängende Phänomene in Psychologie, Spiritualität, Heilung und Schamanismus auf eine neue Art und Weise zu verstehen.

Wir werden in diesem Kapitel Hintergrundmaterial behandeln. Nach Jahren der Arbeit mit Laien und Heilern habe ich festgestellt, dass es absolut notwendig ist, dies zu tun. Die Menschen haben eine erstaunliche Anzahl von verschiedenen und oft widersprüchlichen Überzeugungen darüber, was wir in diesem Buch beschreiben. Diese Überzeugungen, wenn sie nicht angesprochen werden, veranlassen die Menschen, Daten und Erfahrungen, die sich auf dieses Thema beziehen, zu ignorieren, zu verzerren oder zu verweigern. Wenn diese Paradigmenkonflikte nicht bewusst gemacht werden, ist das Material, das wir lehren, teilweise oder vollständig blockiert. Sie könnten vielleicht Freude daran haben nachzusehen, ob Ihre Überzeugungen aufgelistet sind.

Im Laufe des Kapitels werde ich versuchen, diese oft unbewussten Glaubenskonflikte anzugehen. Einige dieser Überzeugungen sind offensichtlich falsch, aber andere sind nicht so offensichtlich und erfordern, dass Sie die folgenden Kapitel lesen, um die Fehler zu verstehen.

Zum Beispiel verlassen einige Leute meine Vorlesungen, weil unser Material im Konflikt mit ihrer religiösen Ausbildung steht. Einige sind Christen, andere folgen Gurus, aber die Reaktion ist die gleiche. Andere gehen, weil diese Konzepte ihnen aus Gründen, die sie nicht einmal beschreiben können, sehr große Angst einjagen. Andere sind Psychologen, die nach Jahren auf dem Gebiet entschieden hatten, dass dies nicht wahr sein kann, anscheinend weil es jahrelange Bemühungen zunichte gemacht hat. Was auch immer der besondere Grund ist, dieses Problem tritt bei der Mehrheit unserer Schüler auf. Nur sehr wenige Menschen sind in der Lage, diese Informationen sofort aufzunehmen.

In diesem Kapitel werde ich kurz eine Vielzahl von Themen aus sehr unterschiedlichen Traditionen beschreiben, die sich auf die Existenz von Spitzenzuständen beziehen. Beachten Sie, vielleicht aus eigener Erfahrung, dass jede dieser Gruppen widersprüchliche Daten aus den anderen Gruppen ignoriert und niemand versucht, dieses Material in ein umfassendes Ganzes zusammenzufassen.

Beispiel:
 Es gibt weit über 30 verschiedene und oft widersprüchliche psychologische Modelle, die in meiner Diplom-Psychologie-Schule gelehrt werden. Keines davon kann verwendet werden, um psychische Erkrankungen erfolgreich zu heilen oder die gesamte Bandbreite der Psychologie zu erklären. Und keines davon versucht, Daten aus schamanischen oder spirituellen Traditionen aufzunehmen. Zu diesem Zeitpunkt gibt es in der Psychologie keine einheitliche Theorie. Das Modell von Stanislav Grof ist wahrscheinlich einem zusammenfassenden Modell am nächsten, aber da es schamanische und spirituelle Erfahrungen enthält, ist es in der Regel nicht in den Lehrplänen der Universität enthalten.

> ## Definition – Paradigma
>
> Die Axiome, Annahmen und Vorurteile, die den Kern einer bestimmten Theorie oder Weltanschauung bilden. Ein Paradigma ist ein Muster oder ein Beispiel für etwas. Das Wort bezeichnet auch die Ideen eines mentalen Bildes und Denkmusters. Thomas Kuhn verwendet das Wort für das Modell, das Wissenschaftler über ein bestimmtes Wissensgebiet besitzen. Kuhn's berühmtes Buch *The Structure of Scientific Revolutions* beschreibt seine Sichtweise auf die Phasen, durch die eine Wissenschaft geht, um von einem Paradigma zum nächsten zu gelangen. Der Prozess, Dinge innerhalb eines Paradigmas zu sehen, ist „in die Natur des Wahrnehmungsprozesses selbst eingebaut", sagt Kuhn und bezieht sich auf das anormale Spielkartenexperiment. In diesem Experiment tauschte er die Farben der Spielkartensuiten aus und die Leute konnten es nicht sehen. Kuhn sagt, „sobald sie den Status eines Paradigmas erreicht hat, wird eine wissenschaftliche Theorie nur dann für ungültig erklärt, wenn ein alternativer Kandidat zur Verfügung steht, um ihren Platz einzunehmen". Interne psychologische Kräfte veranlassen eine Person, Daten abzulehnen oder zu ignorieren, die nicht zu ihrem unbewussten Paradigma passen und legen auch fest, wie eine Person versucht, Probleme zu lösen.

## Die Ereignisse, die die Art und Weise prägten, wie die Psychologie die außergewöhnliche Lebensqualität betrachtet

In diesem Abschnitt beschreiben wir kurz die Ereignisse, die den Paradigmenwechsel über außergewöhnliche Lebensqualität und besonders psychisch gesunde Menschen geprägt haben. Anstatt eine Geschichte einer reibungslosen Evolution vom dominanten Paradigma der 50er Jahre zu erzählen, sehen wir eine Reihe neuer Paradigmen, wenn revolutionäre neue Techniken und Daten verfügbar werden.

    Bevor wir weiter gehen, ist es wichtig, den Unterschied zwischen außergewöhnlicher „Lebensqualität" und außergewöhnlicher „psychischer Gesundheit" zu verstehen. In den vergangenen Jahren neigte die akademische psychologische Gemeinschaft dazu, die innere Erfahrung der Menschen aus der einzelnen Perspektive der schlechten, normalen oder außergewöhnlichen „psychischen Gesundheit" zu betrachten. Die Idee war, dass eine Person mit außergewöhnlicher psychischer Gesundheit im Grunde genommen alles für sie tun würde und es wurden keine weiteren Unterschiede hervorgehoben. In den letzten Jahren wurde diese Idee jedoch durch das Konzept einer inneren „Lebensqualität" ergänzt, die unabhängig von äußeren Umständen ist (z.B. kontinuierliche Gefühle von Freude, Glück, Frieden, Optimismus usw.). Im Wesentlichen bezieht sich die innere Lebensqualität darauf, wie gut sich Menschen in sich selbst fühlen. Dieses Konzept der Lebensqualität ist etwas, das die Menschen für ihr eigenes Leben viel sinnvoller und wünschenswerter finden als abstrakte Ideen über außergewöhnliche psychische Gesundheit.

In den folgenden Kapiteln werden wir oft die historische Konvention anwenden, dass wir uns auf außergewöhnliche psychische Gesundheit als Synonym oder Ursache für außergewöhnliche innere Lebensqualität beziehen. Meiner Meinung nach sind die beiden Konzepte, wie sie derzeit im Bereich der Psychologie definiert sind, jedoch nicht unbedingt dieselben, auch wenn sie es unter Umständen sein können. Ein Mensch kann sich selbst als Mensch mit außergewöhnlicher Lebensqualität fühlen, aber dennoch emotionale, Beziehungs- oder berufsbezogene Probleme haben, die geheilt werden müssen. Offensichtlich führt eine außergewöhnliche innere Lebensqualität dazu, diese Art von Problemen viel einfacher zu bewältigen. Kontrastieren Sie dies mit einer Person, die eine außergewöhnliche psychische Gesundheit hat, die durch einen Mangel an emotionalen, Beziehungs- oder Berufsproblemen gekennzeichnet ist, der es jedoch an diesen zuvor erwähnten inneren Gefühlen mangelt. Sie wären immer noch subtil unzufrieden mit ihrem Leben, denn es ist nicht die Abwesenheit von Schmerz, die das Leben lebenswert macht, sondern die Anwesenheit dieser wunderbaren inneren Gefühle.

---

## Definition – Innere Lebensqualität

Bezieht sich auf eine Person, die eines von einer Vielzahl von inneren Gefühlen hat, die als angenehm empfunden werden und das Leben lohnenswert machen. Glück, Frieden, Freude und so weiter sind Beispiele für diese Art von Gefühlen. Fast jeder der höchsten Bewusstseinszustände (siehe Anhang A) gibt einer Person das Gefühl, eine außergewöhnliche Lebensqualität zu haben.

## Die Ursprünge der Humanistischen Psychologie

Historisch gesehen hat die Psychologie wie die Medizin die zugrundeliegende Annahme vertreten, dass Gesundheit die Abwesenheit von Krankheiten ist. Dieses Modell ist bis heute dominant, wobei in den 60er Jahren ein weiteres Modell entstand, das die psychische Gesundheit anhand von außergewöhnlich gesunden Menschen verstehen sollte. Es gab viele Mitwirkende zu dieser Veränderung, aber für unsere Zwecke war Dr. Abraham Maslow, einer der Gründer der Humanistischen Psychologie, der bekannteste. Er popularisierte ein Phänomen, das er bemerkt hatte, und nannte es *„Spitzenerlebnisse"*.

Hatten Sie jemals einen Moment in Ihrem Leben, in welchem Sie sich sehr, sehr anders und wunderbar gefühlt haben? Alles schien außergewöhnlich perfekt zu sein, die Zeit verlangsamt sich, als ob man wieder ein Kind wäre, oder ein anderer Aspekt dessen, was vor sich ging, war so bemerkenswert und einzigartig, dass man es nie vergessen hat? Abraham Maslow definierte diese Spitzenerfahrungen so, dass sie einige, aber nicht unbedingt alle der folgenden Merkmale aufweisen:

- sehr starke oder tiefe positive Emotionen, ähnlich wie bei Ecstasy,
- ein tiefes Gefühl von Ruhe oder Gelassenheit,
- das Gefühl, im Einklang, in Harmonie oder eins mit dem Universum zu sein,
- ein Gefühl von tieferem Wissen oder tiefem Verständnis,
- Unbeschreiblichkeit, ein Gefühl, dass es sich um eine ganz besondere Erfahrung handelt, die schwer oder mit Worten angemessen zu beschreiben ist.

Die Erlebnisse können spontan auftreten, wenn man von außergewöhnlicher Schönheit umgeben ist, oder während eines physischen Ereignisses wie dem Laufen eines Rennens, oder aus einer Vielzahl von Gründen oder gar keinem bestimmten Grund. Dr. Abraham Maslow fand heraus, dass es eine ziemlich große Vielfalt an verschiedenen Spitzenerfahrungen gab, wobei sich alle Beteiligten besser als normal und meist viel, viel, viel besser fühlten. Allgemein gesagt, die Humanistische Psychologie wurde gegründet, um sowohl dieses Phänomen als auch das der außergewöhnlichen psychischen Gesundheit zu untersuchen, um zu versuchen, den Menschen bei der Verbesserung ihres Lebens zu helfen. Dies war der Beginn der „Bewegung des menschlichen Potentials", bei der davon ausgegangen wurde, dass

Menschen ein unglaubliches Potenzial haben, das entweder entwickelt oder freigesetzt werden kann.

Obwohl aus dieser Bewegung eine immense Anzahl von Techniken, Methoden, Praktiken und Therapien hervorging, war das Fazit, dass die Forscher immer noch nicht verstanden, was Spitzenerfahrungen verursacht hat, warum einige Menschen sie erlebt haben und andere nicht, oder ob es irgendeine Möglichkeit gibt, sie schnell und dauerhaft für sich selbst zu haben. Tatsächlich wurde die Idee, dass diese Erfahrungen dauerhaft als Seins-Zustand gelebt werden könnten, angezweifelt - und viele waren der Meinung, dass das Leben in einer permanenten „Spitzenerfahrung" tatsächlich ein lähmendes Problem im täglichen Leben wäre. Im Wesentlichen war der humanistische psychologische Ansatz für Spitzenerfahrungen ein Misserfolg und führte nicht zu den erhofften Durchbrüchen.

## Kulturelle Veränderungen und Transpersonale Psychologie

Die Verwirrung über die Erfahrungen und Zustände, die ein gesunder Mensch für sich erwarten sollte, wurde im Laufe der Jahre immer größer, da sich mehr Daten von verschiedenen spirituellen, religiösen, psychologischen und schamanischen Gruppen angesammelt haben. Das Konzept der „veränderten Zustände" aus Isolationstanks und Drogenexperimenten kam in dieser Zeit auch in unsere Kultur zusammen mit der Implikation, dass Zustände außerhalb des Durchschnitts-Wachbewusstsein im täglichen Leben dysfunktional waren. In unserer Arbeit stellen wir fest, dass Menschen immer noch oft „Spitzenzustände" mit ihren Vorstellungen von „veränderten Zuständen" verwechseln.

Außerhalb der Psychologie popularisierten Schriftsteller wie Carlos Castenada und Michael Harner schamanische Traditionen, die diese Art von ungewöhnlichen Erfahrungen beinhalten. Dies war nur einer der vielen anderen Ansätze für ungewöhnliche Bewusstseinszustände, die in dieser Zeit verfügbar wurden.

Beispiel
> Dr. Michael Harner bringt die Schüler mit dem Trommeln in eine Trance, die er als *„schamanischen Bewusstseinszustand"* bezeichnet. Von dort aus können sie ihr Bewusstsein in andere „schamanische" Welten oder um diese herum bewegen.

**Beispiel:**
> Robert Monroe war ein Pionier in der Erforschung der außerkörperlichen Erfahrung. Er benutzte Klänge mit leicht unterschiedlichen Frequenzen in jedem Ohr, um die Menschen in einen Bewusstseinszustand zu versetzen, in dem sie außer Körper gehen konnten. Diese Erfahrungen erlaubten Reisen in diese Welt und in andere „Bereiche" der Existenz.

**Beispiel:**
> D. E. Harding hatte beim Wandern im Himalaya-Gebirge die Erfahrung gemacht, das Gefühl zu verlieren, dass er einen Kopf aus Fleisch und Blut hatte. Er hielt Vorträge darüber und beschrieb es in seinem Buch *On Having No Head*.

Eine große Vielfalt alter und moderner spiritueller Traditionen wurde zugänglich. Neue spirituelle Gruppen sprachen über spirituelle Erfahrungen und Zustände, aber sie waren sich oft nicht einig darüber, was diese waren, ob es mehr als einen gab oder wessen die besten waren. Die Idee, dass jeder, der verschiedenen spirituellen Praktiken folgte, in den gleichen Zustand kommen würde wie alle anderen, wurde zu einem Glauben des *„neuen Zeitalters"*, obwohl sich dies leicht als falsch erweist, wenn verschiedene spirituelle Praktiken tatsächlich zu ihrem Abschluss gebracht werden. Dieser Konflikt zwischen den Traditionen ist schwer zu erkennen, da es nicht üblich ist, dass spirituelle Suchende in mehreren Traditionen weit genug gehen, um diesem Problem zu begegnen. Und in den meisten, wenn nicht in allen dieser Traditionen wird vom Schüler erwartet, dass er das, was ihm gesagt wird, ohne Fragen oder Analysen annimmt.

Das Problem des Missbrauchs ihrer Schüler durch spirituelle Lehrer wurde ebenfalls sehr häufig, was schwer zu verstehen oder zu akzeptieren war. Erklärungen für dieses Phänomen gab es viele, zumal viele Menschen die Idee hatten, dass spirituelles Wachstum einen reibungslosen Übergang von „durchschnittlich" zu „erleuchtet" bedeutet.

**Beispiel:**
> *Samadhi* ist ein „höherer" Zustand in einigen yogischen indischen Traditionen. Obwohl es immer wieder ein Problem gibt, eine Beschreibung dessen, was dieses oder ein anderes „spirituelles" Wort bedeutet, zu isolieren, besteht in diesem Fall allgemeine

Übereinstimmung darüber, dass Samadhi ein Zustand von außergewöhnlichem Frieden, Zeitlosigkeit und einem radikalen Rückgang der Atemnotwendigkeit ist. Doch in der Zen-Tradition wird dieser Zustand als Problem angesehen und die Schüler werden angewiesen, ihn zu vermeiden. Siehe Kapitel 5 für eine Beschreibung, was diesen Zustand verursacht.

Beispiel:
*Kundalini Yoga* verheißt die Tugenden, die Kundalini-Energie in der Basis der Wirbelsäule für spirituelles Wachstum zu erhöhen. Andere Traditionen haben kein Wissen über diese Erfahrung und ignorieren sie daher, wenn sie bei ihren Schülern auftritt.

Als Techniken wie die Meditation zum Stressabbau und zum persönlichen Wachstum in die Populärkultur kamen, trafen eine Reihe von Menschen, die sie benutzten, auf eine ganze Reihe ungewöhnlicher spiritueller und anderer seltsamer Erfahrungen, die zu keinem der Modelle passten, die die Menschen hatten, weder in der Psychologie noch in traditionellen spirituellen Linien. Aus diesem Grund wurde ein weiterer Zweig der Psychologie, die Transpersonale Psychologie, gegründet, um diese noch unglaublicheren Erfahrungen und Zustände zu untersuchen. Dr. Stanislav Grof war mit den Ergebnissen seiner LSD- und Atemarbeitsexperimente eine der treibenden Kräfte hinter dieser Bewegung.

Die 70er und frühen 80er Jahre erlebten einen großen Ausbruch an Begeisterung für diese Arbeit in außergewöhnlichen Erfahrungen, aber in den 90er Jahren kam es zu einer Veränderung. Die anfängliche Begeisterung für Erkenntnis und für Spitzenerlebnisse schwand, wobei die Pioniere das Gefühl hatten, so weit wie möglich gegangen zu sein. Die erhofften Ergebnisse waren nicht eingetreten. Aus der Sicht unseres Instituts lag dies daran, dass die frühen Modelle, die aus verschiedenen religiösen Traditionen entwickelt oder übernommen wurden, grundsätzlich fehlerhaft waren und nicht zur Lösung der grundlegenden Probleme verwendet werden konnten.

Widersprüchliche Überzeugungen:
- Eine permanente „Spitzenerfahrung" wäre bei Erwerb dysfunktional im Leben.
- Humanistische und transpersonale Techniken können Spitzenerfahrungen hervorrufen, aber nur vorübergehend. Das ist das Beste, was man erwarten kann.

- Die einzigen Alternativen zum durchschnittlichen Bewusstsein werden mit schamanischen oder chemischen Techniken erreicht, die als „veränderte Zustände" des Bewusstseins bezeichnet werden. Diese Zustände sind nicht alltagstauglich.
- Ein gesunder Mensch befindet sich im durchschnittlichen Bewusstsein, aber mit der Fähigkeit, vorübergehend andere Arten von Bewusstsein zu erleben.
- Die Menschen sind im Grunde genommen alle gleich, außer den psychisch Kranken.
- Spirituelle Zustände sind erleuchteten Wesen vorbehalten. Wenn sie auftreten, würde der Durchschnittsmensch „aufsteigen" oder einfach von der Erde verschwinden.
- Echte spirituelle Lehrer würden ihren Schülern nie schaden - oder wenn sie es täten, wäre es, um dem Schüler zu helfen, sich weiterzuentwickeln.

## Die Entwicklung von Powertherapien

In den 90er Jahren vollzog sich ein Wandel außerhalb der Bereiche der humanistischen und transpersonalen Psychologie, der eine radikal wirksame emotionale und körperliche Heilung mit sich brachte. Eine Gruppe von Therapien, die alle unabhängig voneinander entwickelt wurden, begann verfügbar zu werden. Dr. Charles Figley von der Florida State University (der Begründer des Begriffs „Post Traumatic Stress Disorder") forcierte 1995 die Akzeptanz einiger dieser Therapien in der Mainstream-Psychologie und nannte sie „Powertherapien". Dazu gehörten ursprünglich EMDR (Eye Movement Desensitization and Reprocessing), TIR (Traumatic Incident Reduction), VKD (Visual Kinesthetic Dissociation) und TFT (Thought Field Therapy). Seitdem ist eine Vielzahl von weiterentwickelten Techniken verfügbar geworden, wobei EFT (Emotional Freedom Technique) die bekannteste ist. Das Fachgebiet ist um dieses Thema immer noch in Aufruhr, da konventionell ausgebildete Therapeuten und akademische Psychologen diesen neuen Prozessen widerstehen - aus dem einfachen Grund, weil sie zu gut sind, um aus konventioneller Sicht wahr zu sein.

Diese Therapien führten auch zu einer grundlegenden Veränderung des aktuellen Paradigmas der Psychologie. Diese Therapien heilen nicht nur eine enorme Anzahl von Erkrankungen, die noch nie zuvor erfolgreich behandelt wurden, sondern tun dies in der Regel auch in Zeitspannen, die in Minuten bis Stunden gemessen werden können. Die Methoden konzentrieren sich auf die Heilung von Traumata, die empirisch als Ursache für die meisten der psychischen und vielen körperlichen Problemen, unter denen Menschen leiden, identifiziert wurden. Die Bedeutung von Trauma wird vom dominanten Modell fast vollständig ignoriert. Tatsächlich kann ich mich in drei Jahren Graduierten- und Doktorschulpsychologie an die Existenz eines Traumas erinnern, das nur ein- oder zweimal und nur in dem begrenzten Kontext einer posttraumatischen Belastungsstörung erwähnt wurde.

So haben diese Powertherapien eine Veränderung darin bewirkt, was Therapeuten im professionellen Bereich der körperlichen und emotionalen Heilung für möglich hielten, was die humanistische und transpersonale Psychologie nie getan hat. Diese Werkzeuge sind unglaublich schnell, einfach und effektiv und die Menschen beginnen, ihre kulturellen Annahmen wegen der atemberaubenden persönlichen Erfahrung in Frage zu stellen. Dieser Erwartungswandel hat sich auch auf unser Institut ausgewirkt, da es ein neues Klima mit Therapeuten und anderen Heilern geschaffen hat, die bereit waren zu prüfen, was die *Whole-Hearted Healing*-Technik unseres Instituts bewirken kann - und die sich dann wohlfühlten, wenn sie ihren Ansprüchen gerecht wurde.

Die meisten Heiler, die Powertherapien anwenden, sind nicht auf der Suche nach einem Spitzenzustand - in der Tat glauben sie höchstwahrscheinlich nicht, dass das möglich ist. Das dominante Modell im Beruf ist derzeit, dass sich die Menschen besser fühlen können, da immer mehr traumatisches Material geheilt wird, und normalerweise ist das wahr. Doch diese Techniken bewirken oft, dass sich Menschen über verschiedene Zeiträume hinweg dramatisch besser fühlen, mehr als durch die Beseitigung ihrer aktuellen Schmerzen erklärt werden kann. Während oder direkt nach Abschluss der Heilsitzung berichtet ein bedeutender Prozentsatz der Klienten auch, dass sie alle möglichen spirituellen und schamanischen Erfahrungen gemacht haben, von denen sie noch nie zuvor gehört hatten oder an die sie nicht geglaubt haben. Dennoch vergehen diese wunderbaren Momente fast immer schnell.

Widersprüchliche Überzeugungen:
- Therapeuten arbeiten daran, Menschen wieder ins durchschnittliche Bewusstsein zu bringen, was auftritt, wenn das Trauma minimal oder gut unterdrückt ist.
- Das durchschnittliche Bewusstsein ist das Beste, was man erwarten kann.

- Es gibt keine andere Möglichkeit, Menschen zu helfen, sich besser zu fühlen, als einzelne Traumata zu beseitigen.
- Ein Trauma ist für die meisten Probleme der Menschen irrelevant.
- Psychologische Heilung ist ein langsamer und schwieriger Prozess, der normalerweise nicht erfolgreich ist.

## Daten, die für eine außergewöhnliche Lebensqualität relevant sind

Die Annahmen, die die Psychologie in Richtung psychische Gesundheit macht, wie im vorherigen Abschnitt beschrieben, haben die Art von Fragen geprägt, die Menschen über die Phänomene stellen, die sie sehen, die Daten, die sie bereit sind zu betrachten, und die Modelle, die sie vorschlagen. In diesem Abschnitt werde ich die relevanten Phänomene untersuchen, die selbst in der Psychologie oft ignoriert werden, weil sie nicht zu den Glaubensmustern passen, die Menschen haben.

### Spontane Spitzenerlebnisse

Lassen Sie uns einen genaueren Blick auf Dr. Maslows „Spitzenerfahrungen" werfen. Wir konzentrieren uns auf diejenigen, die spontan auftreten, und nicht auf diejenigen, die durch die Vielfalt der Techniken verursacht werden, die in der humanistischen und transpersonalen Psychologie populär sind. Im Allgemeinen werden diese spontanen Erfahrungen in Momenten des Vergnügens, der visuellen Schönheit in der Natur oder der Welt, einer schweren Krise oder gelegentlich aus Gründen, die nicht sofort ersichtlich sind, gemacht. Die Tatsache, dass sie scheinbar spontan geschehen, erweist sich sowohl als Hinweis auf ihre Ursache als auch als Hindernis für das Verständnis. Warum ist es ein Hindernis? Da viele Menschen diese unaufgeforderten Momente erlebt haben, neigen sie dazu anzunehmen, dass sie entweder durch „Gnade" erhalten werden oder dass einige Dinge im Universum einfach nicht verstanden werden sollen. Außerdem ist es leicht anzunehmen, dass es so gemacht wird, da sie ein Spitzenerlebnis hatten, ohne etwas Besonderes zu tun und daran zu „Arbeiten", um es zurückzubekommen, der falsche Ansatz ist. Diese Menschen haben im

Allgemeinen das Gefühl, dass Anstrengung und Schmerz mit Spitzenerlebnissen unvereinbar sind.

Eine Menge Forschung ging in den Versuch, diese Zustände zu kategorisieren, teilweise um zu versuchen, genügend Daten zu erhalten, um nach Mustern zu suchen und die Ursachen für sie zu ergründen. Dieser Ansatz war erfolglos.

Obwohl es eine große Vielfalt von Spitzenerfahrungen gibt, gibt es eine Gemeinsamkeit, die in all diesen Momenten verbreitet ist - sie sind durch weniger Spannung gekennzeichnet als die Person normalerweise erlebt. Dies erweist sich als ein wichtiger Hinweis darauf, was sie verursacht.

Beispiel:
Eine Frau in einem meiner Workshops, die noch nie eine Spitzenerfahrung gemacht hatte, hatte absolut keine Ahnung, wovon ich sprach. Ich führte sie durch die Induktion des Inneren Friedensprozesses (eine Technik, um Menschen in eine bestimmte permanente „Spitzenerfahrung" zu versetzen), und es fiel ihr schwer, den drastischen Unterschied in Bezug auf das, was sie fühlte, in Worte zu fassen. Beachten Sie, dass sie in den nächsten Nächten zum ersten Mal seit Jahren wieder tief schlief, da die Spannung in ihrem Körper verschwunden war.

Widersprüchliche Überzeugungen:
- Spitzenerfahrungen sind nicht dazu bestimmt, verstanden zu werden, und existieren einfach für einige glückliche Menschen.
- Alles, was mit Schmerzen, Unannehmlichkeiten oder Anstrengung verbunden ist, ist unvereinbar mit Spitzenerlebnissen.

## Spitzenerfahrungen als Nebenprodukt der psychologischen Heilung

Wie ich bereits erwähnt habe, sehen einige Therapeuten gelegentlich, dass Menschen am Ende Ihrer Arbeit mit dem Kunden in temporäre Spitzenerfahrungen einsteigen. Dies geschieht manchmal bei einigen der älteren intensiven Erlebnistherapien wie Atemarbeit, tiefe Körperarbeit oder Regressionstherapien. Allerdings kommt es bei der Anwendung der neuen Powertherapien viel häufiger vor. Zum Beispiel sah ich regelmäßig, dass meine Klienten Spitzenerlebnisse hatten, manchmal sehr dramatische, die von Minuten bis zu Tagen nach der Behandlung mit der Whole-Hearted Healing (WHH) dauerten.

Doch fast ausnahmslos dauern die Gipfelerlebnisse nicht an. Dies gab mir einen sehr seltsamen Anhaltspunkt, als ich versuchte zu verstehen, was vor sich ging. Natürlich kann ein geheiltes Trauma Menschen manchmal in Spitzenerlebnisse versetzen, aber nicht vorhersehbar oder langfristig. Lassen Sie uns diese Beobachtung im Moment nur als Rohdaten betrachten. Ich versuchte, sorgfältig zu notieren, was sie geheilt hatten, was den Trick ausmachte, aber ich fand zu diesem Zeitpunkt keine offensichtlichen Muster.

Als Nebenbemerkung zu Therapeuten möchte ich anmerken, dass der Klient, wenn er eine Powertherapie bis zum Abschluss einsetzt, eine Spitzenerfahrung machen sollte, die wir *Inner Peace* am Ende der Trauma-Sequenz nennen, wenn Sie Ihre Arbeit richtig gemacht haben. Diese Erfahrung ist eine Möglichkeit sicherzustellen, dass Sie bei einem Trauma erfolgreich zum Abschluss gekommen sind. Dieses Erlebnis ist geprägt von Gefühlen der Ruhe, des Friedens und der Leichtigkeit (CPL), wobei die Leichtigkeit das Gefühl ist, das man bekommt, wenn man einen schweren Rucksack abnimmt. So fühlt sich die Gegenwart tatsächlich emotional an, wenn man dieses Erlebnis hat.

Seltsamerweise erkennen oder diskutieren Forscher aus dem Bereich der Psychologie nicht die Existenz von Spitzenerfahrungen bei Klienten, auch wenn diese vor ihren Augen stattfinden! Wie ich bereits erwähnt habe, sehen Powertherapeuten diese die ganze Zeit, ignorieren sie aber entweder als unverständlich oder nicht sinnvoll. Sie betrachten sie nur als Teil der normalen Variabilität des menschlichen Zustandes, anstatt sie als einen deutlichen Schritt in einen anderen Zustand zu sehen.

Ursprünglich habe ich die Whole-Hearted Healing Powertherapie entwickelt, um das Geheimnis der Spitzenzustände des Bewusstseins zu erforschen. Bei Interesse können Sie die Handbücher von unserer Website unter www.PeakStates.com herunterladen. Die Verwendung von WHH führte zu den ersten Durchbrüchen und jetzt, da wir verstehen, was wir zu tun versuchen, nutzen wir eine Vielzahl von Powertherapien für die Arbeit. Diese Powertherapien haben den Durchbruch bei der Lösung des Geheimnisses der Spitzenzustände des Bewusstseins ermöglicht.

Aus der Sicht unseres Instituts ist ein Heilen eines Traumas so ähnlich wie das Herausziehen von Mistgabeln aus Menschen, die in der Hölle sind

- wenn man fertig ist, sind sie immer noch in der Hölle, sie fühlen sich dort einfach wohler. Verstehen Sie nicht falsch - die Arbeit, die diese Paradigmenpioniere und Heiler leisten, ist für Millionen von Menschen lebenswichtig und notwendig. Aber was wir uns wirklich wünschen ist eine Möglichkeit, Menschen so zu verändern, dass sie sich in einer kontinuierlichen Spitzenerfahrung befinden, in einem Zustand höherer Funktionsfähigkeit als normal. Wir möchten die Leute zuerst in eine Wohnung im Himmel bringen und dann mit dem umgehen, was übrig bleibt...

Widersprüchliche Überzeugungen:
- Heiler, die Powertherapien anwenden, versuchen, Menschen gesund zu machen, definiert als „durchschnittliches" Bewusstsein. Erfahrungen außerhalb des „Durchschnitts" werden als temporäre Aberrationen ignoriert.

## Religiöse Erfahrungen und Zustände

Im Westen wird unser Denken über Spitzenzustände von unserer Geschichte mit christlichen religiösen Überzeugungen dominiert, die mit einigen der anderen dominanten Weltreligionen vermischt sind. Unsere Erziehung sagt uns, dass Menschen, die in Spitzenzuständen des Bewusstseins leben, wenige und anscheinend recht ungewöhnliche Menschen sind. So wird uns über Heilige und andere außergewöhnliche Menschen gelehrt, dass Gott sie anscheinend spezifisch ausgewählt hat, sie nach Jahren des Kampfes, der von Gott offensichtlich als Test gesandt wurde, um zu sehen, ob sie wirklich würdig sind, im Wesentlichen den Preis des „spirituellen Zustandes" zu gewinnen. Jesus verbringt vierzig Tage in der Wüste oder Buddha sitzt sieben Tage unter dem Bodhi-Baum. Unsere persönliche Erfahrung und Beobachtung anderer Menschen unterstützt generell die Ansicht, dass ein „spiritueller" Zustand schwer zu erreichen ist - trotz unserer manchmal sogar heroischen Bemühungen kommen wir normalerweise selbst nicht an und bleiben oft hinter unseren Idealen eines tugendhaften Verhaltens zurück. Oft sehen wir, dass Menschen mit zunehmendem Alter im Allgemeinen innerlich immer mehr eingeschränkt werden und immer weiter von der Veranschaulichung der religiösen Tugenden entfernt sind, sodass wir eher glauben, dass das Leben einfach so ist, ein Fluch des Alterns.

So gehen wir durch diese Verzerrung unserer religiösen und sozialen Konditionierung unbewusst davon aus, dass diese Zustände denen gegeben werden, die von allein außergewöhnlich würdig sind oder sich manchmal würdig machen oder Beides. Wenn wir also hart arbeiten, nett zu den Menschen sind, viel beten, einen Schuss Gnade bekommen und so weiter, werden wir auch glückliche, gute und gesegnete Menschen. Diese unbewusste Verzerrung macht es viel, viel schwieriger, die Wahrheit dessen zu sehen, was Spitzenzustände verursacht.

Unser westlicher kultureller Hintergrund erschwert die Sache. Indem wir unseren religiösen kulturellen Hintergrund mit einer starken Arbeitsmoral vermischen, neigen wir dazu zu glauben, dass ungewöhnlich positive Bewusstseinszustände, insbesondere solche mit einem darin enthaltenen „spirituellen" Aspekt nur durch harte Arbeit erreicht werden können. Oder vielleicht durch direkte Intervention, durch „Gnade" aus einer höheren Quelle, meist weil wir wirklich gut waren. Oder weil wir davon ausgehen, dass wir an sich „schlecht" sind, glauben wir nicht, dass wir bessere Zustände haben oder sogar verdienen können. Diese Überzeugungen, obwohl sie oft widersprüchlich sind, können oft in derselben Person gefunden werden.

Beispiel:
Eine meiner Klientinnen, eine Mormonin, wollte sie blockieren, als sie während meinem Training ungewöhnliche spirituelle Zustände entwickelte, weil Frauen in ihrer Tradition diese Art von Dingen nicht haben konnten, und sie befürchtete, dass sie exkommuniziert würde, wenn man herausfinden würde, dass sie sie besitzen würde.

Beispiel:
Eine Freundin von mir, eine Frau, die als Kind sexuell missbraucht worden war, folgte Yoganandas Lehren. Sie weigerte sich, etwas zu tun, um ihr traumatisches Problem zu heilen, das Schmerzen oder Unannehmlichkeiten mit sich brachte, aufgrund ihres religiösen Glaubens, dass es weggehen würde, wenn sie glaubte, betete, sang und hingebungsvoll genug war. Die Probleme im Zusammenhang mit diesem frühen Trauma verließen sie in den fünfzehn Jahren, die ich sie kannte, nicht.

Widersprüchliche Überzeugungen:
- Höhere Zustände entstehen aus der Gnade - und nichts, was ein Mensch tun kann, kann sie induzieren - außer vielleicht, indem er ein tugendhaftes Leben führt.

- Die meisten Menschen wie wir selbst sollten nicht hoffen, von der Gnade berührt zu werden. Tatsächlich wäre es gegenüber der Gottheit anmaßend.

## Spirituelle Erfahrungen und Zustände

Eine Kategorie von Spitzenerfahrungen, die von Menschen im Bereich der psychologischen Heilung oft ignoriert wird, kann als „spirituelle" Erfahrung (und Zustand) eingestuft werden. Spirituelle Erfahrungen werden von der überwiegenden Mehrheit der Psychologen ignoriert oder abgelehnt, weil die meisten dieser Daten außerhalb des dominanten Paradigmas liegen und weil es kein geeignetes Modell zum Verständnis des Phänomens gibt. Obwohl der Bereich der transpersonalen Psychologie gegründet wurde, um dieses Gebiet zu erforschen, sind seine Beschreibungen und Klassifikationsschemata schwer zu verstehen, und es entstand kein umfassendes Modell. Dr. Stanislav Grofs Arbeit versuchte, ein umfassendes Modell der Psychologie und Spiritualität zu sein, verpasste aber, obwohl es ein großer Schritt nach vorne war, einen Teil der Lösung. Zum Beispiel kann es nicht verwendet werden, um mit den dominanten Problemen der psychischen Erkrankungen umzugehen. Das größte Versäumnis bestand darin, die Bedeutung des Dreifachhirns nicht zu erkennen, ohne welches viele zugrundeliegende Mechanismen nicht verstanden werden können. Klassifizierungssysteme wie das von Ken Wilber haben sich als nicht nützlich erwiesen, um die zugrundeliegenden Ursachen zu verstehen oder bei der Entwicklung von Wegen zum Erwerb der Zustände zu helfen.

Als ich versuchte, die Phänomene der Spitzenzustände und der außergewöhnlichen psychischen und physischen Gesundheit zu verstehen, habe ich, wie viele von euch viel Erfahrungsarbeit auf einer Vielzahl von klassischen und modernen spirituellen Wegen geleistet, wie Zen, Yoga, Almaas' Arbeit, etc. Immer wieder begegnete ich leeren Blicken der Lehrer, als ich Erfahrungen und Bewusstseinszustände beschrieb, die ich hatte. Schlimmer noch, alle meine Lehrer lehnten die Bedeutung jeder Erfahrung ab, die sie nicht kannten. Darüber hinaus waren die Aussagen, die jeder Lehrer aus verschiedenen Traditionen als wichtig erachtete, nicht identisch. Schließlich war es schwierig, die Eigenschaften der von ihnen gewünschten Zustände herauszufinden. Ich konnte nie sagen, ob dies die Mystik ihrer Lehre erhöhen sollte oder ob sie sie nicht selbst erlebt hatten oder was vor sich ging und ich kann es immer noch nicht. Aus meiner persönlichen Erfahrung in einer Vielzahl von spirituellen Zuständen können sie jedoch alle bis zu einem gewissen Grad beschrieben werden, wenn auch auf keine andere Weise als durch ihre Auswirkungen auf die Handlungen einer Person. Einige bringen drastische physiologische Veränderungen mit sich, andere haben drastische psychologische Auswirkungen und so weiter. So hat beispielsweise das Wort „Erleuchtung", obwohl es in unserer Kultur recht häufig verwendet wird, keine identifizierenden Deskriptoren, die mit ihm verbunden sind und somit keine wirkliche Bedeutung. Unsere Kultur verleiht ihm eine Bedeutung, die auf unseren Vorurteilen über Spiritualität basiert.

Beispiel:
Ich kann mich noch an meine Überraschung erinnern, als ich vier Tage am Stück in Samadhi war, während ich noch Elektrotechnik unterrichtete - und fand heraus, dass ich nur alle 10 bis 15 Minuten ein leichtes Einatmen hatte, wenn ich keine Luft zum Reden brauchte! Der Zustand war stabil, aber schließlich fand ich einen Weg, um zum durchschnittlichen Bewusstsein zurückzukehren.

Beispiel:
Als ich in den ersten 30 Jahren meines Lebens nachts die Augen schloss, war das Innere meines Kopfes vollständig mit hellem weiß-goldenem Licht gefüllt. Es hatte die Intensität von hawaiianischem Sonnenschein. Tatsächlich strahlte das Licht aus meinem Körper auch ein paar Zentimeter weiter. Ich nahm an, dass dies normal war, und bemerkte nicht einmal, dass es da war, bis es über einen Zeitraum von ein paar Monaten während meiner dreißiger Jahre verblasste. Der Kontrast der Veränderung erlaubte mir, seine Existenz zu erkennen.

Widersprüchliche Überzeugungen:
- Spirituelle Erfahrungen sind wahnhaft.
- Spirituelle Zustände können nicht mit psychischen Erkrankungen koexistieren.
- Spirituelle Lehrer wissen alles über die bedeutungsvollen spirituellen Zustände und Erfahrungen.
- Alle spirituellen Praktiken sind darauf ausgerichtet, uns in einen Zustand der Erleuchtung zu bringen.

## Spirituelle Notfälle

Wir können uns jedoch einen Studienbereich ansehen, der direkte Auswirkungen auf unsere Arbeit hat und im Gegensatz zu spirituellen Zuständen im Allgemeinen aus deskriptiver und erfahrungsmäßiger Sicht sehr gut dokumentiert ist. Dies ist der Bereich des spirituellen Notfalls, den Grof in den frühen 1980er Jahren geschaffen hat. Im Allgemeinen liegen diese Erfahrungen außerhalb der Normen unserer Kultur und sind entweder an sich eine Krise (z.B. dämonischer Besitz) oder bewirken eine so große Veränderung in der Person, dass sie zu einer Krise werden können, daher der Name *„spiritueller Notfall"*. Die innere Not kann so einfach sein wie ein Konflikt mit tief verwurzelten religiösen Überzeugungen, zu Problemen, die außerhalb des Glaubenssystems der dominanten Kultur liegen. Ein weiterer Grund, warum spirituelle Erfahrungen zu einer Krise werden können, ist, wenn man einen dieser spirituellen Spitzenzustände verliert und einen überwältigenden Verlust und Trauer empfindet, das Gefühl hat, dass durchschnittliches Bewusstsein so ist wie in die Hölle kommen und man verzweifelt ist, dass der Zustand vielleicht nicht zurückkehrt. Allmählichere Versionen vieler dieser Erfahrungen treten auch auf, sind aber oft nicht beunruhigend für den Einzelnen, auch wenn er Zeit hat, sich anzupassen. Wir empfehlen, die am Ende des Kapitels aufgeführten Bücher über spirituelle Notfälle zu lesen, um weitere Informationen zu diesem Thema zu erhalten. Unsere Arbeit in diesem Bereich, die manchmal nicht mit anderen in diesem Bereich übereinstimmt, finden Sie in unserem Buch The Basic *Whole-Hearted Healing Manual*, oder auf unserer Website unter www.PeakStates.com.

Beispiel:
> Das von Grofs ins Leben gerufene *„Spiritual Emergence Network"* ist ein kostenloser telefonischer Empfehlungsdienst, der von Freiwilligen für Menschen in dieser Art von Krise betrieben wird. Es kam eine große Auswahl an Anrufen. Zum Beispiel rief eine Person an, weil sie hörte, was die Leute dachten, ohne es abschalten zu können. Mehrere Klassenkameraden in meinem Psychologieprogramm waren spontane „Kanäle", konnten es aber nicht kontrollieren oder stoppen.

Beispiel:
> Die Geschwindigkeit, mit der eine positive spirituelle Erfahrung stattfindet, kann ein Problem sein. Ein Mann erkannte plötzlich, dass

wir alle eins sind. Dann zog er seine Kleider aus und lief die Hauptstraße hinunter, um dies zu verkünden und wurde von der Polizei abgeholt und in ein Krankenhaus gebracht. Dieses Bewusstsein kam zu plötzlich und zu überwältigend, als dass er es richtig handhaben konnte. Glücklicherweise erkannte der beteiligte Psychiater den Zustand, setzte ihn nicht unter medikamentöse Behandlung, und drei Tage später ging es ihm gut, seine Erfahrung wurde alltagstauglich.

Beispiel:
Die Erfahrungen des *Kundalini*-Weckens sind oft sehr störend für die beteiligten Menschen. Meine eigene Freundin entwickelte es, und die Symptome waren so seltsam, dass sie befürchtete, dass sie ein großes medizinisches Problem hatte. Sie konnte auch fast sechs Monate lang kaum schlafen. Die Erfahrung war sowohl für sie als auch für mich höllisch, zum Teil, weil wir keine Ahnung hatten, was los war.

Zum Beispiel erlebten so viele Menschen das Erwachen der Kundalini, dass in den 80er Jahren ausgezeichnete diagnostische Kriterien entwickelt wurden. Eine Warnung zu dieser besonderen Erfahrung jedoch - viele der Autoren zu diesem Thema neigen dazu, die diagnostischen Kriterien zu ignorieren und praktisch jeden Zustand auf den Haufen „Kundalini" zu werfen. Diese Tendenz scheint seltsamerweise besonders eine Problematik mit Schriftstellern zu sein, die Kundalini selbst erlebt haben. Kundalini, obwohl ungewöhnlich, sollte nach meiner Erfahrung nicht als ein Spitzenzustand angesehen werden, da er unbewusst von Menschen ausgelöst wird, um sich selbst zu heilen. Kundalini ruft jedoch oft ungewöhnliche, temporäre Spitzenerlebnisse hervor.

Zur Überprüfung: Grofs Klassifizierungsstruktur des spirituellen Notfalls umfasst viele Kategorien, die wir nicht im Entferntesten als Spitzenzustände betrachten würden, wie dämonische Besessenheit, Channeling, außerirdische Entführung, vergangene Leben, Nahtoderfahrungen, etc. Eine Kategorie namens *Psychic Opening* umfasst psychische Fähigkeiten, die wahrscheinlich ein Nebenprodukt von Spitzenzuständen sind. Sie werden zu einer Krise, wenn diese Fähigkeiten unkontrollierbar werden. Andere Kategorien sind Krisen, die direkt Spitzenzustände betreffen, wie z.B. schamanische Krise, psychologische Erneuerung durch Aktivierung des zentralen Archetyps und einheitliches Bewusstsein.

Diese „spirituellen Notfallszustände" sind im Allgemeinen das Ergebnis der Meditation, obwohl es andere Auslöser wie lebensbedrohliche Ereignisse, extreme körperliche Anstrengung, Schlafentzug, Geburt, Sex, Verlust und Lebensunterbrechung gibt, um die Hauptursachen aufzulisten. Selten ist einer dieser spirituellen Notfälle „spontan".

Widersprüchliche Überzeugungen:
- Spirituelle Zustände sind nur für besondere Menschen, nicht für uns selbst.
- Spirituelle Zustände können nur aus Gottes Hand empfangen werden, nach seiner Laune. Nichts, was wir tun, ist wichtig.
- Spirituelle Zustände werden uns nur gegeben, wenn wir hart daran arbeiten, tugendhaft zu sein.
- Wir entwickeln uns vom durchschnittlichen Bewusstsein zu spirituellen Zuständen und Vollkommenheit.
- Menschen werden nicht in spirituelle Zustände hineingeboren.

## Definition – Spirituelle Notfälle.

Spirituelle Notfälle sind keine Glaubenskrisen. Stattdessen handelt es sich um sehr störende und beunruhigende Episoden von Erfahrungen, die außerhalb unserer kulturellen Glaubenssysteme liegen. Häufig erleben Menschen diese Art von spirituellen Erfahrungen ohne große Schwierigkeiten in ihrem Leben, aber für einige Menschen ist die Erfahrung zu abrupt und extrem, besonders wenn sie völlig unbekannt und beängstigend ist. Wenn diese spirituellen Erfahrungen zu einer Krise werden, bezeichnet man sie als spirituellen Notfall. In den frühen 80er Jahren schrieb Dr. Stanislav Grof das erste Buch über spirituelle Notfälle und gab eine 12-teilige Kategorisierung vor, die zum Standard auf dem Gebiet wurde. Eine Reihe von Erfahrungen wird in seinen Kategorien nicht behandelt, aber es ist immer noch eine sehr geeignete Herangehensweise. Er und seine Frau Christina starteten auch einen kostenlosen Telefonempfehlungsdienst in den USA, um Menschen, die einen dieser spirituellen Notfälle erleben, mit Therapeuten in Kontakt zu bringen, die diese kannten. Ende der 90er Jahre wurde dieser Telefondienst von Dr. Brant Cortright am California Institute for Integral Studies übernommen. Eine weitere Organisation für Kanadier wurde ebenfalls Ende der 90er Jahre gegründet.

## Unverwundbarkeit von Kindern

Ist Ihnen schon einmal aufgefallen, dass manche Menschen einfach glücklicher, gesünder und erfolgreicher zu sein scheinen und die Höhen und Tiefen des Lebens leichter überstehen als Sie selbst? Ich glaube, das kennen wir alle, und natürlich gibt es dafür eine Vielzahl von Gründen. Im aktuellen psychologischen Paradigma geht man davon aus, dass diese Menschen eine bessere Kindheit hatten, weniger Traumata erlitten, einen besseren genetischen Hintergrund, bessere Freunde und so weiter. In diesem Modell läuft es auf zwei Faktoren hinaus - bessere Gene oder ein besseres Umfeld. In jüngster Zeit ist noch ein drittes Element hinzugekommen: eine bessere vorgeburtliche Betreuung.

Unsere kulturelle Vorstellung, dass die Erziehung den größten Einfluss auf die psychische Gesundheit eines Menschen hat, erwies sich jedoch als falsch, als Querschnittstudien über Kinder durchgeführt wurden, die aufgrund eines traumatischen frühen Umfelds (Armut, Vernachlässigung, Missbrauch) „gefährdet" waren. Diese Studien in den 60er, 70er und 80er Jahren ergaben wider Erwarten, dass eine kleine Gruppe von „Risikokindern" ihre schrecklichen Kindheitserfahrungen überlebte und trotzdem aufblühte. Obwohl die Statistiken der Studien schwer zu ermitteln sind, liegt die Gruppe der erfolgreichen Kinder irgendwo zwischen 1/10 und 1/3 der untersuchten „Risikopopulation". Sie wurden als „unverwundbare Kinder" bekannt (später als „stressresistente" oder „resiliente" Kinder bezeichnet). Die Existenz dieser Kinder sorgte für enorme Aufregung, da einige Leute die Daten so interpretierten, dass es sinnlos sei, „Risikokindern" zu helfen, da die Umwelt offensichtlich keinen Unterschied mache. Natürlich war dieses Argument lächerlich, da nur eine Minderheit der Kinder in diese Kategorie fallen kann.

Man könnte annehmen, dass diese unverwundbaren Kinder einfach nur Glück in der genetischen Lotterie des Lebens hatten, aber noch rätselhafter war, dass gelegentlich einige dieser Kinder als Erwachsene plötzlich nicht mehr unverwundbar waren und dieselben Schwierigkeiten hatten wie die anderen, die nicht unverwundbar waren. Damit war die genetische Erklärung hinfällig, denn ihre Gene hatten sich nicht verändert. Es wurde keine Erklärung gefunden, obwohl die konventionelle Theorie davon ausging, dass es einen Schwellenwert für die Akkumulation von Traumata geben könnte, der von Mensch zu Mensch unterschiedlich ist - der Tropfen, der das Fass zum Überlaufen bringt. Allerdings lebten einige dieser Erwachsenen zu diesem Zeitpunkt bereits in recht guten Verhältnissen und waren keinen nennenswerten Traumata mehr ausgesetzt, was diese Hypothese entkräftete. In den Jahren seit der ersten Entdeckung der unverwundbaren Kinder wurde eine enorme Anzahl von Abhandlungen verfasst, in denen versucht wurde, diese Kinder in das vorherrschende Modell einzupassen, aber ein genauer Blick auf die Kriterien, die sie verwenden und die Ergebnisse, die sie erhalten, zeigt schnell, dass dies einfach nicht funktioniert.

Seltsamerweise wird das Phänomen der unverwundbaren Kinder im Psychologieunterricht praktisch nicht behandelt, wahrscheinlich weil es völlig außerhalb des gängigen Paradigmas liegt. In dieser Hinsicht ähnelt es dem Placebo-Effekt, der auch in der medizinischen Ausbildung ignoriert wird, weil er ebenfalls außerhalb des vorherrschenden Paradigmas liegt.

Experimente zur „erlernten Hilflosigkeit" mit Tieren weisen eine frappierende Ähnlichkeit mit dem Phänomen der unverwundbaren Kinder auf. In den ursprünglichen Experimenten von Steve Maier, Bruce Overmier und Martin Seligman wurden Hunden unausweichliche Elektroschocks verabreicht. Nachdem sie gelernt hatten, dass nichts, was sie taten, von Bedeutung war, versuchten sie nicht mehr, den Elektroschocks zu entkommen, selbst wenn es möglich war, dies zu tun. Etwa ein Drittel der getesteten Ratten und Hunde wurde jedoch nicht hilflos, sondern gab nie auf, egal was mit ihnen gemacht wurde. Sind diese einfachen Schocktests an Hunden und Ratten vergleichbar mit komplexen menschlichen „Gefahrensituationen"? Vielleicht, und in beiden Fällen ist der Prozentsatz der unverwundbaren Kinder und optimistischen Tiere bemerkenswert ähnlich.

Widersprüchliche Überzeugungen
- Ein schlechtes Umfeld in der Kindheit führt immer zu Verhaltens- oder Persönlichkeitsproblemen im späteren Leben.
- Das Ausmaß, in dem Kinder erzogen werden, gute Gene haben und eine gute vorgeburtliche Betreuung erfahren, bestimmt den Grad ihrer geistigen Gesundheit und Stabilität.

## Schlüsselpunkte

- Menschen leben ihr Leben mit einer Gruppe von Überzeugungen, die filtern, was sie bereit sind zu betrachten und als akzeptable Aktivitäten definieren. Selbst offensichtliche

Widersprüche werden ignoriert. Jede dieser Gruppen von Überzeugungen wird als Paradigma bezeichnet.
- In den letzten fünf Jahrzehnten sind mehrere Paradigmen über psychische Gesundheit entstanden, die auf die Entwicklung neuer Techniken und die Akzeptanz bisher ignorierter Daten zurückzuführen sind.
- In den letzten zwanzig Jahren haben sich Daten über spirituelle Notfälle, widerstandsfähige Kinder, Spitzenerfahrungen und spirituelle Zustände angesammelt, die durch die aktuellen Paradigmen nicht erklärt werden können.

## Empfohlene Literatur und Webseiten

Über unverletzliche Kinder
- E. J. Anthony und B. J. Cohler (Hrsg.), *The Invulnerable Child*, Guilford, 1987.
- E.E. Werner und R.S. Smith, *Vulnerable but Invincible: A longitudinal study of resilient children and youth*, McGraw-Hill, 1982.

Bei Spitzenerfahrungen, Spitzenfähigkeiten und ungewöhnlichen Zuständen
- Das *Exceptional Human Experience Network* unter www.ehe.org. Sie studieren ungewöhnliche Erfahrungen mit Rezensionen relevanter Bücher.
- Dr. Stanislav Grof, *The Adventure of Self-Discovery*, State University of New York Press, 1988. Bewusstseinsdimensionen und neue Perspektiven in der Psychotherapie und inneren Erforschung. Eine gute Berichterstattung über seine Arbeit über Geburtstraumata und transpersonale Erfahrungen; für Laien und Fachleute.
- Stanislav Grof MD, *The Cosmic Game: Explorations of the frontiers of human consciousness*, State University of New York Press, 1998. Ein ausgezeichneter Blick auf grundlegende Themen aus seiner langjährigen Arbeit.
- Dr. med. Stanislav Grof, LSD Psychotherapie, Hunter House, 1980. Für Fachleute werden ungewöhnliche Erfahrungen, die in der psychedelischen Therapie gemacht werden können, in großer Tiefe behandelt.

- E. Harding, *On Having No Head: Zen and the rediscovery of the obvious*, revised edition, Inner Directions Foundation, 2002. Beschreibt, wie es sich anfühlt, wenn das Gefühl der Hautgrenze verschwindet.
- Abraham Maslow, *Religions, Values, and Peak Experiences*, 1976. Ein Klassiker auf diesem Gebiet, eines der Bücher, die die Bewegung der Humanistischen Psychologie begründete.
- Raymond Moody Jr., *The Light Beyond*, Bantam, 1988. Eine Fortsetzung von Vorleben. Beide beschäftigen sich mit Nahtoderfahrung des Mannes, der das Phänomen zuerst beschrieben hat. Geschrieben für ein allgemeines Publikum.
- Dr. Raymond Moody, Jr., *Reunions: Visionary Encounters with departed loved ones*, Ivy Books, 1994. Ein sehr faszinierender Bericht über seine Entdeckung und Anpassung an die Gegenwart des griechischen Prozesses zur Kommunikation mit den Toten.
- Michael Murphy, *The Future of the Body: Explorations Into the Further Evolution of Human Nature*, Jeremy P. Tarcher, 1992. Eine Übersichtssammlung von Material aus verschiedenen Quellen über ungewöhnliche Fähigkeiten und Erfahrungen aus den 1980er.

Über Powertherapien
- Artikel über Power- und Energietherapien unter www.psychinnovations.com.
- Leslie Bandler, *Solutions: Practical and effective antidotes for sexual and relationship problems*, Real People Press, 1985. Es deckt die Powertherapie VKD aus dem Neuro-Linguistischen Programmieransatz ab.
- Gerald French und Chrys Harris, *Traumatic Incident Reduction (TIR)*, CRC Press, 1999. Ein gut geschriebenes Handbuch für die TIR-Powertherapie.
- Fred Gallo, *Energy Psychology: Explorations at the Interface of Energy, Cognition, Behavior, and Health*, CRC Press, 1998. Eines der ersten Studienbücher auf diesem Gebiet.
- Grant McFetridge und Mary Pellicer MD, *The Basic Whole-Hearted Healing Manual*, The Institute for the Study of Peak States Press, 2000. Deckt die WHH-Regressionstherapie ab.
- Francis Shapiro und Margot Forrest, EMDR: *The Breakthrough Therapy for overcoming anxiety, stress, and trauma*, Basic Books, 1998. Deckt die EMDR-Powertherapie ab.

Über schamanische Zustände
- Foundation for Shamanic Studies, die Organisation, die Michael Harner unter www.shamanism.org. gegründet hat.
- Tom Brown, Jr., *Awakening Spirits*, Berkley, 1994. Sein bisher einziges Buch über seine schamanischen Techniken, basierend auf seinem ersten Ausbildungsstand. Empfohlen.
- Michael Harner, *Way of the Shaman: Tenth anniversary edition*, Harper, 1990. Ein Klassiker auf diesem Gebiet, beschreibt den schamanischen Reiseansatz zum Schamanismus.
- Sandra Ingerman, *Soul Retrieval: Mending the fragmented self through shamanic practice*, Harper, 1991. Geschrieben von Harner's Kollege, eine ausgezeichnete Berichterstattung über das Phänomen Seelenraub und -verlust.
- Hank Wesselman, *Spiritwalker: Messages from the future*, Bantam, 1995. Ein sehr gut geschriebener Bericht über einen Anthropologen und modernen Schamanen, der mit einer zukünftigen Lebenszeit kommuniziert.

Über spirituelle Notfälle
- Spirituelles-Notfall-Netzwerk unter www.ciis.edu/comserv/sen.html. Behandlung, Überweisungen und Beschreibungen von spirituellen Notfällen.
- Behandlung, Überweisungen und Referenzen für Kanadier in spirituellen Notfällen finden Sie online beim Canadian Spiritual Emergence Service unter www.spiritualemergence.net/pages/home.html.
- Emma Bragdon, *A Sourcebook for Helping People in Spiritual Emergency*, Lightening Up Press, 1988. Schwerpunkt waren Verfahren zur Unterstützung von Menschen in diesen Krisen.
- Stanislav Grof MD, *Spiritual Emergency: When personal transformation becomes a crisis*, Jeremy P. Tarcher, 1989. Das prägende Buch auf diesem Gebiet, mit Artikeln von einer Vielzahl von Schlüsselautoren.
- Yvonne Kason MD, *A Farther Shore: How new-death and other extraordinary experiences can change ordinary lives*, HarperCollins, 1994. Gut geschriebenes Buch über spirituelle Notfälle.

# Kapitel 2

## Spitzenbewusstseinszustände als Ursache einer außergewöhnlichen Lebensqualität und einer geistigen Gesundheit

"Man ändert nie etwas, indem man die bestehende Realität bekämpft. Um etwas zu verändern, muss man ein neues Modell entwickeln, das das bestehende Modell überflüssig macht."
— R. Buckminster Fuller

## Einführung

Im letzten Kapitel haben wir uns mit Schlüsseldaten befasst, die anormal sind oder den gängigen Überzeugungen widersprechen. In diesem Kapitel werden wir einen einfachen konzeptionellen Durchbruch beschreiben, der diese Daten auf elegante, einfache und nützliche Weise erklärt - die Idee der Spitzenzustände des Bewusstseins.

Nach diesem Verständnis entsteht eine außergewöhnliche Lebensqualität und geistige Gesundheit, weil sich die Person in einem oder mehreren Spitzenzuständen des Bewusstseins befindet. Diese Zustände haben für jeden, der sie erlebt, identische Merkmale, und Menschen können sich die meiste Zeit oder die ganze Zeit in ihnen befinden, sogar von Geburt an. Dieses Konzept mag trivial klingen, aber sein Fehlen ist ein riesiger Stolperstein für die Psychologie, der den Fortschritt bei der Verwirklichung des Kernziels, das Leben der Menschen zu verbessern, fast vollständig verhindert hat.

### Grants Geschichte
### Warum ich Spitzenbewusstseinszustände untersuchte

Warum habe ich in diese Richtung der Spitzenzustände des Bewusstseins geschaut? Bis zu meinem 29. Lebensjahr lebte ich in einem einzigartigen, einem radikal anderen Zustand als der eines

Durchschnittsmenschen. Da ich schon immer darin gewesen war, hielt ich es für normal und dachte nicht, dass ich mich von anderen unterscheiden würde - vielmehr war ich mir meiner eigenen Fehler genauso schmerzhaft bewusst wie die meisten von uns. Die Art und Weise, wie ich anders war, hob sich in der Kindheit nicht wirklich ab, sondern wurde mit zunehmendem Alter immer ausgeprägter. Zum Beispiel wurde ich im Laufe der Jahre immer frustrierter, weil ich nicht verstehen oder vorhersagen konnte, wie die Menschen auf Dinge reagieren würden - was die Menschen taten, ergab für mich einfach keinen Sinn. Ich versuchte zu verstehen, und in einem bahnbrechenden Moment im Alter von 24 Jahren wurde mir plötzlich klar, dass die Menschen Angst haben müssen, und dass diese verallgemeinerte Angst auf das, was in ihrem Leben vor sich ging, projiziert wurde, was sie dazu brachte, so zu handeln, wie sie es taten. Es war für mich schwer zu verstehen, weil es so außerhalb meiner eigenen Erfahrung lag.

Als ich älter wurde, versuchte ich, mein Anderssein mit anderen auszuleben, besonders mit meiner Frau, aber das war ohne Erfolg. Nicht in der Lage zu sein, anderen zu helfen, so zu leben, wie ich lebte, hat mir große Sorgen bereitet. Da mir ein anderes Modell fehlte, ging ich davon aus, dass die Unterschiede kulturell sein müssen, da ich ein Kanadier war, der mit einer amerikanischen Frau in den USA lebte, und darüber hinaus Teil der alternativen Lifestyle-Bewegung war.

All das änderte sich, als ich 29 Jahre alt war. Während der Scheidung verlor ich plötzlich meinen Zustand. Der Unterschied war so dramatisch, dass es sich anfühlte, als hätte man mich aus dem Himmel geworfen und in die Hölle geschickt. Ich erkannte nun genau, wie quälend und schmerzhaft das durchschnittliche Bewusstsein war. Ich hatte immer angenommen, dass eine Person ihre Probleme einfach „loslassen" könnte, wenn sie es wirklich wollte. Ich hatte keine Ahnung, dass dies für die meisten Leute einfach keine Option war. Jetzt war ich wie alle anderen, und ich konnte nicht zu dem zurückkehren, was ich hatte, egal was ich tat.

Die Veränderungen waren offensichtlich und dramatisch. Meine Vergangenheit hatte plötzlich viele emotional schmerzhafte Erinnerungen. Ich fing an, fast jede Nacht zu träumen, etwas, das ich fast nie getan hatte. Das Gefühl, lebendig zu sein und die Lebendigkeit in den Dingen um mich herum zu spüren, verschwand. Spirituelle Wahrheiten, die so offensichtlich waren, dass ich nie sagen konnte, warum die Menschen sich die Mühe machten, über sie zu sprechen, wurden plötzlich zu etwas, das ich mir sagen und merken musste. Ich konnte jederzeit Angst und mangelnde Sicherheit in mir selbst spüren. Ich begann, Menschen zu beurteilen, anstatt nur neugierig zu sein, worum es bei ihnen ging. Aus meiner Sicht hatte ich nun den Zustand verloren, den wir „Walking in Beauty" oder „The Beauty Way" nennen (der Name stammt aus der indianischen Kultur).

In den nächsten zehn Jahren versuchte ich, das zurückzubekommen, was ich verloren hatte. Das war kein kleiner Verlust, da ich mehrmals an Selbstmord dachte - ich fühlte, dass das Leben im durchschnittlichen Bewusstsein nicht lebenswert war. Da ein Teil meines Zustandes darin bestand, spirituelle Wahrheiten intuitiv zu kennen, nahm ich an, dass verschiedene spirituelle Traditionen wissen müssten, was ich verloren hatte und wie man es zurückbekommt. Diese Annahme stellte sich als falsch heraus, da keiner der Lehrer, mit denen ich arbeitete, erkannte, wovon ich sprach. Tatsächlich versuchten sie, mich dazu zu bringen zu sagen, dass das, wonach ich suchte, wertlos und eine Ablenkung war, dass es, wenn es einen Wert gehabt hätte, nur eine Bühne gewesen sei und zurückgelassen werden sollte. Schließlich fand ich heraus, dass die Schamanen den Zustand kannten, aber dass sie wenige Möglichkeiten hatten, ihn auszulösen oder wiederherzustellen.

Ich habe jahrelang nach einer Lösung gesucht. Schließlich wurde mir klar, wenn ich verstehen wollte, was ich verloren hatte und es zurückbekommen wollte, müsste ich das selber in die Hand nehmen. Es gab niemanden da draußen, bei dem ich es kaufen konnte. Dies war die Geburtsstunde des *Institute for the Study of Peak States*.

Meine eigene Erfahrung, in einem sehr radikalen Spitzenzustand gelebt zu haben, lehrte mich die weitere Zeit meines Lebens mehrere wichtige Dinge über Spitzenzustände. Dies gab mir einen enormen Vorteil beim Versuch, sie zu verstehen und die Fähigkeit, das dominante Paradigma zu ignorieren, da ich aus schwerer persönlicher Erfahrung heraus wusste, dass es falsch war. Erstens wusste ich, dass es stabile Bewusstseinszustände weit außerhalb der Norm gab. Zweitens wusste ich, dass man nicht üben oder beten oder nett oder gut sein muss oder etwas Besonderes tun muss, um in Spitzenzustände des Bewusstseins zu kommen oder zu bleiben. Tatsächlich kämpfte ich als Kind mit meinem Bruder und meiner Schwester, war nicht nett zu meinen Eltern, ging nicht in die Kirche oder glaubte an Gott oder irgendetwas anderes, was mich eines Spitzenzustandes würdig gemachen haben könnte (besonders einen, der beträchtliche spirituelle Obertöne hatte, wo ich mühelos spirituelle Wahrheiten erkannte, die andere ihr Leben lang studierten!). Jahre später, während meiner Experimentierphase, trat ich in immer mehr verschiedene Bewusstseinszustände ein. Zu meiner Überraschung entdeckte ich, dass es eine ganze Reihe von ihnen gab, die sich alle grundlegend voneinander unterschieden.

Meine Intuition sagte mir, dass Trauma der Schlüssel zum Verständnis dessen war, warum Menschen keine Spitzenzustände hatten. Um dies besser zu studieren, habe ich die Whole-Hearted Healing Heilungstherapie entwickelt. Ich benutzte sie sowohl, um Traumata zu verstehen als auch, um diese aus meinem Leben zu eliminieren. Ich dachte mir, dass ich, da ich das Problem nicht mit einem Geistesblitz lösen konnte, einfach alles traumatische Material aus meinem Bewusstsein entfernen müsste, und hoffentlich würde das Ergebnis schließlich offensichtlich werden. Dies funktionierte schließlich und führte zu dem Material in Kapitel 4.

## Natürliche Spitzenzustände

Lasst uns unsere Aufmerksamkeit auf etwas in unserem eigenen Leben richten, das uns die Antwort auf die Frage geben könnte: „Warum haben einige Menschen eine außergewöhnliche psychische Gesundheit?" Versuchen Sie, sich an eine Ihrer Spitzenerfahrungen zu erinnern. Wäre es nicht erstaunlich, sein Leben jeden Tag so leben zu können, nicht nur für die kurze Zeit, die die Spitzenerfahrung anhielt? Was wäre, wenn viele dieser erstaunlichen Erwachsenen, die Sie kennen, oder unverletzliche Kinder, von denen Sie davor gelesen
haben, in einer solchen Art von fast kontinuierlicher Spitzenerfahrung wären? Das würde sie sicherlich dazu bringen, widerstandsfähiger und glücklicher zu erscheinen als der Rest von uns, obwohl diese Erklärung leicht zu übersehen sein könnte, es sei denn, Sie hatten dafür eine Art

Test. Anstatt die Daten als eine Art dissoziative Störung bei diesen unverletzlichen Kindern zu erklären, gehen wir davon aus, dass diese Kinder tatsächlich geistig gesünder sind als eine Durchschnittsperson. Und tatsächlich stellte sich heraus, dass ein kleiner Prozentsatz der Bevölkerung, nicht nur die als Kinder extrem belasteten Personen, in einer nahezu kontinuierlichen Spitzenerfahrung leben, die wir einen „Spitzenzustand" nennen. Die Existenz dieser Spitzenzustände ist eine der wichtigsten Entdeckungen, die wir gemacht haben. Der zweite Teil dieser Entdeckung ist, dass es eine große Anzahl von deutlich unterschiedlichen Zuständen gibt, und jede Art von Zustand hat Eigenschaften, die für alle gleich sind. Diese unverwundbaren Kinder befanden sich mit ziemlicher Sicherheit in einem lang anhaltenden (wenn auch nicht 100% der Zeit) Spitzenzustand des Bewusstseins, in dem das Trauma sie nicht beeinflusste, wie das bei „durchschnittlichen" Menschen der Fall ist.

Unsere Kultur prädisponiert uns zu der Annahme, dass es eine Entwicklungssequenz von Spitzenzuständen gibt, die man durchlaufen kann, um das Ziel einer außergewöhnlichen psychischen Gesundheit zu erreichen. So würde man auf frühere Zustände verzichten oder auf frühere Zustände wie die Beherrschung der fortgeschrittenen Mathematik aufbauen. Diese hierarchische Vorstellung von Spitzenzuständen ist jedoch im Allgemeinen falsch, mit Ausnahme von Dreifachhirn-Zuständen, wie in Kapitel 5 beschrieben. Tatsächlich gibt es eine Reihe von unabhängigen Zuständen einer außergewöhnlichen psychischen Gesundheit, die erreicht werden können. Das liegt daran, dass es eine Vielzahl von unabhängigen Spitzenzuständen des Bewusstseins gibt und sie alle sehr unterschiedlich sind. Diese Zustände können auch in Kombination existieren. Es ist, als ob die möglichen Zustände wie Murmeln wären, man kann eine einzelne Murmel aufnehmen, aber auch eine Reihe von verschiedenen sammeln.

Die Existenz natürlicher Spitzenzustände entgeht uns oft. Ein kleiner Prozentsatz der Bevölkerung ist mit verschiedenen Spitzenzuständen begabt, ohne etwas Besonderes getan zu haben, meist von der Wiege an! Das sind die Menschen, die einfach glücklicher, gesünder und funktioneller zu sein scheinen; ihr Leben ist einfach besser, sie sind schöner als der Durchschnitt... Ich bin sicher, Sie können sich einige Beispiele aus Ihrem Leben vorstellen. Da sie diese Zustände von frühester Kindheit an hatten, gelten eindeutig nicht alle Modelle und Überzeugungen, die mit „innerem Wachstum" zu tun haben - sie hatten sie schließlich schon vor der Zeit, zu der sie sprechen konnten! Und es kann nicht genetisch bedingt sein, wie der Verlust der

„Unverwundbarkeit" das bei einigen Erwachsenen zeigt. Was Spitzenzustände verursacht, wird in Kapitel 4 behandelt.

Interessanterweise erkennen wir nicht immer, dass sich diese Menschen in einem Spitzenzustand befinden, und die Menschen darin oft auch nicht. Da unsere Kultur dieses Phänomen nicht erkennt, verbuchen wir es einfach zu einer guten frühen Umgebung, guter Genetik, wenigen Lebenstraumata, einer guten Persönlichkeit und damit im Wesentlichen zu dem „gut nährenden" Umweltmodell. Oder wir nennen es Verleugnung des wirklichen Lebens.

Beispiel:
> Eine Frau in den Fünfzigern lebte in einem Haushalt mit ihrem Mann und ihrer Schwester. Der Ehemann war die ganze Zeit glücklich, die Schwester war sehr akzeptierend und unkompliziert. Die Frau, die von schmerzhaften Gefühlen und Erinnerungen geplagt war, glaubte, dass die anderen beiden ihr Leben aufgrund ihrer eigenen Erfahrung leugneten. Tatsächlich versuchte sie, ihnen zu helfen, „mit ihren Gefühlen in Kontakt zu kommen", so dass sie mehr wie sie sein würden. Wir brachten sie in den Zustand des Inner-Peace, und sie erkannte aus eigener Erfahrung, dass sie nicht leugneten, sondern das Leben auf eine viel schönere Weise lebten, als sie es je getan hatte. Sie entschuldigte sich innerhalb weniger Stunden nach Erreichen ihres eigenen Spitzenzustandes spontan bei den anderen für ihr Verhalten und ihre Einstellung.

So ist einer der Konflikte des Institutsparadigmas mit unseren dominanten kulturellen Annahmen auf unsere Erkenntnis zurückzuführen, dass einige Menschen Spitzenerfahrungen haben, die von einem Teil bis zu fast ihrer gesamten täglichen Erfahrung reichen. Seltsamerweise übersehen sowohl die Humanistische Psychologie als auch die Transpersonale Psychologie dieses Phänomen völlig! (Die konventionelle Psychologie leugnet natürlich die Existenz oder Möglichkeit von Spitzenerfahrungen.) Ich habe absolut keine Ahnung, warum, aber das aktuelle Paradigma besagt, dass es nur Spitzenerfahrungen gibt, und es wird überhaupt keine Arbeit geleistet, um diejenigen Menschen zu identifizieren, die in kontinuierlichen Spitzenzuständen leben.

Natürlich wurden in der psychologischen Literatur eine Reihe von Menschen beschrieben, die ungewöhnliche Dinge tun können - Jack Schwarz, der eine Stricknadel durch den Arm führen kann, ohne dass ihm Verletzungen in den Sinn kommen -, aber abgesehen von Hirnstromtests haben die Ermittler die unausgesprochene

Grundannahme vertreten, dass entweder diese Menschen völlig einzigartig sind oder sie sind einfach wie jeder andere, haben aber eine Art ungewöhnliche Fähigkeit, vielleicht wie absolutes Gehör, und sie haben das nur gelegentlich. Dass sich diese Menschen in einer kontinuierlichen Art von Spitzenzustand befinden könnten, wird nicht einmal berücksichtigt.

Sobald Sie erkennen, dass es Spitzenzustände gibt und dass sich Menschen manchmal in und aus diesen Zuständen bewegen können, können Sie in der Regel leicht Personen identifizieren, die diese Zustände fast immer oder die meiste Zeit haben. Diese Menschen sind sich normalerweise nicht bewusst, dass sie einen Spitzenzustand haben, es ist für sie so, wie ihr Leben eben ist, obwohl sie wissen, dass andere Menschen viel mehr durcheinander zu sein scheinen, als sie es sind.

Kapitel 13 enthält eine Reihe von persönlichen Berichten über Spitzenzustände des Bewusstseins. Anhang A enthält eine Liste der bisher identifizierten Spitzenzustände und unsere Schätzungen über die Häufigkeit ihres Auftretens. Die beiden offensichtlichsten und bedeutendsten der natürlich auftretenden Spitzenzustände werden als „*Inner Peace*"-Zustand (Innere Frieden) und „*Underlying Happiness*"-Zustand (Grundlegendes Glück) bezeichnet. Der Inner Peace-Zustand hat mehrere Eigenschaften, aber eine der wichtigsten für diese Diskussion ist, dass Menschen, die ihn haben, ihre Vergangenheit ohne emotionalen Inhalt erleben. Sie erleben die Gegenwart mit einem grundlegenden Gefühl von Ruhe, Frieden und Leichtigkeit, das auch dann existiert, wenn sie ihre Gefühle spüren. Ein solcher Zustand neigt dazu, das Leben drastisch zu verbessern, unabhängig von den vergangenen oder gegenwärtigen Umständen. Der andere Zustand - Underlying Happiness - ist genau das, was der Name aussagt, da die Person in diesem Zustand kontinuierlich im Hintergrund ein Glücksgefühl empfindet. Bei Frauen drückt sich dieser Zustand als Glück in Verbindung mit einem starken Liebesgefühl aus.

Widersprüchliche Überzeugungen:
- Menschen, die normalerweise glücklich oder außergewöhnlich sind, leugnen ihre Probleme in ihrem Leben. Psychologisch gesehen haben sie sich vom wirklichen Leben distanziert.

## Ein Beispiel für einen lebenslangen „Beauty Way" Bewusstseinszustand

Bruce hatte den Beauty Way Zustand (ein zusammengesetzter Zustand, der den Inner Peace beinhaltet), solange er sich erinnern kann. Es gibt ein Gefühl der Ruhe, kein Gefühl für vergangene Traumata und ein Gefühl der Lebendigkeit in sich selbst und in der Welt. Er hat auch einen Teil des Underlying Happiness Zustandes, obwohl er meint, dass der Teil des Beauty Way stärker ist. Wir hatten die Möglichkeit, mehrere Jahre lang zusammenzuarbeiten, und aus meiner Sicht war es nicht nur ein Vergnügen, sondern eine Erleichterung - er war ruhig und fröhlich, egal was um ihn herum geschah, im Gegensatz zu so vielen unserer Kollegen in unserer hochbelasteten Arbeitssituation. Wir haben für seinen Beitrag ein Frage-und-Antwort-Vorgehen verwendet:

*Wie ist der Zustand?*
Das ist schwer zu beschreiben, aber es ist eine unerschütterliche Gelassenheit, die nicht von etwas Äußerem oder Innerem abhängt.

*Warum sollten die Leute deinen Zustand wollen?*
Weil er einem ermöglicht, Mitgefühl für echte menschliche Herausforderungen zu empfinden, sich aber nicht von ihnen behindern zu lassen. Meistens bin ich in der Lage, ein Anliegen zu spüren, alles zu tun, was ich dafür tun kann, um bei Bedarf Abhilfe zu schaffen (von ganzem Herzen zu reagieren), und dann zur aktuellen Situation überzugehen.

*Wie hast du es bekommen, oder hattest du es immer?*
Ich glaube, dass sich dieser Zustand in diesem Leben entwickelt hat und immer noch „in Bearbeitung" ist, aber im Allgemeinen sich immer weiter vertieft.

*Worin besteht der Unterschied zwischen dir und jemand anderem ohne Zustand?*
Nichts Besonderes; ich entscheide mich nur dafür, trotz der Umstände immer mehr Frieden zu fühlen.

*Welche Probleme entstehen durch den Zustand?*
Manchmal werde ich von anderen als gefühllos wahrgenommen, und in der Tat bin ich tatsächlich frei davon, tiefer zu fühlen. Ich habe gerade gelernt, mich nicht an Gefühle zu binden

und sie etwas spontan durch mich fließen zu lassen, während die Hintergrundruhe erhalten bleibt.

*Würdest du den Zustand anderen empfehlen, und wie viel davon?*
Auf jeden Fall, und zwar zu 100%.

*Fühlst du dich durch den Zustand besonders, einzigartig, isoliert?*
Nicht wirklich, obwohl ich manchmal, wenn ich sehe, dass Menschen emotional mit Ereignissen manipuliert werden (ohne sie wirklich zu fühlen), mich ein wenig isoliert fühlen kann, aber nicht in irgendeinem wirklichen Sinne, weil ich Mitgefühl empfinde, auch für mich selbst.

*Hatte dein Zustand einen Einfluss auf deine Gesundheit, d.h. bist du oft krank, selten krank, alterst usw.?*
Ich bin selten krank und sehe Unbehagen als Feedback-Mechanismus des Schöpfers als göttlichen Segen, der sofort beachtet werden muss. Ich habe oft meine Reaktion darauf aufgeschoben, aber jetzt, wenn ich ein kurzes „Stechen" habe, achte ich darauf und ändere den Kurs entsprechend.

# Die Unterschiede zwischen Spitzenerfahrungen, Spitzenzuständen und Spitzenfähigkeiten

Bevor wir weitergehen, möchte ich ein mögliches Durcheinander bei der Verwendung von Vokabeln beseitigen. In diesem Text unterscheiden wir zwischen Spitzenerfahrungen, Spitzenzuständen und Spitzenfähigkeiten.

- Eine Spitzenerfahrung ist eine kurze Erfahrung, die extrem positiv oder erhebend ist, außerhalb des Bereichs der durchschnittlichen Erfahrung, wie im vorherigen Kapitel beschrieben.
- Eine Spitzenfähigkeit ist eine Fähigkeit, entweder physisch oder spirituell, die ebenfalls außerhalb des Bereichs der durchschnittlichen Erfahrung liegt.
- Ein Spitzenzustand ist eine langjährige Spitzenerfahrung im Alltag, daher die Verwendung des Wortes „Zustand", was etwas Stabiles und Kontinuierliches bedeutet.

Wenn wir über Spitzenzustände sprechen, verwenden wir manchmal die Attribute „stabil" oder „instabil".

- Ein stabiler Spitzenzustand ist einer, den die Person ohne Anstrengung oder Technik beibehält. Wenn sie ihn verliert, meist aufgrund von äußerem Stress, ist der Verlust nur vorübergehend und der Zustand kehrt automatisch ohne jegliche Anstrengung seinerseits zurück, üblicherweise wenn der Stressor entfernt wurde.
- Ein instabiler Spitzenzustand ist ein Zustand, der Techniken oder äußere Umstände erfordert, um ihn aufrechtzuerhalten. Wenn der Zustand verloren geht, ist eine Art Intervention erforderlich, um ihn wiederherzustellen. Zum Beispiel kann eine Intervention eine Zeit in der Natur sein, ein Fokus auf die Liebe oder das Göttliche, und so weiter. Der Ausdruck gilt auch für einen Spitzenzustand, der verloren gegangen und nicht wiederhergestellt wurde, was bedeutet, dass die erforderliche Intervention der Person, die den Zustand verloren hat, nicht bekannt war.

Obwohl alle Spitzenzustände als Spitzenerfahrungen betrachtet werden können, wenn sie nicht sehr lange halten, können nicht alle Spitzenerfahrungen Spitzenzustände sein. Damit meine ich, dass es eine große Anzahl von Spitzenerfahrungen gibt, die wir haben können, die keine Veränderungen in unserem inneren Wesen sind, sondern Handlungen oder Erfahrungen unseres inneren Wesens. Zum Beispiel könnten Sie eine außerkörperliche Erfahrung gemacht haben, die Sie an einen nicht-physischen „Ort" führt, der einfach überwältigend schön war. Wenn Sie danach darüber gesprochen haben, würden Sie höchstwahrscheinlich sagen, dass Sie eine erstaunliche Spitzenerfahrung hatten. Aber es wäre kein Spitzenzustand, da es keine lang anhaltende Veränderung in Ihrem Bewusstsein hier in der realen Welt sein würde. Ihre Erfahrung war vorübergehend, so wie kurz irgendwohin hingehen, aber nicht etwas, dass jetzt ein kontinuierlicher Teil Ihres Lebens ist. Selbst wenn es möglich wäre, die Erfahrung dauerhaft zu machen, würden Sie und Ihre Familie es als eine Katastrophe betiteln und nicht als Spitzenzustand!

Wie passen Spitzenfähigkeiten da hinein? Beachten Sie, dass Sie im vorherigen Beispiel wahrscheinlich einen Spitzenzustand haben müssen (wenn auch nur vorübergehend), um diese spezifische Spitzenfähigkeit zu haben, bewusst aus dem Körper heraus zu kommen. Bestimmte Spitzenfähigkeiten kommen bei bestimmten

Spitzenzuständen vor. Wir vermuten jedoch, dass es in einigen begrenzten Fällen möglich ist, eine Spitzenfähigkeit ohne einen begleitenden Spitzenzustand zu haben.

Es stellt sich heraus, dass es eine wunderschön einfache Erklärung dafür gibt, wie alle transpersonalen und spirituellen Erfahrungen, Zustände und Fähigkeiten zusammenpassen, die wir in Kapitel 4 ausführlich untersuchen werden.

## Psychische Gesundheit und Spitzenzustände

Bei Menschen, die neugierig auf unsere Arbeit mit Spitzenzuständen des Bewusstseins sind, kommt es oft zu einem zentralen Missverständnis über psychische Gesundheit. Es hat mit den Annahmen unserer Kultur darüber zu tun, was psychische Gesundheit ist. Die meisten Menschen gehen davon aus, dass psychische Gesundheit das Fehlen einer offenen psychischen Erkrankung ist und dass normale oder durchschnittliche Menschen psychisch gesund sind. Tatsächlich ist nach unserem Modell gewöhnliches oder durchschnittliches Bewusstsein auch eines von psychischer Krankheit. Wir werden in den Kapiteln 4 und 5 ausführlich darauf eingehen, aber im Moment sagen wir nur, dass Spitzenzustände keine zusätzlichen Eigenschaften sind, die dem normalen Bewusstsein hinzugefügt werden. Stattdessen sind Spitzenzustände unser Geburtsrecht. Wir als Spezies sind darauf ausgelegt, diese Zustände als unsere normale Lebensweise zu haben. Da Menschen mit Spitzenzuständen in der Minderheit sind, wurde der Glaube unserer Gesellschaft an die psychische Gesundheit leider durch den Blick auf ein verzerrtes Bild geprägt. Um der Klarheit halber zu übertreiben, ist die Situation ein wenig ähnlich wie bei den Insassen einer Anstalt, die sich gegenseitig ansehen, um zu entscheiden, was psychische Gesundheit ist. Sie vergeben dann das Label für außergewöhnliche psychische Gesundheit an die wenigen Mitarbeiter.

In diesem Text verwenden wir das Wort „durchschnittlich" oder „gewöhnlich", um Menschen ohne Spitzenzustände zu beschreiben. Wir verwenden das Wort „normal", um jemanden mit einigen oder allen möglichen Spitzenzuständen zu beschreiben, da dies ein Gesundheitszustand ist. Wir verwenden diese Begriffe so, wie Ihr Augenarzt bei -20/20 das Sehvermögen als „normal" ansieht (d.h. Ihre Augen funktionieren einwandfrei), aber der Durchschnittsbürger braucht eine Korrekturlinse.

Beispiel:
Eine Frau hatte Jahre damit verbracht, an ihrer Heilung zu arbeiten. Als ich ihr die Möglichkeit anbot, einen Spitzenzustand zu erreichen, in dem ihre schmerzhafte emotionale Vergangenheit einfach verschwinden würde, weigerte sie sich. Sie fühlte, dass dies irgendwie ihre innere Arbeit betrügen würde und dass ein gesunder Mensch diese Zustände nicht braucht.

Beispiel:
Während einer Konferenz hatte eine tiefreligiöse Frau diese Reaktion auf das Paradigma der Spitzenzustände: „Die Menschen sind auf die Erde gekommen, um zu leiden und eine Lektion zu lernen. Selbst wenn du sie in einen schmerzlosen, mühelosen und friedlichen Zustand bringen könntest, wäre es falsch." Ich sagte ihr, dass ich, obwohl ich diese Sorge zu Beginn dieser Arbeit selbst geteilt habe, nie einen Beweis gefunden habe, der diese Idee unterstützt. Zu meiner großen Überraschung fand ich jedoch heraus, dass wir hier sind, um einen Zweck zu erfüllen, anstatt eine Lektion zu lernen. In einigen Fällen, die ich gesehen habe, war ein Spitzenzustand notwendig, um überhaupt eine Hoffnung zu haben, den Zweck zu erfüllen. Obwohl ich das Ergebnis unseres Gesprächs nicht kenne, möchte ich gerne hoffen, dass ich der Frau Hoffnung auf ein besseres Leben gegeben habe.

Widersprüchliche Überzeugungen:
- Das durchschnittliche Bewusstsein ist ein Zustand der geistigen Gesundheit.
- Ein Spitzenzustand ist die Vermeidung von spirituellem Wachstum.

## Bestehende Anwendungen der Peak State Theorie

Anstatt zu versuchen, Spitzenerfahrungen und -zustände direkt zu erreichen, haben mehrere Innovatoren Menschen in diesen Zuständen beobachtet und versucht, zu kodifizieren, wie sie sich verhalten, um das Leben von Durchschnittsmenschen zu verbessern, indem sie ihnen genau diese Verhaltensweisen beibringen. Das deutlichste Beispiel dafür, dass ich kenne, ist Marshall Rosenbergs Prozess zur erfolgreichen zwischenmenschlichen Konfliktlösung, der in dem Buch

*Gewaltfreie Kommunikaton* beschrieben wird: Eine Sprache des Mitgefühls. Er fand Menschen in diesen ungewöhnlichen Zuständen, beobachtete, wie sie natürlich interagierten, und konnte Regeln davon ableiten, die das normale Verhalten ihres Zustandes bestimmten.

Eine weitere Anwendung besteht darin, Bewusstseinszustände zu nutzen, ohne zu erkennen, dass sie existieren. Gay und Kathlyn Hendricks haben eine körperbasierende Therapie entwickelt, die den „Underlaying Happiness"-Zustand (Zugrundeliegende Glücklichkeit), nutzt, um Veränderungen bei ihren Klienten zu unterstützen. Sie wenden in ihrer Therapie eine Vielzahl von Techniken an, die im Buch *At the Speed of Life* zu finden sind. Sie bringen ihre Klienten in den richtigen Zustand, indem sie ihnen beibringen, wie man sich selbst liebt. Sie erklären in dem Buch *Learning to Love Yourself* und seinem Begleitband *The Learning to Love Yourself Workbook*, wie man das macht (und bringen damit ihre Kunden in den gewünschten Zustand).

Eine weitere Anwendung von Spitzenzuständen ist in der Whole-Hearted-Healing-Therapie zur Heilung von Traumata. Die Therapie funktioniert mit Schritten, die von Menschen im durchschnittlichen Bewusstsein durchgeführt werden können. Diese Schritte simulieren einen viel schnelleren und einfacheren Heilungsprozess, der einen Spitzenzustand namens „Hollow State" (Hohlsein-Zustand) verwendet. Die Therapie wird im *Basic Whole-Hearted Healing Manual* von Grant McFetridge und Mary Pellicer oder auf der Website www.PeakStates.com beschrieben.

## Konflikten begegnen mit einem neuen Paradigma

Ich empfehle, unsere Arbeit so anzugehen, wie wir es am *Institute for the Study of Peak States* getan haben. Wir sind ein Haufen Hardcore-Skeptiker, aber wir waren bereit, alles zu betrachten, wenn es sich in Richtung Lösung des Problems des Verstehens und des Erwerbs von Spitzenzuständen bewegen würde. Das Entscheidende ist, ob es funktioniert. Alles andere ist nur Verfeinerung. Das ist das einzige Kriterium, das wir verwenden. Keiner von uns ist mit den Ergebnissen, die wir erhalten, zufrieden - schließlich teilen wir auch das westliche Paradigma -, aber sie kommen in unserer Arbeit zur Sprache, ob wir es wollen oder nicht. Seien Sie also skeptisch. Aber suspendieren Sie Ihre Vorurteile und probieren Sie es aus. Wenn es funktioniert, muss da etwas dran sein.

Dies ist das Herzstück eines Paradigmenwechsels. Ein Paradigma sagt Ihnen, wie Sie das Leben leben und Probleme lösen können, und es sagt Ihnen auch, was Sie als irrelevant oder falsch ignorieren sollten. Das funktioniert gut, solange es die Probleme angemessen löst. Ein neues Paradigma entsteht, wenn das alte nicht in der Lage ist, ein bedeutendes Problem zu lösen, oder wenn es Ihnen nicht gelingt, erfolgreich auf sich ändernde äußere Bedingungen zu reagieren. So erhalten wir Beispiele wie die Schweizer Uhrenhersteller, die die batteriebetriebene Uhr erfunden haben, aber sie passte nicht zu ihrem Paradigma, dass eine Uhr ein mechanisches Gerät ist. Nur zehn Jahre später wurde die gesamte Schweizer Uhrenindustrie von den japanischen und US-amerikanischen Halbleiterfirmen, die das Schweizer Paradigma nicht teilten, praktisch eliminiert.

Wenn man sich jedoch in einem Paradigma befindet, ist es fast unmöglich zu sagen, da es sich wahr anfühlt. Um dieser Idee visuelle Wirkung zu verleihen, lassen Sie mich ein Bild darstellen. Stellen Sie sich vor, Sie wären in den südamerikanischen Dschungel gegangen, weil es Berichte über die Heilung einer unheilbaren Krankheit durch einen einheimischen Schamanen gibt. Sie gehen dorthin und mit Sicherheit werden Menschen dort geheilt, etwas, von dem Sie wirklich überzeugt waren, dass es unmöglich ist. Dies ist der erste Paradigmenkonflikt. Nachdem Sie sich davon erholt haben, beobachten Sie, was der Schamane tut. Sie suchen sich Teilstücke aus wie die schrecklich duftende Zubereitung, und da Ihr Paradigma besagt, dass Tabletten Dinge heilen, finden Sie heraus, wie es gemacht wird und probieren es aus. Wenn es funktioniert, -gut-, es passte zu Ihrem Paradigma und Sie setzen Ihren Weg fort. Wenn nicht, dann sind Sie in einem anderen Paradigmenkonflikt. Sie schauen sich an, was er sonst noch macht, und Sie sehen, dass er viel singt. Also versuchen Sie in Ihrer Verzweiflung diese Verletzung Ihres Paradigmas zu übersehen, und erstaunlicherweise funktioniert es. Nachdem Sie darüber hinweggekommen sind, entdecken Sie schließlich ein völlig unbekanntes Phänomen, das Sie als „Hypnose" bezeichnen und stellen fest, dass dieses Machwerk den Patienten nur entspannte. Ich wähle offensichtlich dieses Beispiel, denn in den 1800er Jahren war die Hypnose außerhalb des aktuellen Paradigmas, und ich bin sicher, dass es die Menschen damals genauso sehr gestört hat, wie die Verletzung von Paradigmen die Menschen jetzt stört. Beachten Sie auch, dass der Entdecker nicht sein ganzes Paradigma aufgeben musste, nur die Teile, die seine Fähigkeit blockierten zu sehen, was wirklich vor sich ging. Die Schweizer, die ihren Job verloren, mussten nicht auf die Teile ihres Paradigmas verzichten, das ihnen sagte, wie man isst, zur Arbeit geht, seine Rechnungen bezahlt – gerade nur den Teil, der sagte, dass die beste Art, Uhren herzustellen, die mit Maschinen war.

## Das Paradigma des Institute for the Study of Peak States (ISPS)

Bisher haben wir viele widersprüchliche Überzeugungen über Spitzenerfahrungen und Bewusstseinszustände identifiziert. Aber was ist unser Paradigma? Kurz gesagt, das ist es:

- Spitzenerfahrungen können kontinuierlich gemacht werden.
- Einige Menschen können einen Spitzenzustand haben, ohne etwas geheilt zu haben.
- Spitzenzustände sind nicht etwas, worauf man hinarbeiten muss, wie z.B. einen höheren Abschluss oder eine Art Preis für die Führung eines tugendhaften Lebens. Stattdessen sind sie Ihr natürlicher Zustand.
- Auch wenn Sie sich in einem Spitzenzustand befinden, müssen Sie lernen, wie Sie alle seine Eigenschaften effektiv nutzen können.
- Ein beliebiger Spitzenzustand macht Sie nicht perfekt. Andere Leute bemerken nicht unbedingt, dass Sie sich in einem Spitzenzustand befinden. Sie haben immer noch Bereiche der Dysfunktion, bis ein Zustand erreicht ist, in dem es kein Trauma mehr gibt.
- Alle Daten in der Biologie, Psychologie und spirituell-schamanischen Erfahrung müssen perfekt miteinander verknüpft sein. Alles muss von einem zugrundeliegenden Modell aus erklärbar sein.
- Die wissenschaftliche Methode passt perfekt zu diesem Problem. Hypothese, Experimentieren, Modelle, Verifikation, Vorhersage und VIELE Überprüfungen in der Realität sind erforderlich.
- Praktisch alles, was die Leute über das Problem sagen, ist falsch.

In Kapitel 4 werden wir sehr detailliert erklären, was die Ursachen von Spitzenzuständen sind. Aber der Vollständigkeit halber werde ich nun den Rest unseres Paradigmas auflisten:

- Der Grund, warum die meisten Menschen keine Spitzenzustände haben, ist auf bestimmte Arten von Traumata zurückzuführen.
- Jeder kann Spitzenzustände dauerhaft haben, es geht nur darum, die richtige Art von Trauma zu beseitigen.
- Selbst die richtige Heilung der zugrundeliegenden Probleme hält Sie nicht ständig in Spitzenzuständen. Ihre verbleibenden Probleme werfen Sie vorübergehend aus diesen heraus, indem sie durch die innere oder äußere Umgebung stimuliert werden.
- Sie hatten bereits die meisten und wahrscheinlich alle Spitzenzustände im Uterus - Sie haben es einfach vergessen.

## Konflikte mit dem neuen Peak State Paradigma

In diesem Abschnitt möchte ich speziell auf einige der Bedenken eingehen, die die Menschen mit unserem Paradigma der Spitzenzustände geäußert haben, als wir unsere Arbeit in Workshops und Konferenzen beschrieben haben. Viele dieser Anliegen haben wir selbst einmal geteilt, und erst mit der Zeit sind wir zu einem anderen Standpunkt gekommen. Ich hoffe, Sie finden es nützlich, dass diese Themen an dieser Stelle behandelt werden, wenn Sie über dieses neue Paradigma nachdenken.

*Konflikte mit allgemeinen westlichen kulturellen Annahmen*
Aufgrund des Themas und des Inhalts unserer Arbeit am Institut gehen die Menschen manchmal davon aus, dass wir nicht an den täglichen kulturellen Überzeugungen teilnehmen. Nichts könnte weiter von der Wahrheit entfernt sein! Ich habe meine Abschlussarbeit an der Stanford University in Elektrotechnik gemacht, bevor ich in die Psychologie wechselte, und einige meiner Mitarbeiter sind MDs. Wir kamen nur langsam zum Paradigma in diesem Buch, und ich möchte hinzufügen - mit großem Widerstand. Doch wir mussten uns alle Daten ansehen, nicht nur das, was uns am Herzen lag, um praktische, reale Modelle mit praktischen Lösungen zu erstellen. Persönlich gesehen ist es für mich jetzt schwer, mich mit den Mainstream-Annahmen über psychische Gesundheit zu identifizieren. Sie wurden durch 15 Jahre Arbeit in diesem Bereich der Spitzenzustände und Heilung langsam abgetragen. Ich bin immer noch beeindruckt, dass Menschen, die sich zum ersten Mal unserer Arbeit nähern, ihren Unglauben lange genug aussetzen können, um uns zuzuhören.

Welche Probleme gibt es bei den Menschen? Eines der ersten ist das Konzept der Spitzenerlebnisse - einige Menschen haben noch nie eines gefühlt und haben keine Ahnung, wovon wir sprechen. Wenn sie nicht selbst ein Spitzenerlebnis hatten, können sie das ganze Konzept schwer akzeptieren - schließlich tut unsere Kultur das nicht.

Ein weiteres Thema sind die Besonderheiten unserer Arbeit. Glücklicherweise ist das Modell der Entwicklungsereignisse für Spitzenzustände des Dreifachhirns mit dem westlichen kulturellen Mainstream vereinbar. Allerdings können die Details für manche Menschen ein Problem darstellen. Modernste Arbeit mit Techniken, die bei Gebärmutter-, Spermium- oder Eitraumata eingesetzt werden, ist den meisten Menschen unbekannt. Die Tatsache, dass der Fötus, das Spermium und die Eizelle selbstbewusst sind und leiden können, übersteigt das, was den meisten Menschen beigebracht wurde zu glauben. Interessanterweise haben viele Menschen, vor allem solche, die außerhalb der Medizin und Psychiatrie arbeiten, entgegen meiner Erwartung nicht so viel Mühe, dies zu akzeptieren. Anscheinend nehmen sie an, dass wir Experten sind und belassen es dabei.

Die wahrscheinlich größte Glaubwürdigkeitshürde, der wir gegenüberstehen, ist, wenn wir zu Material übergehen, das im Allgemeinen nur in traditionellen spirituellen oder „New-age"-Kontexten diskutiert wird. Ich beziehe mich auf Erfahrungen mit vergangenen Leben, Chakren, Meridiane, dem Schöpfer, wie er während einer Nahtoderfahrung gesehen wurde, und Gaia, um nur einige zu nennen. Der einzige Weg, wie ich diese Hürde überwinden kann, ist, den Menschen persönliche Erfahrungen zu vermitteln, weshalb wir in diesen Büchern spezielle Techniken dafür anbieten. Es war verlockend, diese Konzepte zu löschen, als wir für die breite Öffentlichkeit schrieben. Die schlichte Eleganz unseres Modells und die Art und Weise, wie es all die ungewöhnlichen Phänomene, die wir kennen, in einem einfachen Rahmen vereint, ist jedoch für Menschen, die in diesem Bereich tätig sind, äußerst wichtig. So entschied ich mich, alles einzubeziehen und zu akzeptieren, dass einige der Leute sich entscheiden werden, genau wegen dieser Wahl diese Arbeit nicht zu erforschen.

*Bewertung der Glaubwürdigkeit des neuen Paradigmas*
Wie könnte eine Person unsere Glaubwürdigkeit beurteilen? Wenn ich von Leuten etwas gehört habe, die ich kenne und die dafür bürgen können, bin ich persönlich viel eher geneigt, tatsächlich hinzuhören. Leider steht uns diese Option nicht zur Verfügung, da unsere Arbeit zu

neu und zu bahnbrechend ist - nur wenige Spezialisten auf diesem Gebiet wissen davon.

Eine weitere Möglichkeit, Glaubwürdigkeit zu erlangen, besteht darin, hohe Preise zu verlangen. Wir haben uns jedoch dafür entschieden, unsere Arbeiten entweder kostenlos über die Website oder kostengünstig in Buch- oder Workshopform zur Verfügung zu stellen. Leider hat unsere Kultur die Überzeugung, dass Kosten und Wert miteinander verbunden sind, auch wenn wir intellektuell wissen, dass dies nicht wahr ist. Die unbewusste Annahme lautet: „Es kostet viel, es muss wertvoll sein" und das Gegenteil: „Es ist kostenlos, es muss wertlos sein".

Eine interessante Variante dieser kulturellen Annahme über Geld tritt auf, wenn sie mit Ideen über Spiritualität vermischt wird. Eine Frau auf einer Konferenz war der Meinung, dass unsere Vorstellungen von Spitzenzuständen falsch sein müssen, denn für sie war das ein offensichtlicher Grund - da wir keine großen Summen verdienten, kann unsere Arbeit nur ungültig sein. Sie meinte, dass, wenn wir wirklich in der Lage wären, sofortige spirituelle Zustände auszulösen, laut Deepak Chopras *„Sieben Gesetze des spirituellen Erfolgs"* diese Gesetze sofort greifen müssten und wir alle reich sein müssten. Wir haben nicht festgestellt, dass Menschen in Spitzenzuständen typischerweise wohlhabend sind, obwohl sie dazu neigen, im Leben in jeder Hinsicht erfolgreich zu sein, was auch immer für sie wichtig ist. Einige Zustände scheinen den Menschen zu helfen, das zu manifestieren, was sie im Leben wollen, ob es nun Geld oder etwas anderes ist. (Siehe Kapitel 10 für eine Technik, die oft Auswirkungen auf diesen Bereich hat.)

Ich habe die Hoffnung, dass das Verschenken von schnellen, einfachen Prozessen, die tatsächlich funktionieren, um Menschen mit der von uns gemessenen Zuverlässigkeit in Spitzenzustände zu versetzen, dazu führen könnte, dass die Menschen das ganze Thema überdenken. Eine Reihe solcher Prozesse werden in diesem Buch behandelt.

*Konflikte mit bestimmten spirituellen Wegen*
Auf Konferenzen treffen wir oft auf Menschen, die bereits die gängigen kulturellen Annahmen hinter sich gelassen haben und sich entschieden haben, einer oder mehreren spirituellen, religiösen oder schamanischen Traditionen zu folgen. Obwohl ich erwartet habe, dass unsere Arbeit diese Menschen ansprechen würde, ist das nicht immer der Fall.

Ein enger Freund von mir war nicht daran interessiert, Details meiner Arbeit zu hören - wie er sagte, hatte aus seiner Sicht unser

Ansatz kein Herz, und so würde er bei seinen Bhakti-Meditationen bleiben. Wir arbeiten nach einem westlichen wissenschaftlichen Ansatz, der Statistiken, Messwerkzeuge und prüfbare Prozesse umfasst. Da wir im Grunde genommen Forschung und Entwicklung betreiben, haben nur sehr wenige Menschen das Temperament oder den Hintergrund, mit uns zu arbeiten. Wir erarbeiten aber auch einfache Wege, um die gleichen Ergebnisse zu erzielen, auch ohne die Details unserer Arbeit kennenzulernen, wie der Prozess in Kapitel 9 zeigt. In unserer Arbeit geht es um Liebe und Mitgefühl, aber es ist mehr als Liebe gefragt. Mutter Teresa liebte die Menschen, denen sie half, aber sie nutzte auch praktische Fähigkeiten, um ihnen tatsächlich, körperlich zu helfen.

Ein anderer Mann, den ich für seine Beiträge auf dem Gebiet der Heilung sehr schätze, war der Meinung, dass unsere Arbeit nicht wahr sein könnte, denn die Idee der Spitzenzustände stand im Widerspruch zu seinem Verständnis des Kurses in Wundern. Er hatte das Gefühl, dass, wenn das, was wir sagten, wahr wäre, eine Person in solchen Spitzenzuständen einfach von der Erde verschwinden würde. Obwohl er keine Möglichkeit hatte, dies zu wissen, sind die meisten der Spitzenzustände, die Menschen haben können, diejenigen, die sie bereits im Uterus hatten. Das ist ein Glücksfall, denn wenn wir für Spitzenzustände wie für Mathematik studieren müssten, wie viele Menschen wären bereit oder in der Lage, dies zu tun? Stattdessen müssen wir nur das wiederherstellen, was wir verloren haben, was eine ganz andere Art von Prozess ist.

*Konflikte mit den Konzepten der Erleuchtung und Selbstverwirklichung*
Ein weiterer allgemeinerer Einwand gegen unser Modell der Spitzenzustände hat mit den Konzepten der Aufklärung und Selbstverwirklichung zu tun. Einige Leute haben mir gesagt, dass sie kein Interesse an unserer Arbeit haben, weil ihre anderen Ziele alles waren, woran sie interessiert sind. Unsere Arbeit fühlt sich für sie irrelevant an. Doch was sind ihre Ziele? Betrachten wir zuerst das Wort „Erleuchtung". Unsere Kultur hat eine vage Vorstellung davon, dass es ein äußerst wertvolles Ziel gibt, das durch dieses Wort repräsentiert wird, aber leider hat niemand, den ich kenne, eine klare und überprüfbare Definition. So wie es heute verwendet wird, ist es ein Wort ohne wirkliche Bedeutung.

Die Situation wird noch verwirrender, wenn mehrere spirituelle Praktiken ausgeführt werden. Verschiedene Gruppen, die Spiritualität lehren, sind sich nicht einig darüber, worauf man hinarbeiten sollte und erkennen die Gültigkeit anderer traditioneller spiritueller Wege nicht an. Aus unserer Sicht sehen wir eine Reihe von völlig unterschiedlichen und wichtigen Zuständen, auf die sich verschiedene spirituelle Traditionen unter Ausschluss anderer konzentrieren. Zum Beispiel unterscheidet sich Gurdjieffs Ziel von dem eines einheimischen Schamanen, der sich von dem eines Zen-Mönchs unterscheidet, der sich von dem eines taoistischen Heilers unterscheidet. So bekommen wir Yogis, die sich auf ihre spirituellen Zustände konzentrieren, aber an schrecklichen Krankheiten sterben. Wir bekommen Schamanen, die Krankheiten heilen und sind mit dem planetarischen Bewusstsein verbunden, aber ignorant gegenüber den Zuständen, in denen die Yogis arbeiten. Wir haben Buddhisten, die sich auf den Buddha-Geist konzentrieren, aber die taoistische Langlebigkeit und Heilpraktiken ignorieren usw.

Denken Sie jedoch einen Moment über die erstaunlichen, einzigartigen Zeiten nach, in denen wir leben. Das zwanzigste Jahrhundert hat der Welt große Veränderung der spirituellen Wege gebracht, indem es ihre Unterschiede zur Überprüfung zur Verfügung stellte. Wir sind nicht mehr auf eine akzeptable Religion in einem kleinen geografischen Gebiet beschränkt.

Unsere Arbeit zeigt, dass Menschen, die sich auf einem Weg des spirituellen Wachstums befinden, viele Spitzenzustände des Bewusstseins durchlaufen. Tatsächlich sollten sich diese Zustände aus unserer Sicht in einer Person ansammeln. Zum Zeitpunkt dieser Schrift ist unsere Vorstellung von einem ultimativen Zustand überhaupt kein Zustand, sondern eine gleichzeitige Kombination von „ultimativen" Zuständen aus vielen Traditionen. Soweit wir wissen, ist unsere Ansicht, dass das Ziel der spirituellen Praxis darin besteht, einen Verbund vieler Zustände zu erwerben, einzigartig.

Die Idee der Erleuchtung kann eine andere Art von Verwirrung hervorrufen, wenn wir das Paradigma der Spitzenzustände diskutieren. Viele Menschen gehen weiterhin unbewusst davon aus, dass es wirklich nur einen Spitzenzustand gibt, obwohl wir betonen, dass es eine Vielzahl von sehr unterschiedlichen gibt. Sie gehen davon aus, dass wir über verschiedene Grade der inneren Gelassenheit sprechen, eine Gelassenheit, die unabhängig von den Ereignissen im eigenen Leben ist. Obwohl es solche Zustände gibt, gibt es auch eine große Vielfalt anderer Spitzenzustände, die kein Gefühl der Gelassenheit vermitteln. Ich kann auf Menschen verweisen, die sich in einem Spitzenzustand befinden, in dem sie sich die ganze Zeit glücklich fühlen, aber trotzdem wütend, traurig oder was auch immer gleichzeitig sein können. Diese

Unterscheidung bewusst zu machen, kann bei der Präsentation dieses Materials sehr hilfreich sein.

Was die Selbstverwirklichung betrifft, so hat dieses Wort eher eine objektive Definition. Menschen in einer Vielzahl von Spitzenzuständen weisen die Merkmale auf, die in der Literatur zu diesem Konzept zu finden sind. Anscheinend ist unser Ansatz, dies sozusagen durch die Hintertür zu erreichen, für die Menschen zunächst schwer zu verstehen. Die Zustände weisen diese Eigenschaften auf - man muss nicht daran arbeiten, die Qualitäten der Selbstverwirklichung direkt zu erwerben, wenn man sich in bestimmte Spitzenzustände begibt.

*Konflikte mit dem Paradigma des spirituellen Lehrers*
Eine weitere Gruppe von Menschen, die starke Reaktionen auf unsere Arbeit haben, sind diejenigen, die Lehrern oder Gurus folgen, seien sie lebendig oder verstorben, und aktiv spirituelle Praktiken oder andere Selbstverbesserungsprozesse durchführen.

Viele Menschen haben Jahre damit verbracht, einen Prozess oder spirituellen Weg zu erlernen und eine persönliche Beziehung zu einem Lehrer aufzubauen. Andere haben nie eine persönliche Beziehung gehabt, sondern verlassen sich auf die Schriften des Lehrers. Diese Leute können manchmal spüren, wenn das, was wir sagen, gültig ist, dann hätte ihr Lehrer bereits mit ihnen darüber gesprochen. Für einige kann es sich wie ein Verrat an ihrem Lehrer anfühlen, überhaupt auf unser Paradigma zu hören. Und wenn sie anfangen zu bedenken, dass wir vielleicht Recht haben, kann es sich anfühlen, als hätten sie jahrelange harte Arbeit für nichts verschwendet. Nachdem man einem Lehrer Vertrauen geschenkt hat, erwartet man von ihm, dass er oder sie das Beste aus sich herausholt und absolut sachkundig und kompetent ist. Besonders bei traditionellen spirituellen Praktiken kann es frevelhaft erscheinen, die Vorstellung zu berücksichtigen, dass Generationen von Lehrern vielleicht nicht alles Relevante gewusst haben.

Selbst die besten spirituellen Lehrer sind wie alle anderen Spezialisten und können oft nicht mit Material außerhalb ihres Fachgebiets oder ihrer Linie mithalten. Es ist ähnlich wie bei einem Facharzt, den wir mögen - wenn er uns nicht helfen kann, gehen wir zu anderen, die mehr wissen oder eine andere Ausbildung haben. So haben beispielsweise Stanislav und Christina Grof vor zwanzig Jahren die Welt auf das Problem der „spirituellen Notfälle" aufmerksam gemacht. Doch selbst jetzt noch sind sich viele Meditationslehrer nicht bewusst, dass Meditation bei manchen Menschen diese Ereignisse auslösen kann. Regelmäßig werden neue Wege zur Problemlösung und Heilung von Menschen erfunden, Wege, die noch nie zuvor gesehen wurden. Weltweit findet eine Synthese statt, die einfach nie zuvor möglich war, und wie in der Medizin ist die Informationsflut zu einem großen Problem geworden.

Viele Menschen sind diesem Konflikt zwischen Lehrern und ihrer eigenen Erfahrung begegnet. Wenn wir nach der Wahrheit suchen oder nach dem Weg oder welches Etikett wir auch verwenden mögen, beginnen wir im Allgemeinen mit den traditionellen Formen, die angeboten werden. Ich hatte einen ähnlichen Konflikt zwischen dem, was ich entdeckte und dem, was meine Lehrer sagten. Wenn Sie sich in diesem Dilemma befinden, kann ich nur vorschlagen, das zu tun, was für mich funktioniert hat, und zwar eine Art vernünftiger Ansatz für diese Probleme. Wenn ich einen Lehrer oder einen spirituellen Weg betrachte, suche ich nach Widersprüchen mit dem, was ich anderswo gelernt habe. Ich betrachte auch das Gesamtbild. Haben die Lehrer ihren Auftritt wirklich geistig, emotional und körperlich in Ordnung gebracht? Haben sie erstaunliche persönliche Beziehungen und Ehen? Leisten sie einen Beitrag, arbeiten sie, spielen sie, haben sie Spaß? Werden sie krank? Können sie sich selbst und andere heilen, usw.?

*Ein Verlust der Hoffnung auf tiefe innere Veränderung*
Im Laufe der Jahre habe ich eine Reihe von motivierten, engagierten Menschen getroffen, die Workshops durchgeführt haben, Techniken gelernt haben, eine Vielzahl von spirituellen Pfaden gegangen sind und dennoch weiterhin das Gefühl hatten, dass nichts für sie funktioniert hat. Wenn sie auf unsere Arbeit stoßen, fühlen sie sich vielleicht eher hoffnungslos und wollen diesmal wissen, inwieweit unsere Arbeit anders ist. Erstens geht es nicht nur um „unsere" Techniken - es geht vielmehr um eine neue Sichtweise auf das, wonach die Menschen wirklich suchen. Dieses Buch behandelt eine Reihe von Techniken, die von verschiedenen Menschen entwickelt wurden, die den unterschiedlichen Ansätzen folgten, um ein ähnliches Ziel zu erreichen - das Leben in Spitzenzuständen. Wie ich bereits sagte, haben die neuen Techniken eine viel bessere Erfolgsbilanz bei der Erreichung von Spitzenzuständen im Vergleich zur vorherigen Generation von Techniken. Doch selbst diese erstaunlichen neuen Prozesse werden nicht für alle funktionieren. Dieses Gebiet steckt noch in den Kinderschuhen, und der Erfolg ist nicht gesichert. Möglicherweise ist der beste gangbare Weg, eine Vielzahl von Spitzenzustandstechniken auszuprobieren und so die Erfolgschancen zu erhöhen. Es tauchen immer mehr Organisationen auf, die planen, diese und andere Prozesse

auf ihre Wirksamkeit zu testen, damit Sie die Prozesse auswählen können, die Ihnen die besten Chancen geben, aber auch diese Bewegung steckt noch in den Kinderschuhen. Wir hoffen, dass Sie in einigen Jahren in der Lage sein werden, nach jedem beliebigen Prozess in einem „Verbraucherbericht" von psychologischen Prozessen zu suchen, aber im Moment haben Sie diese Möglichkeit nicht.

Lassen Sie mich dieses Thema auf eine andere Weise ansprechen, nur aus unserer Sicht im ISPS. An unserem Ansatz, dem Entwicklungsereignismodell, ist völlig anders, dass wir die zugrundeliegende Theorie der Spitzenzustände ableiten, wie wir sie verloren haben und wie wir sie zurückgewinnen können. Sie können darüber lesen, es selbst lernen und sogar völlig neue Techniken selbst erfinden, um die zugrundeliegenden Probleme zu lösen, die wir entdeckt haben. Wir begannen nicht mit einer Technik, die funktionierte, sondern mit der Erforschung der Probleme, die Menschen haben, der Ableitung von zugrundeliegenden Mechanismen und der Erfindung von Techniken zur Behebung der entdeckten Probleme. Im Laufe der Zeit erwarten wir, dass wir und andere motivierte Menschen schnellere und einfachere Techniken entwickeln werden. Unsere Arbeit ist jedoch eher analytisch und befindet sich noch in der Forschungs- und Entwicklungsphase. Die Menschen können sich davon abschrecken lassen, denn es ist ein bisschen wie das Erlernen der Elektrotechnik, anstatt nur das zu nutzen, was Ingenieure getan haben, um den Lichtschalter einzuschalten. Glücklicherweise entwickeln wir und andere Entwickler einfache Prozesse, die von der Öffentlichkeit genutzt werden können, so wie Ingenieure Lichtschalter hergestellt haben, die keine Rechenkenntnisse erfordern.

Unsere Fokussierung auf die zugrundeliegenden Mechanismen hat einen weiteren Vorteil. Die Menschen sind komplex, mit einer ganzen Reihe von Gründen, die ihnen Schwierigkeiten bereiten könnten, Spitzenzustände zu haben. Da wir wissen, was wir zu erreichen versuchen und wir viele der zugrundeliegenden Mechanismen verstehen, können wir uns hinsetzen und einen Weg finden, um das einzigartige Problem einer Person zu lösen. Oder die Menschen können es für sich selbst tun, was ich für sehr ermächtigend halte.

## Schlüsselpunkte

- Einer der wichtigsten Punkte in diesem Buch ist, dass es Spitzenzustände des Bewusstseins gibt. Das dominante

Paradigma sowohl in unserer westlichen Kultur als auch in der Psychologie führt dazu, dass die Menschen die Idee der Spitzenzustände des Bewusstseins nicht als Erklärung für eine Vielzahl von persönlichen und beruflichen Erfahrungen betrachten. Im Allgemeinen würden die Überzeugungen der Menschen dieser Erklärung unabhängig von den Daten widersprechen, falls sie ihnen vorgelegt würde.

- Psychologische, spirituelle und religiöse Traditionen konzentrieren sich auf verschiedene Aspekte einer verbesserten psychischen Gesundheit und ignorieren oder lehnen widersprüchliche Daten voneinander ab. Die meisten Menschen akzeptieren diesen Zustand als normal. Eine einheitliche theoretische Erklärung, die alle bekannten Phänomene umfasst, ist nicht öffentlich zugänglich.
- Ein Spitzenzustand ist ein Spitzenerlebnis von langer Dauer, wenn auch nicht unbedingt kontinuierlich.
- Menschen können sich von Geburt an in relativ dauerhaften Spitzenzuständen des Bewusstseins befinden.
- Es gibt eine recht große Anzahl von möglichen Spitzenzuständen mit unterschiedlichen Eigenschaften.
- Jeder gegebene Spitzenzustand hat für jeden die gleichen Eigenschaften.
- Spitzenzustände sind Zustände einer erhöhten psychischen Gesundheit.

## Empfohlene Literatur und Webseiten

Über aktuelle Anwendungen von Spitzenzuständen des Bewusstseins
- Gay und Kathlyn Hendricks, *At the Speed of Life*: Ein neuer Ansatz zur persönlichen Veränderung durch körperbasierende Therapie, Bantam, 1993. Eine ausgezeichnete Abdeckung ihrer körperbasierenden Therapietechniken. Empfohlen.
- Grant McFetridge und Mary Pellicer, M.D., *The Basic Whole-Hearted Healing Manual*, dritte Ausgabe, Institute for the Study of Peak States Press, 2003. Ein Trainingshandbuch für Fachleute und Laien im Institute for the Study of Peak States Regressionsprozess zur Heilung von Traumata.

- Marshall Rosenberg, *Gewaltfreie Kommunikation: Eine Sprache des Mitgefühls,* Puddledancer Press, 1999. Der beste Konfliktlösungsprozess, den wir kennen. Ihre Website für Schulungen und weitere Informationen finden Sie unter www.cnvc.org.

Kapitel 3

# Aktuelle Techniken für den Erwerb von Spitzenzuständen des Bewusstseins

## Einführung

Eine stille Revolution findet statt, wenn in allen Teilen der Welt neue Ansätze und Techniken auftauchen, um den Menschen Spitzenzustände des Bewusstseins zu geben. Viele dieser Prozessentwickler integrieren das Konzept der Spitzenzustände bereits in ihre persönlichen Paradigmen. Sie bauen auf traditionellen Ansätzen und der vorherigen Generation von Durchbrüchen, älteren Techniken, die den meisten Fachleuten und Laien im Allgemeinen unbekannt sind. Die Techniken der neuen Generation sind schneller, effektiver, stabiler und wirken bei einem viel höheren Prozentsatz der Bevölkerung. Im Gegensatz zu älteren Techniken können viele der aktuellen Verfahrensgenerationen in Stunden bis Tagen abgeschlossen werden, andere erfordern nur gelegentliche eine kurze Bearbeitungssitzung. Einige der besten in der aktuellen Generation von Prozessen werden von ihren Erschaffern in den Kapiteln 8 bis 12 beschrieben.

Dieses Kapitel wird kurz sowohl die älteren als auch die neueren Techniken behandeln, die wir kennen. Dieses Material ist für Profis besonders wichtig, da es ein Gefühl für den aktuellen Stand der Technik in diesem Bereich vermittelt. Es ermöglicht Technik-Entwicklern auch, andere Ansätze und die verschiedenen Phänomene, die sie nutzen, zu betrachten, um sie in ihre Arbeit einzubeziehen. Wir erwarten auch, dass interessierte Leser jeder Technik nachgehen, die sie für interessant halten. Dieses Feld befindet sich jedoch im schnellen Wandel mit der Erstellung neuer und der Verbesserung alter Methoden. Erkundigen Sie sich daher unbedingt beim Prozessentwickler nach Änderungen, bevor Sie sich auf die Informationen in diesem Kapitel stützen.

In den kommenden Jahren können wir uns vorstellen, den Namen des Prozesses, die Kontaktinformationen, die Spitzenzustände, die die

Technik verleiht, den Prozentsatz der Bevölkerung, bei der sie funktioniert und ihren Grad der Beständigkeit angeben zu können. Zum jetzigen Zeitpunkt ist dieses Gebiet jedoch zu neu und ändert sich zu schnell. Auch grundlegende Fragen wie Zustandsnamen und deren Eigenschaften sind noch in Bewegung. Methoden zur Überprüfung, welche Zustände eine Technik vermittelt und wie die Effektivität der Technik gemessen werden kann, werden noch abgeleitet. Auch das Verständnis der zugrundeliegenden Mechanismen fehlt in der Regel bei diesen Techniken.

In diesem Kapitel gruppieren wir die Techniken nach dem zugrundeliegenden Ansatz, den sie für ihre Wirkung verwenden. Dies gibt dem Laien eine historische Perspektive, aber unser Hauptgrund dafür ist, Technik-Entwicklern Bewusstsein für alternative Ansätze zu vermitteln. Interessanterweise ist dies in der Regel noch nicht geschehen, obwohl die Ansätze in vielen Fällen miteinander kombiniert werden können, um sie schneller und effektiver zu machen. Wir können die verwendeten Ansätze grob kategorisieren als: 1) der bewusste (psychologische) Ansatz; 2) meditative (religiöse) Praktiken; 3) Induktionstechniken (schamanisch); 4) der Geist-Körper-Ansatz; 5) der Trauma-Heilungsansatz; und 6) der Lösungsansatz des Dualismus. Andere Kategorien könnten formuliert werden, aber zum Zeitpunkt dieses Schreibens finden wir diese am nützlichsten.

## Technik-Auswahlkriterien

Ich habe mich entschieden, Spitzenzustandstechniken für dieses Kapitel einzubauen, die auf den Erfahrungen unserer Kollegen und Studenten basieren sowie Diskussionen mit Menschen aus Organisationen, die Bewusstseinsarbeit leisten. Da dieses Feld so neu ist, ist dies der einzige Weg, um überhaupt herauszufinden, welche Techniken verfügbar sind! Wo immer möglich versuchte ich herauszufinden, ob die Technik für viele der Teilnehmer funktioniert, auch wenn sie für die betroffene Person nicht funktionierte. Ich schloss eher willkürlich Techniken aus, die für mindestens eine beobachtbare Anzahl von Teilnehmern nicht zu funktionieren schienen, es sei denn, die Technik war für einen seltenen Zustand konzipiert, der schwer zu erwerben ist. Offensichtlich hat dies die Liste in Richtung der neueren Generation von Prozessen verzerrt, obwohl ich ältere, weniger effektive Prozesse einbezogen habe, wenn ich sie für historisch wichtig hielt oder sie einen wertvollen Ansatz enthielten. Wenn Ihr bevorzugter Ansatz ausgelassen oder als weniger effektiv eingestuft wurde oder eine Technik, die Sie verabscheuen, als sehr effektiv eingestuft wurde, erkennen Sie bitte die notwendigerweise begrenzte Natur dieser Daten. Im Laufe der Zeit erwarten wir, dass sich diese Situation verbessert.

Techniken, die speziell darauf ausgelegt sind, Spitzenzustände zu erzeugen, sind sehr selten und im Allgemeinen leicht zu erkennen. Es gibt jedoch eine Vielzahl von Heilmethoden, von denen einige manchmal Spitzenzustände als Nebenprodukt ihres Prozesses hervorrufen können. Aufgrund des derzeit vorherrschenden Paradigmas erkennen die meisten Erfinder der Heiltherapie die Existenz von Spitzenzuständen oder die Zweckmäßigkeit, sie zu haben, nicht, und ihre Techniken spiegeln diese Verzerrung wider. Aus diesem Grund musste ich fast alle heilenden Therapieverfahren als irrelevant für dieses Buch auslassen. Wenn dieses Feld reift, erwarte ich, dass einige dieser Entwickler ihre Ausrichtung auf die Einbeziehung von Spitzenzuständen verlagern werden.

Ich schloss Listen von Gurus oder Lehrern aus, mit denen man manchmal einen Spitzenzustand erreichen kann, indem man einfach in ihrer Nähe ist, vielleicht während man eine spirituelle Praxis ausübt. Außer in seltenen Fällen ist die Wirkung vorübergehend und führt zu dem Problem, dass Menschen dem Guru folgen müssen, um den Zustand zu behalten.

## Klassifizierung der Zustände als „spirituell" oder „schamanisch".

Im Allgemeinen fallen die Zustände, die die Methoden zu erreichen versuchen, in zwei große Gruppen, die wir zur Einfachheit als „spirituelle" (oder religiöse) Zustände und „schamanische" Zustände benennen können. Wir können die beiden Orientierungen verallgemeinern, indem wir sagen, dass sich die beteiligten Zustände entweder nach außen auf Gott (die spirituellen Zustände) oder nach innen auf den Körper (die schamanischen Zustände) konzentrieren. Die spirituellen Zustände haben mit unserem unsterblichen „spirituellen" Selbst und dem Reich zu tun, aus dem es kommt. Zum Beispiel neigen yogische, buddhistische, sufistische und christliche Praktiken dazu, sich alle auf diese Art von Zustand zu konzentrieren. Im Gegensatz dazu sind schamanische Zustände mit dem Körper und der realen physischen Welt verbunden. Beispiele für diese Zustände sind der Taoismus, indianische Traditionen, Praktiken, die sich darauf konzentrieren, die Erde als Lebewesen wahrzunehmen und physische Heilmethoden wie das Chilel Qigong. Natürlich kann jeder Praktizierende auf die ganze Bandbreite von

Zuständen stoßen, aber die Traditionen neigen dazu, eine Gruppe gegenüber den anderen als bedeutungsvoll oder bedeutsam einzustufen. Auch jede gegebene Tradition wird sich in der Regel auf eine Teilmenge der Gesamtzahl der in ihrer Ausrichtung verfügbaren Zustände spezialisieren.

Es sollte klar sein, dass der historische Bedarf die Wahl der Zustände bestimmt hat. Auf die Gefahr hin, dass es zu einfach wird, konzentrierten sich die Schamanen mehr auf die Gesundheits- und Überlebensbedürfnisse ihres Stammes. Spirituelle Praktiken konzentrierten sich mehr auf Themen, die nicht direkt mit dem Überleben verbunden waren, sondern aus Gesellschaften kamen, in denen Jagd und Sammeln durch Landwirtschaft und niedergelassene Gemeinschaften ersetzt worden waren. Die Zustände in jeder Gruppe spiegeln deren Bedürfnisse wider.

Welche Zustandsgruppe ist wichtiger? Aus unserer Sicht im ISPS sind sie alle auf die eine oder andere Weise wichtig. Verschiedene Zustände erlauben es uns, uns unterschiedlich zu fühlen, unterschiedliche Wahrnehmungen zu haben oder verschiedene Dinge zu tun. Glücklicherweise können Zustände kumuliert werden und so müssen wir nicht auf Kosten des Verlustes eines anderen wählen. Ich empfehle jedoch, dass sowohl die breite Öffentlichkeit als auch die Fachleute zunächst die Dreifachhirn-Überlappungs-Zustände erwerben, die in schamanischen Traditionen vorkommen. Diese Zustände werden in Kapitel 5 beschrieben. Meiner Meinung nach haben selbst Teilversionen dieser Zustände den größten Einfluss auf die tägliche Lebensqualität, insbesondere für die Klienten, die Psychologen und Psychiater haben. Dreifachhirn-Überlappungs-Zustände sind auch die Grundlage für viele fortschrittliche Heilmethoden, wie in Band 3 beschrieben. Ich empfehle auch, begrenzte Versionen der in Band 2 beschriebenen fortgeschrittenen spirituellen und schamanischen Zustände hinzuzufügen, um die Dreifachhirn-Zustände stark zu verbessern. Zum Beispiel bietet Jacquelyn Aldanas die 15-Minuten-Wunder-Technik in Kapitel 10 an, eine ausgewogene Kombination von Zuständen, die besonders nützlich für die Manifestation in der Welt sind. Vollversionen der Zustände in Band 2 können einen so großen Einfluss auf die Selbsterfahrung einer Person haben, dass wir im Allgemeinen nicht empfehlen, dass Menschen mit ihnen beginnen. Selbst Dreifachhirn-Zustände können für viele Menschen ein großer Schritt sein und viel Zeit in Anspruch nehmen, um sich daran zu gewöhnen.

Die Techniken in diesem Kapitel, obwohl sie aufgrund ihrer historischen Wurzeln eher auf schamanische oder spirituelle Zustände spezialisiert sind, lassen sich oft an beide Orientierungen anpassen. Aus diesem Grund habe ich in diesem Kapitel beschlossen, Techniken nach den Phänomenen zu kategorisieren, die sie nutzen, um Spitzenzustände zu erhalten, anstatt nach der Art der Zustände zu kategorisieren, für die sie ursprünglich vorgesehen waren. Und realistisch gesehen übersteigt das Bestimmen der spezifischen Zustände, die die Techniken vermitteln können, unsere begrenzten Ressourcen. Ich hoffe, dass das untenstehende Klassifizierungsschema Technik-Entwicklern und Verbrauchern helfen wird, verschiedene Ansätze miteinander zu kombinieren, um die Effektivität, Effizienz und Reichweite zu erhöhen.

## Klassifizierung von Spitzenzustandstechniken nach Ansatz

Die folgenden sechs Kategorien decken die Ansätze ab, die die meisten Spitzenzustandstechniken verwenden. Zum Zeitpunkt dieses Schreibens kennen wir keine Technik, die zwei oder mehr der Ansätze beinhaltet, obwohl wir dies in der Zukunft erwarten.

*Die Praktiken der bewussten Wahl (psychologische Praktiken)*
Der Ansatz der bewussten Wahl, manchmal auch als psychologischer Ansatz bezeichnet, hat mehrere Varianten und eine Reihe von Techniken. In ihrer einfachsten Form handelt es sich um Techniken von Personen, die eine Eigenschaft, eine Qualität oder ein Attribut des von ihnen gewünschten Spitzenzustands identifiziert haben, entweder durch Lesen, Beobachten von jemand anderem oder durch eine eigene momentane Spitzenerfahrung.

Dann entscheiden sie sich einfach, sich zu bemühen, die Qualität zu erleben. Bei diesem Ansatz ist die Eigenschaft in der Regel ein Gefühl. Anstatt einen Zustand zu bekommen und dann seine Eigenschaften zu erfahren, tun sie das Gegenteil. Sie wählen und betonen bewusst eine Eigenschaft aus dem Zustand, die sie wiederum weiter in den Gesamtzustand versetzt. Dieser Ansatz kann für viele Menschen sehr einfach und nützlich sein.

Aus unserer Sicht besteht der Nachteil dieser Technik darin, dass sie nur für Menschen funktioniert, die bereits nahe am jeweiligen Zielzustand sind und die Charakteristik aus eigener Erfahrung in der Vergangenheit erkennen können. Da die Fähigkeit, die Eigenschaft zu spüren, davon abhängt, ob man genug davon hatte, um den Zustand hervorzurufen, sind für die meisten Menschen die eher ungewöhnlichen Zustände mit diesem Ansatz nicht abrufbar. Selbst bei relativ kleinen

Zuständen kann es schwierig sein, sich an das Gefühl oder die Empfindung zu erinnern. Der andere Nachteil ist, dass der Zustand für viele Menschen im Allgemeinen nicht dauerhaft ist, sondern durch die Praxis aufrechterhalten werden muss. Im Wesentlichen bekämpft man die eigene Tendenz, zum durchschnittlichen Bewusstsein zurückzukehren. Darüber hinaus stellen wir manchmal fest, dass dieser Ansatz bei Menschen, die vom Zielzustand „weit entfernt" sind, nach hinten losgeht. Sie können stattdessen versuchen, gegenteilige Gefühle zu unterdrücken, die gelegentlich explosionsartig ausbrechen können.

Beispiel:
 Ein Mann, den ich kannte, entschied sich dafür, dass er sich einfach für Glück entscheiden würde (was der Höchstzustand ist, der durch die Überlappung von Körper und Herz verursacht wird). Ein anderer Mann, der nach der Rückkehr in die USA nach dem Überleben in Vietnams so froh war, am Leben zu sein, ging danach in einen fast ununterbrochenen Beauty Way-Zustand (Kopf-Herz-Fusion).

Beispiel:
 In einem konventionelleren „psychologischen" Ansatz beschloss Mary Pellicer von unserem Institut, mit dem Beurteilen von Menschen aufzuhören, und ging nach einigen Monaten des Übens in den Zustand des Inner Peace über.

Beispiel:
 Eine andere Frau beschloss mit Hilfestellung, alle Gründe zu untersuchen, warum sie nicht in der Gegenwart war, und das brachte sie auch auf den Beauty Way. Allein die Bewusstmachung der Gründe bescherte ihr den Trick, zumindest für einige Monate.

Es gibt eine Vielzahl von Techniken in dieser Kategorie. Wir haben hier die aufgelistet, die wir kennen, aber es gibt wahrscheinlich noch eine Reihe anderer.

Aus einer klassischen religiösen Orientierung kommen Techniken, bei denen der Mönch oder Laie Anweisungen erhält, die die Qualität des gewünschten Spitzenzustandes verkörpern. Beispiele sind der tibetische Buddhismus und seine Meditationen über die Eigenschaften bestimmter Gottheiten und das Christentum mit seiner Anweisung, die Liebe Gottes zu beten, zu meditieren und zu fühlen. Die Probleme dieses Ansatzes sind die gleichen wie im Folgenden im Abschnitt über meditative Praktiken beschrieben.

Der Schamane Tom Brown Jr. verwendet eine interessante Variante davon. Er lehrt eine Technik, die er „Atem zum Herz" nennt. In dieser Technik bewegt der Schamane bewusst sein Bewusstseinszentrum (siehe Band 2 für mehr über das Bewusstseinszentrum) in den Solarplexus, von dem wir glauben, dass er einen Dreifachhirn-Spitzenzustand erzwingt. Diese Technik verwendet eine einzigartige Eigenschaft des Zustandes, den Ort des Bewusstseinszentrums des Schamanen, und nicht eine typische emotionale Eigenschaft.

Gay und Kathlyn Hendricks lehren eine Methode, die das Gefühl der Selbstliebe nutzt, um ihre Klienten in den Zustand zu versetzen, den wir „Underlying Happiness" nennen. Gay leistete eine ausgezeichnete Arbeit bei der Beschreibung der Technik in den Büchern *Learning to Love Yourself,* und das *Learning to Love Yourself Workbook*. Wie wir bereits im vorherigen Kapitel erwähnt haben, verwenden sie es in erster Linie, um ihre körperzentrierten Therapieheilverfahren zu erleichtern und nicht als Selbstzweck. Soweit ich weiß, erkennen sie nicht, dass Glück ein eigener Bewusstseinszustand ist. Obwohl der Effekt temporär ist, ist ihr Ansatz ziemlich effektiv, und sie geben gute alternative Techniken für Menschen, die ihren Basisprozess nicht anwenden können.

Martin Seligman, ein inspirierender Prozessgestalter aus dem akademischen Umfeld, ist der Autor von *Learned Optimism and Authentic Happiness*. Er lehrt Methoden, um diese Qualitäten von Optimismus und Glück zu bekommen, obwohl ich, während ich dieses schreibe, nicht weiß, wie effektiv sie sind. Seine Arbeit ist auch aus Sicht des Instituts wertvoll, da sie Fragebögen zur Beurteilung des eigenen Optimismus und Glücks enthält. Soweit ich jedoch weiß, ist er sich nicht bewusst, dass diese Qualitäten das Ergebnis bestimmter Spitzenzustände sind und sieht sie durch die aktuelle psychologische Linse der normalen Variation der menschlichen Emotionen. Seine Arbeit hat einen gesamten Ansatz in akademischen Kreisen namens „positive Psychologie" eingeleitet.

Eckhart Tolle hat in den letzten Jahren mit seinem Buch *The Power of Now* für Aufsehen gesorgt. Seine Arbeit hat die Idee eines zugänglichen und außergewöhnlichen Bewusstseinszustandes in die breite Öffentlichkeit gebracht und leistet in dieser Hinsicht einen wunderbaren Dienst. Nach dem minimalen Feedback, das ich erhalten habe, scheinen seine Techniken zum Erwerb des Zustandes jedoch nicht sehr effektiv zu sein.

Der Avatar-Kurs von Harry Palmer ist wohl der bekannteste der Prozesse in dieser Kategorie. Sein einführendes Buch ist *Living Deliberately*: Die Entdeckung und Entwicklung des Avatars. Die Kurse sind ziemlich teuer, etwa $2500US für drei Stufen von Workshops, und ihre Inhalte werden vertraulich behandelt. Wir haben keine Schätzungen über den Grad der Effektivität seiner Methode. Von Menschen, die den Kurs besucht haben, liegt der Schwerpunkt auf der Idee, dass Sie Ihre Erfahrung durch Ihre Überzeugungen kreieren. Die Prozesse, die Ihnen beigebracht werden, können Spitzenzustände als Nebenprodukt liefern. Nach unseren Quellen sind die Zustände nicht dauerhaft, und die Prozesse müssen regelmäßig genutzt und geübt werden.

Das Beste mir bekannte mit diesem Ansatz ist von Jacquelyn Aldana, in ihrem Buch *The 15 Minute Miracle* beschrieben. Es ist schnell, einfach und angenehm auszuführen. Ihr Ansatz ist besonders gut, um positive Erfahrungen in Ihrem Leben zu manifestieren, und ich empfehle sehr, was sie lehrt. Kapitel 10 wird von ihr geschrieben und geht ausführlich auf ihren Prozess ein. Lynn Grabhorns Buch *Excuse Me, Your Life is Waiting* hat ein sehr ähnliches Vorgehen mit genügend anderer Neigung, so dass mancher es passender findet.

### *Meditative (religiöse) Praktiken*

Die Kategorie, die wir meditative Praktiken nennen, überschneidet sich mit den anderen Kategorien, aber im Allgemeinen meine ich damit Meditation, Gebet, gute Werke, Segnungen eines Gurus und so weiter. Diese Techniken werden im Allgemeinen von religiösen oder spirituellen Gruppen verwendet. Einer der größten Nachteile ist, dass relativ wenige Menschen in der Lage sind, diesen Ansatz erfolgreich zu nutzen. Selbst für Menschen, die sie erfolgreich einsetzen könnten, erfordern diese Techniken in der Regel einen enormen Zeit- und Energieaufwand über lange Zeiträume. Ein weiterer Nachteil ist die Notwendigkeit, die Techniken weiter zu „üben", um sich in dem Zustand zu halten, den man erreicht hat.

Da die meisten dieser Ansätze aus religiösen Traditionen stammen, besteht ein weiteres großes Problem. Obwohl dies nicht oft erkannt wird, konzentrieren sich verschiedene Gruppen auf verschiedene Arten von Zuständen, die wichtig sind, und neigen dazu, andere Zustände als Ablenkungen zu ignorieren oder zu verunglimpfen. Dies ist ein Problem, da die Prozesse dazu neigen, eine Vielzahl von Zuständen hervorzurufen, was zu Konflikten zwischen dem Praktizierenden und seiner Organisation führt. Schlimmer noch, die Kriterien für den gewünschten Zustand sind oft nicht explizit festgelegt oder identifiziert. Schließlich neigen diese Gruppen dazu, die Idee zu fördern, dass nur die hart arbeitenden oder ausgewählten Wenigen die betreffenden Zustände haben können und schaffen einen Konflikt im Inneren der teilnehmenden Person über den Erwerb des Zustandes. Zum Beispiel würden die meisten Menschen es sehr egoistisch oder anmaßend finden, darüber nachzudenken, genau den Zustand zu haben, den Jesus oder Buddha hatten.

Der typische Prozess für diesen Ansatz ist in der Regel eine Mischung aus Anweisungen zum Meditieren und Beten. Im Wesentlichen erfordert dieser Ansatz, dass man sich entspannt und friedlich genug fühlt, um den Zustand zu bekommen, was für die meisten Menschen ein Problem sein kann. Die spirituellen Lehrer unterrichten basierend auf ihrer Erfahrung und der Erfahrung ihrer Lehrer. Im Allgemeinen war es für sie nicht schwer, das zu erreichen, also warum sollte es für die Teilnehmer schwer sein, das zu erreichen? Wie wir wissen, ist dieser Ansatz für die meisten Menschen nicht sehr nützlich.

Der Schamane führt typischerweise einen meditativen Prozess durch, um seine Fähigkeit aufrechtzuerhalten, induktive Prozesse erfolgreich einzusetzen, wenn es nötig ist. (Siehe den nächsten Abschnitt.) Dies beinhaltet in der Regel den Aufenthalt in einem der Dreifachgehirn-Überlappungs-Zustände, die später in diesem Buch beschrieben werden. Diese Meditationen beinhalten meiner Erfahrung nach Aktivitäten in der Natur, was angesichts der Ursprünge der Techniken sinnvoll ist. Tom Browns Kernmeditation ist zum Beispiel das Weitwinkel-Sehen, eine Praxis des peripheren Sehens, kombiniert mit dem „Fuchswandeln", einer Art des Gehens, die den Körper vor Verletzungen bewahrt, wenn er sich durch den Wald bewegt (siehe sein Buch *Awakening Spirits* für Details). Interessanterweise betont der Zen-Buddhismus auch das nicht ausgerichtete Sehen während einer Gehmeditation.

Beispiel:
Wes Gietz, ein Schamane der Westküste, kommentiert dies: „Obwohl es viel einfacher ist, diese schamanischen Fähigkeiten durch den Aufenthalt in einer natürlichen Umgebung zu erhalten, sind sie nicht unbedingt verloren, wenn man in die Stadt zurückkehrt. Was wichtiger zu sein scheint, ist die kontinuierliche Praxis; in dieser Hinsicht ähneln die Techniken anderen, die durch die Praxis spirituelles Bewusstsein erreichen oder erhalten. Nach meiner persönlichen Erfahrung bringt mich jedoch eineinhalb Stunden Einsamkeit im Wald, ohne ein Ziel zu haben, in einen Spitzenzustand."

Eine weitere Variante dieses Ansatzes ist es, den Einfluss des Lehrers zu nutzen, um den Spitzenzustand zu erreichen. Wieder ist es ein ziemlicher Hit oder eben nicht, und wenn man einmal für längere Zeit vom Lehrer weg ist, verblasst der Zustand meiner Erfahrung nach in fast allen Fällen. Interessanterweise glauben wir, dass es einen Weg gibt, Menschen dauerhaft in diese Zustände zu bringen, aber ich vermute, dass diese Option für spirituelle Lehrer nicht verfügbar ist, weil sie nicht verstehen, was sie tun müssen, um das zu erreichen.

Eine moderne Anpassung der Meditation ist der Einsatz von Gehirn-Biofeedback, um sich in Spitzenzustände zu versetzen. Nach dem Training kann dies nach Belieben geschehen. Unserer Meinung nach ist Dr. James Hardt der Leiter dieses Bereichs der Spitzenzustände und Spitzenerfahrungen. Er führt Schulungen über seine Firma Biocybernaut, Inc. durch. Dieser Ansatz überwindet die meisten Einwände gegen diese Art von Ansatz - er ist schnell, leicht zugänglich und hat keine Vorurteile oder Stigmata. Dr. Hardt hat Kapitel 12 geschrieben, das seine Arbeit beschreibt.

### *Induktionstechniken (schamanisch)*

Diese Kategorie von Techniken nutzt Prozesse, um den Praktizierenden in einen Bewusstseinszustand zu bringen, in der Regel vorübergehend. Diese Kategorie von Prozessen induziert nicht nur Spitzenzustände, sondern oft auch andere Erfahrungen, die in der Literatur und im allgemeinen Gebrauch als „veränderte" Zustände bezeichnet werden. Diese Techniken sind im Allgemeinen nicht für die breite Öffentlichkeit nützlich, aber sehr nützlich für Heiler und Forscher. Obwohl es Beispiele von Menschen gibt, die diese Art von Technik anwenden und dauerhaft Zustände erwerben, ist dieses Vorgehen eher ungewöhnlich und geschieht in der Regel erst nach einer langen und schwierigen Ausbildung.

Der Schamanismus enthält insbesondere das bekannteste historische Beispiel dieser Klasse von Techniken. Die Methoden umfassen Trommeln, Drogen, Sehaufgaben und andere körperzentrierte Techniken. Atemarbeit kann als diesem Lager zugehörig angesehen werden, obwohl sie sich als eine Technik zur Heilung von Geist und Körper überlagert. Mit einer Vielzahl von Praktiken bewegen sich die Schamanen in eine Vielzahl von verschiedenen Bewusstseinszuständen. Der Schamane und Anthropologe Michael Harner identifiziert diese Zustände mit dem einzigen Label eines „schamanischen Bewusstseinszustandes". Nach dem Training können die Zustände für jeden Zweck verwendet werden. Der Schamanismus ist im Allgemeinen ein sehr praktischer Ansatz, und seine Techniken wurden entwickelt, um praktische, reale Probleme zu lösen - das Auffinden von Jagdgebieten oder verlorenen Gegenständen, das Erlernen von Überlebensinformationen, das Heilen von Körpern und Psychen von Menschen.

Schamanische Praktiken werden ebenfalls in der Regel in zwei Arten unterteilt, je nachdem, was sie erreichen sollen. Die Zielzustände sind sehr unterschiedlich. Der Michael-Harner-Ansatz verwendet Techniken, um Spitzenzustände zu erhalten, die verwendet werden können, um „Krafttiere" oder „Geister" zur Unterstützung zu bekommen. Tom Brown Jr., ein Apachen-gebildeter kaukasischer Schamane, ist ein gutes Beispiel für den anderen Ansatz. Er lehrt Methoden, sich in Zustände zu begeben, in denen man die Arbeit direkt ausführen kann, aus der Erkenntnis des eigenen essentiellen Selbst. Die Techniken dieser beiden Ansätze überschneiden sich, aber nicht so sehr, wie man annehmen könnte.

Es gibt mehrere Probleme mit dem schamanischen Ansatz. Erstens funktionieren diese Techniken in der Regel nur für eine kleine Gruppe von Menschen. Menschen, die besondere Schamanen sind, sind relativ selten. Im Allgemeinen hatten die besten Schamanen bereits den Zustand, den sie brauchten oder einen, der dem nahe stand und benötigten nur eine Schulung in der Anwendung. Tatsächlich in einem der fortgeschrittenen Spitzenzustände zu leben, in dem man schamanische Dinge nach Belieben tun kann, ist ziemlich ungewöhnlich. Zweitens haben diese Techniken den gleichen Nachteil wie die bewusste Wahl und die meditativen Ansätze - für die meisten Menschen ist eine kontinuierliche Praxis fast immer erforderlich. Wie wir bereits erwähnt haben, ist es zum Beispiel typisch für die Schüler von Tom Brown Jr., dass sie, wenn sie den Wald für einen längeren Zeitraum verlassen, feststellen, dass die Induktionstechniken weniger effektiv werden und sie ihre schamanischen Fähigkeiten verlieren oder diese stark abnehmen.

Schamanisches Trommeln wird seit Jahrtausenden eingesetzt, um Spitzenfähigkeiten, Erfahrungen und kurzfristige Zustände zu erzeugen. Michael Harner veröffentlicht eine ausgezeichnete Sammlung schamanischer Trommelbänder, um seinen „schamanischen Bewusstseinszustand" zu induzieren. In unserer Zeit der Spitzentechnologie findet sich jedoch ein Ansatz namens binaurale Beat-Technik, der ähnliche Ergebnisse liefert, aber schneller und an einem größeren Prozentsatz der Bevölkerung funktioniert. In diesem Prozess werden über Kopfhörer Audiotöne verwendet, die eine leichte Frequenzabweichung aufweisen, um einen „Beat-Ton" zu erzeugen, der Gehirnwellenfrequenzen im subakustischen Bereich induziert. Das bekannteste Beispiel für diese Technik ist der Hemisynch-Prozess des Monroe-Institutes.

### *Der Verstand-Körper-Ansatz*

Diese Kategorie von Techniken beinhaltet einen Einblick in die Beziehung zwischen dem physischen Körper und den Spitzenzuständen.

Ein Verstand-Körper-Ansatz wird von einer bestimmten Sufi-Sekte verfolgt, die Körperpositionen und -bewegungen nutzt, um eine sehr schnelle spirituelle Entwicklung (d.h. Spitzenzustände) zu erreichen. Dies wird von Adnan Sarhan von der *Sufi Foundation of America* unterrichtet. Ich weiß, dass es für viele Menschen erfolgreich ist, aber ich kann Ihnen nicht sagen, ob dauernd praktiziert werden muss, um den Zustand zu erhalten, oder welcher Prozentsatz der Personen damit erfolgreich ist. Allerdings funktionierte es für die Leute, die ich überprüft habe.

Das Praktizieren von Geist und Körper als Lebensstil ist ein Grundbestandteil mehrerer Traditionen. Dan Millman, der den Weg des friedlichen Kriegers geschrieben hat, könnte als Beispiel für diese Art von Denken dienen. Athleten, die bei intensivem körperlichem Wettkampf „nach innen gehen", wären eine andere.

Tantrische und taoistische Praktiken mit ihrer Betonung des Körpers würden ebenfalls in diese Kategorie passen.

### *Der Ansatz der Trauma-Heilung*

Diese Gruppe von Techniken geht davon aus, dass Traumata die Spitzenzustände der Menschen blockieren. Es gibt zwei Hauptmodelle in diesem Ansatz zur Trauma-Heilung. Das ältere Modell geht davon aus, dass die Gesamtwirkung aller Traumata einer Person zusammengenommen die Hauptblockade für Spitzenzustände des Bewusstseins ist. Mit anderen Worten, die Idee ist, dass das Gesamttrauma eine Person belastet und sie in einem blockierten oder subfunktionalen Zustand hält. Das neuere Modell geht davon aus, dass nur bestimmte Arten von Traumata die höchsten Bewusstseinszustände der Menschen blockieren. Es gibt mehrere Variationen bei diesem neueren Modell, je nachdem, was der Urheber der betrachteten Technik als Schlüsseltrauma ansah, das geheilt werden musste. Einige der Techniken, die dieses neuere Modell verwenden, erzielen dramatische und schnelle Ergebnisse.

Die meisten dieser Ansätze brachten aufgrund langsamer und unzureichender Heilungsprozesse enttäuschende Ergebnisse, aber in den letzten zehn Jahren hat die neue Generation der Powertherapien diese Situation radikal verändert. Die neueste Generation von Techniken nutzt diesen Durchbruch in Bezug auf Heilungsgeschwindigkeit und Wirksamkeit. Natürlich wurde nicht jede Technik aktualisiert, um die Vorteile dieser neuen bahnbrechenden Heilverfahren zu nutzen.

Das ältere einfache Modell der *„Traumalast"* ist aus mehreren Gründen stark anfällig. Erstens - aus rein praktischer Sicht - verwenden die mir bekannten Gruppen, die dieses Modell anwenden, immer noch Heilmethoden, die relativ zeitaufwendig und meist nur mäßig effektiv sind. Zweitens ist das gänzliche Ausmaß des Traumas, das eine durchschnittliche Person hat, unerschwinglich zeitaufwendig zu heilen - und einige Traumata sind gegen jede Methode resistent. Drittens sind die meisten der wichtigen Traumata *in der Gebärmutter*, die mit den meisten Techniken nicht erfolgreich behandelt werden können. Nach all dem kann das einfache Modell für einige Menschen funktionieren, wenn sie Glück haben und versehentlich das Schlüsselmaterial heilen, das ihren Spitzenzustand blockiert hat, besonders wenn sie moderne Powertherapien anwenden. Und natürlich können sie sich viel besser fühlen, da die Anzahl der schmerzhaften Probleme, die sie haben, abnimmt. Allerdings würde allein schon aufgrund der statistischen Wahrscheinlichkeit nur eine ziemlich engagierte Person mit viel Freizeit irgendeine Hoffnung auf Erfolg haben. Das wohl bekannteste Beispiel für einen Prozess, der dieses einfache Modell verwendet, ist die Scientology Kirche, die ich aus den genannten Gründen und wegen ihrer Betonung von Geheimhaltung und Geld nicht empfehle.

Abgesehen vom einfachen Modell begegnen wir Techniken, die gezielter mit persönlichen Problemen arbeiten. Ein Beispiel mit historischem Ausmass sind die Anhänger von Gurdjieff. Sie vermischen die Auseinandersetzung mit den eigenen Problemen mit Verstand/Körper-Ansätzen, die an Sarhans Technik erinnern. Dieser Ansatz ist für mich besonders interessant, weil sie die Dreifach-Natur des Gehirns herausgefunden haben. Wenn Sie interessiert sind, gibt es mehrere Bücher von Studenten von ihm, oder Sie können den Film *„Meetings with Remarkable Men"* über Gurdjieffs Leben genießen. Ich empfehle diesen Ansatz in seiner jetzigen Form nicht. Es erfordert praktisch eine lebenslange Verpflichtung, da die Dauer, die für einen Spitzenzustand benötigt wird, unbestimmt ist. Es gibt auch eine gewisse Geheimhaltung, die ich für kontraproduktiv halte. Soweit ich weiß, haben sie ihre Methoden nicht mit der neuesten Generation von Heilmethoden aktualisiert.

Eine weitere von A. H. Almaas gegründete Organisation (ein Künstlername für A. Hameed Ali) verwendet das, was er den *Diamond Approach* nennt. Es ist eine Kombination aus Sufi, Gurdjieff und älteren psychologischen Heiltechniken, die entwickelt wurden, um Blockaden zu bestimmten Emotionen und Qualitäten des Seins zu heilen. Das Hauptproblem, auf das sie sich konzentrieren, ist die Existenz von erfahrbaren Löchern im Körper. Obwohl dies ein relativ unbekanntes Phänomen ist, bringen praktisch alle neuen effektiven Heilmethoden dieses Problem gelegentlich zufällig ins Bewusstsein. Ihr Ansatz ist eher langsam und teuer und erfordert geschulte Moderatoren über viele Monate ohne Erfolgsgarantie, und aus diesem Grund empfehle ich dieses Vorgehen nicht. Ihr Material ist jedoch frei verfügbar und wir könnten große Verbesserungen feststellen, falls die neuen Heilungsmethoden einbezogen werden.

Der Ansatz unseres Instituts ist bei der Traumaheilung enthalten. Wir setzen gezielt auf *Gebärmuttertraumata* als die Hauptblockaden für Spitzenzustände, wie in dieser Buchreihe beschrieben. Wir nennen unser Modell das *„Developmental Events Model for Peak States"* oder der Einfachheit halber das *„Developmental Events Model"* (Entwicklungsereignis-Modell, siehe Kapitel 4 bis 9 für Details. Obwohl wir mit Regressionsheilmethoden begonnen haben, die langsam und für die Allgemeinheit nicht nützlich sind, haben wir viel einfachere Techniken entwickelt, die Meridiantherapien verwenden und dabei die Schlüsselwörter zur Heilung von Gebärmutterentwicklungsereignissen nutzen. Der Prozess für die breite Öffentlichkeit in diesem Band wird als Inner-Peace-Prozess bezeichnet und befindet sich in Kapitel 9. Es ist kostenlos, dauert nur etwa eine Stunde und ist für etwa 40% der Bevölkerung dauerhaft. Eine erweiterte Version des Prozesses, die mehr Dreifachehirn-Zustände liefert, ist in Band 2.

### *Der Lösungsansatz des Dualismus*

Diese Kategorie von Techniken heilen die Auswirkungen von Gegenteil oder Polarität, um einen Zustand zu erreichen. Dieses Konzept wird in Yoga und Vedanta-Praktiken verwendet. In den letzten Jahren sind jedoch effektive neue Techniken entstanden, die dieses Konzept auf neue Weise nutzen. Dieser Ansatz ist von großer und einzigartiger Bedeutung, und wir erwarten, dass in diesem Bereich noch viel mehr getan wird.

Eine interessante und einfache Technik ist der Aufstiegsprozess. Er richtet den Fokus über einen bestimmten Zeitraum auf eine Reihe von Wörtern, die einen großen Kontrast enthalten, wie die Wörter „groß" und „klein", um den Bewusstseinszustand der Menschen zu verändern. Wir hatten gute Berichte über die erste Phase ihres Prozesses, wenn auch weniger auf den nächsten Ebenen. Wie Avatar wird ihre Technik nicht der Öffentlichkeit zugänglich gemacht und ist kostenpflichtig. Obwohl es sich bei der Art und Weise, wie es umgesetzt wird, um eine meditative Technik handelt, verwendet der zugrundeliegende Ansatz das Modell dieser Kategorie.

Die PEAT- und DP-3-Verfahren von Zivorad Slavinski sind eine Neuentwicklung auf diesem Gebiet. Sie leiten sich von einem Verständnis des Konzepts des Dualismus ab. Diese hochmodernen Verfahren nutzen Meridiantherapien, um die Konflikte zu heilen, die den Verlust bestimmter Arten von Spitzenzuständen ausmachen. Obwohl Zivorad für seine Methode eine Trauma-Heiltechnik verwendet, in diesem Fall EFT, klassifiziere ich sie nicht als einen Trauma-Heilungsansatz, weil sie das ausnutzt, was zumindest vorerst wie ein anderes Phänomen aussieht, und dafür nur eine Meridiantherapie verwendet. Ich empfehle diese Prozesse sehr. Sie sind sehr schnell, effektiv und sehen dauerhaft aus.

## Hintergrundmaterial und andere verschiedene Ansätze

In diesem Abschnitt werde ich einige Techniken erwähnen, über die ich nicht viel weiß, die nicht speziell auf Spitzenzustände ausgerichtet sind oder die von Interesse sind.

Der von Lester Levenson, dem Erfinder der *Sedona*-Methode, begonnene Ansatz ist relativ bekannt. Lester richtete einen Fokus darauf, die Liebe zu benutzen, um die Vergangenheit zu heilen und zu verändern. Es kann als eine Mischung aus einer Heilmethode und einer Spitzenzustandstechnik beschrieben werden, obwohl sich ihre Technik nach meinem begrenzten Wissen nicht explizit auf die Spitzenzustandsanwendung konzentriert. Interessanterweise dupliziert die von Lesters Anhängern gelehrte Technik nicht das, was Lester selbst durchgemacht hat, um seinen Spitzenzustand zu erreichen. Es gibt Tonbänder, ein Buch und Workshops, die unter www.Sedona.com. zu finden sind.

Byron Katie hat eine Heiltechnik, die dazu neigt, Menschen vorübergehend in einen Zustand bedingungsloser Liebe zu versetzen. Es basiert auf Methoden, die neurotische Projektionen auf andere Menschen heilen. Ihr Buch *What Is* beschreibt ihre Methode. Die Technik ist jedoch nicht speziell darauf ausgelegt, Spitzenzustände zu liefern, obwohl sie offenbar einen davon zu verwenden scheint.

Neil Slade hat mehrere Bücher geschrieben, *Frontal Love Supercharge* und *Cosmic Conversations*, und kann unter www.NeilSlade.com gefunden werden. Ich habe keine persönliche Erfahrung mit seiner Arbeit, aber es wurde mir gesagt, dass seine Vorstellung ist, wenn man Freude, besonders mit Musik erlebt, die drei Gehirne verschmelzen. Seine Arbeit basiert auf den Ideen von T.D. Lingo. Ich habe keine Informationen über die Schätzungen der Wirksamkeit.

Laurel Nellin in seinem Buch *The Pathway: Follow the Road to Health and Happiness* konzentriert sich auf die Veränderung von Menschen, die sich in einem depressiven oder schwierigen Zustand befinden, und sein Prozess neigt dazu, Spitzenzustände als Nebenprodukt zu erhalten. Es wird kurz auf das Dreifachhirn und die Auswirkungen der Zusammenführung eingegangen, weshalb wir es hier erwähnen. Ich habe jedoch keine Daten über seine Wirksamkeit.

Die unten aufgeführten Bücher befassen sich auf die eine oder andere Weise mit dem, was wir Spitzenzustände des Bewusstseins nennen. Einige der Autoren unterrichten Workshops, aber ich weiß nichts über ihre Techniken, falls vorhanden, oder ihre Effektivität. Einige der Bücher geben einen Hintergrund für die Entwicklung von Spitzenzustandstechniken. Zum Zeitpunkt dieses Schreibens hat keiner dieser Autoren bereits bekannte Techniken oder Ansätze, obwohl einige sehr faszinierend erscheinen.

Hintergrundmaterial:
- Thomas Cleary, *Zen and the Art of Enlightenment*.
- Flora Courtois, *An Experience of Enlightenment*.

Mögliche Spitzenzustandsprozesse:
- Andrew Cohen, *Embracing Heaven and Earth*.
- Lee Coit, *Being: How to Increase Your Awareness of Oneness*.
- Douglas Harding, *On Having No Head*.
- David Hawkins, *Power Versus Force*.
- Leonard Jackobson, *Words from Silence: An invitation to spiritual awakening*.
- Tony Parsons, *As It Is*.
- Tarthang Tulku, *Hidden Mind of Freedom*.

## Die Wahl zwischen psychologischer Heilung und einer Peak State Technik

Wann würden Sie eine Heilmethode gegenüber einer Spitzenzustandstechnik wählen? Ersetzt das eine das andere? Die Antwort ist etwas komplex.

Offensichtlich, wenn die Dinge für Sie derzeit gut laufen, wäre es sinnvoll, nur einen Spitzenzustandsprozess zu wählen. Es wäre wie ein Umzug von einer Hütte in ein besseres Zuhause. Dort angekommen, kann in Ihrem Leben noch etwas entweder Physisches oder Emotionales auftauchen, das geheilt werden muss, und an diesem Punkt wäre es sinnvoll, eine Heiltherapie zu verwenden. Dieses wäre wie die Anforderung eines Installateurs für einen verstopften Abfluss in Ihrem schönen neuen Haus. Und da diese Art von Problemen dazu führen kann, dass Sie Ihren Zustand verlieren und es persönlich schmerzhaft ist, ist Heilung definitiv eine gute Idee. In Analogie dazu wäre es ein bisschen so, als müsste man aus dem neuen Zuhause ausziehen, weil ein großer Teil des Daches undicht war - holen Sie sich deshalb sofort den Handwerker!

Aus meiner Sicht ist es sinnvoll, bereit zu sein, Heilung an sich selbst auszuführen, unabhängig davon, in welchem Spitzenzustand man sich befindet oder nicht. Aber ich empfehle, die neueste Generation der in Kapitel 1 behandelten Powertherapien vorrangig zu verwenden, wenn Sie eine Heilung benötigen - die Verwendung anderer Techniken ist im Durchschnitt weitaus weniger effizient oder effektiv, obwohl es in jedem Fall Ausnahmen gibt. Einige von Ihnen sind sich vielleicht nicht bewusst, dass viele der Powertherapien auch eine Selbsthilfe sind - Sie können sie zu Hause an sich selber durchführen, auch wenn für einige widerstandsfähige Themen eine Anleitung benötigt wird. Ich empfehle insbesondere EFT, BSFF und TAT, obwohl immer wieder neue hinzukommen. Um auf unsere frühere Analogie zurückzukommen, ist es klug für einen Hausbesitzer, zumindest zu wissen, wie man einen Hammer, eine Säge und einen Schraubendreher für einfache Reparaturen benutzt, auch wenn man kein Klempner oder Dachdecker werden will.

Aber wie sieht es mit Menschen aus, die mit erheblichen körperlichen oder psychischen Schwierigkeiten beginnen? Mit psychologischen Schwierigkeiten meine ich Probleme wie Phobien, Missbrauchserinnerungen, Beziehungsprobleme oder tatsächlich alles, was man nicht als Gefühl von Ruhe, Frieden und Leichtigkeit empfindet. Die Bedeutung von körperlichen Problemen sollte ziemlich klar sein. Beachten Sie, dass die neue Generation von Powertherapie-Techniken in den letzten Jahren viele Probleme beseitigen kann, die bisher als rein körperlich galten. Ich empfehle, eine oder mehrere der neuesten Generation von Spitzenzustandstechniken gleichzeitig durchzuführen, während Sie heilende Arbeit erledigen und nicht zu warten, bis das Problem vorbei ist - wer weiß, wann das sein könnte? Es gibt zwei Hauptgründe - in vielen Fällen lässt ein Spitzenzustand das Problem ohne weitere Arbeit verschwinden und gibt Ihnen den doppelten Nutzen des Zustandes ohne das Problem. Es ist jedoch genauso üblich, dass das Problem nach dem Erwerb eines Spitzenzustands bestehen bleibt, aber mit Ihrer so verbesserten allgemeinen Lebenserfahrung hat das Problem nicht die gleichen Auswirkungen wie davor (abhängig vom erworbenen Spitzenzustand, natürlich).

Leider blockiert in einigen Fällen das zu heilende Problem auch Ihre Fähigkeit, einen Spitzenzustand zu erreichen. In diesem Fall führt kein Weg daran vorbei - Sie brauchen kompetente Hilfe, um das Problem zu lösen. Beachten Sie, dass einige Spitzenzustandsprozesse, die scheinbar nichts bewirkt haben, die Person dann automatisch in den Spitzenzustand versetzen, sobald ihr aktuelles Problem geheilt ist. Dies ist sicherlich der Fall, zum Beispiel beim Inner Peace Prozess unseres eigenen Instituts.

Wie wäre es mit der Anwendung der Heilmethoden, die Spitzenzustände auch als Nebenprodukt liefern? Würden Sie damit nicht beide Bereiche abdecken? Erstens hängt es davon ab, welchen Heilungsprozess Sie wählen - manche geben bestenfalls einen temporären Spitzenzustand. Zweitens, wie gesagt, sind diese Heilungs-/Spitzenzustandstechniken im Allgemeinen nicht so effektiv wie die Powertherapien zur Heilung, so dass es immer noch Sinn macht, eine Powertherapie zu erlernen oder eine für sich selbst zugänglich zu haben.

## Meine Empfehlungen zu Techniken für den allgemeinen öffentlichen Gebrauch

Ich empfehle Ihnen, wenn möglich zuerst die neueste Generation von Techniken auszuprobieren. Ich charakterisiere diese Techniken durch ihre Schnelligkeit, Effektivität und den relativ hohen Prozentsatz an Menschen, bei denen sie wirksam sind. Sie sprechen Leute an, die Ergebnisse in einem Minimum an Zeit wollen. Interessanterweise arbeiten die Techniken alle nach unterschiedlichen Prinzipien, was für mich bedeutet, dass wir wahrscheinlich in naher Zukunft Kombinationstechniken finden werden. Beachten Sie, dass bis zur Veröffentlichung dieses Buches wahrscheinlich neue oder verbesserte Prozesse zur Verfügung stehen werden, die nicht in dieser Liste enthalten sind.

Seit 2003 empfehle ich Ihnen, eine Mischung von Prozessen auszuprobieren. Da keiner der Prozesse an jedem Zustand arbeitet, erhöht das Prozessieren von mehr als einem die Wahrscheinlichkeit, dass etwas für Sie funktionieren wird. Und da die Techniken nicht alle zu den gleichen Zuständen führen, kann die Verwendung von mehr als einer Technik Ihnen eine größere Anzahl von Zuständen bescheren. Obwohl mehr Spitzenzustände im Allgemeinen eine gute Sache sind, empfehle ich der Öffentlichkeit nicht, in die in Band 2 beschriebenen großen Zustände übergehen zu wollen, bis sie nicht mit den Zuständen zufrieden sind, die in diesem Band beschrieben sind. Zum Beispiel habe ich mit ein paar Leuten aus dem breiten Publikum gearbeitet, die keinen Hintergrund in dieser Arbeit hatten. Sie baten darum, den Hollow-Prozess (Hohlsein) in Band 2 in der Mitte zu stoppen, damit sie sich an die Veränderungen gewöhnen können, wie sie ihre Emotionen und die Welt um sich herum erleben. Ebenso haben mehrere meiner Workshop-Teilnehmer detaillierte Beschreibungen angefordert, was sie vom Hollow-Zustand zu erwarten haben, damit sie nicht überrascht werden, wenn sie zufällig neue Qualitäten entdecken. Ich schlage vor, etwas Zurückhaltung zu üben – Beispiele für dieses Anpassungsproblem, wie große neue Zustände zu schnell erwerben, können in Büchern über spirituelle Notfälle gefunden werden.

Ein wenig Selektivität, welche Techniken auszuprobieren sind, kann von Ihrer Seite erforderlich sein. Einige der Techniken in diesem Kapitel sollen spezialisierte Zustände vermitteln, die unserer Meinung nach wahrscheinlich nicht optimal für die breite Öffentlichkeit sind. Zum Beispiel sind die Arbeiten von Tom Brown Jr. auf schamanische oder Überlebensanwendungen spezialisiert, sind aber aus diesem Grund nicht weniger wertvoll. Ebenso könnte Hardings „Kopflosigkeit" (in Band 2 ausführlich behandelt) etwas sein, das man erforschen sollte, nachdem man sich auf weniger radikale Spitzenzustände eingestellt hat.

Ich empfehle, die Techniken in der angegebenen Reihenfolge aus der Liste zu erleben. Die Liste ist auf kostengünstige Techniken ausgerichtet, die leicht zu handhaben sind und der Allgemeinheit nützliche Zustände liefert.

- Der in Kapitel 9 beschriebene Inner Peace-Prozess. Dieser Prozess gibt einen relativ kleinen Zustand, der ein Gefühl des inneren Friedens hinterlässt und alle emotionalen Inhalte aus Traumata in unserer Vergangenheit eliminiert (was die Ursache für einen Großteil unseres täglichen Leidens ist und die Tendenz hat, sich in zwischenmenschlichen Situationen auszuleben). Er ist schnell, einfach, muss nicht wiederholt werden, ist kostenlos und kann zu Hause selbst gemacht werden. Der aktuelle Prozess funktioniert jedoch nur bei etwa 40% der Bevölkerung vollständig.

- Das 15-Minuten-Wunder von Jacquelyn Aldana oder ein gleichwertiges Verfahren. Kapitel 10 wird von Jacquelyn über ihre Arbeit geschrieben. Ihre Methode hat den Vorteil, dass sie hilft, die Wünsche und die Fähigkeit der Menschen zu klären, positivere Erfahrungen in der Welt zu machen. Sein kleiner Nachteil ist, dass es jeden Tag für eine kurze Zeit gemacht werden muss, daher der Titel. Es ist speziell für die breite Öffentlichkeit konzipiert. Wenn dieses Vorgehen Ihnen nicht zusagt, gibt es andere Methoden von anderen Autoren, die stattdessen verwendet werden könnten, wie die von Lynn Grabhorn.

- Jeder oder alle Prozesse der „bewussten Wahl", wie z.B.: Gay Hendricks' Selbstliebe-Technik; Seligmans Optimismus und Glückstechniken; etc. Beginnen Sie mit den kostenlosen Selbsthilfeoptionen - erinnern Sie sich: Kosten und Wert passen nicht immer zusammen.
- Nutzen Sie die neuen Powertherapien, um jedes Problem in Ihrem Leben zu lösen. Ich empfehle Therapien, die zu Hause kostenlos durchgeführt werden können, wie die Energietherapien EFT oder BSFF. Dieses wird Ihr Leben verbessern und kann manchmal den zusätzlichen Bonus von einem oder mehreren Spitzenzuständen geben. Dies ist auch dann eine vernünftige Wahl, wenn andere Techniken für Sie nicht funktionieren. Darüber hinaus habe ich gesehen, wie Menschen versehentlich die Probleme heilten, die den Erfolg von Spitzenprozessen blockierten.
- Der Brainwave Biofeedback-Trainingsprozess mit Dr. James Hardt am Biocybernaut Institute. Wird in Kapitel 12 beschrieben. Im Gegensatz zu den anderen Techniken ist diese relativ langsam (d.h. eine Woche mit der Trainingsausrüstung) und aufgrund der Personalkosten und der Gerätekosten viel teurer. Er hat jedoch das Potenzial, für Menschen zu funktionieren, die nicht auf andere Ansätze reagieren. Es ist auch besonders nützlich für Menschen, die Bewusstseinsforschung betreiben.

Viele der anderen Techniken in diesem Kapitel, zumindest diejenigen, die in den letzten zwanzig oder dreißig Jahren entwickelt wurden, sind im Vergleich zu bekannten traditionellen Verfahren normalerweise ziemlich schnell und bei einem erheblichen Prozentsatz der Menschen wirksam. Da es darum geht, Ihr Leben drastisch zu verbessern, indem die Techniken Ihnen einen oder mehrere Spitzenzustände geben, empfehle ich Ihnen, die älteren Alternativen auszuprobieren, wenn die Techniken der neuesten Generation für Sie nicht funktionieren oder nicht einfach zugänglich sind. Und wie gesagt, das Feld ist in einem solchen Fluss, dass jede beliebige Technik drastisch verbessert worden sein könnte, wenn Sie sie ausprobieren.

## Andere Organisationen, welche die Peak States Techniken bewerten

Es tut mir leid zu sagen, dass ich zumindest zum Zeitpunkt dieses Schreibens kein Buch, keine Zeitschrift, keine Website oder keinen Artikel kenne, der eine Zusammenfassung der Spitzenzustandstechniken erstellt oder versucht, ihre Wirksamkeit zu bewerten. Einige wenige Bücher machen kleine Teile dieses Spitzenzustands-Themas bekannt, wie Michael Hutchisons *Megabrain Power*, das sich auf binaurale Beat- und Gehirn-Biofeedback-Methoden konzentriert. In diesem Sinne ist die Zeitschrift *What is Enlightenment?* eine unterhaltsame vierteljährliche Publikation, die einige dieser Ansätze diskutiert, insbesondere die älteren traditionellen spirituellen.

Diese Situation könnte sich jedoch bald ändern. In den letzten Jahren ist eine Reihe von akademischen Organisationen entstanden, die sich mit dem Thema „Lebensqualität" beschäftigen. Ein Großteil ihres Fokus liegt nicht auf Spitzenzuständen des Bewusstseins, da viele diese Möglichkeit nicht erkennen. Eine dieser Organisationen ist die *International Society for Quality of Life Studies* am Virginia Polytechnic Institute und an der State University. Auch andere Gruppen mit ähnlicher Agenda erscheinen weltweit, eine Entwicklung, die wir sehr spannend finden. Terminologien und Messwerkzeuge sind noch im Aufbau begriffen, und aus dieser nahezu gleichzeitigen weltweiten Bewegung ist noch keine bestimmte Vorgehensweise hervorgegangen.

Eine weitere Gruppe, die eine besondere Aufmerksamkeit verdient, ist Martin Seligmans „*Positive Psychologie*", die sich ebenfalls auf Spitzenzustände des Bewusstseins konzentriert, obwohl sie aufgrund meines begrenzten Wissens ihre Arbeit nicht so formuliert haben, wie wir es in diesem Buch tun. Ihre Website ist www.positivepsychology.org. Mehrere Bücher wurden in der von ihm begonnenen Richtung veröffentlicht. Ich empfehle Seligmans Bücher *Learned Optimism* und *Authentic Happiness* im Besonderen. Mihaly Csikszentmihaly, die Autorin von *Flow: The Psychology of Optimal Experience*, führt Studien zur positiven Psychologie am *The Quality of Research Center* an der Claremont Graduate Universität durch.

Andere Unternehmen befinden sich noch in der Planungsphase. So befindet sich beispielsweise die „*Life Quality Enhancement Organization*" in der Schweiz im Aufbau. Sie planen, Heilmethoden und Spitzenzustandsprozesse zu evaluieren und hoffen, ein „Consumer Report" für dieses Umfeld zu werden.

Ich wünsche ihnen allen viel Erfolg!

## Schlüsselpunkte

- Zwei Arten von Spitzenzuständen lassen sich grob unterscheiden: „spirituelle" Zustände, auf die sich spirituelle oder religiöse Organisationen konzentrieren, die mit grundlegenden existentiellen Phänomenen wie dem Schöpfer oder der Leere zu tun haben und „schamanische" Zustände, die mit physischen Körperphänomenen wie dem Dreifachhirn-System und Gaia zu tun haben.
- Spitzenzustandstechniken können oft verwendet werden, um eine der beiden Arten von Spitzenzuständen zu erwerben, obwohl sie im Allgemeinen nicht auf diese Weise verwendet werden.
- Für diesen Text haben wir grob die Spitzenzustandstechniken in die folgenden Kategorien eingeteilt: Praktiken der bewussten Wahl; meditative Praktiken; Induktionstechniken; der Geist-Körper-Ansatz; der Trauma-Heilungsansatz; und der Lösungsansatz des Dualismus. Es gibt erhebliche Überschneidungen zwischen den verschiedenen Kategorien, da verschiedene Prozesse mehr als eine Kategorie von Ansätzen beinhalten können.
- Verschiedene Ansätze zum Erlangen von Spitzenzuständen erfordern entweder kontinuierliche Übung wie in der Meditation; oder sie werden nur wenige Male verwendet, um den Zustand ohne regelmäßige Übungen ziemlich stabil zu machen, wie bei Trauma-Heilungstechniken.
- In letzter Zeit ist eine Vielzahl von Organisationen in diesem Bereich der Spitzenzustände aufgetreten. Terminologie und Bewertungstechniken befinden sich noch in der Anfangsphase der Erstellung. In akademischen Kreisen hat diese Arbeit eine Vielzahl von Namen, wie „Lebensqualität" und „positive Psychologie".

# Empfohlene Literatur und Webseiten

Spitzenzustandsprozesse

- Jacquelyn Aldana, *The 15 minutes Miracle Revealed*, Inner Wisdom Publications, 2003. Siehe www.15minutemiracle.com. Verwendet Manifestation und Fokussierung auf den Zweck, um in Spitzenzustände zu gelangen.
- A. H. Almaas, *The Diamond Heart Book 1*: Elements of the Real in Man, 1987. Eine Vielzahl von Nachfolgebüchern sind verfügbar. Ihre Schule hat eine Website unter www.ridwan.org/almaas.html.
- Der Aufstiegsprozess unter www.ishaya.com. Er verwendet Meditation über Schlüsselwörter.
- Hale Dwoskin und Lester Levenson, *Happiness is Free: And It's Easier Than You Think!* Sedona Press, 2002. Ihre Website ist www.sedona.com.
- Lynn Grabhorn, *Excuse Me, Your Life is Waiting*, Hampton Roads, 2000.
- Dr. James Hardt unter www.biocybernaut.com Verwendet Gehirn-Biofeedback.
- Gay Hendricks, *Learning to Love Yourself: A Guide to Becoming Centered*, Simon & Schuster, 1982.
- Gay Hendricks, *The Learning to Love Yourself Workbook,* Simon & Schuster, 1990. Enthält eine einfache Methode, um vorübergehend einen liebevollen, glücklichen Zustand zu erleben.
- Byron Katie und Stephen Mitchell, *Loving What Is: Four Questions that Can Change your Life*, Crown Publishing Group, 2002. Ihre Webseite ist unter www.ByronKatie.org zu finden.
- David Lang, Redakteur, *Face to No Face: Rediscovering our Original Nature*, Stiftung Innere Richtungen, 2000. Eine Sammlung von Douglas Hardings Vorträgen und Methoden.
- Adnan Sarhan unter www.sufifoundation.org.. Er verwendet Musik und Körperhaltungen in einer Technik, die auf sufischen Traditionen basiert.
- Martin Seligman, *Authentic Happiness: Using the New Positive Psychology to Realize Your Potential for Lasting Fulfillmen*, Freie Presse, 2002. Seine Webseiten unter

www.psych.upenn.edu/seligman und www.authenichappiness.org enthalten sehr gute Bewertungsinstrumente für diese Spitzenzustände.
- Martin Seligman, *Learned Optimism*, Knopf, 1991.
- Zivorad Slavinski, *PEAT and Neutralization of Primordial Polarities—Theory and Practice*, 2002, verfügbar unter www.spiritual-technology.com. Sein Prozess heißt PEAT und nutzt Energietherapien zu ausgewählten Kernthemen.
- Eckhart Tolle, *The Power of Now*: A Guide to Spiritual Enlightenment, Neue Weltbibliothek, 1999.
- Eckhart Tolle, *Practicing the Power of Now: Essential Teachings, Meditations, and Exercises for Living the Liberated Life*, Neue Weltbibliothek, 2001.

Bücher über Technologien zur Hirninduktion (z.B. binauraler Beat und Gehirn-Biofeedback)
- Michael Hutchison, *Megabrain Power: Transform your Life with Mind Machines and Brain Nutrients*, New York: Hyperion, 1994.
- Robert Monroe, *Journeys Out of the Body*, Doubleday & Company, 1973.
- Robert Monroe, *Far Journeys*, Doubleday & Company, 1987.

Ermittlungs- und Testorganisationen zur Verbesserung der Lebensqualität
- Die International Society for Quality of Life Studies unter http://marketing.cob.vt.edu/isqols/.
- The Life Quality Enhancement Organization, unter www.LQEO.org..
- The Quality of Life Research Center an der Claremont Graduate Universität, http://www.cgu.edu/qlrc/about.htm.

Positive Psychologie
- Martin Seligman Research Alliance, www.positivepsychology.org.
- Lisa G. Aspinwall und Ursula M. Staudinger, Herausgeberinnen, *A Psychology of Human Strengths*, American Psychological Association, 2002.
- Mihaly Csikszentmihaly, *Flow: The Psychology of Optimal Experience*, Harper Collins, 1991.

- Corey L.M. Keyes und Jonathan Haidt, Herausgeber, *Flourishing: Positive Psychology and the Life Well-Lived*, American Psychological Association, 2003.
- Karen Reivich und Andrew Shatté, *The Resilience Factor: 7 Essential Skills for Overcoming Life's Inevitable Obstacles*, Broadway Books, 2002.
- C.R. Snyder und Shane J. Lopez, Herausgeber, *Handbook of Positive Psychology*, Oxford University.

Kapitel 4

# Das Entwicklungsereignismodell für die Spitzenerfahrungen, Fähigkeiten und Zustände

"Ich glaube, dass das, woran wir gearbeitet haben, noch nie zuvor getan wurde, und es ist beängstigend und aufregend zugleich."

Wes Gietz über die Arbeit des Instituts

## Einführung

In diesem Kapitel beschreiben wir das ISPS-Entwicklungsereignismodell für Spitzenzustände, -erfahrungen und -fähigkeiten. In den nächsten Kapiteln wird dann auf dieses einfache, grundlegende Modell eingegangen.

Im Wesentlichen haben Menschen, die sich mit außergewöhnlicher geistiger und körperlicher Gesundheit beschäftigt haben, die Frage gestellt: „Was verursacht außergewöhnliche Gesundheit?" und als logische Folge: „Was kann ich tun, um sie zu bekommen?" Die Antwort ist zum Teil nicht zu erwarten, weil die Frage selbst die fehlerhafte Annahme hat, dass außergewöhnliche Gesundheit etwas ist, woran wir arbeiten müssen, um sie zu erwerben - also kann das Problem nicht gelöst werden. Die richtige Frage ist: „Was blockiert außergewöhnliche Gesundheit?" mit der Annahme, dass außergewöhnliche geistige und körperliche Gesundheit unser Geburtsrecht und unser natürlicher Zustand sind. Diese scheinbar geringfügige Änderung der Frage erweist sich als entscheidend für die Lösung des Problems.

Die Antwort auf die Frage betrifft Traumata und normale Entwicklungsstadien oder Ereignisse, die vor und während der Geburt auftreten. Im Uterus haben wir die meisten, wenn nicht sogar alle unsere höchsten Bewusstseinszustände. Wenn wir bestimmte kritische Entwicklungsereignisse durchlaufen, wird, während wir noch im Uterus sind, die Trauma-Reaktion beibehalten, aber nicht vollständig aktiviert. Nach der Geburt werden diese Traumata „eingeschaltet" oder kontinuierlich stimuliert, und wir verlieren die Zustände und Fähigkeiten, die unser Geburtsrecht sind. Die Folge davon ist, dass die Heilung dieser zentralen Entwicklungsereignisse zu Spitzenzuständen des Bewusstseins führen würde, und für die Mehrheit der Menschen erweist sich diese Aussage als wahr. Dieses Modell impliziert auch eine andere ebenfalls funktionierende Möglichkeit, Spitzenzustände zu erwerben - die Mechanismen der Trauma-Stimulation, die bei der Geburt erworben werden, zu schwächen oder zu beseitigen. Diese Mechanismen werden in Band 2 behandelt.

Schließlich gibt es noch andere Mechanismen, die bei einigen Menschen Spitzenzustände des Bewusstseins blockieren. Dies ist der Bereich unserer aktuellen Forschung und wird in Band 3 behandelt.

Unser Verständnis von Spitzenzuständen wurde auf die bestmögliche Weise abgeleitet und getestet, indem wir überprüfen, ob Prozesse funktionieren, die auf dieser Theorie basieren. Ich möchte das nochmals betonen - wir haben die Theorie abgeleitet und dann Methoden zur Anwendung entwickelt. Ich kann meine freudige Überraschung nicht zum Ausdruck bringen, als die Methoden wie vorhergesagt funktionierten! Um die Gültigkeit der Theorie in diesem Buch zu demonstrieren, haben wir unseren schnellen, einfachen und effektiven „Inner Peace" in Kapitel 9 aufgenommen. Andere Anwendungen unseres Modells zum Erfassen von Spitzenzuständen, -erfahrungen und -fähigkeiten sind über alle Bände verstreut.

## Grants Geschichte
### Ein neuer Ansatz zum Verständnis von Spitzenzuständen

> Wie Sie in Kapitel 2 lesen konnten, habe ich mit 29 Jahren meinen Beauty Way Spitzenzustand verloren. Im Laufe der Jahre wurde ich auch sehr krank, bis zu dem Punkt, an dem ich fast gestorben wäre. Ich hatte bereits verschiedene spirituelle Techniken gelernt, um meinen Spitzenzustand wiederherzustellen, und diese Krankheit brachte mich dazu, auch physische und emotionale Heiltechniken zu erlernen. Ich stellte fest, dass diese spirituellen Praktiken keinen Einfluss auf meine Krankheit hatten, trotz der gegenteiligen Überzeugungen meiner Lehrer. Ich wäre fast gestorben, hätte mich nicht ein Freund mit einer modifizierten Version des „Holotropischen Atmens" geheilt. Es stellte sich heraus, dass die Ursache meiner

Krankheit die ungeheure Verzweiflung war, die ich im Alter von 29 Jahren erlebt habe, zusammen mit einer unbewussten Entscheidung, dass ich nie das erreichen würde, was ich im Leben eigentlich wollte, und dass es daher keinen Sinn machte, weiter zu leben. Diese Gefühle waren zu meiner fassungslosen Überraschung völlig außerhalb meines Bewusstseins. Die Befreiung dieser Gefühle führte dazu, dass meine Krankheiten innerhalb von Wochen verschwanden.

Diese Erfahrung ließ mich erkennen, dass emotionale Heilung wichtig war. Sechs Monate, nachdem ich fast gestorben war oder etwas später begann ich, meine Freude am Leben zu verlieren. Schließlich wurde mir klar, dass ich mir unbewusst die Frage stellte: „Wenn ich mich wirklich lieben würde, was würde ich dann tun?". Etwa einen Monat später wurde mir klar, dass die Antwort darin bestand, dass ich alles in mir heilen würde, nicht nur das, was mich fast getötet hatte. Aber wie sollte man das machen? Ich begann mit dem Heiler und Freund, der mein Leben gerettet hatte, Sheelo Bohm, und mit Ron Mied, einem Heiler, den ich auf einer Schamanen-Konferenz Anfang des Jahres getroffen hatte, zu arbeiten. Meine Intuition sagte mir, dass Trauma der Schlüssel zur Heilung war, und sowohl Ron als auch Sheelo hatten Prozesse, die sich auf Trauma konzentrierten. Ich kannte keine anderen Techniken, die effektiv genug für das waren, was ich wollte, also nutzte ich Rons Einblick in die außerkörperlichen Traumabilder und entwickelte die Whole-Hearted-Healing-Technik.

Meine Intuition sagte mir, dass Traumaheilung der Schlüssel zu dem Spitzenzustand war, den ich wiederherstellen wollte. Seltsamerweise versuchte praktisch jeder, den ich kannte, mich davon zu überzeugen, dass ich mich in dieser Sache irren würde. Selbst die Informationen, die von Gruppen gesammelt wurden, die mit Traumata arbeiten, wie das Primal Institute und die Menschen um Stanislav Grof, schienen diese Idee nicht zu unterstützen. Es war zu schwer, meinen eigenen Zweifeln und denen meiner einfühlsamen Freunde zu widerstehen, die versuchten, mich auf den Weg zu bringen, den sie selber erfolglos gegangen waren - in vielen Fällen musste ich diese Freundschaften beenden, um meinem eigenen inneren Wissen zu folgen. Als ich mich selbst geheilt hatte, wurde es immer einfacher, weiterzumachen. Während ich experimentierte, begann ich immer mehr ungewöhnliche spirituelle Erfahrungen und Zustände zu erreichen. Ich kam in einen Zustand, in dem es in mir selbst hell wurde und fand heraus, dass ich nun nach

Belieben auf Erinnerungen vor der Geburt zugreifen konnte. Bald ließ ich alle meine Lehrer zurück und betrat Neuland.

Eines Tages, während des traumatischen Endes einer anderen Beziehung, verlor ich meine innere Helligkeit und konnte daher meine Erkundungsarbeit nicht mehr fortsetzen. Also wandte ich mich an andere, die die Fähigkeit hatten, die mir jetzt fehlte, und benutzte sie als Versuchspersonen, um die Untersuchungen fortzusetzen. Ohne die Unterstützung dieser sehr mutigen Freiwilligen, insbesondere Kate Sorensen, Wes Gietz, Dr. Deola Perry und Dr. Marie Green, wäre diese Arbeit nicht möglich gewesen. Wir hatten endlich das Kernproblem gelöst. Dies führte schnell dazu, dass mir klar wurde, wie alles, was ich je erlebt oder gelesen hatte, zusammenpasst. Das war eine der Spitzenzeiten in meinem Leben! Ich verstand endlich, was all die anderen Zustände und Erfahrungen verursacht hat.

Wenn wir Bücher wie dieses lesen, bekommen wir oft kein Gefühl für den Schmerz und den Kampf, den die Menschen durchgemacht haben, um ihre Entdeckungen zu machen. Unsere Arbeit hatte Momente des Triumphes und Zeiten tiefen Schmerzes und Leidens, als wir uns langsam auf den Weg ins Unbekannte machten. Wes Gietz hat im Folgenden einen Überblick über seine Erfahrungen gegeben.

Ich habe Wes 1996 zum ersten Mal in Victoria, British Columbia, getroffen. Da er den Zustand Inner Brightness (inneren Helligkeit) und einen Hintergrund im Schamanismus hatte, überredete ich ihn, mit mir zusammenzuarbeiten und meine Ideen über Spitzenzustände des Bewusstseins und Entwicklungsereignisse zu erforschen. Er war derjenige, der zuerst die Bedeutung der Empfängnis für den Zustand des Beauty Way entdeckte, und wir teilten die ungeheure Begeisterung, als wir von Durchbruch zu Durchbruch kamen. Einer der Höhepunkte unserer Zusammenarbeit war, als Kate Sorensen, Dr. Perry, Dr. Green und ich einen Workshop außerhalb von Salt Lake City, Utah, über die fortgeschrittenen Heilmethoden hielten, die wir damals entwickelten. Letztendlich hatte Wes jedoch genug von Alldem. Unsere Freundschaft blieb unverändert, aber seine Zeit in der Forschungsarbeit war vorbei. Das ist seine Geschichte:

## Wes Gietz' Geschichte. „Sterben im Monolithen" oder „Warum ich das nicht mehr tun kann".

Ich war das Versuchskaninchen Nummer 2. Wir begannen in den frühesten Momenten der physischen Existenz eines Menschen. Es gab zwei Komponenten dieser Untersuchung - das Spermium und die Eizelle. Die Lebensreise eines Spermiums ist ziemlich kurz; sie beginnt, wenn im Vater des Kindes ein Spermium entsteht, und endet mit dem Tod (das ist die Erfahrung des Spermiums) des Spermiums bei der Empfängnis. Für das Ei beginnt die Existenz im Schoß der Großmutter, wenn der Fötus, der zur Mutter wird, beginnt, das Ei zu entwickeln, aus dem Sie einmal entstehen werden.

Ich erinnere mich, dass ich zu dem Moment der physischen Bildung des Eies zurückging und mich an einem Ort leuchtender Schwärze befand, wo es lange, langsame Wellen von etwas gab, das ich nicht identifizieren konnte. Jetzt, während ich das schreibe, merke ich, dass diese Wellen sich in Richtung der physischen Manifestation bewegten. Ich ritt eine dieser Wellen in die physische Realität und wurde zum Ei mit der Bildung des Eihirns.

Als nächstes arbeiteten wir an den Traumata, die das Spermium und die Eizelle erlebten (wir arbeiteten separat an diesen Dingen). Wie Sie sich vorstellen können, erlebte die Eizelle viel mehr Traumata als das Spermium, weil ihre Lebensdauer bis zur Empfängnis hundertmal so lang ist wie die Lebensdauer des Spermiums, und weil die Eizelle die Schwangerschaft und die Geburtstraumata Ihrer Mutter durchläuft.

Wir arbeiten uns durch eine Reihe von Traumata, die mit der Entwicklung verbunden waren, bis hin zum Trauma des Todes des Spermiums. Dieses Ereignis hat eine fast paradoxe Kraft: für das Spermium ist dieses Ereignis der Tod, aber für die Eizelle ist es sowohl Vollendung als auch Invasion. Das Trauma, welches das Spermium als Tod erfährt, wird auf die Eizelle übertragen, wenn das Gehirn des Spermiums mit dem Gehirn der Eizelle verschmilzt (wenn es nur die Aufnahme des Spermiums durch die Eizelle wäre, wie etwas, das Nahrung aufnimmt, würde man nicht erwarten, dass die Traumata sich in dem sich entwickelnden Organismus weiter aufhalten.)

Die Empfängnis war für mich bis dahin das größte Trauma. Es war auch das erste Mal, dass ich im Monolithen starb..... Vor etwa 25 Jahren las ich eine Science-Fiction-Geschichte, deren Thema die Entdeckung eines strukturlosen Monolithen auf der anderen Seite des Mondes war. Die Astronauten, die das Ding entdeckten, fanden schließlich heraus, dass es einen Weg hinein gab, durch eine scheinbar opake Wand. Aber sie fanden auch heraus, dass, als sie hineingingen, etwas sie tötete und sie an einen bestimmten Ort auf der Erde zurückbrachte.
Glücklicherweise konnten diese Menschen wiederbelebt werden.

Da die menschliche Natur das ist, was sie ist, beschlossen Forscher zu erkunden, was sich im Inneren des Monolithen befindet; also schickten sie Freiwillige vor, um das zu erforschen. Die Forscher entdeckten, dass bestimmte Bewegungen innerhalb des Monolithen sie töteten, während andere Bewegungen es ihnen ermöglichten, sich weiter zu bewegen.
Der Zweck war, das Innere des Monolithen zu kartographieren. Wenn jeder der Teilnehmer starb und zurück auf die Erde geschickt wurde, dann wurde er wiederbelebt und gebeten, alles Erdenkliche zu tun, um die Karte des Inneren des Monolithen zu erweitern.

Ich erinnere mich nicht an das Ergebnis der Geschichte, aber ich erinnere mich deutlich daran, dass niemand öfter als drei-oder viermal überredet werden konnte, in den Monolithen zu gehen, um hier getötet zu werden. Die Parallele zwischen dieser Geschichte und meinen Erkundungen der Entwicklungsreise eines Menschen sollte klar sein, außer dass ich, anstatt buchstäblich von den Traumata des Spermiums, des Eies und des Fötus getötet zu werden, eher das Gefühl hatte, auf emotionale oder spirituelle Weise in Stücke gerissen zu werden. Die andere wahre Parallele ist, dass ich es nicht mehr ertragen konnte, diese Traumata zu erleben. Wie die Freiwilligen aus der Geschichte, die bei der Kartierung des Monolithen mitgeholfen haben, hoffe ich jedoch, dass der Schmerz, den ich empfand, nicht von all denen wiedergefühlt werden muss, die diese Reisen unternehmen.

Es gibt noch einige andere traumatische Erfahrungen während des Wachstums der befruchteten Eizelle zu einem lebensfähigen Säugling. Dazu gehören die Einnistung, die erste Zellteilung, Beschimpfungen des Fötus durch die Erfahrungen der Mutter und die Geburt selbst. Die Geburtserfahrung umfasst wahrscheinlich die schlimmsten Traumata, die die meisten Menschen in ihrem Leben erleiden – der Moment, als sie die Botschaft „Trenne dich von der Mutter" empfangen, die erste Kontraktion, die Entbindungsreise selbst, den Tod der Plazenta und den ersten Schock der Außenwelt einschließlich der Existenz anderer Menschen und der Kälte. Diese ersten beiden Schritte des Geburtsvorgangs waren für mich das zweite und dritte Mal, als ich im Monolithen starb.

Nach diesen Erfahrungen, von denen einige mit starken Schmerzen verbunden waren, habe ich festgestellt, dass ich jetzt weiß, dass ich jedes spirituelle oder traumatische Ereignis überleben kann. Gleichzeitig, nachdem ich so oft im Monolithen getötet wurde, finde ich, dass ich diese Forschungsarbeit nicht fortsetzen kann. Der Wert für mich liegt jetzt in dem, was ich in andere Arbeiten einbringen kann. Derzeit umfasst dies das Lehren und Heilen in der Tradition von Tom Brown Jr., das Praktizieren und Unterrichten von EFT und die Anwendung der Konzepte des Mentorings, wie sie von John Young und *The Wilderness Awareness School* in unsere Gesellschaft gebracht wurden.

Hätte ich gewusst, was mich erwartet, bin ich mir nicht sicher, ob ich weitergemacht hätte. Aber im Nachhinein betrachtet hatte diese persönliche Erfahrung für mich einen immensen Wert. Es hat mein Verständnis vom Leben aus spiritueller Sicht enorm vertieft und mich stärker und mitfühlender für mich und alle Menschen gemacht.

## Verstehen von Theorien und Modellen

Wenn jemand ein Modell generiert, hofft er, die bisher riesige Menge an scheinbar nicht zusammenhängenden Informationen in eine einfache Grundstruktur zu integrieren. Ein gutes Beispiel ist das der kopernikanischen Umgestaltung. Bis zu dieser Zeit schauten die Menschen auf den Nachthimmel und sahen sehr komplexe Bewegungen von Sternen, Planeten und dem Mond. Historische Illustrationen von theoretischen Maschinen, die versuchten, die Bewegung des Himmels zu modellieren, waren lächerlich komplex. Die Annahme (Theorie) war, dass die Erde im Zentrum des Universums stand, und dies führte dazu, dass es nicht möglich war, Einfachheit in der Struktur zu sehen oder noch unbeobachtete Phänomene vorherzusagen. Aber sobald die richtige Theorie abgeleitet wurde, mit der Sonne im Zentrum, wurde es zu einem trivialen Problem, die Sternenbewegung vorherzusagen und den

Unterschied zwischen den Planetenbewegungen und denen der Sterne zu verstehen. Die Schlüsselkonzepte hier sind 1) das richtige Modell erklärt alle Daten, und 2) das richtige Modell erlaubt es, die Existenz unentdeckter Phänomene vorherzusagen.

Die Erhöhung der Detailgenauigkeit des Modells ermöglicht es, immer mehr subtile Phänomene zu berücksichtigen. Für ungefähre Ergebnisse wird das einfache Modell herangezogen – für genauere Berechnungen werden die feinen Details miteinbezogen. Die Wahl der Ebene des Modells, mit der gearbeitet werden soll, hängt davon ab, wie genau Sie sein wollen. In unserem vorherigen Beispiel wird die Bewegung der Planeten auf der einfachsten Modellebene durch Kugeln dargestellt, die sich im Kreis um die Sonne bewegen. Wenn genauere Ergebnisse erforderlich sind, werden die leichten elliptischen Orbitalbewegungen berücksichtigt.

Eine weitere Möglichkeit, dieses Konzept der Modellierung zu sehen, ist die Betrachtung der Arithmetik. Wir haben ein Prozessmodell, wie man Zahlen hinzufügt - es wäre viel schwieriger, wenn wir uns jede mögliche Kombination von Summen (die Rohdaten) merken müssten, mit denen wir arbeiten würden, nicht wahr? Stattdessen haben wir ein einfaches Modell, das es uns ermöglicht, dies in wenigen Augenblicken zu tun.

Der Schlüssel zu dem, was wir in diesem Buch tun, ist anzunehmen, dass es ein relativ einfaches zugrundeliegendes Modell gibt, das alles, was vor sich geht, erklärt: eines, das die physischen Daten, die spirituellen Erfahrungen, die schamanischen Ergebnisse - alles - einbezieht. Wenn es vielmehr eine Tatsache gibt, die nicht in das Modell integriert werden kann, zwingt es uns, das Modell auf Fehler oder unvollständige Bereiche zu überprüfen. Wenn Sie Psychologie oder Spiritualität kennen, werden Sie feststellen, dass dies nicht das ist, was derzeit auf dem Gebiet getan wird - jedes der gängigen Modelle unterstützt ein wenig eine Thematik und ignoriert dann den Rest des Umfeldes. Es ist genau wie bei den Blinden, über die wir in der Einleitung gesprochen haben, die den Elefanten fühlen und den anderen erzählen, wie ein Elefant ist - wie eine Schlange, wenn sie den Rüssel berühren, oder ein Pfosten, wenn sie das Bein berühren und so weiter. Schlimmer noch, die Männer geraten in einen Streit und ignorieren sich dann gegenseitig! Wir wollen nicht wie andere sein, die in diesem Bereich arbeiten - während Sie also dieses Buch lesen, finden Sie Erfahrungsbereiche, welche anhand des Modells der Entwicklungsereignisse der Spitzenzustände scheinbar nicht abgedeckt sind?

Neue Modelle werden oft akzeptiert, wenn sie es tatsächlich erlauben, noch nicht entdeckte Phänomene vorherzusagen oder praktische Techniken abzuleiten, die tatsächlich funktionieren. Wenn eine Theorie (Modell) es erlaubt, alle bekannten Daten zu erklären und zusätzlich etwas voraussagen kann, was noch nicht beobachtet wurde und dann, wenn Menschen anfangen, danach zu suchen, entdeckt wird, ist die Theorie sehr wahrscheinlich korrekt. Zum Beispiel wurde Einsteins Relativitätstheorie schließlich akzeptiert, weil sie tatsächlich ein noch nie dagewesenes Phänomen voraussagte, in diesem Fall die Biegung des Lichts, wenn es an der Sonne vorbeizieht. Ein paar Jahre nachdem er die Vorhersage gemacht hatte, wurde der Beweis entdeckt. Es kam niemandem in den Sinn, vor seinem Modell nach einem solchen Phänomen zu suchen, weil keines der anderen Modelle voraussagte, dass so etwas passieren könnte.

So testen wir das Modell auch, indem wir nach Beweisen für seltsame, unerwartete Dinge suchen, die unser Modell voraussagt und die noch nie zuvor beobachtet wurden (weil niemand vermutet, dass die vorhergesagten Phänomene existieren). Zum Beispiel sagt das einfache Whole-Hearted-Healing-Modell voraus, dass blinde Menschen „visuelle" Bilder von Traumata haben, und der Psychologe Kenneth Ring berichtete ein paar Jahre später davon. Also, ich ermutige Sie, das ISPS-Peak-States-Modell zu nehmen und über die Auswirkungen nachzudenken - welche Phänomene prognostiziert dieses zugrundeliegende Modell, die noch nie zuvor entdeckt wurden, weil niemand danach gesucht hat?

## Das Konzept des Traumas verstehen

Aus erfahrungsmäßiger Sicht ist das Trauma ein Ereignis, das vom Organismus nicht vollständig erlebt wird. Die Reaktion dieses Ereignisses wird dann gespeichert und wiedergegeben, wenn in der Gegenwart dem ursprünglichen Trauma ähnliche Empfindungen hervorgerufen werden. Obwohl sich ein Trauma in der Regel schmerzhaft anfühlt, können sich zur Überraschung vieler Menschen einige Traumata angenehm anfühlen. Dieser letzte Fall tritt auf, wenn ein angenehmes Gefühl zu überwältigend ist, oder wenn ein angenehmes Gefühl erlebt wird und dabei plötzlich ein schmerzhaftes Trauma erlebt wird und mit diesem angenehmen Gefühl in Verbindung gebracht wird. Dennoch ist es ein Trauma, wenn die Reaktion auf eine Situation hängen bleibt und zukünftige Ereignisse diese frühere Reaktion hervorrufen, unabhängig von der Situation in den gegebenen Umständen.

Wenn eine Maus zum Beispiel den Schatten eines Falken sieht und nach rechts springt und ihr Leben rettet, ist sie höchstwahrscheinlich traumatisiert, in diesem Fall fast zu Tode erschrocken. In Zukunft, wenn ein ähnliches Gefühl auftritt, vielleicht das Flackern des Schattens eines Falken, springt die Maus erneut nach rechts, unabhängig davon, ob es eine gute Idee ist oder nicht - denn die Botschaft des ursprünglichen Traumas sagt aus, dass dies das Richtige ist. Aus biologischer Sicht mag dies im Durchschnitt eine gute Strategie für Mäuse sein, um sicherzustellen, dass die Mehrheit überleben wird. Aber für uns Menschen in unserem viel komplexeren Leben wird dieses Traumagedächtnis zu einer Katastrophe.

Auch wenn wir als Laien dazu neigen, Traumata als sich über die Zeit erstreckend zu betrachten, besteht das Trauma in Wirklichkeit aus einer Reihe von einzelnen Zeitpunkten. Diese Momente bilden oft eine Kette von traumatischen Momenten, die durch ihren gleichen Gefühlsinhalt verbunden sind. Mehrere Therapien nutzen diese Tatsache bei der Heilung aus, wie z.B. die körperzentrierte Therapie von Gay Hendricks, die Reduktion traumatischer Vorfälle von Frank Gerbode und meine eigene Whole-Heart-Healing-Methode. Eine alternative Definition von Trauma ist jeder Moment, in dem ein außerkörperliches Bild vom Organismus gespeichert wird. Diese Definition wird in der Whole-Heart Healing-Therapie als Schlüssel zum Heilungsprozess verwendet.

Dieses traumatische Ereignis kann auf Verletzungen oder andere Arten von Einflüssen zurückzuführen sein, die nicht offensichtlich traumatisch erscheinen. Generationstraumata, die Persönlichkeits-„Hülle", Gaia-Befehle, die falsch verstanden wurden und Konflikte mit den Selbstidentitäten des Dreifachhirns sind Beispiele für subtilere Ursachen von Traumata und werden in Band 2 und 3 beschrieben. Ein Trauma kann auch noch weitere Traumata verursachen, wenn es eine Person dazu bringt, sich in Situationen zu begeben, die wiederum ein Trauma verursachen. Bekannte Beispiele dafür sind die Projektion und die Wiederholung von dysfunktionalen Mustern.

Trauma kann noch grundlegender definiert werden. In einem Bewusstseinszustand, den wir „Spaciousness" (Räumlichkeit) nennen, kann das Trauma als eine Falte oder Verzerrung in dem der physischen Existenz zugrundeliegenden Medium gesehen werden. Band 3 geht im Detail darauf ein, wie man dies zur Heilung nutzen kann.

Nach der Heilung hat der Trauma-Augenblick nicht mehr die Kraft, die Gegenwart zu beeinflussen, und tatsächlich hat der Trauma-Augenblick keine negativen oder positiven Empfindungen mehr, sobald man sich an diesen erinnert.

## Das Entwicklungsereignismodell für Spitzenzustände, Erfahrungen und Fähigkeiten

Es gibt tatsächlich ein sehr einfaches Modell, das alle Daten über Spitzenzustände, Spitzenerfahrungen und ungewöhnliche Fähigkeiten erklärt. Drei Elemente kommen ins Spiel: 1) das Vorhandensein von Traumata, 2) kritische Entwicklungsereignisse in der Gebärmutter und 3) der Erwerb des „falschen Selbst" oder der falschen „Hülle" während der Geburt, die den Menschen das Gefühl gibt, eine Hautgrenze zu haben (beschrieben in Band 2). Bei dieser Analyse werden wir andere Faktoren ignorieren, die nicht so dominant sind und die in den Bänden 2 und 3 behandelt werden.

Einfach ausgedrückt tritt zu bestimmten Zeitpunkten während jedes Entwicklungsereignisses in unserem Wachstum (hauptsächlich im Mutterleib und im Eierstock bzw. Hoden der Eltern) eine spirituelle Erfahrung auf und/oder eine Fähigkeit und/oder es entsteht ein Zustand. Beispiele für solche Entwicklungsereignisse sind u.a. die Empfängnis und die Einnistung (Auch wenn diese Ereignisse in der Studie über das fötale Wachstum oft als „Entwicklungsstadien" bezeichnet werden, nennen wir sie in diesem Text „Entwicklungsereignisse", um zu betonen, dass die Schlüsselmomente, die eine neue Phase einleiten, sehr kurz sind.) Wenn der Entwicklungsmeilenstein ohne Trauma-Auswirkung abgeschlossen wird, steht uns nach der Geburt eine besondere spirituelle Erfahrung, ein Zustand oder eine Fähigkeit zur Verfügung. Bestimmte Arten von Zuständen und Fähigkeiten erfordern eine Reihe von Entwicklungsereignissen, bevor sie sich manifestieren können.

Wenn das Trauma während eines kritischen Entwicklungsereignisses in der Gebärmutter auftritt, wird der Fötus in den meisten Fällen immer noch den Zustand oder die Fähigkeit erreichen, die das Ergebnis der Zunahme der Komplexität seines Organismus ist. Während der Geburt treten jedoch bestimmte Arten von Erfahrungen auf, die die Trauma-Reaktion aus der geschichtlichen Entwicklung des Fötus kontinuierlich aktivieren. Insbesondere Trauma-Reaktionen, die während der Entwicklungsereignisse auftraten, die für die Zustände und Fähigkeiten, an denen wir interessiert sind, kritisch waren, werden nun so wirken, dass sie das Baby in seiner natürlichen Funktion beeinflussen. Anstatt dass der Organismus des Babys so handelt, wie er entworfen wurde, übersteuern die Trauma-Reaktionen die natürlichen Handlungen des Babys und ersetzen sie mit den Handlungen, die während das Traumas stattfanden. Und der Zustand bzw. die Fähigkeit geht verloren. Der Grund dafür ist in den Bänden 2 und 3 beschrieben.

Dieses Prinzip ist nicht ohne weiteres ersichtlich, da es bis vor kurzem keine Methoden gab, die ohne weiteres auf die Erfahrungen in der Gebärmutter zugreifen konnten. Da die Auswirkungen dieser Entwicklungsereignisse in der Gebärmutter von den Forschern nicht erkannt wurden, betrachteten nur Biologen diese Ereignisse. Die wenigen Therapien, die auf Erfahrungen im Mutterleib zugreifen können, beachten die Entwicklungsereignisse in der Regel nicht, es sei denn, sie treten aus einem anderen Grund auf. Für weitere Informationen zu den Entwicklungsereignissen empfehle ich die Arbeit des Psychotherapeuten William Emerson, der, soweit ich weiß, noch nicht den konzeptionellen Durchbruch in Bezug auf die Spitzenzustände geschafft hat, die wir haben, aber er ist sehr nahe dran.

Das Entwicklungsereignismodell erklärt, warum es unterschiedliche Spitzenzustände gibt. Verschiedene Entwicklungsereignisse verleihen verschiedene Arten von Zuständen aufgrund der besonderen Veränderungen, die der Organismus an sich selbst vorgenommen hat. Zweitens, einige Zustände bauen auf früheren Zuständen auf, da der Organismus komplexer wurde. So treten bestimmte Zustände häufig auf oder sind leicht zu erwerben, weil sie nur ein oder zwei Entwicklungsereignisse erfordern, die mit minimalem Trauma erlebt werden. Andere Zustände erfordern, dass eine Reihe von schwierigen Entwicklungsereignissen ohne Trauma erlebt wird und sind daher in der allgemeinen Bevölkerung viel seltener. Und drittens, haben deshalb manche Menschen nur Teilzustände oder bewegen sich sie hinein in und aus ihnen heraus – weil die relevanten Entwicklungsereignisse nicht völlig traumafrei waren. Die aktuellen Umstände können eine mehr oder weniger starke Traumareaktion auslösen, die das Individuum proportional dazu vom kompletten Zustand entfernt.

## Auswirkungen des Peak State Entwicklungsereignismodells: Erwerb von dauerhaften Zuständen

Was könnten die natürlichen Auswirkungen eines solchen Modells sein? Als erstes kommt es uns in den Sinn, dass wir, wenn wir zurückgehen und diese Entwicklungsereignisse heilen, den Zustand erhalten sollten, den das nicht traumatisierte Ereignis uns beschert hätte. Die zweite wichtige Auswirkung des Modells ist, dass die Heilung von Entwicklungsereignissen Zustände oder Fähigkeiten geben kann, die dauerhaft sind. Und natürlich funktioniert dieser Ansatz für die Mehrheit unserer Klienten! Dies steht im Gegensatz zu anderen Arten von Prozessen, die meistens versuchen, die Trauma-Reaktionen zu entspannen und daher ständig erneut „geübt" werden müssen.

Dieses ist ein atemberaubendes Ergebnis, denn es bedeutet, wenn Sie einen bestimmten Zustand, eine bestimmte Fähigkeit oder spirituelle Erfahrung erreichen wollen, Sie zum relevanten kritischen Entwicklungszeitpunkt gehen und ihn dort heilen können - *und diese Entwicklungspunkte sind für alle Menschen die gleichen.* Sobald Sie einen Fahrplan mit allen relevanten Entwicklungsereignissen haben und den Weg kennen, dahin zu gelangen und einen Weg finden, diese zu heilen, befindet sich der Klient danach in den meisten Fällen sofort in dem gewünschten Ergebnis. Es ist sehr, sehr einfach. Im Laufe unserer Arbeit haben wir eine Reihe dieser Meilensteine kartiert, aber ich gehe davon aus, dass Sie auch neue erkunden und finden werden.

Traumata, die keine kritischen Entwicklungsereignisse während der Entwicklung in der Gebärmutter betreffen, haben im Allgemeinen keinen Einfluss auf den Zustand einer Person. Die einzige Ausnahme, die wir erlebt haben, ist folgende Erfahrung: Eine Minderheit der Menschen, die wir in Spitzenzustände versetzt haben, haben Etwas, das wir ein „dominantes Trauma" nennen. Dies ist ein Thema in ihrem Leben, das so eine große Auswirkung auf sie hat, dass wenn wir sie durch einen Prozess zur Auslösung von Spitzenzuständen führen, solange nichts geschieht, bis dieses dominante Trauma nicht geheilt wird. Danach springen sie direkt in den erwarteten Zustand. Ich würde schätzen, dass dieses dominante Trauma-Problem bei weniger als 10% der Menschen auftritt, die wir bisher erlebt haben.

Ein Verständnis dafür, wie sich Traumata verbinden, ist wichtig, um eine Technik zu entwickeln, die Spitzenzustände liefert. Für diejenigen von euch, die es nicht gewohnt sind, Regressionstherapien wie Traumatic Incident Reduction (TIR) oder Whole-Hearted Healing (WHH) anzuwenden, lasst mich das näher erklären. Wir wissen von der Anwendung dieser und anderer Techniken, dass Traumata, die ein Thema haben, das bestimmte ähnliche Empfindungen beinhaltet, zusammengelegt werden. Diese späteren Traumata sind in der Regel nur traumatisch, weil das erste Trauma der aktuellen Trauma-Erfahrung seinen „Stempel" aufdrückt. Jedes spezifische traumatische Material, das mit einem ähnlichen Empfindungs-Thema verbunden ist, wird von Dr. Stanislav Grof als „Coex" bezeichnet. Therapeuten nutzen dieses Prinzip in ihrer Praxis, um Zeit zu sparen, da sie entdeckt haben, dass die Heilung des frühesten Traumas die späteren auflösen wird, ohne Zeit zu verschwenden, diese separat zu heilen. Es gibt jedoch eine Ausnahme von dieser Regel. Wenn das spätere Trauma auch eine körperliche

Verletzung beinhaltet, muss es in der Regel als separates Trauma geheilt werden. Für unsere Methode zur Auslösung von Spitzenzuständen müssten wir also auch in der Lage sein, diese später verbundenen physischen Traumata zu finden und zu heilen. Glücklicherweise sind sie nicht allzu verbreitet - die meisten Traumata nach der Geburt sind emotionaler Natur, nicht physischer Natur.

Beispiel:
> Viele spirituelle Wege nutzen eine Vielzahl von Techniken, um auf das zuzugreifen, was man Gott oder den Schöpfer nennen könnte. Es stellte sich heraus, dass in bestimmten Entwicklungsphasen wie der Empfängnis und der Einnistung ein Teil dieses „Schöpfer"-Bewusstseins in den plötzlich komplexeren Organismus integriert wird. So stellte sich heraus, dass man jederzeit zum Schöpfer gehen kann, wenn man zu den Entwicklungsaugenblicken zurückkehrt, in denen dem Wesen mehr vom Schöpfer-„Zeug" hinzugefügt wird. Dort angekommen, können Sie, nach vollständiger Heilung, auf diese spirituelle Erfahrung/Fähigkeit zugreifen. Sobald Sie das ganze verwandte Material geheilt haben, brauchen Sie nicht einmal mehr in die Vergangenheit zu diesem Entwicklungs-Augenblick zu gehen, um auf die Fähigkeit zuzugreifen, da sie Ihnen nun in der Gegenwart dauerhaft zur Verfügung stehen wird.

Beispiel:
> Eine Möglichkeit, mit all Ihren vergangenen (und zukünftigen) Leben zu verschmelzen und das Bewusstsein dafür zu bewahren, besteht darin, zu dem Augenblick zurückzukehren, in welchem die Eizelle bedeckt wird, wenn sie den Eierstock verlässt und an der Stelle das entsprechende Trauma heilen. Dies wird in Kapitel 7 ausführlich behandelt.

Lassen Sie mich das noch einmal betonen - wir müssen nicht alles heilen, um die gewünschte Fähigkeit/Erfahrung/den gewünschten Zustand zu erhalten - wir müssen nur ein paar der *richtigen* Traumata heilen! Und diese Traumata treten bei bestimmten Entwicklungsmeilensteinen auf, die für alle gleich sind. Dies ist die Grundlage für eine der Methoden des Institute for the Study of Peak States. Natürlich haben einige Menschen später im Leben, wie bei der Geburt, komplizierte Traumata, die als zusätzliche Blockaden wirken. Es gibt jedoch nicht annähernd so viele von ihnen, wie man erwarten könnte, denn wenn Sie das Kerntrauma beseitigen, lösen sich die nachfolgenden Traumata automatisch auf, mit Ausnahme der verwandten, die eine körperliche Verletzung beinhalten.

## Wie das Entwicklungsereignismodell die beobachteten Daten erklärt

Zunächst, wie erklärt das Modell die Anzahl der Menschen in natürlichen Spitzenzuständen? Relativ einfache Zustände wie der Beauty Way haben nur ein oder zwei Entwicklungsmeilensteine und treten daher mit einer geringen Häufigkeit (etwa 8%, denken wir,) in der Bevölkerung auf. Drastisch verbesserte Zustände erfordern jedoch den erfolgreichen Abschluss einer Reihe von Entwicklungsmeilensteinen. Auf statistischer Basis ist es unwahrscheinlich, dass eine Person einen bestimmten Entwicklungsmeilenstein ohne Trauma richtig durchläuft. Sie können eine Wahrscheinlichkeit zuweisen, dass jedes Entwicklungsereignis (z.B. Empfängnis, Einnistung, etc.) in der durchschnittlichen Bevölkerung erfolgreich verläuft. Je „höher" der Zustand, desto mehr dieser Ereignisse müssen erfolgreich durchgeführt werden. Wenn man diese Wahrscheinlichkeiten multipliziert (um die Gesamtwahrscheinlichkeit zu erhalten), fällt das durchschnittliche Auftreten von Menschen mit diesen Zuständen fast auf Null. (Siehe Anhang A über das geschätzte Auftreten dieser Zustände.)

Dieses einfachste Modell geht davon aus, dass ein bestimmter Entwicklungsmeilenstein entweder mit oder ohne Trauma auftritt. Daraus lässt sich berechnen, wie viel Prozent der Bevölkerung sich in einem bestimmten Spitzenzustand befindet. Mit anderen Worten, Sie können bestimmen, wie viele Menschen keine Traumata haben, die Spitzenzustände blockieren. Dies erklärt die relative Knappheit von Menschen, die ständig in natürlichen Spitzenzuständen leben. Eine Analogie könnte dies verdeutlichen. Es ist ein sehr seltener Pinball (Sie), der es bis zum Boden schafft, ohne eine der Barrieren (Traumata bei Entwicklungsmeilensteinen) zu treffen. Je mehr Tore Sie treffen, desto weniger Fähigkeiten und Zustände haben Sie, wobei es wichtig ist, welche Tore Sie treffen - einige von ihnen bescheren Ihnen eine Menge Strafpunkte und einige viel weniger...

Nun, lassen Sie uns das einfache Wahrscheinlichkeitsmodell komplizieren, um ein genaueres Ergebnis zu erzielen. Die Realität ist, dass eine Person vielleicht nicht vollständig erfolgreich war, aber auch nicht völlig versagt hat, ein bestimmtes Entwicklungsereignis ohne Trauma zu überstehen. So finden Sie einige Leute, die im Laufe einer Woche in einen bestimmten Spitzenzustand ein- und aussteigen, weil die Traumata während des Entwicklungsereignisses relativ gering waren und/oder weil die äußeren Umstände nicht die Trauma-Reaktion antriggert, die den Zustand blockiert. So können wir unser einfaches Modell verkomplizieren, um es genauer zu machen, indem wir die Wahrscheinlichkeit einbeziehen, dass das Trauma geringfügig war und die Person nicht dazu bringt, den Zustand für lange Zeit zu verlieren. Es können auch Wahrscheinlichkeitsschätzungen vorgenommen werden, um dies einzubeziehen, die in Anhang A aufgeführt sind.

Beispiel:
In meinem eigenen Fall würde ich, wenn ich die Missbilligung einer Frau spüren würde, den Beauty Way verlieren, bis das aufhört, weil das eine zugrundeliegende Trauma-Reaktion auslöst.

Lassen Sie uns nun untersuchen, wie unser Modell all jene temporären Methoden erklärt, um schamanische oder spirituelle Spitzenzustände oder Erfahrungen zu erreichen, die ich in Kapitel 3 beschrieben habe. Wie funktionieren die? Erinnern Sie sich, dass die Blockade dieser Zustände oder Fähigkeiten auf ein Trauma zurückzuführen ist. Wenn Sie einen Prozess verwenden, der den Organismus so entspannt, dass Trauma-Antworten nicht stimuliert werden, tritt der Zustand automatisch auf - *denn es ist Ihr natürlicher Zustand, Ihr Geburtsrecht!* Sie sind dazu bestimmt, Zugang zu diesen Erfahrungen zu haben und in einem höchstmöglichen Zustand zu leben. So ermöglichen Techniken, die die entsprechenden Teile des Organismus entspannen, der Person, den Zustand vorübergehend zu haben, solange bis die Entspannung beendet ist und die gespeicherten Trauma-Informationen (die dem Organismus sagen, dass er sich nicht in seinem natürlichen spannungsfreien Zustand befindet) in den Organismus zurückübertragen werden.

Dieses Modell erklärt auch, warum einige Leute feststellen, dass bestimmte spirituelle oder schamanische Praktiken für sie funktionieren, und für den Rest von uns sind sie ein ziemlich sinnloses Unterfangen. Diese Leute können entweder ihre Trauma-Reaktionen extrem gut entspannen oder die relevanten Trauma-Reaktionen sind ziemlich gering und sie sind sowieso am Rand des Zustandes. Das ist auch der Grund, warum die überwiegende Mehrheit der Menschen nicht in der Lage ist, diese Techniken erfolgreich einzusetzen, da die meisten Menschen die Entwicklungsereignisse wirklich vermasselt haben. Wenn das bei Ihnen der Fall ist, wird keine noch so gute Meditation oder ähnliches etwas bewirken. Sie sind entweder ein natürlicher Schamane oder spiritueller Lehrer (d.h. ein kleines frühes Trauma) oder nicht – Sie sind bereits im richtigen Zustand und müssen nur in der Anwendung geschult werden oder Sie können diese Techniken erfolgreich einsetzen, um im richtigen Zustand zu bleiben. Daher ist die Anzahl der Menschen, die über fortgeschrittenere Zustände und Fähigkeiten verfügen oder verfügen können (d.h. eine Reihe von kritischen Entwicklungsereignissen wurde erfolgreich durchgeführt), selten.

Und was ist mit den „spirituellen Notfällen", die ich in Kapitel 1 erwähnt habe? Aus der Perspektive des Modells können Menschen auf ihrem Weg in einen Spitzenzustand eine höllische Erfahrung machen, da meist schwere Entwicklungsereignisse ausgelöst werden. Da die Öffentlichkeit nicht über die Erfahrung verfügt, um Gebärmutter- oder frühere Traumata zu erkennen, nutzen die meisten nie die Vorteile der neueren Powertherapien – sie versuchen einfach, die Traumata auszuhalten, in der Hoffnung, dass sie verschwinden werden. Eine andere Art von spiritueller Notlage tritt auf, wenn eine Person einen Spitzenzustand verliert. Wie gesagt, das kann sich so anfühlen, als wäre die Person aus dem Himmel geworfen worden, was Depressionen und suizidale Gefühle hervorruft. Dies geschieht in der Regel, wenn ein zuvor unterdrücktes Entwicklungsereignis-Trauma aktiviert wurde, das einen Spitzenzustand blockiert. Weitere Ursachen für dieses Problem werden in Band 3 behandelt.

Anhand unseres Modells können wir auch erklären, wie schamanische Techniken wie Visionssuchen, Trommeln oder Drogen funktionieren. Sie schalten einen Teil der Trauma-Antwort vorübergehend aus, und der Organismus versetzt sich in einen mehr oder weniger hohen Zustand. Der Praktizierende ist sich oft nicht bewusst, dass er dies getan hat, weil er oft mehrere Arten von Erfahrungen hat, die gleichzeitig auf verschiedenen Ebenen seines Seins stattfinden. Im Alltag kann dann aber „die ganze Hölle losbrechen", so dass die Verbindung zwischen weniger Traumata und dem, was er erlebt, nicht offensichtlich ist. Beispiele für verschiedene Bewusstseinsebenen aus unserer Erfahrung können der „Creator" (Schöpfer) oder „Void" (Leere) sein, ebenso wie eine Vielzahl anderer, die wir in Band 2 behandeln werden, wie das „Sacred" (Heilig) oder „Gaia". Darüber hinaus ist es bei diesen Techniken üblich, Teile der ungeheilten Entwicklungstraumata zu erleben, mit oft schwierigen und schmerzhaften Ergebnissen. Sie werden oft chronisch neu erlebt, weil sie nicht als Gebärmuttertrauma erkannt und geheilt werden.

Beispiel:
    Hank Wesselman beschreibt in seinem Buch *Spiritwalker* ein Gefühl von Druck, wenn sich sein Bewusstsein in der Zeit nach vorne

bewegt. Obwohl es mehrere mögliche Erklärungen gibt, ist die wahrscheinlichste, dass ein für diese Fähigkeit relevantes Trauma in der Gebärmutter jedes Mal neu erlebt wird.

## Andere generische Hindernisse für Spitzenzustände

Wenn wir unser Modell erneut verkomplizieren, um seine Genauigkeit noch weiter zu erhöhen, können wir uns die Arten von Traumata ansehen, die bei einem Entwicklungsereignis auftreten. Das Trauma könnte ein schwerwiegendes gewesen sein, z.B. wenn ein bestimmtes Organ nicht richtig gewachsen ist oder wenn ein „Loch" entstand, oder wenn eine Kronenhirnstruktur stört, usw. (Eine Erklärung dieser letztgenannten Begriffe finden Sie im Basic *Whole-Hearted Healing Manual*). Für diese Individuen wäre wahrscheinlich ein Heilungsprozess wie WHH erforderlich, der mehr auf diese Art von Problemen ausgerichtet ist als einfache Prozesse wie EFT oder TAT.

Darüber hinaus wissen wir, dass ein Trauma bei sehr frühen wichtigen Entwicklungsereignissen (beschrieben in Kapitel 6) eine Person dazu veranlassen wird, bei den meisten der nachfolgenden Entwicklungsereignisse zu versagen. Wir haben dies bei mehreren unserer Freiwilligen entdeckt, die es versäumt haben, fast alle ihre Entwicklungsereignisse erfolgreich zu durchlaufen - es war ein Wunder, dass sie überlebt haben. Wir haben mehrere Arten dieser Trauma-Ereignisse identifiziert, deren vorherige Heilung unsere Prozesse viel effektiver macht.

In Band 3 beschreiben wir, wie man einen weiteren der wichtigsten Gründe heilen kann, warum Eizelle, Spermium und Fötus während der Entwicklungsereignisse ein Trauma haben - erworbene Generationentraumata von der Vater- und der Mutterlinie.

Gelegentlich stören der Vater oder die Mutter unbewusst die Entwicklungsstadien von Spermium, Ei oder Fötus. Dies ist zusätzlich zu den groben mechanischen Schäden wie Vergiftung, versuchte Abtreibung, Verletzung durch Sex während der Schwangerschaft und so weiter. Unsere Klienten sind von dieser unbewussten Störung nicht annähernd so oft betroffen wie von den zuvor genannten Problemen. Wir gehen in Band 2 und 3 ausführlich darauf ein. Wir haben einige Beweise dafür, dass das Gegenteil der Fall ist - eine Mutter und ein Vater in einigen Spitzenzuständen unterstützen unbewusst die sich entwickelnden Spermien, Eizellen und Föten, damit diese in den Entwicklungsereignissen keine Traumata erleben. Interessanterweise scheint es, dass Spitzenzustände und Fähigkeiten oft in Familien vorkommen. Dieser Mechanismus oder ein Mangel an störenden Generationstraumata würde diese Beobachtung erklären. Dies bedeutet eindeutig, dass Mütter proaktive Veränderungen vornehmen können, indem sie ihren eigenen Zustand verbessern, um ihren ungeborenen Kindern zu helfen.

Schließlich könnte man anmerken, dass Sie sich in Ihren nicht-traumatischen Erinnerungen an Fötus, Spermium oder Eizelle in Spitzenzuständen befinden, obwohl die zugrundeliegenden Entwicklungstraumata nicht geheilt wurden. Und nach der Geburt verlieren Sie diese Spitzenzustände (wie praktisch jedes Mitglied der Säuge-Lebewesen). Dafür gibt es mehrere Gründe: Erstens fühlt sich der Fötus im Uterus im Allgemeinen ziemlich sicher und entspannt im Allgemeinen seine Trauma-Reaktion, außer in Momenten, in denen er wieder traumatisiert wird. Zweitens aktiviert die bei der Geburt erworbene „Hülle" ein früheres Trauma. Es gibt jedoch noch einen weiteren wesentlichen Grund, und genau wie das Modell voraussagt, hat es mit einem Entwicklungsereignis zu tun, das die meisten Menschen nicht richtig durchlaufen. Dies geschieht im ersten Moment, in dem der Fötus/die Mutter mit dem Geburtsprozess beginnt, noch vor der ersten Kontraktion. In Band 2 erfahren Sie viel mehr darüber und warum es so traumatisch ist, aber im Moment können Sie es einfach in den Hintergrund Ihres Bewusstseins verschieben.

## „Musik" während der Entwicklungsereignisse

Jedes Entwicklungsereignis wird von einer bestimmten Art von „Musik" begleitet, die man „hören" kann, wenn einige Menschen zu Vorgeburtsereignissen zurückkehren. Obwohl diese Musik physisch nicht präsent ist und eher wie auf einer „spirituellen"" Ebene beschrieben werden könnte, ahmen bestimmte Arten von akustischer Musik die spirituelle Musik gut nach. Tatsächlich bietet die Entwicklungsereignis-„Musik" wahrscheinlich die Inspiration für viele Musiker.

Diese Beobachtung haben wir in unsere Prozesse integriert. Um dem Klienten zu helfen, auf das besondere Ereignis in der Gebärmutterentwicklung zuzugreifen, auf das er zugreifen soll, wählen wir eine Musik, die der besonderen „spirituellen" Musik ähnlich ist, die bei diesem Ereignis auftrat. Glücklicherweise ist die „Musik", die während eines bestimmten Entwicklungsereignisses auftritt, für alle gleich.

Übrigens gibt es etwas, das man perfekt als „Musik der Sphären" aus der altgriechischen Tradition beschreiben kann, aber es hat mit Archetypen zu tun und ist nicht mit der „spirituellen" Musik verbunden, die ich oben beschrieben habe. Die Musik der Sphären hat keine Harmonie, jeder Ton ist völlig unabhängig von allen anderen.

Beispiel:
> Diese Beobachtung der auf Entwicklungsereignisse bezogenen Musik kann auch dazu beitragen, warum Techniken wie Holotropisches Atmen bestimmte Arten von Musik erfordern, um effektiv zu sein. Entweder erfolgt dies als vorselektierte Musikauswahl oder ein erfahrener Praktizierender wählt intuitiv eine aus, oder manchmal weiß der Klient einfach, welche Musik hilfreich sein wird.

Beispiel:
> Wir haben in unserer Therapie-Praxis Klienten erlebt, die sich plötzlich von einem bestimmten Musikstück angezogen fühlen. Dies liegt oft daran, dass es ein Entwicklungstrauma gibt, das versucht, in ihr Bewusstsein zu kommen - die Musik, auf die sie sich konzentrieren, ist eine enge Analogie zur „spirituellen" Musik in diesem Entwicklungszeitpunkt.

## Praktische Schwierigkeiten bei der Suche nach relevanten Entwicklungsereignissen

In unserer Forschungsarbeit gehen wir in die Gebärmutter und frühere Entwicklungsereignisse zurück, um zu sehen, an welchen Spitzenzuständen oder Fähigkeiten oder Erfahrungen sie beteiligt sind. Oder wir beginnen mit einem Soll-Spitzenzustand und versuchen, die relevanten Entwicklungsmomente zu finden. Offensichtlich besteht die erste große Hürde darin, die Momente zu finden, die für den Zustand, den wir erwerben wollen, relevant sind. Es gibt jedoch noch andere Schwierigkeiten bei der Identifizierung relevanter Entwicklungsereignisse, die nicht offensichtlich sind.

Erstens, wenn Sie oder Ihr Klient zu einem bestimmten Ereignis zurückkehren, erleben Sie erneut, was tatsächlich geschehen ist. An dieser Stelle gehen die meisten Therapeuten davon aus, dass das, was mit dem frühen Selbst passiert ist, das war, was passieren sollte, mit oder ohne das Trauma. In Wirklichkeit wird jedoch die volle Veränderung am Entwicklungsereignis durch ein Trauma blockiert. Wenn Sie Powertherapien wie WHH verwenden, finden Sie heraus, wenn Sie diese traumatischen Momente heilen, dass sich Ihre Erfahrung mit dem vergangenen Ereignis tatsächlich ändert. Oftmals geschehen die großen Veränderungen während des Ereignisses erst, wenn das letzte Trauma aufgelöst wird. Während unserer Experimente gingen wir immer wieder über das Zeitintervall des Entwicklungsereignisses und heilten es jedes Mal weiter. Jedes Mal geschahen weitere Änderungen. Mit anderen Worten, jedes Mal, wenn wir mit einer Powertherapie das gleiche Trauma heilten, geschah etwas Neues. Nach einigen Wiederholungen war es manchmal schwer vorstellbar, dass es sich um das gleiche Entwicklungsereignis handelte! Diese Veränderung der Erfahrung ist etwas, was andere Forscher vielleicht nicht erwarten und sie davon abhalten könnte, sich mit bestimmten Entwicklungsereignissen auseinanderzusetzen.

Das zweite Problem ist noch seltsamer und gilt für Spitzenzustände, die auf einer Reihe von Entwicklungsereignissen aufbauen. Wenn kritische frühere Entwicklungsereignisse nicht richtig durchgeführt werden, ändert sich das Entwicklungsereignis, das Sie gerade untersuchen, eben nur teilweise und dann bleibt es unverändert. Das mögliche Ergebnis der Etappe wird nicht vollständig erlebbar sein. Stattdessen wird eine Teilerfahrung stattfinden, egal wie viel Heilung Sie anwenden. Wenn Sie also zuerst das frühere Entwicklungsereignis durchführen (wenn Sie wissen, wo es ist), können die späteren Ereignisse in eine andere Auflösungs-Art übergehen. Dies kann dadurch bezeugt werden, dass zuerst das spätere Stadium geheilt wird, dann das frühere, dann wieder in das spätere Stadium zurückkehrt wird und mehr oder andere Veränderungen vorgefunden werden, ohne dass eine weitere Heilung beim späteren Ereignis stattfindet. Natürlich sind einige Spitzenzustände/Erfahrungen/Fähigkeiten auf nur ein entwicklungsbezogenes („alleiniges") Ereignis zurückzuführen, und ein früheres entwicklungsbezogenes Ereignistrauma ist nicht relevant.

Unterm Strich ist es eine knifflige Aufgabe, die Etappen zu finden und ihr volles Potenzial auszuschöpfen. Eine Landkarte der Etappen und was passieren sollte, spart enorm viel Zeit, und wir haben uns oft gewünscht, wir hätten eine von jemand anderem kaufen können!

## Verwendung verschiedener Arten von Trauma-Heilungstherapien

Es gibt jetzt eine Reihe von „Power"- und „Energie"-Therapien, die zur Heilung dieser Entwicklungsmomente eingesetzt werden können. Wir verweisen Sie auf die Leseliste am Ende dieses Kapitels für Beschreibungen oder auf unser eigenes *Basic Whole-Hearted Healing Manual*, das diese auch behandelt. Insbesondere das WHH-Handbuch hebt die Heilung einer Vielzahl von ungewöhnlichen Erfahrungen hervor, die für diese Arbeit relevant sind.

Der wahrscheinlich größte Stolperstein für ihren Einsatz in dieser Anwendung ist die Rückführung des Klienten zum richtigen Entwicklungsereignis. In Kapitel 9 zeigen wir eine Methode, die dieses Problem umgeht. Der nächstgrößere Stolperstein ist, dass wenn man nicht weiß, was in der gegebenen Phase passieren soll, der Therapeut den Heilungsprozess oft zu früh stoppt, bevor die radikaleren Veränderungen stattfinden.

Ein weiteres Problem bei einigen Therapien zur Beseitigung von Traumata ist, dass sie rückgängig gemacht werden können. Das heißt, Sie können das Trauma in einem bestimmten Moment beseitigen, aber später wird es durch einen Umstand im Leben der Person wieder zurückgebracht. Es ist ein bisschen so, als hätten sich diese Therapien wie ein Auslöscher auf einem Bibliotheksausweis verhalten, so dass die Person keinen Zugang mehr zum Trauma hat. Allerdings war das Buch noch im Stapel, und als der Auslöscher stattfand, ist das Trauma-Buch immer noch verfügbar. Im Allgemeinen fallen Energietherapien wie Thought Field Therapy (TFT) oder Emotional Freedom Technique (EFT) in diese Kategorie. Diese Therapien sind jedoch sehr nützlich, schnell und einfach und werden nicht oft rückgängig gemacht, weshalb wir sie in vielen unserer Prozesse einsetzen.

Einer der Gründe, warum einige Powertherapien nicht umkehrbar sind, ist, dass sie tatsächlich die Vergangenheit verändern, während das Trauma geheilt wird. TIR und WHH sind Beispiele für diese Art der Heilung der Vergangenheit. Glücklicherweise liefert jede Heilmethode, die die Trauma-Reaktion eliminiert, das gewünschte Ergebnis, auch wenn sie die Vergangenheit nicht verändert. EFT ist ein Beispiel für die Art der Therapie, die die Vergangenheit nicht verändert, aber für unsere Zwecke in den meisten Situationen gut funktioniert. Dieses Konzept der Veränderung der Vergangenheit liegt natürlich außerhalb der Grenzen des aktuellen Paradigmas unserer Kultur, entsteht aber, wenn man fortgeschrittenes Material erlebt, das in den späteren Kapiteln beschriebenen wird. Ein vollständigeres erfahrungsmäßiges Verständnis dieses Phänomens der Veränderung der Vergangenheit wird bis zum Kapitel über das Reich des Schamanen in Band 2 warten müssen.

Beispiel:
> Wenn man ein Vorleben erlebt, stellt man gelegentlich fest, dass man den Lauf der Dinge ändern oder mit den Beteiligten kommunizieren kann, um den Lauf der Dinge zu ändern. Obwohl man argumentieren könnte, dass es keine Möglichkeit gibt zu

beweisen, dass dies tatsächlich möglich ist, ist der Umkehrschluss auch wahr und hat Auswirkungen auf unser eigenes Leben - unsere Vorleben können auch mit uns kommunizieren und unsere Entscheidungen beeinflussen. Dieses letztgenannte Ereignis kann eine ziemliche Überraschung sein, wenn es stattfindet. Hank Wesselman beschreibt eine solche Situation in seinen Büchern, und wir sehen so etwas bei einigen unserer eigenen Klienten. (Kapitel 7 geht ausführlich darauf ein.)

Wenn sich Ihr Bewusstseinszustand verbessert, wird es immer einfacher, Ihre Traumata zu heilen. Generell ist es also von Vorteil, Spitzenzustände so schnell wie möglich zu erwerben, um die Heilung der schwereren Traumata zu erleichtern.

Bei der Arbeit mit Klienten haben wir festgestellt, dass es für sie schwierig ist, ein Entwicklungsereignis zu heilen, wenn Sie selber als Therapeut damit ein Trauma haben. Im Wesentlichen suchen Klienten unbewusst bei Ihnen nach Sicherheit rund um das Thema Trauma. Wenn Ihre Trauma-Reaktion auf das Entwicklungsereignis ausgelöst wird, auch wenn diese in Ihrem Bewusstsein unterdrückt wird, kann der Klient dies spüren und wird sich dem Trauma widersetzen. Daher ist es in der Regel erforderlich, diese Arbeit zuerst an sich selbst auszuführen. Wenn Sie die Spitzenfähigkeit oder den Zustand bereits haben, den Sie versuchen, in Ihren Klienten auszulösen, stehen die Chancen gut, dass Sie im relevanten Moment wenig oder kein Trauma haben. Sobald Sie diese Spitzenzustände haben, können Sie andere relativ einfach zu ihnen bringen, weil Sie wissen, welches die richtigen Traumata sind, und Sie sagen Ihrem Klienten nicht mehr „unbewusst", dass er den Schmerz des Entwicklungsereignisses vermeiden soll.

Es kann jedoch noch andere Gründe geben, warum Sie Ihre Kunden „unbewusst" daran hindern, in Spitzenzustände zu gehen, selbst wenn Sie diese selbst haben. Wie ich bei einer Reihe meiner Schüler festgestellt habe, gibt es leider auch andere Traumata, die dazu führen, dass der Therapeut den Fortschritt anderer Menschen in Spitzenzustände blockieren möchte.

Es ist möglich, die relevanten Traumata in einer anderen Person ohne deren bewusste Teilnahme zu heilen, wenn man weiß, was zu heilen ist und die Fähigkeit dazu hat. Dies ist der schnellste und effizienteste Weg für Einzelgespräche. Dieser Ansatz kann jedoch nicht für Gruppen von Personen verwendet werden, vermittelt den Schülern keine grundlegenden Prinzipien und bietet keine Methoden, die eine Person zur Selbsthilfe nutzen kann.

## Was wir noch nicht abgedeckt haben

Es sind noch nicht alle Grundelemente des Modells vorhanden. Wenn Sie über diese Stücke nachdenken wollen, die in Band 2 behandelt werden, stelle ich Ihnen ein paar Fragen, die auf diese Teile des Modells hinweisen: Warum verlieren fast alle Säugetiere und Menschen bei der Geburt ihre Spitzenzustände, was ist das Sakrale, worin unterscheidet es sich vom „Heiligen", was löst den Beginn der Geburt aus, was vermittelt das Gefühl, eine Hautgrenze zu haben, und was ist das „Ich", das während eines Nahtodes erlebt wird?

## Schlüsselpunkte

- Der Schlüsselpunkt dieses Buches ist, dass das aktuelle Paradigma uns veranlasst, das Problem der Spitzenzustände des Bewusstseins mit impliziten Annahmen anzugehen, die das Problem unlösbar machen. Anstatt zu fragen: „Wie erwirbt oder lernt man Spitzenzustände des Bewusstseins", lautet die richtige Frage: „Was verursacht, dass man die Spitzenzustände verliert, die das Geburtsrecht sind?" Diese Paradigmenfrage führt zu der Erkenntnis, dass Individuen alle Spitzenzustände in der Gebärmutter haben und sie im Allgemeinen bei der Geburt verlieren. Dies wiederum führt zu Lösungen, die noch nie zuvor gesehen wurden.
- Das Baby in der Gebärmutter hat die meisten, wenn nicht sogar alle möglichen Spitzenzustände und Fähigkeiten. Sein Bewusstsein ist ganz anders als das des Babys nach der Geburt.
- Das Baby in der Gebärmutter verliert bei der Geburt den Großteil seiner Zustände und Fähigkeiten. Von Geburt an werden Entwicklungs-Traumata, die Spitzenzustände und -fähigkeiten blockieren, relativ kontinuierlich aktiviert.
- Nur bestimmte Arten von traumatischen Ereignissen sind die Ursache dafür, die Menschen von Spitzenzuständen, Erfahrungen und Fähigkeiten fern zu halten. Diese Traumata treten bei bestimmten Entwicklungsereignissen im Leben des Menschen auf, und auch wenn Trauma nach der Geburt zu dem Problem beiträgt, treten die meisten der wesentlichen Blockaden während oder vor der Geburt auf. Diese Momente sind für alle

gleich, obwohl der Inhalt der Traumata, die wir erleben, stark variieren kann.
- Verschiedene Arten von Spitzenzuständen treten auf, weil unterschiedliche Entwicklungsereignisse zu ihnen führen. Darüber hinaus erfordern fortgeschrittene Spitzenzustände, dass die Person eine Reihe von Entwicklungsereignissen erfolgreich abschließt. Eine Analogie könnte ein Flipper-Tisch sein - es ist ein seltener Ball, der alle Hindernisse auf dem Weg nach unten verpasst, so wie es ein seltener Mensch ist, der es ohne Schaden durch alle Entwicklungsereignisse schafft.
- Spitzenfähigkeiten und spirituelle Erfahrungen können wiederhergestellt werden, indem man zu den entsprechenden Entwicklungsereignissen zurückkehrt und das damals aufgetretene Trauma heilt. Sie können die Erfahrung dann erneut machen, indem Sie einfach in diesen Moment zurückgehen, obwohl Sie, wenn Sie sich weiter entwickeln, nach Belieben zu diesen Erfahrungen gehen können, ohne dass die Notwendigkeit der Regression besteht.
- Obwohl wir uns dessen nicht sicher sind, glauben wir, dass wenn die Eltern, insbesondere die Mutter, in einem hohen Spitzenzustand sind, der Fötus in einem mindestens ebenso guten Zustand geboren wird und so wie sie es schaffen wird, die Geburt ohne Trauma zu überstehen. Wir vermuten, dass selbst dann, wenn die Mutter ihren Eiern und ihrem Fötus nicht direkt helfen kann, obwohl sie es richtig durchlebt hat (oder sich dort später selbst geheilt hat), der Fötus es höchstwahrscheinlich auch schaffen wird. Das Gegenteil ist auch wahr, und wir sehen in einigen Klienten, dass die unbewussten Handlungen der Mutter während der Entwicklungsereignisse die korrekte Auflösung der Ereignisse behindern und Traumata verursachen können.
- Auch wenn Sie sich in einem Spitzenzustand befinden, können andere Traumata Ihre Fähigkeit oder Bereitschaft blockieren, andere zu heilen, um sie in Spitzenzustände zu versetzen.
- Es gibt viele kritische entwicklungsrelevante Momente in der pränatalen Erfahrung einer Person, und jeder von ihnen wird von einer spirituellen Erfahrung begleitet, die den „Klang" einer Art von Musik auf der spirituellen Ebene beinhaltet. Diese Musik ist für alle gleich.

## Empfohlene Literatur und Webseiten

Über fötale, prä- und perinatale Ereignisse und Traumata
- Association for Pre- and Perinatal Psychology and Health, www.birthpsychology.com. Ausgezeichnetes Material zum Thema der Gebärmutterregression.
- Early Trauma Treatment and Trainings von Terry Larimore, www.terrylarimore.com. Ihre Website enthält auch exzellentes Material.
- Emerson Training seminars, William Emerson, www.emersonbirthrx.com. Er ist meiner Meinung nach einer der Führer in der prä- und perinatalen Psychologie.
- William Emerson, „The Vulnerable Prenate", Werk, das 1995 dem APPPAH-Kongress in San Francisco vorgestellt wurde, veröffentlicht im *Pre- & Perinatal Psychology Journal*, Vol 10(3), Spring 1996, 125-142. Eine Online-Kopie finden Sie unter www.birthpsychology.com/healing/point2.html.
- Michael Gabriel und Marie Gabriel, *Voices from the Womb: Adults Relive their Pre-birth Experiences - a Hypnotherapist's Compelling Account*, Aslan Verlag, 1992.
- Stanislav Grof, *The Adventure of Self-Discovery,* State University of New York Press, 1988. Ausgezeichnete Berichterstattung über die Phasen der Geburt und andere spirituelle und schamanische Erfahrungen.
- Terry Larimore und Graham Farrant, *Universal Body Movements in Cellular Consciousness and What They Mean*, ursprünglich veröffentlicht in Primal Renaissance, Vol. 1, No. 1, 1995. Eine Online-Kopie finden Sie unter www.terrylarimore.com/CellularPaper.html.
- Sheila Linn, William Emerson, Dennis Linn und Matthew Linn, *Remembering our Home: Healing Hurts and Receiving Gifts from Conception to Birth*, Paulist Press, 1999.
- Elizabeth Noble, *Primal Connections: How our Experiences from Conception to Birth Influence our Emotions, Behavior, and Health*, Simon und Schuster, 1993.
- Bill Swartley, „Major Categories of Early Psychosomatic Traumas: From Conception to the End of the First Hour" von *The Primal Psychotherapy Page*. Eine Online-Kopie finden Sie unter

www.primal-page.com/bills-1.htm. Ausgezeichnet mit tollen Referenzen.

Bilder von Spermien, Eizellen und in Gebärmutter-Entwicklungsstadien
- *Journey Into Life: The Triumph of Creation* (ein 30-minütiges Video),1990, von Derek Bromhall, vertrieben von Questar Video, Inc. Dies ist ein außergewöhnliches Video über die Reise von Spermium, Eizelle, Zygote und Fötus. Das Material wird mit dem gleichen Blickwinkel und der gleichen Bildgröße gefilmt, die Menschen, die sich an Traumata um diese Ereignisse herum erinnern, sehen.
- Lennart Nilsson, *A Child is Born*, Delacorte Press, NY, 1990. Fotos von der Reise von Spermium, Ei, Zygote und Fötus. Die Bilder sind von Szenen, die Menschen, die sich an Traumata in diesen Momenten erinnern, sehen. Empfohlen.

Regressionstechniken und -therapien
- Leslie Bandler, *Solutions*, Real People, 1985. Über die VKD (Visual Kinesthetic Dissociation) Powertherapie.
- Gerald French und Chrys Harris, *Traumatic Incident Reduction (TIR)*, CRC Press, 1999. Siehe auch die Webseite www.tir.org.
- Winafred Blake Lucas, *Regression Therapy; A Handbook for Professionals,*, Band 1: *Past-life Therapie*, Deep Forest Press, 1993. Winafred Blake Lucas, *Regressionstherapie; A Handbook for Professionals, Vol. 2*: Special Instances of Altered State Work, Deep Forest Press, 1993. Grant McFetridge und Mary Pellicer, MD, **The Basic Whole-Hearted Healing Manual**, 3rd edition, The Institute for the Study of Peak States Press, 2003.
- Francis Shapiro und Margot Forrest, EMDR: *The Breakthrough Therapy*, HarperCollins, 1997. Siehe auch die Webseite www.emdr.org.

Spezifische Energie- und Meridiantherapien
- BSFF (Be Set Free Fast) - Eine einfache, effektive und noch schnellere Energietherapie als EFT unter www.besetfreefast.com.
- EFT (Emotional Freedom Technique) - Eine einfache und äußerst effektive Powertherapie unter www.emofree.com. Enthält Links zu anderen Meridiantherapien.

- TAT (Tapas Acupressure Technique) Powertherapie: www.tat-intl.com. Speziell entwickelt für Allergien und Traumata.
- TFT (Thought Field Therapy) Powertherapie unter www.tftrx.com. Die ursprüngliche Energie-/Meridiantherapie.

Andere wirksame Therapien
- Foundation for Human Enrichment, the Somatic Experiencing therapy, www.traumahealing.com.
- Eugene Gendlin, *Focusing* (überarbeitete Auflage), Bantam, 1981. Siehe auch das Focusing Institute unter www.focusing.org.
- Gay Hendricks, *Learning to Love Yourself: A Guide to Becoming Centered*, Simon & Schuster, 1982.
- Gay Hendricks, *The Learning to Love Yourself Workbook*, Simon & Schuster, 1990. Enthält eine einfache Methode, um vorübergehend einen liebevollen, glücklichen Zustand zu erleben.
- Gay and Kathlyn Hendricks, *At The Speed of Life: A New Approach to Personal Change Through Body-Centered Therapy*, Bantam, 1993. Siehe auch Hendricks Institute unter www.hendricks.com.
- Holotrope Atemarbeit, entwickelt von Stanislav Grof, MD unter www.breathwork.com.
- Primal Psychology Page (the International Primal Association plus others) unter www.primals.org. Enthält eine Vielzahl von Links.

Kapitel 5

# Perry-Diagramme und Dreifachhirn-Bewusstseinszustände

## Einführung

Dieses Kapitel stellt die Papez-MacLean-Entdeckung der Dreifach-Struktur des Gehirns vor und zeigt, wie sie die Grundlage für eine große Anzahl von Spitzenzuständen des Bewusstseins ist. Wir nennen sie als Gruppe „Brain Fusion States". Diese Zustände sind von besonderer Bedeutung, da sie einen enormen Einfluss auf unsere Lebensqualität und unser Gesundheitsgefühl haben. Kontinuierliche Gefühle von Glück, Frieden, Lebendigkeit, Mühelosigkeit und Ganzheit werden durch diese Zustände verursacht.

In diesem Kapitel beschränken wir das Dreifachhirn-Modell auf seine rein biologischen und psychologischen Aspekte. Dies ist ausreichend, um diese Spitzenzustände der Gehirnfusion sowie eine Reihe von Arten von spirituellen Notfällen zu verstehen. In späteren Kapiteln, insbesondere in Band 2, fügen wir dem Modell transpersonale Elemente hinzu, um andere Arten von Dreifachhirn-bezogenen Spitzenzuständen zu erklären.

Wir stellen auch Perry-Diagramme vor, mit denen die Tiefe von Hirnfusionszuständen und den zugrundeliegenden strukturellen Ursachen bildlich dargestellt werden kann. Sie veranschaulichen beide die Prinzipien dieses Kapitels und ermöglichen es Ärzten, die Art und den Grad des Dreifachgehirn-Zustandes ihres Klienten zu erfassen

*Zustände in diesem Kapitel:*
- Unterdurchschnittliches Bewusstsein
- Durchschnittliches Bewusstsein
- Verstandeshirnsperre
- Verstand-Herzsperre

- Samadhi
- Herzsperre
- Inner Peace
- Underlying Happiness
- Communicating Brains
- Big Sky
- Deep Peace
- Hollow
- Wholeness
- Beauty Way

## Grants Geschichte über die Entdeckung der Dreifach-Struktur des Gehirns

Als ich weiter an der Heilung der Traumata arbeitete, erkannte ich schließlich die Bedeutung der Traumata in der Gebärmutter und der Geburt. Unterstützt von einem ungewöhnlichen Bewusstseinszustand, einem der „Inner Brightness"-Zustände (innere Helligkeit), der den Körper erfahrungsgemäß mit klarem weißen Licht füllt, heilte ich das Gefühl, dass das Leben im Mutterleib wunderbar gewesen war, eine Art Garten-Eden-Erfahrung. Danach konnte ich mich mit Klarheit und Leichtigkeit an meine gesamte Gebärmuttererfahrung erinnern - und das hohe Maß an Traumata in der Gebärmutter wurde mir klar. Außerdem erkannte ich, dass mein Bewusstseinszustand in der Gebärmutter sehr seltsam war, aber damals verstand ich nicht, warum er so anders war.

Tag für Tag fuhr ich fort, Gebärmutterverletzungen zu beseitigen. Während einer Sitzung mit Holotropischem Atmen mit Sheelo hatte ich ein Erlebnis, das sowohl atemberaubend als auch traumatisch war. Während ich im letzten Drittel in der Gebärmutter war, hatte meine Mutter etwas gegessen, das für mein fötales Selbst giftig war. Als die Giftstoffe durch die Nabelschnur in meinen Bauch strömten, fühlte ich, wie sich mein Verstand von meinem Körper und meinem Herzbewusstsein löste. Das war eine atemberaubende Erfahrung für mich in der Gegenwart, denn bis zu diesem Punkt hatte ich nie in Betracht gezogen, dass mein Verstand und mein Körper sich selbst bewusst waren, oder tatsächlich anders als „Ich selbst".

Mein Verstandes-Bewusstsein empfand diese neue Erfahrung der Trennung als einen Schock. Das Körperbewusstsein versuchte, sich nach dem Umgang mit den Giftstoffen wieder mit dem Bewusstsein des Verstandes zu verbinden und konnte es nicht. Der Körper stellte sich vor, dass er beim Wachsen des Verstandeshirns etwas falsch gemacht hätte, und so versuchte er, es zu zerstören, indem er die Blutzufuhr zu diesem Teil des Körpers abschnitt. Der Schmerz, der dadurch im gesamten Organismus verursacht wurde, zwang ihn jedoch schnell, damit aufzuhören, und die Situation der Hirn-Trennung blieb noch eine ganze Weile bestehen. Es gab jetzt zwei bewusste „Selbst" in einem Körper, aber es war nicht wie zwei Menschen in einer Box. Auch wenn ein Großteil der sensorischen und inneren Informationen geteilt wird, funktioniert das Verstandesbewusstsein anders als das Körperbewusstsein und war sich dessen bewusst. Tatsächlich erinnere ich mich, dass der Verstand eine Art naiven Stolz darauf aufbaute, viel schneller denken zu können als der Rest und versuchte, sein Bestes zu tun, um zu helfen, so ähnlich wie es ein Kind tun könnte. So speicherte er beispielsweise Wortsequenzen, die der fötale Körper im Mutterleib in einer sich unendlich wiederholenden Schleife hörte, mit unbeabsichtigten negativen Folgen für seine Fähigkeit, gut zu denken. Eines der emotional schmerzhaftesten Traumata (außer der Geburt), an das ich mich erinnern kann, war Scham (im Verstand) und Wut (im Körper), weil die Spaltung es dem Verstand ermöglichte, die Darmentleerung in der Gebärmutter einzuleiten, entgegen dem, was der Körper wollte.

Kurz nach der Trennung entstand ein neues und noch schwerwiegenderes Problem. Mein fötales Selbst war nicht in der Lage, immer vollständig in der Gegenwart zu sein, da ein vorheriges Trauma gelegentlich sein Bewusstsein störte. Als dies zum ersten Mal geschah, fühlte es sich an, als würde etwas von der Seite in den Verstand eindringen und das Selbstbewusstsein in diesem Bereich verschwinden lassen - eine ziemlich erschreckende Erfahrung, und eine, der der Verstand verzweifelt zu widerstehen versuchte.

Die nächste große Katastrophe ereignete sich während des Geburtsvorgangs. Während meiner Geburt brach das Körperbewusstsein wieder in zwei Selbst auseinander. Diesmal spaltete sich das Herzhirn (auch limbisches Gehirn oder emotionales Bewusstsein genannt) vom Körperbewusstsein ab. Ich kann mich daran erinnern, wie sich das Herz spaltete und aus dem Körper ging, um dem zu entkommen, was mit meinem Körper geschah.

Als ich in das Bettchen im Krankenhauszimmer gebracht wurde, hatte sich mein Selbstwertgefühl in das gewandelt, was mir heute als „durchschnittliches" Bewusstsein vertraut ist. Es ist, als ob eine Art Amnesie stattfand, nachdem ich die innere Helligkeit verloren hatte, die ich in der Gebärmutter wahrgenommen hatte.

Sobald ich wusste, wonach ich suchen musste, konnte ich immer wieder auf diese Erfahrung zurückkommen, um zu verstehen, was passiert war. Schließlich erkannte ich, dass in mir drei selbstbewusste Teile waren: der Verstand, das Herz und der Körper. In meinem erwachsenen „durchschnittlichen" Bewusstsein waren sie getrennt und konkurrierten miteinander um die Kontrolle, während sie im Mutterleib zu einem Organismus verschmolzen waren. Ich fand heraus, dass ein Großteil meines dysfunktionalen Verhaltens auf diesen inneren Kampf zwischen den Gehirnen zurückzuführen war, und tatsächlich war ein Großteil meiner äußeren Welt eine Projektion dieses inneren Konflikts. Jedes der Gehirne hatte eine unbewusste Selbstidentität, wie ein Kind, das vorgibt, ein Cowboy zu sein, zusammen mit einem inneren Bild der anderen Gehirne. Zum Beispiel tat mein Herz unbewusst so, als wäre es meine Mutter und fühlte, dass das Körperhirn ein archetypisches Monster im Keller war. Dysfunktionale Familiendynamik beschreibt diesen inneren Machtkampf und das Verlangen nach Akzeptanz genau.

Im Laufe der Monate wurde mir klar, dass der Spitzenzustand, den ich versucht hatte zurückzugewinnen, zu einem großen Teil auf dem Grad der Vereinigung oder Verschmelzung zwischen diesen biologischen Bewusstseinsteilen beruhte. Ich fand auch heraus, dass meine Entdeckung über die Vielfältigkeit des Gehirns bereits in den 1960er Jahren vom Biologen Dr. Paul MacLean gemacht wurde, der es das „Triune Brain Model" (Dreifachgehirn) nannte. Das war eine große Erleichterung, denn soweit ich bis dahin wusste, war niemand über diese grundlegende Gehirnstruktur informiert. Dieser Durchbruch im Verständnis der realen zugrundeliegenden biologischen Dynamik in der Psyche hat erst jetzt begonnen, sich in den psychologischen Beruf einzubringen.

Nebenbei bemerkt ist es möglich, in einen Spitzenzustand zu gelangen, in dem die Gehirne miteinander kommunizieren können. Dieser Zustand tritt auf, wenn die Gehirne nur peripher miteinander verschmolzen sind, aber getrennt genug, um noch ein separates Selbstgefühl in jedem einzelnen zu haben. Es ist ein bisschen schwer zu erklären, aber „Sie" können eine Frage zu einem Problem stellen und sich der Antworten von Kopf, Herz und Unterbauch bewusst sein - und sie stimmen nicht immer überein! Zum Beispiel habe ich mich einmal in diesem Zustand gefragt, ob ich als nächstes an der Heilung meines Solarplexus arbeiten soll. Mein Herz sagte ja, und mein Körper und mein Verstand sagten nein. Am nächsten Tag hatten sie alle ihre Entscheidungen rückgängig gemacht.

Ich fand auch heraus, dass ich die Fähigkeit hatte, die verschiedenen Gehirne auszuschalten. Dies führte zu einer Reihe von Bewusstseinszuständen, die eigentlich unterdurchschnittlich waren, obwohl sie sich ganz wunderbar anfühlten. Diese Zustände werden in der Literatur über spirituelle Notfälle und über bestimmte Arten von psychischen Erkrankungen beschrieben. Sie waren jedoch verlockend, denn obwohl ich die Fähigkeiten der abgeschalteten Gehirne verlieren würde, war der innere Zustand viel harmonischer, da die getrennten Gehirne nicht mehr in Konflikt standen. Analog dazu war es in meiner dysfunktionalen Familie viel ruhiger, nachdem ich die anderen Familienmitglieder erschossen hatte.

Jahre später entdeckten wir auch die Existenz von weiteren Gehirnsystemen, die man normalerweise nicht erkennt, aber sie wurden in frühen Stadien des sich entwickelnden Fötus identifiziert.

## Dr. MacLeans Modell des menschlichen Dreifachhirns

Ein sehr vernachlässigter Durchbruch im Verständnis der Hirnbiologie bildet die Grundlage für ein dreifaches oder „dreieiniges" Modell des Gehirns. In den 1960er Jahren beschrieb Dr. Paul MacLean am National Institute for Mental Health, in Erweiterung der Arbeit von James Papez, das menschliche Gehirn als eine dreifache konzentrische Schichtstruktur. Die äußerste Schicht ist das neomammalische Gehirn, der Neokortex, der der Sitz des Denkens und der meisten willkürlichen

Bewegungen ist. Die nächste Schicht nach innen ist das paläomammalische Gehirn, das aus dem limbischen System, dem Sitz unserer Emotionen und dem autonomen Nervensystem besteht. Im innersten Teil befindet sich das Reptiliengehirn, bestehend aus Hirnstamm, Mittelhirn, Basalganglien und anderen Strukturen. Jedes Gehirn bedient verschiedene Funktionen mit einigen Überschneidungen, aber was Dr. Paul MacLean postulierte ist, dass die Integration oder Koordination zwischen den Gehirnen unzureichend ist, ein genetisches Problem unserer Spezies.

Für eine vollständige biologische Beschreibung siehe Dr. MacLean's *The Triune Brain in Evolution: Role in Paleocerebral Functions*. Für weitere Informationen siehe *Evolution's End* by Joseph Pierce, *Three Faces of the Mind* von Elaine De Beauport, und für zusammenfassende Informationen siehe *Maps of the Mind* von Charles Hampden-Turner.

## Dreifachhirn-Struktur und innere Erfahrung

Wie wirkt sich die Dreifach-Struktur des Gehirns auf unsere innere Erfahrung aus? Im Alltag kennen wir diese Gehirne als „Verstand", „Herz" und „Körper". Jedes Gehirn hat unterschiedliche biologische Funktionen und Fähigkeiten. Der „Verstand" oder Neokortex ist der Teil von uns selbst, den wir am häufigsten als das betrachten, was wir sind. Er nimmt sich selbst im Kopf wahr, und es ist der Teil von uns selbst, der Urteile fällt, mit dem Kurzzeitgedächtnis umgeht und Abstraktionen wie die Mathematik durchführt. Eine der Hauptfunktionen ist die Handhabung und Manipulation von hörbaren Klängen und Sprache. Das „Herz" ist das limbische System im Gehirn, nimmt sich aber in der Brust wahr, wahrscheinlich weil dies der Bereich seiner primären biologischen Verantwortung und seines sensorischen Bewusstseins ist. Es erlaubt uns, Emotionen zu spüren und uns entweder positiv oder negativ emotional der Gegenwart anderer bewusst zu sein. Eine der Hauptfunktionen ist der Umgang mit visuellen Bildern. Schließlich besteht das „Körper"-Bewusstsein (oder „Hara" auf Japanisch) aus den Geweben an der Schädelbasis und wahrscheinlich anderen verteilten Systemen in unserem Körper. Es erlebt sich im Unterbauch, seinem Bereich der großen biologischen Funktionen. Dieses Gehirn gibt uns ein Gefühl von Zeit und unsere Fähigkeit, Sexualität zu spüren. Wir kommunizieren mit diesem Gehirn, wenn wir Rutengehen oder Muskeltests durchführen.

Eine seiner Hauptfunktionen ist der Umgang mit körperlichen Empfindungen und wahrscheinlich auch mit Gerüchen.

## Unabhängige Selbstwahrnehmung in jedem Gehirn

Der schwierigste konzeptionelle Sprung in Dr. MacLeans Arbeit ist die Erkenntnis, dass jedes der Gehirne intelligent und unabhängig voneinander selbstbewusst ist. Weil wir dazu neigen anzunehmen, dass Denken Worte erfordert, ist es für uns schwierig zu erkennen, dass jedes Gehirn tatsächlich denkt. Im Gegensatz zum Verstand denkt das Herz in Sequenzen von Gefühlen, und der Körper denkt in Gestaltsequenzen von Körperempfindungen (beschrieben als der „Felt-Sinn" in Eugene Gendlins *Focusing*). Damit meine ich nicht, dass es so ist, als wären drei Menschen in uns drin. Da jedes Gehirn so unterschiedlich ist, könnten wir stattdessen diese Situation mit der einer lebenden Stereoanlage vergleichen. Stellen Sie sich vor, die Lautsprecher (Verstand), das Kassettendeck (Herz) und der Empfänger (Körper) wären jeweils selbstbewusst, jeder versucht, die Show zu leiten und ist verblüfft, weil die anderen Teile nicht tun, was sie sollten. Es ist schwer vorstellbar, wie eine solche Stereoanlage es jemals schaffen kann, Musik zu spielen! Und leider ist der Vergleich ziemlich genau das Richtige. Obwohl sie viele sensorische Daten und das Bewusstsein für die Handlungen des anderen Gehirns teilen, neigt jedes Gehirn dazu, die Existenz der anderen Gehirne zu leugnen. Tatsächlich geraten die Gehirne oft in Konflikt, sogar bis hin zu dem Punkt, an dem sie offen oder unbewusst versuchen, sich gegenseitig zu manipulieren und zu kontrollieren. Ein einfaches Beispiel, um dies zu veranschaulichen: Wenn jemand von jemandem sexuell angezogen wird (das Körperbewusstsein), den man nicht einmal mag (das emotionale Bewusstsein), und über diese Situation (das Bewusstsein des Verstandes) verwirrt ist.

Bei den meisten Menschen interagieren die Gehirne wie Mitglieder einer dysfunktionalen Familie. Im Allgemeinen dominiert eines der Gehirne die anderen. Menschen neigen dazu, ihr Leben zu führen und so zu handeln, dass sie diese Dominanz widerspiegeln. Wir alle haben extreme Beispiele von Menschen gesehen, die von ihren Gefühlen angetrieben werden oder ganz auf befriedigende Körperempfindungen ausgerichtet sind oder völlig analytisch. Dieses Muster ist in den meisten Menschen bis zu einem gewissen Grad vorhanden. Diese Hirndominanz zeigt sich in verschiedenen Bereichen der Therapie und Psychologie, bedingt durch die unbewusste Orientierung des Urhebers der Therapie.

So neigen verschiedene Arten von Therapien dazu, einen der Hirntypen für ihren jeweiligen Prozess auszuwählen, was uns kognitive, emotionale oder körperzentrierte Therapien ermöglicht. Die Dominanz des Gehirns zeigt sich auch bei der Berufswahl und den bevorzugten Aktivitäten. Es ist wahrscheinlich, dass eine Kombination aus Hirndominanz und Trauma der Ursprung bevorzugter Lernstile ist - auditiver, visueller oder kinästhetischer Natur.

## Aktuelle Anwendungen des Modells des Dreifachhirns

Die Dreifachhirn-Theorie wird in zwei Hauptbereichen praktisch angewendet: In der Werbung, wo man versteht, dass Kunden leichter etwas kaufen, wenn das Herzhirn (Emotionen / Sozialisation) und das Körperhirn (Überlebensprobleme) angesprochen werden, anstatt Verstand und Bildungsprogramme, weil die Menschen herausfanden, dass die Auseinandersetzung mit diesen beiden Gehirnen mehr Informationen und Wissen an die Schüler übertragen kann. Seltsamerweise ist das Gebiet der Psychologie fast völlig ignorant gegenüber dieser Hirnbiologie und keine aktuellen psychologischen Mainstream-Theorien, die ich kenne, integrieren sie. Das aktuelle Interesse an „emotionaler Intelligenz" bringt zumindest einen Teil von Dr. MacLeans Modell des Dreifachhirns in die Psychologie.

## Trauma und das Modell des Dreifachhirns

Das letzte Element des Basismodells ist das Phänomen des Traumas. Für fast jeden verhält es sich so, dass erinnerte oder vergessene Traumata den größten Teil unseres Verhaltens und unseres Gefühlslebens, völlig außerhalb unseres Bewusstseins steuern. Traumatische Erfahrungen werden gespeichert und später „wiedergegeben", wenn äußere Umstände sie auslösen. Diese Wiedergabe ist eine ganzheitliche Körpererfahrung, als ob unser jüngeres traumatisiertes Selbst teilweise unseren Körper erobert. Obwohl wir uns diesem Prozess gewöhnlich widersetzen, führt dieser Wiedergabemechanismus in Verbindung mit einem schweren frühen Trauma zum psychologischen Phänomen des „inneren Kindes". Aus biologischer Sicht ist es sinnvoll, unsere Reaktionen auf traumatische Erfahrungen zu speichern und automatisch zu nutzen, da wir die negative Erfahrung überlebt haben, indem wir auf diese Weise reagiert haben. Leider ist das, was eine gute evolutionäre

Strategie für unsere tierischen Vorfahren gewesen sein mag, ein tragisches Problem in unserem komplexen Menschen-Leben.

Obwohl der Körper die Kategorie der Traumata auswählt, die über Körperempfindungen abgerufen werden, ist es das Herz, das diese Erinnerungen durch die anfänglich erlebte Emotion des Traumas (mit einem begleitenden visuellen Bild) auslöst und die Wiedergabe- und Aufnahmefunktion ausführt. Um die Stereo-Analogie fortzusetzen, ist es ein wenig so, als würden wir eine Bibliothek von Trauma-Kassetten mit uns herumtragen und unser Herz ist das Kassettendeck. Eine Vielzahl von Heilmethoden, die am Ende von Kapitel 4 behandelt werden, nutzt dieses grundlegende Verständnis. Für eine umfassendere Diskussion über die Erschließung, Auslösung und Zusammenhänge zwischen Traumata siehe: unser *Whole-Hearted Healing Manual* über die Verwendung von zusammenhängenden Traumata, um früher in der Zeit zurückzugehen; *The Adventure of Self-Discovery* von Dr. Stanislav Grof über das Coex-Phänomen in der Holotropischen Atemarbeit, wo mehrere Erfahrungen gleichzeitig ausgelöst werden; und *Beyond Psychology* von Dr. Frank Gerbode darüber, wie Traumata sich stapeln und sich über die Zeitschiene verbinden. (Beachten Sie, dass Grof und Gerbode das Modell des Dreifachhirns nicht in ihre Arbeit einbeziehen.)

Dieses einfache Modell der Psyche ist mit westlichen kulturellen Neigungen kompatibel und erklärt viele psychologische Phänomene. Für einen weiteren Blickwinkel auf das Trauma und das biologische Modell des Dreifachhirns verweise ich Sie auf Dr. Janovs *The Anatomy of Mental Illness* oder *The New Primal Scream*.

## Körperbewusstseinsassoziationen und das Modell der Entwicklungsereignisse

Ich möchte hier einen der wichtigsten Punkte in diesem Lehrbuch hervorheben, einen Punkt, der leicht übersehen oder missverstanden werden kann. Im vorherigen Abschnitt haben wir kurz beschrieben, wie das Körperbewusstsein in einer Reihe von Körperempfindungen „denkt". In diesem Abschnitt werden wir diese kritische Facette seines Bewusstseins untersuchen und wie es das Auftreten der Entwicklungsereignisse für einen Spitzenzustand auslöst.

Da das Körperhirn oft als Reptiliengehirn bezeichnet wird, haben die Menschen oft den Eindruck, dass es langsam und dumm ist. Die Wahrheit ist aber genau das Gegenteil – es ist nicht nur selbstbewusst, es ist wahrscheinlich das klügste Gehirn überhaupt. Es ist jedoch stark begrenzt durch seine biologisch diktierten Denkprozesse, und es ist diese Art des Denkens, die der gesamten Menschheit sowie anderen Arten schwere und tragische Probleme verursacht. Wie gesagt, das Körperbewusstsein denkt in Sequenzen von Körperempfindungen. Wenn der Körper lernt, geschieht dies, indem er zwei oder mehr Empfindungen miteinander „verbindet". Er verwendet KEIN Urteilsvermögen, wie es unser Verstandeshirn tut. Evolutionär gesehen kam die Fähigkeit, Urteile zu fällen, viel später, nachdem sich das Verstandeshirn entwickelt hatte. Diese Körperhirnassoziationen, die kein Urteilsvermögen haben, sind die Ursache für die meisten Probleme in unserem Leben, insbesondere für die schweren oder lebensbedrohlichen Probleme. In einem extremen Beispiel können frühe Gebärmutter-Assoziationen so unflexibel sein, dass, wenn sie Überlebensprobleme beinhalten, die Person tatsächlich stirbt, wenn sie versucht, das durchzuziehen, was ihr Körper für nötig hält, um zu überleben, obwohl es ihn in Wirklichkeit töten könnte. Obwohl es andere Ursachen geben kann, sind Süchte im Allgemeinen auf diese Art von Problemen zurückzuführen - der Körper ist von Anfang an davon überzeugt, dass er die süchtig machende Substanz braucht, um zu überleben, egal ob er dadurch in Wirklichkeit langsam getötet wird und sein Leben ruiniert wird.

Beispiel:
> Es dauerte Jahre, bis ich erkannte, dass ich mich sexuell von wütenden Frauen angezogen fühlte. Ich hatte fälschlicherweise gedacht, dass ich mich trotz ihrer Wut zu ihnen hingezogen fühle. Der Grund dafür stellte sich als eine Reihe von Gebärmuttertraumata heraus. In ihnen wurde ich körperlich verletzt und kämpfte ums Überleben, während meine Mutter wütend war. Mein Körperbewusstsein hatte mein Überleben damit verbunden, von einer Wut-Emotion umgeben zu sein. Diese Frauen hatten genau den gleichen Wut-Ton wie meine Mutter. In der Tat, wenn sie jemals aufhörten, wütend zu sein, habe ich unbewusst alles getan, um sie wieder in Wut zu versetzen, denn für mein Körperbewusstsein fühlte es sich an, als würde ich sterben, wenn diese Emotion nicht in der Nähe war. Mein Körper benutzte den Mechanismus der sexuellen Anziehung, um mich dazu zu bringen, mich so zu verhalten, wie es gewünscht war.

Diese Assoziationen des Körperbewusstseins sind die Grundlage für eine ganze Reihe von Problemen, einschließlich der Existenz einer "psychologischen Umkehrung", die bei der Anwendung von Energie- und Meridiantherapien entdeckt wurde. Diese Therapien funktionieren nicht, wenn das Körperhirn das Gefühl hat, dass es das Problem braucht aufgrund einer unlogischen Verbindung. Einer der wichtigsten Beiträge von Roger Callahan (dem Entwickler von Thought Field Therapy) war seine Entdeckung einer Methode, diesen Mechanismus vorübergehend abzuschalten, damit eine Heilung stattfinden kann.

Wie gilt dieser Mechanismus des Lernens des Körperbewusstseins anhand der Assoziationen für das Modell der Entwicklungsereignisse bei den Spitzenzuständen? Erstens müssen Sie erkennen, dass das Körperbewusstsein das primäre Gehirn ist und einen überproportionalen Einfluss auf uns hat. Was es will, hat viel mehr Einfluss auf den Organismus als das, was eines der anderen Gehirne tut. Um zu veranschaulichen: Mit dem Verstandeshirn darüber nachzudenken, dass wir keine Angst davor haben, in der Öffentlichkeit zu sprechen, bedeutet nichts im Vergleich zu der schwitzenden, atemlosen, drückenden Schwäche, die das Körperhirn hervorruft, wenn wir daran denken, vor Publikum zu sprechen. Zweitens, weil Empfindungen in frühen Entwicklungsereignissen gekoppelt und gelernt werden, löst nach der Geburt alles, was sich für den Körper ähnlich anfühlt, diese frühen Trauma-Trigger aus - auch wenn die aktuellen Umstände aus rationaler Sicht völlig unabhängig sind. So veranlassen Ereignisse, die während dieser frühen Ereignisse rein biologischer Natur waren, unseren Körper, das, was er „gelernt" hat, in der Nachgeburtszeit auf scheinbar irrationale Weise anzuwenden. Da die Entwicklungsereignisse im Allgemeinen mit verschiedenen Spitzenzuständen zusammenhängen, aktivieren alle Empfindungen in der Gegenwart, die den betreffenden Zuständen ähnlich sind, alle Ereignis-Trauma-Assoziationen im Körpergehirn - und sie reagieren mit Handlungen, die sich ähnlich anfühlen wie bei diesen Ereignissen, was im Allgemeinen bedeutet, dass sie den Bewusstseinszustand daran hindern, in der Gegenwart aufzutreten.

Das Auffinden der für Spitzenzustände und Spitzenerfahrungen relevanten Entwicklungsereignisse ist schwierig, da die Assoziationen in der Regel aus rationaler Sicht nicht offensichtlich sind. Wir werden in diesem und den folgenden Kapiteln viele Beispiele dafür sehen, wie sich ein Entwicklungsereignis im Verlust von Spitzenzuständen und -erfahrungen in der Gegenwart spiegelt.

## Zusätzliche Gehirnstrukturen

Das Modell des Dreifachgehirns passt gut zu unseren persönlichen Erfahrungen mit Verstand, Herz und Körper. Es ist auch sehr nützlich, um viele der verschiedenen Arten von Material zu erklären, denen wir als Therapeuten und Heiler in unserer Arbeit begegnen. Als meine Kollegen und ich jedoch erfahrener wurden, fanden wir heraus, dass es einige Gehirninteraktionen gab, die wir nicht verstanden.

Schließlich stellten wir fest, dass es, obwohl es drei primäre Gehirne gibt, beim Menschen nach der Geburt zwei weitere „Teilgehirne" gibt, für insgesamt fünf verschiedene Gehirnstrukturen. Und unsere Beobachtungen ergaben, dass sie die zugrundeliegende Hirnbiologie widerspiegeln - Dr. MacLean identifiziert in seinem Text über das Dreifachhirn fünf verschiedene Gehirnstrukturen, die sich auf dem Rückenmark der frühen Zygote bilden.

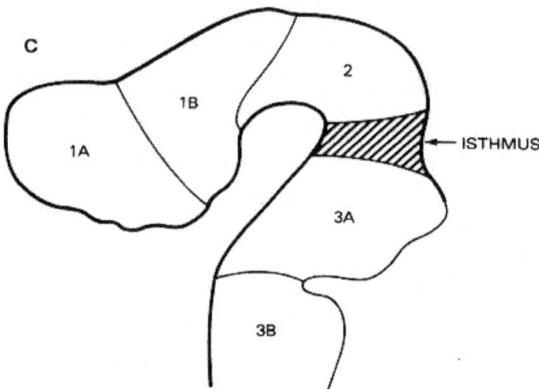

*Abbildung 5.1*: Die fötale Neuralröhre nach 6 Wochen mit fünf Hauptunterteilungen. Das Vorderhirn besteht aus dem Telencephalon (1A – „Buddha") und Zwischenhirn (1B – „Verstand"), dem Mittelhirn (2 - Mesencephalon, „Herz") und dem Hinterhirn in Metencephalon (3A Pon und Kleinhirn, „Solarplexus") und Myelencephalon (3B - Medulla, „Körper"). Zeichnung aus dem *Triune Brain in Evolution* von Dr. Paul MacLean, Seite 20, 1990.

### Das Solarplexushirn

Das wichtigste dieser Unterhirne erlebt sich normalerweise am Solarplexus, und so nennen wir es der Einfachheit halber das „Solarplexushirn". Wie die anderen Dreifachhirne hat auch dieses sein eigenes Selbstbewusstsein. Es scheint eine Rolle in unserer Verbindung zum physischen Universum und zur Natur der persönlichen Macht zu spielen.

Normalerweise ist dieses Gehirn verschmolzen und ziemlich ununterscheidbar vom Körperbewusstsein.

### Das Buddhahirn

Das andere Unterhirn ist eines, das wir das Buddhahirn nennen, wegen seiner erfahrungsmäßigen Eigenschaften. Obwohl es normalerweise mit dem Gehirn des Verstandes verschmolzen und somit nicht unterscheidbar ist, erlebt es sich, wenn es abgespalten ist, zentriert über dem physischen Kopf. Wenn es von den anderen Gehirnen getrennt ist, kann es sich wie eine massive buddhistische Statue anfühlen, die über dem Kopf schwebt. Eine der Hauptfunktionen dieses Gehirns ist die Schaffung von „energetischen" Strukturen im Körper. Diese Strukturen, die vom Trauma übriggeblieben sind, verursachen oft körperliche Probleme im Körper. Wie man dieses Problem diagnostiziert und heilt, ist in unserem Basic *Whole-Hearted Healing Manual* beschrieben.

### Das Plazenta- und Spermiumschwanzhirn (Spinalhirn)

Weitere zwei Gehirne existieren, aber da sie im Mutterleib absterben, beziehen wir uns normalerweise nicht auf sie in unserer normalen Beschreibung des Dreifachhirn-Systems nach der Geburt. Zu unserer großen Überraschung sind sie jedoch der Schlüssel zu einem sehr wichtigen Dreifachhirn-Bewusstseinszustand namens „Wholeness" (Ganzheit) und sind auch sehr wichtig für die Gebärmuttertraumata. In den Kapiteln 6 und 8 werden diese „Gehirne" sehr ausführlich behandelt.

Das erste davon ist das Organellen-Hirn, das während der Empfängnis abstirbt - es befindet sich im hinteren Teil des Spermiumkörpers. Der Einfachheit halber nennen wir es das „Spermiumschwanzhirn".

Das zweite „Gehirn" befindet sich in einer Organellenstruktur in der Eizelle, die sich später in die Plazenta entwickelt und bei der Geburt stirbt. Auch hier nennen wir es der Einfachheit halber das „Plazentahirn". (Beachten Sie, dass die Plazenta Teil des Babys ist, nicht Teil der Mutter). Das Plazentahirn ist eng mit dem Solarplexushirn verwandt, aber zum Zeitpunkt dieses Schreibens haben wir die Beziehung noch nicht definiert.

## Verschmelzung von Gehirnbewusstsein verursacht Dreifachhirn-Spitzenzustände

Dreifachhirn-Spitzenzustandsmerkmale und ihre Stärke werden durch den Grad der Verschmelzung verursacht, den die verschiedenen Gehirn-„Bewusstseine" miteinander haben. Mit anderen Worten, die Zustände werden durch die verschiedenen möglichen Verschmelzungen und den Grad der Verschmelzung verursacht, inwieweit eben die Gehirne ihre getrennten Selbstidentitäten aufgeben, um neue, zusammengesetzte Identitäten zu bilden. An einem Extrem gibt es völlig getrennte Gehirnbewusstseine, bei denen die Gehirne überhaupt nicht direkt miteinander kommunizieren können. Menschen mit einem solchen Dreifachhirn, das so getrennt ist, gelten in der Regel als Menschen mit einer schlechten bis unterdurchschnittlichen psychischen Gesundheit. Am anderen Ende haben wir alle Gehirnbewusstseine, die vollständig zu einem einzigen Bewusstsein verschmolzen sind. Dieser bestmögliche Dreifachhirn-Spitzenzustand verursacht unter anderem ein extremes Gefühl der Mühelosigkeit, da es keine Verzögerung oder Konflikte zwischen den Gehirnen gibt.

Die vollständige Verschmelzung der sechs Gehirne (fünf im Körper und das sechste in der Plazenta) zu einem einzigen Bewusstsein ist unser normaler Zustand, während wir uns im Mutterleib entwickeln. Allerdings hat die Mehrheit der Bevölkerung bei der Geburt eine Dissoziation der Gehirne erlebt, einen Zustand, den wir für normal ansehen. Die Menschen verbringen den Rest ihres Lebens unbewusst damit, in ihrem äußeren Leben nach dieser inneren Verschmelzung zu suchen. Sie suchen fälschlicherweise nach diesem schwer fassbaren „Etwas" in kulturell gelenkten Aktivitäten wie Jobs, Beziehungen oder Besitztümern.

Aus den möglichen Kombinationen der verschiedenen Gehirnbewusstseine ergeben sich eine Vielzahl weiterer, ganz unterschiedlicher Zwischen-Spitzenzustände. Wir schätzen, dass etwa ein Drittel der Bevölkerung die meiste Zeit den einen oder anderen dieser mittleren Dreifachhirn-Spitzenzustände bis zu einem gewissen Grad hat. Da die Zustände davon abhängen, inwieweit das multiple Gehirnsystem miteinander verschmolzen wird, bauen sich die Zustände zu dem umfassendsten auf, in dem alle Gehirne vollständig verschmolzen sind. Einige der Erfahrungsmerkmale ändern sich jedoch drastisch, wenn verschiedene Gehirne miteinander verschmelzen. Zwischenzustände stellen keine perfekte Gesundheit oder Balance dar - auch wenn einer von ihnen dem „durchschnittlichen" Bewusstsein weit überlegen ist. Mit anderen Worten, viele der Zustände haben einzigartige Eigenschaften, die nicht immer in vollständigere Zustände integriert sind, sondern durch neue Seinsformen ersetzt werden.

Viele Menschen haben im Laufe der Zeit temporäre oder unterschiedliche Grade der Zustandsmerkmale. Dies entspricht der Selbsterkenntnis der Gehirne, die ihren Kommunikationsgrad verändern oder sich im Laufe der Zeit zusammenschließen, aufgrund von äußeren Trauma-Auslösern oder anderen Faktoren. Natürlich stellen einige Menschen fest, dass ihre Zustandsmerkmale unveränderlich sind, was bedeutet, dass der Grad der zugrundeliegenden Verschmelzung von dem Hirnselbstbewusstsein festgelegt ist.

In den folgenden Abschnitten sind alle wichtigen Dreifachhirn-Verschmelzungszustände, beschrieben. Sie repräsentieren Gruppen von sehr unterschiedlichen Erfahrungszustandsmerkmalen, die genau den verschiedenen zugrundeliegenden Gehirnverschmelzungen entsprechen. Wir haben auch Schätzungen ihres Auftretens in der breiten Bevölkerung angegeben, aber die Schwierigkeiten beim Testen und unsere geringen Stichprobenmengen könnten diese Zahlen ziemlich ungenau machen. (Siehe Anhang A für eine vollständige Liste der Zustände und deren geschätztes Auftreten in der breiten Bevölkerung.)

## Das Perry-Diagramm

Aufgrund der Anzahl von Gehirnen gibt es eine Vielzahl von Möglichkeiten und Graden, in welcher diese verschmelzen können. Der

Versuch zu analysieren, wie sich das Selbstbewusstsein des Gehirns auf erfahrungsmäßige Zustandsmerkmale bezieht, erscheint zunächst als eine unausführbare Aufgabe, die unmöglich zu quantifizieren ist. Glücklicherweise gibt es eine sehr einfache Möglichkeit, die zugrundeliegende Dynamik visuell zu sehen, die diese Aufgabe fast trivial macht. Wir nennen diese visuelle Technik das „Perry-Diagramm".

Dieses Werkzeug leitet sich von einer Wahrnehmungsfähigkeit ab, die Menschen im Bewusstseinszustand „Inner Brightness" (innere Helligkeit) haben. Darin kann ein Mensch tatsächlich seine eigenen (oder die der anderen) Gehirne als leuchtende Lichtkugeln „sehen". Die Bälle sind in der Mitte am hellsten und verblassen am Umfang diffus, ohne eine abrupte Kante. Diese Kugeln sind entlang der vertikalen Achse des Körpers ausgerichtet. Das Körperhirnbewusstsein im Unterbauch, das Herzhirnbewusstsein in der Brust und das Verstandeshirnbewusstsein im Kopf sind typischerweise am sichtbarsten. So sind für Menschen mit einem durchschnittlichen Bewusstsein drei Kugeln sichtbar, eine am Unterbauch, eine am Herzen und eine am Kopf. Die Kugeln, die dem Solarplexus und dem Buddhahirn entsprechen, sind typischerweise mit dem Körper bzw. dem Verstand verbunden oder verschmolzen und daher nicht sichtbar. Beachten Sie, dass diese Leuchtkugeln keine hinduistischen Chakren sind. Chakren „sehen" ganz anders aus, haben eher geometrische Formen und eine klare Struktur.

Man kann die zugrundeliegende Dynamik dessen, was einen Dreifachhirn-Spitzenzustand verursacht, erklären, indem man sich darauf bezieht, inwieweit diese Lichtkugeln zusammengeführt sind. Als wir zum ersten Mal versuchten, die Zustände zu spezifizieren, in denen sich die Menschen, die unsere Prozesse durchlaufen, befanden und wie weit die Freiwilligen noch gehen mussten, waren wir auf der Suche nach einer leicht verständlichen und zuverlässigen Lösung. Glücklicherweise kam Dr. Deola Perry bald auf die Idee, mit Hilfe von überlappenden Kreisen den Grad der Verschmelzung der Bewusstseine der verschiedenen Gehirne darzustellen, da man den Kanten mit einer abrupten Grenze in etwa entspricht. Wir haben dieses Tool ein Perry-Diagramm genannt, um ihren Beitrag zu würdigen.

Das Perry-Diagramm verwendet den ersten Buchstaben des gemeinsamen Gehirnnamens neben dem Kreis, um anzuzeigen, um was es sich handelt. Für den Buddha verwenden wir Bu, um Verwechslungen mit dem B des Körpers zu vermeiden. In den meisten Fällen ist es nicht wirklich notwendig, die Beschriftungen auf dem Diagramm anzubringen

- Körper, Herz und Verstandeskreise sind durch Überprüfung offensichtlich, wobei Buddha und Solarplexus davon ausgehen, dass sie sich im Inneren des Verstandes- bzw. Körperhirns befinden. Eine schnelle Skizze, die nur drei Kreise in verschiedenen Überlappungsgraden zeigt, genügt in diesem Fall.

Abbildung 5.2 gibt eine „visuelle" Skizze dessen, was man im Zustand Inner Brightness sehen kann, zusammen mit dem äquivalenten Perry-Diagramm. In diesem Beispiel sind alle Gehirnbewusstseine vollständig voneinander getrennt.

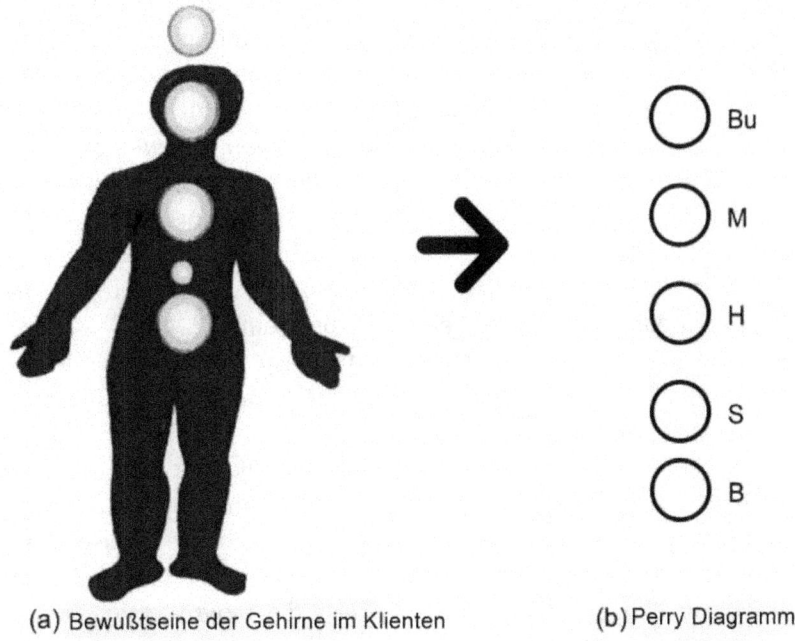

(a) Bewußtseine der Gehirne im Klienten     (b) Perry Diagramm

*Abbildung 5.2:* Teil (a) gibt eine Vorstellung davon, wie, betrachtet durch den Inner Brightness-Zustand, völlig getrennte Gehirnbewusstseine aussehen. Das Äquivalent des Perry-Diagramms befindet sich auf der rechten Seite (b). In diesem Beispiel gibt es keine Verschmelzung der Gehirnbewusstseine, wie durch den Abstand zwischen den Kreisen gezeigt wird.

Zu meiner Überraschung fanden wir recht früh heraus, dass Menschen oft nur teilweise Spitzenzustandsmerkmale haben. Da ich in meinem eigenen Fall vom durchschnittlichen Bewusstsein in einen vollen Zustand übergehen würde, hatte ich fälschlicherweise angenommen, dass es für alle so funktionieren würde. Teilzustände können verstanden werden, wenn man sich die zugrundeliegende Gehirnwahrnehmung ansieht. Wie gut die Gehirne verschmelzen, bestimmt den Grad der Zustandsmerkmale. Man kann dies im Inner Brightness-Zustand „sehen", indem man feststellt, wie sehr sich die Gehirnbereiche überschneiden und durchdringen. Wenn sich die Kugeln nicht berühren, hat eine Person keine der Spitzenzustandsmerkmale. Die Trennung der Bereiche gibt ein Maß dafür, wie traumatisiert die Gehirne sind, aber der zunehmende oder abnehmende Abstand zwischen den Bereichen hat keine andere erfahrungsmäßige Wirkung. Erst wenn sich die Bereiche zu durchdringen beginnen, beginnen sich die Merkmale des Spitzenzustands zu manifestieren. Im Perry-Diagramm zeigt sich dies durch eine teilweise Überlappung der Kugeln, die die Zentren der Bewusstseine der relevanten Gehirne darstellen. Während unserer Spitzenzustands-Überprüfung werden wir für unsere Klienten diese Diagramme erstellen, um ihnen zu zeigen, wie weit sie gekommen sind. Die Diagramme waren auch nützlich, um zu verfolgen, welchen zusätzlichen Grad und welche Art von Arbeit unsere Klienten für die vollständige Verschmelzung aller ihrer Gehirne benötigten.

Nachdem wir gesehen hatten, wie der Anteil der gegenseitigen Durchdringung der Gehirnbewusstseine den Grad der Zustandsmerkmale bestimmte, dachten wir, wir hätten den Zusammenhang zwischen Zustandsmerkmalen und Gehirndynamik vollständig verstanden. Wir wussten nun, dass wir auf dieser zugrundeliegenden Ebene die Gehirnbewusstseine dazu bringen wollten, vollständig miteinander zu verschmelzen. Was das Perry-Diagramm betrifft, so wollten wir, dass sich die Kreise vollständig überlappen. Im Zuge der Auslösung von Spitzenzuständen konnten wir jedoch in einigen Fällen „sehen", dass die Bewusstseine der Gehirne vollständig überlagert waren, aber die Menschen nicht die vollen Eigenschaften des Zustandes hatten. Dies führte zu der Erkenntnis, dass die Gehirne in sehr intimer Gemeinschaft sein können, aber nicht ganz bis zu dem Punkt, an dem sie die letzte ihrer getrennten Selbstidentitäten loslassen. Bei näherer Betrachtung konnten wir sehen, dass die resultierende verschmolzene „Lichtkugel" des Gehirnbewusstseins nicht wirklich homogen war, sondern wie zwei miteinander vermischte Eissorten umherwirbelte. Wir nennen diesen Zwischenschritt „Überlappen". Der Grad der Überlappung der Kreise in einem Perry-Diagramm gibt den Grad der Verschmelzung an. Wenn die Kreise vollständig verschmelzen, erscheint nur noch ein einziger Kreis, also setzen wir ein Komma zwischen die Gehirnbezeichnungen, um anzugeben, welche da sind.

Wir nennen es „Verschmelzung", wenn die Gehirne ihre Selbstidentitäten vollständig freigeben und dabei der Nomenklatur-Konvention von Tom Brown Jr. folgen. In Bezug auf unsere Analogie mischen sich die Sorten des Eises nun zu einer einheitlichen Farbe. Um die Verschmelzung im Perry-Diagramm anzuzeigen, überlappen wir immer noch vollständig die Kreise, trennen nun aber die Anfangsbuchstaben der fusionierten Gehirne durch einen Schrägstrich (/). Der Grad der Verschmelzung wird durch einen Bruch oder eine Dezimalstelle neben den Buchstaben angegeben. In der Praxis ist der Unterschied zwischen Überlappen und Verschmelzungseigenschaften für die meisten Dreifachhirn-Zustände minimal. Daher ist es uns selten möglich, den Prozentsatz der Verschmelzung in das Diagramm aufzunehmen. Für einige Zustände macht die Verschmelzung jedoch einen großen Unterschied in den erlebten Eigenschaften. Bei der Arbeit mit einem Zustand, in dem dieser Grad an Präzision relevant ist, ist der Prozentsatz am einfachsten zu bestimmen, indem man schätzt, wie viel vom Körper einer Person die neue Eigenschaft erworben hat, die sich aus der Verschmelzung ergibt.

## Definition - Überlapptes versus verschmolzenes Gehirnbewusstsein

Wir verwenden den Begriff „Überlappen", um die Wirkung der Interpenetration zwischen dem Bewusstsein der Gehirne zu beschreiben, so wie es durch überlappende Kreise in einem Perry-Diagramm dargestellt wird. Wir nennen die Gehirne voll oder ganz überlappt, wenn das Bewusstsein der Gehirne vollständig den gleichen Raum einnimmt, aber jedes Gehirn dennoch ein gewisses Maß an Individualität besitzt. Dies wird in einem Perry-Diagramm mit Kreisen dargestellt, die sich gegenseitig bedecken.

Auch wenn das Bewusstsein vollständig miteinander verschmolzen werden kann, gibt es einen weiteren, subtilen Grad der Hingabe des getrennten Bewusstseins, der zwischen den Gehirnen auftreten kann. Wir nennen diese vollständige Vereinigung von Bewusstseinen „Verschmelzung", nach der Verwendung durch Tom Brown, Jr.. Obwohl es für die meisten Zustände nur eine geringe Veränderung der Erfahrungsmerkmale durch die Verschmelzung gibt, ist die Veränderung in einigen Zuständen recht dramatisch. Für Menschen, die das Selbstbewusstsein der Gehirne „sehen" können, sehen die beiden Fälle fast identisch aus.

Beispiel:

> Während eines unserer Spitzenzustandsprozesse können unsere Freiwilligen in den Hollow triune brain peak state eintreten, in dem alle ihre Gehirne zu einer Kugel verschmelzen, die sich in der Nähe des Solarplexus befindet. Während sich die Gehirne überschneiden und verschmelzen, das offensichtlichste Merkmal des Zustandes, beginnt sich das Gefühl zu manifestieren, dass man keinen materiellen Körper in der Haut hat. Während der Fusion werden verschiedene Körperteile zuerst „hohl", d.h. Arme, Brust usw. Schließlich, bei der totalen Fusion, fühlt sich der Körper völlig verschwunden an, als gäbe es nur Luft, nicht Fleisch in der Haut.

Ein weiterer Vorteil des Perry-Diagramms ist die Leichtigkeit, mit der man sehen kann, wie die Dreifachhirn-Zustände, falls vorhanden, in einer Person kombiniert werden. Da die Zustände davon abhängen, welche Gehirne kombiniert werden, wird auf einen Blick ersichtlich, welche Zustände eine Person durch die Anordnung der Perry-Diagrammkreise hat. Es wird auch deutlich, welche Dreifachhirn-Zustände überhaupt möglich sind! Anstatt nach verschiedenen Gruppen von Merkmalen zu suchen, die potenzielle neue dreieinige Hirnzustände identifizieren, kann man einfach die Liste der verschiedenen Möglichkeiten überprüfen, wie das Bewusstsein der Gehirne kombiniert werden kann, um sicher zu sein, dass man sie alle spezifiziert hat. Das war ein großer Vorteil für unsere Arbeit.

In den folgenden Abschnitten werden wir die verschiedenen Dreifachhirn-Spitzenzustände des Gehirns mit Perry-Diagrammen beschreiben, um zu zeigen, wie das Bewusstsein der Gehirne zusammenwirkt. Die Abbildungen zeigen den Zusammenhang im Bewusstsein der Gehirne, der zumindest noch einen Teil der jeweiligen Zustandsmerkmale ausmacht.

## „Durchschnittliche" und „Unterdurchschnittliche" Bewusstseinszustände

Wir beginnen unsere Erklärung für die Klasse der Spitzenzustände, die die Dreifachhirn-Struktur betreffen, mit solchen, die uns relativ vertraut sind, dem sogenannten „durchschnittlichen" und "unterdurchschnittlichen" Bewusstsein. Das Schlüsselmerkmal für diese beiden Zustände ist der Grad der Verbindung zwischen dem Solarplexus und dem Bewusstsein des Körperhirns. Im durchschnittlichen Bewusstsein kommunizieren die beiden zumindest miteinander (die Kreise berühren sich in einem Perry-Diagramm) oder sind vollständig verschmolzen (die Kreise sind überlagert). Im unterdurchschnittlichen Bewusstsein sind die beiden vollständig getrennt (die Kreise berühren sich im Perry-Diagramm nicht).

Wir haben auch einige Daten, die stark darauf hindeuten, dass ein Solarplexushirn-Bewusstsein, das vom Körperhirn-Bewusstsein getrennt ist, tatsächlich andere Dreifachhirn-Verschmelzungszustände hemmt. So scheinen Menschen, die einen Spitzenzustand haben, ihren aktuellen Spitzenzustand vollständig zu verlieren, wenn deren Solarplexus durch einen Trigger eine Trennung vom Körperhirn auslöst, obwohl die am Spitzenzustand beteiligten Gehirne nichts mit dem Solarplexus zu tun haben. Wir sind immer noch dabei, das zu untersuchen.

Es gibt einen Grad der Eigenschaften der Zustände, der in den Perry-Diagrammen als abhängig vom Grad der zugrundeliegenden Verbindung der Bewusstseine dargestellt wird. Wir haben uns willkürlich entschieden, die Zustände des durchschnittlichen und unterdurchschnittlichen Bewusstseins an dem Punkt zu trennen, an dem der darunterliegende Solarplexus und die Selbstwahrnehmung des Körpers nicht mehr kommunizieren. In Zukunft, mit mehr klinischer Erfahrung, können wir uns entscheiden, die Linie zwischen den beiden Kategorien zu verschieben, wenn es sich für klinische Psychologen, die Diagnosen stellen, als nützlich erweist.

*Zustand des „durchschnittlichen Bewusstseins"*

Im durchschnittlichen Bewusstsein hat die Person keine Spitzenzustände, weder dreifachhirnbedingte noch andere. Erfahrungsgemäß interagieren Herz, Verstand und Körperhirn wie eine dysfunktionale dreiköpfige Familie (oder vier, wenn das Buddhahirn getrennt ist) mit ihren eigenen Zielen und Problemen. Auf der darunter liegenden Selbstbewusstseins-Ebene des Gehirns sind die drei Haupthirne voneinander getrennt, was im Perry-Diagramm durch den Abstand zwischen den Kreisen angezeigt wird. Das Solarplexushirn-Bewusstsein ist jedoch entweder mit dem Körperhirn-Bewusstsein verschmolzen oder zumindest noch teilweise damit verbunden. Wir definieren den Zustand des durchschnittlichen Bewusstseins durch diese Verbindung. Im Sinne des Perry-Diagramms reichen die Kreise des Solarplexus- und des Körperhirns von der bloßen Berührung bis zur vollständigen Verschmelzung.

In dieser Definition ignorieren wir jede Verschmelzung des Buddhahirn-Bewusstseins mit dem Verstandeshirn. Vielleicht wäre es in Zukunft sinnvoll, dieses als eigenständigen Zustand zu isolieren, aber im Moment haben wir das noch nicht getan.

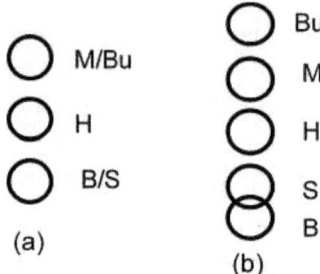

*Abbildung 5.3*: Perry-Diagramme des durchschnittlichen Bewusstseins-Status. (a) stellt die häufigste Konfiguration dar, wobei das Solarplexus-Bewusstsein vollständig mit dem Körper verschmolzen ist. Der Zustand kann bis (b) reichen, wobei der Solarplexus kaum mit dem Körperbewusstsein verbunden ist. Unsere aktuelle Definition des durchschnittlichen Bewusstseins ermöglicht es, dass die Buddha-Position unabhängig voneinander von getrennt bis verschmolzen reicht.

*Zustand des „Unterdurchschnittlichen Bewusstseins"*

Unterdurchschnittliches Bewusstsein ist gekennzeichnet durch die Unfähigkeit der beteiligten Person, sich selbst mit irgendeinem Abstand zu beobachten. Menschen in diesem Zustand werden oft als Menschen mit einem gewissen Grad an psychischen Erkrankungen eingestuft. Eine Person in diesem Zustand glaubt und reagiert auf jedes Trauma-Material, das ihr in das Bewusstsein kommt, ohne das Bewusstsein oder die Fähigkeit zu haben, dieses in Frage zu stellen. Dies ist ein Bereich, den wir weiter untersuchen wollen, aber zumindest glauben wir, dass er durch eine tiefe Trennung zwischen den Dreifachhirnen verursacht wird, insbesondere durch die Trennung zwischen dem Solarplexus und dem Körperhirn.

Lassen Sie mich die Auswirkungen dieser Definition hervorheben. Wenn unsere begrenzten Beobachtungen in diesem Bereich richtig sind, bedeutet dies, dass die Trennung von Solarplexus und Körperhirnbewusstsein die zugrundeliegende Ursache für das ist, was wir als allgemeine „unterdurchschnittliche" psychische Gesundheit bezeichnen könnten, wenn auch nicht die Ursache einer bestimmten spezifischen psychischen Krankheit. Wenn ja, und das scheint sehr wahrscheinlich zu sein, bedeutet dies, dass Techniken zur Heilung dieser Spaltung enorme, schnelle Auswirkungen auf die psychische Gesundheit einer großen Anzahl von Menschen haben könnten, die an mittelschweren bis schweren psychischen Erkrankungen leiden.

Die aktuelle Definition erlaubt es, dass das Buddhahirn mit dem Verstandeshirn verschmolzen, getrennt ist oder sich zwischen diesen beiden Extremen befindet. Offensichtlich ist die Verschmelzung des Buddhahirns wünschenswerter, aber bis zu diesem Zeitpunkt haben wir nicht festgestellt, welchen Unterschied das ausmacht. In Zukunft wollen wir das vielleicht in zwei Zustände aufteilen, aber im Moment betrachten wir sie zusammen.

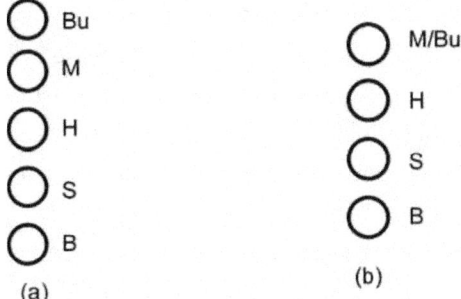

*Abbildung 5.4*: Unterdurchschnittliche Perry-Bewusstseins-Diagramme. Der Körper und das Solarplexushirn-Bewusstsein berühren sich nicht. Der Grad der Trennung zwischen den Bewusstseinsteilen kann variieren. Nach unserer Definition geben die Teile (a) und (b) den Bereich des unterdurchschnittlichen Zustands an, da der Verschmelzungsgrad des Buddhahirns für die Definition nicht relevant ist.

## Dysfunktionale Zustände durch Dreifachhirn-Sperren

Wir wenden uns nun einer Reihe ungewöhnlicher Zustände zu, die dysfunktionale Dreifachhirn-Strukturen beinhalten. Diese seltsamen Zustände können auftreten, weil die einzelnen Gehirne die selten genutzte Fähigkeit haben, sich selbst auszuschalten, zu sperren. Während dieser Zustände verliert die Person die Fähigkeiten, die für diese Gehirne primär sind. Diese Zustände treten in der Regel aufgrund dessen auf, was der Einzelne als extremes Trauma erlebt, oder manchmal aufgrund spiritueller Praktiken. Interessanterweise verlieren wir nicht unsere Fähigkeit, die Sprache zu verwenden, wenn diese Abschaltzustände auftreten.

Die folgenden drei Zustände erzeugen Anrufe bei den spirituellen Notfall-Netzwerk, wobei sich die Menschen einerseits mit dem Konflikt an sich auseinandersetzen, da sie entsprechende Schlüsselfähigkeiten dieses Gehirns verlieren, und andererseits wunderbare Gefühle der Erleichterung und der „spirituellen" Empfindungen haben, die durch diese Zustände vermittelt werden. Diese Sperr-Zustände fühlen sich gut an, weil sie die Flucht aus der Kakophonie der drei unabhängigen Gehirne ermöglicht. Als Heiler ist es sinnvoll, darauf hinzuweisen, dass es wahrscheinlich nicht die beste Idee ist, eine Lobotomie auszulösen, um den Schmerzen zu entkommen. Die Erklärung, was den Zustand verursacht hat, die Diskussion über die neuen Techniken zur Heilung von Traumata und das Leben mit mehr Selbstliebe als Alternative führt in der Regel dazu, dass die Menschen entscheiden, diesen Zustand zu beenden. Es genügt in der Regel, sich nur die abgesperrten Aspekte von sich selber zu wünschen, um diese Absperrzustände zu beenden.

Wir zeigen diese Zustandsklasse in Perry-Diagrammen an, indem wir den Kreis weglassen, der das abgeschaltete Gehirn repräsentiert. Wir fügen den ersten Buchstaben des Namens mit einem Balken darüber hinzu, um anzuzeigen, dass das Gehirnbewusstsein abgesperrt ist oder nicht vorhanden ist.

*Zustand „Verstandeshirnsperre"*

Der Zustand, der auftritt, wenn der Verstand (Kortex) sich sperrt, hat keinen bestimmten Namen, den ich kenne, allerdings stellt er eine sehr verführerische, aber problembelastete Situation dar. Der Mensch erlebt ein Gefühl des Friedens, der Ruhe, der einfachen Freude am Leben und an der Erfüllung alltäglicher Aufgaben und der Verbindung zu spirituellen Schriften, was sehr tiefgründig ist. Dies geschieht, weil interne Konflikte, die die Person aufgrund der unabhängigen Handlungen des Verstandes erlebt, aufhören. Allerdings sind auch die Fähigkeiten, auf die sich der Verstand spezialisiert hat, das Kurzzeitgedächtnis, die mathematische Fähigkeit und die Fähigkeit, Urteile zu fällen (z.B. zwischen ähnlichen Teilen in einem Geschäft zu wählen oder eine Menüauswahl zu treffen), ausgesetzt oder stark beeinträchtigt. Diese interne Lobotomie stellt ein echtes Dilemma dar, da der Einzelne den Zustand weiterführen will, aber an den meisten Arbeitsplätzen nicht arbeiten kann. Ich habe erlebt, dass Menschen bis zu einem Jahr lang in dem Zustand ausgeharrt haben.

Beispiel:
>Während ich mit diesem Zustand experimentierte, ging ich zum lokalen Mart, um ein billiges Tagespaket zu kaufen. Da es etwa ein Dutzend Möglichkeiten gab, konnte ich mich nicht zwischen ihnen entscheiden, egal wie sehr ich es versuchte. Ich stand so lange da und kämpfte mit der Entscheidung, bis der Ladendetektiv vorbeikam, um herauszufinden, ob ich eine Art Krimineller sei. Ich hatte die gleichen Schwierigkeiten, in Restaurants Entscheidungen zu treffen, und zwar so ausgeprägt, dass ich in keines mehr ging, solange ich in dem Zustand war. Ich kam aus diesem Zustand heraus mit der totalen Wertschätzung meiner Fähigkeit, Urteile zu fällen, im Gegensatz zu den neuzeitlichen Überzeugungen, dass Urteile eine schlechte Sache seien.

*Zustand „Verstand-Herzsperre"*

Wenn wir sowohl den Verstand als auch das Herz ausschalten, haben wir einen Zustand, den die Sufis die „Perle jenseits des Preises" nennen. Dieser seltsame Zustand ähnelt dem „Hollow" Zustand, der entsteht, wenn Geist, Herz und Körper verschmelzen, indem wir uns selbst erleben, als ob unser Fleisch aus Luft wäre. Außerdem haben wir nicht mehr das Gefühl, dass wir eine Grenze oder Haut für unseren Körper haben - unser Bewusstsein findet keine Grenzen mehr an der Haut. Diese fehlende Grenze ist nicht direkt auf die gesperrten Gehirne zurückzuführen, sondern auf einen anderen Zustand, der durch die Hirn-

Sperre ausgelöst wird. Sie kann auch unabhängig voneinander auftreten, wie in Band 2 beschrieben.

Im Gegensatz zum „Hollow"-Zustand fühlt sich unser Unterbauch in diesem Zustand jedoch an, als wäre er voll, ein wenig so, als hätten wir eine große Mahlzeit gegessen oder wären schwanger. Wir verlieren auch die Fähigkeiten von Herz und Verstand, wie z.B. Emotionen spüren, andere emotional wahrnehmen, analytisch zu denken und so weiter. Spirituelle Praxis, begleitet von Gefühlen des Sterbens und des Versuchs, unserem Leben zu entkommen, kann diesen Zustand auslösen.

Beispiel:
> Während ich mit diesem Zustand experimentiert habe, fand ich sogar die Erfahrung des Geschirrspülens äußerst angenehm. Ich fragte mich jedoch, ob ich in einen tiefen spirituellen Zustand eingetreten sei, da mein Körper keine Grenzen an der Haut hatte. Mein ganzer Körper fühlte sich an, als wäre er aus Luft und nicht aus Fleisch gemacht. Es dauerte eine ganze Weile, bis ich erkannte, was ich getan hatte, und dass der grenzenlose Körperzustand ein separates Phänomen war. Als ich mit spirituellen Lehrern darüber sprach, erkannten das nur wenige und noch weniger wussten genug darüber, um zu erkennen, dass ich in einem dysfunktionalen Zustand war - stattdessen nahmen sie an, dass ich einen Durchbruch in einen „höheren" Zustand geschafft hatte.

### „Samadhi" (Herz-Körpersperre)-Zustand

Wenn sich sowohl das Herz als auch das Körperbewusstsein sperren, tritt der Samadhi-Zustand ein, der zu der Zen-buddhistischen Tradition gehört. Man erlebt ein Gefühl von Frieden und Zeitlosigkeit, welches über alles hinausgeht, was man im normalen Bewusstsein erleben kann. Man atmet fast nie, wahrscheinlich weil der Sauerstoff-Stoffwechsel zur Unterstützung der chemisch basierten Denkprozesse der beiden heruntergefahrenen Gehirne entfällt. Im Gegensatz zum dem Verstandeshirnsperre-Zustand kann der Einzelne bei den meisten Jobs weiterarbeiten, und tatsächlich ist das Gedächtnis und der IQ extrem verbessert. Ein merkwürdiges Problem bei diesem Zustand ist die Fähigkeit, sich daran zu erinnern, was wir hörten, wie Musik oder Konversation, so dass man dieses nicht von der realen Wahrnehmung unterscheiden kann. Wir können in einen Zustand der kontinuierlichen

Wiedergabe übergehen, aber das Ausschalten der Wiedergabe kann schwierig sein. Leider ist die Fähigkeit, Emotionen zu spüren oder sich mit anderen Menschen, außer auf intellektueller Basis zu verbinden, abgeschaltet. Einmal in diesem Zustand, kann die Person auf unbestimmte Zeit darin bleiben. Der Wunsch, Gefühle wieder zu erleben, wird das Herzhirn wieder einschalten, und das Körperbewusstsein schaltet sich bald danach spontan ein.

Beispiel:
>Ich ging in diesen Zustand, indem ich auf dem Weg zu meinem Lehrauftrag an der Universität ein Album von Sofia abspielte. Ich hatte ein Lehrbuch in Advanced Engineering, das ich sehr schwer verstehen konnte und bei welchem ich nach der fünften oder sechsten Seite aufgegeben hatte. Aber in besagtem Zustand fand ich meinen IQ so stark verbessert und mein Gedächtnis fast perfekt, so dass ich den Text ähnlich einem Roman schnell lesen und verstehen konnte. Ich erlebte auch, dass jeder Moment unendlich lang war und dass ich mehr als genug Zeit hatte, um alles zu tun, was ich tun wollte, einschließlich Zeit im örtlichen Café zu verbringen. Dieser letztgenannte Effekt war für mich ziemlich rätselhaft, da ich schon immer zeitlich an meine Grenzen kam, um meine Lektionen vorzubereiten und die Hausaufgaben rechtzeitig zu bewerten. Ich hatte auch fast keine Notwendigkeit zu atmen - in Ruhe, zehn oder fünfzehn Minuten zwischen leichtem Brustatmen waren typisch.

*Zustand „Herzsperre"*
Wenn nur das Herzhirn gesperrt ist, verliert die Person die Fähigkeit, andere Menschen als Menschen zu erleben. Stattdessen fühlen sie sich wie Objekte an, wie z.B. Steine. Die Erfahrung, mit Menschen in Beziehung treten zu können wie mit sich selber, ist verschwunden. Dieser Zustand könnte für die Existenz von soziopathischen Persönlichkeiten verantwortlich sein. Man kann sich vorstellen, dass wenn das Herz in einem frühen Alter abgeschaltet wurde, die Person nicht die Sozialisierungen entwickeln würde, die sie dazu bringen würde, angemessen mit anderen Menschen zu interagieren.

Beispiel:
> Ich fand diesen Zustand sehr angenehm, aber intellektuell war er verstörend, weil andere Menschen für mich keine Bedeutung hatten, noch kümmerten sie mich oder ich hatte Mitgefühl mit ihnen. Ich erlebte andere, als wären sie nur Roboter, keine Menschen. Ich fragte mich, ob das so war, wenn ein Reptil ohne das Gehirn eines Säugetiers das Leben erlebte. Ich konnte sehen, dass eine solche Eidechse keine Probleme damit haben würde, ihre Nachkommen zu essen, denn die Fähigkeit, die Gefühle, den Schmerz oder das Leiden anderer als ähnlich wie ihr eigenes wahrzunehmen, existieren nicht mehr. Empathie und Verbindung fehlen völlig.

## Dreifachhirn-Spitzenzustände

In diesem Abschnitt betrachten wir die Dreifachhirn-Spitzenzustände. Die unten aufgeführten Zustände haben sehr unterschiedliche Erfahrungsmerkmale. Diese unterschiedlichen Eigenschaften ergeben sich aus der sehr unterschiedlichen Art und Weise, wie individuelle Bewusstseine der Gehirne miteinander verschmelzen können. Wir veranschaulichen diese zugrundeliegende Dynamik mit Perry-Diagrammen, die den Bereich der Gehirnverschmelzung zeigen, der bis zu einem gewissen Grad dem Vorhandensein der Zustandsmerkmale entspricht.

Diese entscheidend wichtigen Spitzenzustände werden in der Regel gar nicht als Zustände anerkannt, finden sich aber manchmal in Büchern über spirituelle Notfälle unter der Klassifizierung des einheitlichen Bewusstseins beschrieben. Diese Verschmelzungszustände sind an sich positiv und erzeugen an sich keinen spirituellen Notstand. Einzelpersonen, die Zustände verloren haben, kontaktieren jedoch manchmal das spirituelle Notfall-Netzwerk, weil das Verwirrung, Trauer und Verzweiflung auslöst, während diese Menschen nach einem Weg suchen, das Verlorene zurückzugewinnen.

Alle der folgenden Zustände, die das Verschmelzen von Verstand und Herz beinhalten, verleihen den „Invulnerability"-Zustand (Unverwundbarkeit), von dem ich in Kapitel 1 gesprochen habe. Denn der Mensch bleibt in der Gegenwart, und vergangene Traumata haben keine emotionale Wirkung auf ihn. Es ist durchaus möglich, dass der Underlying Happiness-Zustand (Herz-Körper-Verschmelzung) auch den „Invulnerability"-Zustand auf andere Weise verleiht, aber zum Zeitpunkt dieses Schreibens haben wir dies nicht überprüft.

Obwohl technisch gesehen alle Dreifachhirn-Zustände, die geringer als die Verschmelzung aller Hirne sind, als „Unterzustände" bezeichnet werden sollten, haben wir aus Gründen der Namenslänge beschlossen, den „Unter"-Teil des Namens fallen zu lassen.

Es stellt sich heraus, dass die Gehirne dazu neigen, sich in bestimmten Strukturen zu verschmelzen. Viele der möglichen Verschmelzungen im Bereich der Gehirn-Bewusstheiten treten seltener auf. Wenn man sich zwischen den Zuständen bewegt, neigen die Gehirne dazu, bestimmten Verschmelzungsoptionen zu folgen. Der Grund dafür liegt in der in Kapitel 6 beschriebenen Reihenfolge der Ereignisse während der Koaleszenz. Daher lassen wir in unseren Perry-Diagrammen im Allgemeinen Zustände aus, in denen die beiden Teilgehirne, der Solarplexus und der Buddha, nicht mit ihrem jeweiligen primären Körper- und dem Verstandeshirn verschmolzen sind. Dies liegt daran, dass sie im durchschnittlichen oder besseren Bewusstsein im Allgemeinen miteinander verschmolzen sind und im Grunde genommen nur das verschmolzene Bewusstsein von Verstand, Herz und Körper spezifiziert werden muss.

*Der Zustand „Inner Peace" (Innerer Frieden).*

Dieser Zustand entsteht, wenn Verstand und Herz miteinander verschmelzen, wobei das Körperbewusstsein getrennt bleibt. Es zeichnet sich durch ein unverwechselbares, ausgeprägtes Grundgefühl des Friedens aus, auch wenn man andere Gefühle erlebt, daher der Name des Zustandes. Noch wichtiger aus Sicht eines Therapeuten ist, dass der Zustand den Menschen emotional in die Gegenwart bringt. Das bedeutet, dass wenn die Person über ein Trauma in der Vergangenheit nachdenkt, sie überhaupt keinen emotionalen Inhalt für dieses hat. Menschen zeigen Reaktivität im Verhältnis zu den gegenwärtigen Umständen, anstatt durch ein vergangenes Trauma angetriggert zu werden. Beachten Sie, dass es die Verschmelzung von Verstand und Herz ist, die diese Eigenschaft gibt, dass die Vergangenheit keinen emotionalen Inhalt hat - jeder Dreifachhirn-Zustand, der diese

Verstandes- und Herzverschmelzung beinhaltet, weist auch diese Eigenschaft auf. Teilweise Verschmelzung reduziert nur das Niveau der vergangenen emotionalen Traumainhalte.

Wir schätzen, dass 8% der Allgemeinbevölkerung diesen Zustand oder einen besseren Kombinationszustand, den „Beauty Way", haben. Weitere 14% erlebten ihn genügend, um ihn zu erkennen.

Der Innere Friedenszustand ist ein sehr wichtiger Zustand für die Psychologie, da er dazu führt, dass alle vergangenen emotionalen Traumata ausgeschaltet werden. Da diese meist vergessenen Traumata die meisten Probleme, die Menschen im täglichen Leben erleben, antreiben, ist dieser Zustand eine große positive Veränderung. Eine Möglichkeit, es aus der Alltagserfahrung zu betrachten, besteht darin, dass wir unsere „Auslöser" verlieren, die uns normalerweise antriggern würden. Unsere Reaktionen auf Ereignisse sind jetzt proportional zu dem, was in der Gegenwart tatsächlich passiert. Da dieser Zustand eine solche Wirkung hat und relativ einfach zu erwerben ist, widmen wir diesem Zustand ein ganzes Kapitel (Kapitel 9) und beschreiben, wie man ihn leicht erwerben kann.

Wie bei dem im nächsten Abschnitt beschriebenen Beauty Way Zustand vermuten wir, dass Menschen im Zustand des Inner Peace nicht träumen und auch ihren Verstand zum Schweigen bringen ohne jegliches innere „unfreiwillige Denken". Zum Zeitpunkt dieses Schreibens haben wir diese Annahme jedoch nicht bestätigt.

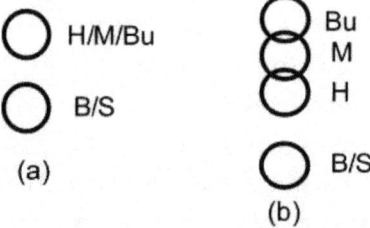

*Abbildung 5.5*: Perry- Diagramme für Inner Peace Zustände. Beachten Sie den Bereich der Hirnfusion von (a) bis (b). Wir zeigen den Körper und den Solarplexus verschmolzen, da dies die typische Art und Weise bei unseren Kunden ist.

*Der Zustand „Underlying Happiness" (zugrundeliegende Glücklichkeit).*
Dieser Zustand entsteht, wenn das Körper- und Herzbewusstsein verschmelzen. Bei den Menschen wird es als ein Gefühl des Glücks

erlebt, das allem zugrunde liegt, was sie erleben, egal was es ist. Das gilt auch für Frauen, aber sie haben ein viel stärkeres Gefühl der Liebe dazu. So tritt das Spektrum der Gefühle, wie Traurigkeit oder Wut, immer noch auf, aber mit einem Gefühl des Glücks, das immer noch gleichzeitig in dem einen oder anderen Grad vorhanden ist. Dieser Gehirnzustand (oder ein besserer) ist besonders nützlich für die Manifestation in der Welt.

Wir schätzen, dass 9% der Allgemeinbevölkerung diesen Zustand haben, und weitere 12% erlebten ihn genügend, um ihn zu erkennen.

Beispiel:

Nachdem ich eines Abends etwas Heilung der Gefühle der Verlassenheit und Einsamkeit erlebt hatte, wurde ich von extremem Glück erfüllt. Es war so intensiv, dass ich die meiste Zeit der Nacht echte Tränen des Glücks weinte, ein Ausdruck, den ich bis dahin nur für figurativ hielt. Dieser Zustand hielt monatelang an. Während dieser Zeit fühlte ich ein zugrundeliegendes Glück, während ich gleichzeitig jede andere Emotion fühlte, ob positiv oder negativ. Ich konnte nun erkennen, dass Glück kein Gefühl in der Art und Weise ist, wie ich es immer gedacht hatte, sondern dass das Gefühl ein Nebenprodukt einer inneren Veränderung in der Verschmelzung meines Dreifachhirns war.

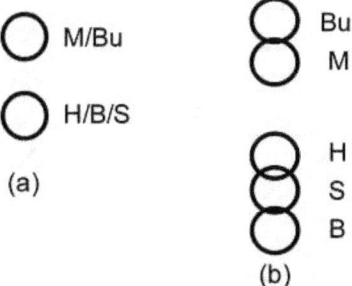

Abbildung 5.6: Der Underlying Happiness Zustand. Beachten Sie, dass der Zustand von Fall (a) bis Fall (b) reicht. Zum Zeitpunkt dieses Schreibens wissen wir nicht, ob ein vollständig getrennter Verstand und Buddha einen Einfluss auf den Zustand haben.

*Der Zustand „Big Sky"*

Wir glauben, dass dieser Zustand durch die Verschmelzung von Verstand und Körper ohne das Herz ausgelöst wird, obwohl wir uns noch nicht ganz sicher sind, ob dies die eigentliche Ursache ist. Die Welt fühlt sich riesig an, der Himmel und das Land gigantisch. Dieses Gefühl resultiert aus der Fähigkeit, eine Art Druckgefühl von nahen und fernen Objekten zu spüren, was dem sensorischen Bewusstsein eine weitere Dimension verleiht.

Wir kennen die Häufigkeit des Auftretens nicht.

*Der Zustand „Communicating Brains" (Kommunikation der Gehirne)*

In diesem Zustand berührt sich jedes der Gehirnbewusstseine gegenseitig. Die Gehirne können bei jedem Thema hin und her kommunizieren. Das bedeutet nicht, dass sie sich einig sind, sondern nur, dass sie ihre Standpunkte und Wünsche teilen können. Die Kommunikation erfolgt nicht mündlich. Die Gehirne interagieren immer noch wie eine dysfunktionale Familie. Es gibt ein Gefühl der Ausgeglichenheit, ein Gefühl der Gleichmäßigkeit, ohne innere Reizung.

Wir schätzen, dass etwa 12% der Allgemeinbevölkerung diesen Zustand haben, und weitere 23% haben ihn genug erlebt, um ihn erkennen zu können.

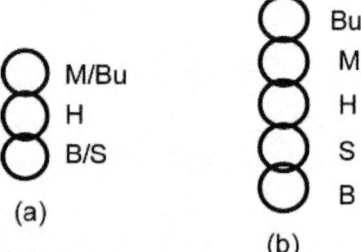

*Abbildung 5.7*: Der Zustand "Communicating Brains". Obwohl ich eine Reihe von Fusionen von (a) bis (b) gezeigt habe, haben wir in der Praxis noch nie etwas Anderes als kleine Variationen von Fall (a) gesehen.

*Der Zustand „Deep Peace" (Tiefer Frieden)*

Dieser Zustand ist gekennzeichnet durch ein tieferes friedliches Gefühl als im Inner Peace Zustand. Es fühlt sich an, als wäre das physische Herz im Körper tiefer, und man fühlt sich leichter. Man fühlt sich nicht gänzlich mühelos in allem, was man tut, aber es ist nicht annähernd so mühevoll wie im durchschnittlichen Bewusstsein. Die Gehirne sind sich ihrer gegenseitig bewusst, können direkt kommunizieren, und man ist sich ihrer gleichzeitig bewusst. Gehirne neigen immer noch dazu, einige Interaktionen wie eine dysfunktionale Familie zu haben, aber stark reduziert. Dies ist ein Zwischenzustand, den wir nicht speziell für unsere Techniken anstreben - sie zielen auf einen kleineren oder besseren Dreifachhirn-Zustand.

Dargestellt durch die übereinander liegenden Kreise im Perry-Diagramm, reicht es in diesem Zustand, wenn alle Gehirn-Bewusstseine von vollständig bis teilweise verschmolzen sind. Die Gehirne selber haben jedoch nicht die volle Distanz zur vollständigen Verschmelzung zurückgelegt. Dieser Zustand ist eine stärker verschmolzene Version des Communicating Brains Zustands. Der Zeitpunkt, an dem das eine in das andere übergeht, ist etwas willkürlich gewählt, und ist zu 50% oder mehr verschmolzen. Das Solarplexus- und Buddhahirn sind mit ihren jeweiligen Körper- und Verstandeshirnen verschmolzen.

Wir haben keine Schätzung ihres Auftretens in der allgemeinen Bevölkerung zum jetzigen Zeitpunkt.

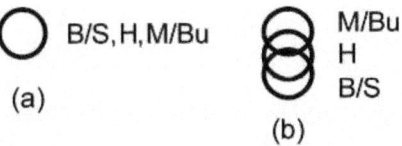

*Abbildung 5.8*: Perry-Diagramm für einen Deep Peace Zustand. Der Zustand reicht von (a), typisch für diesen Zustand, bis (b), das ein reduziertes Niveau der Zustandsmerkmale aufweist.

*Der Zustand „Hollow" (hohl)*

Dieser Zustand resultiert aus einer Verschmelzung von Verstand, Herz und Körper. Erfahrungsgemäß fühlt sich der Körper an, als wäre er aus Luft, ohne Muskeln, Knochen und Fleisch. Bewegung und die meisten Aktivitäten fühlen sich mühelos an. Die klassische Zen-Aussage, wie ein „hohler Bambus" zu sein, passt dazu, obwohl westliche Menschen, die sich plötzlich in ihn hineinbegeben, ihn wie eine leere Blechdose beschreiben. Emotionen wirken eher wie Gedanken, nicht mehr wie eine viszerale Erfahrung. Alle Körperteile fühlen sich „kontinuierlich" an, wie die Menschen das in diesem Zustand beschreiben. Auf einer bestimmten Bewusstseinsebene kann man sehen, wie die Bewusstseine der Gehirne in einen großen länglichen oder kugelförmigen weißen Bereich vom Bauch bis zur unteren Brust übergehen.

Die geschätzte Häufigkeit dieses Zustandes beträgt 7% der Bevölkerung, wobei weitere 12% ihn ausreichend erlebt haben, um ihn zu erkennen.

◯ B/S/H/M/Bu

*Abbildung 5.9:* Das Perry-Diagramm des Hollow-Zustands. Im Gegensatz zu vielen der Zustände erscheinen die vollen Eigenschaften dieses Zustandes erst, wenn die Bewusstseine aller Gehirne verschmelzen.

*Der Zustand „Wholeness" (Ganzheit).*

Jeder, der in diesen Zustand abrupt eintritt, beschreibt ihn mit dem gleichen Wort, „Ganzheit". Das Hören von Musik wird zu einem fast ekstatischen Erlebnis. Der Zustand gibt einem das Gefühl, völlig lebendig zu sein und froh zu sein zu leben. Er macht das Leben viel lebhafter. Der Zustand wird verursacht durch die Verschmelzung während der Todeserfahrungen des Plazentabewusstseins mit dem Baby bei der Geburt und des Spermiumschwanz-Bewusstseins während der Empfängnis. So gut der Hollow-Zustand auch ist, fühlt er sich im Vergleich zum Wholeness-Zustand unvollständig und unbefriedigend an. Der Zustand scheint auch für einige Ansätze zur radikalen körperlichen Heilung wichtig zu sein.

Zu diesem Zeitpunkt klassifizieren wir Wholeness als einen Dreifachhirn-Zustand, weil es um das Bewusstsein der Plazenta und ihre Verschmelzung mit dem Dreifachhirn des Babys während der Geburt geht, obwohl die Plazenta tatsächlich bei der Geburt stirbt. Es sieht so aus, als ob man das Gefühl der Ganzheit bekommen kann, ohne dass die anderen Gehirne verschmolzen sind, aber die Erfahrung der Ganzheit ist so stark wie möglich, wenn die anderen Gehirne auch verschmolzen. Wir wissen nicht, was ein getrennter oder unverschmolzener Solarplexus und Buddha mit den Zustandsmerkmalen machen, deshalb habe ich vorerst den Bereich des Perry-Diagramms für den Zustand in Figur 5.10 willkürlich eingeschränkt.

Dieser Zustand wird im Perry-Diagramm mit einem /P angezeigt, um ein vollständig geheiltes plazentares Hirntod-Trauma anzuzeigen, d.h. eine vollständige Verschmelzung des sterbenden Bewusstseins mit dem Fötus bei der Geburt. Der Kreis für die Plazenta entfällt in den anderen Zustandszeichnungen, da wir davon ausgehen, dass die Perry-Diagramme für Menschen nach der Geburt sind - die Plazenta hat nur vor der Geburt ein Selbstbewusstseins-Licht im Inner-Brightness-Zustand (innere Helligkeit). Um die Stärke des Zustandes anzuzeigen, geben wir einen Prozentsatz für die Vollständigkeit der Verschmelzung des Plazentahirns während seines Todes mit dem Fötus ein. Der Einfachheit halber ziehen wir jedoch typischerweise Kreise für das Plazentahirn, um den Grad der Plazenta-Verschmelzung des Klienten leichter grafisch darzustellen. Um Verwirrung zu vermeiden, zeichnen wir die Kreise links von den normalen. (Wenn wir in Zukunft feststellen, dass das Spermiumschwanzhirn zum Zustand beiträgt, werden wir es mit einem "T"-Symbol versehen.)

Die geschätzte Häufigkeit des Auftretens wurde noch nicht ermittelt.

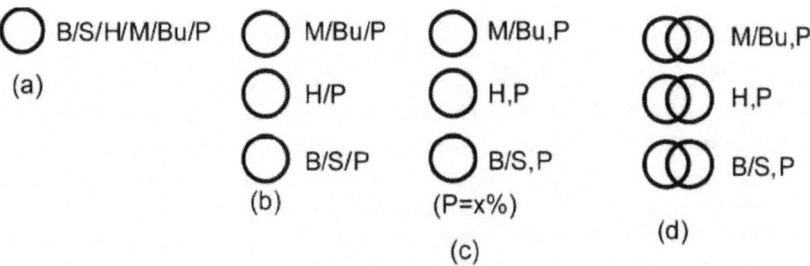

*Abbildung 5.10:* Perry-Diagramm des Wholeness-Zustands. Beachten Sie, dass wir normalerweise keinen Kreis für die Plazenta in Perry-Diagrammen verwenden, da das Bewusstsein nach der Geburt verschwunden ist. Der Zustand reicht von (a) bis (c). Die Zeichnungen (c) und (d) sind gleichwertig.

## Synergistische Zustände, die einen Dreifachhirn-Zustand beinhalten.

Im Allgemeinen können andere nicht-Dreifachhirn-Spitzenzustände des Bewusstseins als unauffällige Pakete betrachtet werden, deren spezifische Eigenschaften zu denen des Dreifachhirn-Zustandes der Person hinzukommen. Man könnte sich das so vorstellen, als ob man einen Beutel Murmeln besitzt, wobei jede Murmel ein Zustand ist. Wir beschreiben diese Zustände im Allgemeinen nur als eine kumulierte Liste von Komponentenzuständen, zum Beispiel der „Hollow, Brain Light"-Zustand. Wenn er einen bekannten Namen hat, ersetzen wir ihn aufgrund der Liste. In diesem Fall nennen wir den neuen, einzelnen Namen einen „Kombinations"-Zustand. Einige Zustände kombinieren jedoch synergistisch - sie haben Merkmale, die sich von den einzelnen Komponentenzuständen unterscheiden. Wenn der kombinierte Zustand ein neues, synergistisches dominantes Merkmal hat, verwenden wir dieses Merkmal für den Zustandsnamen. Wir nennen das einen „synergistischen" Zustand, um ihn von einem kombinierten Zustand zu unterscheiden. Ein wichtiges Beispiel für diesen Synergismus ist der Zustand „Beauty Way".

*Der synergistische Zustand „Beauty Way" (Lebendigkeit)*
Der Zustand „Beauty Way" ist eine Kombination aus dem Zustand des Inner Peace mit einer begrenzten Verbindung zum Schöpfer (Schöpferzustände werden in Band 2 behandelt). Dies führt zu einer internen, unbewussten Entscheidung, sich für kontinuierlich positive Wahrnehmungen zu entscheiden.

Diese Kombination von Zuständen hat einen Synergismus zwischen ihren Komponentenzuständen, welche Erfahrungsmerkmale erzeugen, die in keiner ihrer Komponenten existieren. Es gibt zwei wichtige neue synergistische Eigenschaften: eine Wahrnehmung von Schönheit in allem in der physischen Welt, sogar im Müll; und ein Gefühl von Lebendigkeit in sich selbst und in der umgebenden Welt.

Wir haben den Zustand wegen seines langen traditionellen Platzes in der indianischen Kultur und Sprache als „The Beauty Way" bezeichnet. Es ist klar, dass der charakteristische Sinn für Schönheit, der entsteht, in diesem Namen hervorgehoben wird. Wenn wir diesen synergistischen Zustand jedoch von Grund auf neu benennen würden, würden wir ihn wahrscheinlich den Zustand „Lebendigkeit" nennen, weil diese Eigenschaft so ausgeprägt ist. Tatsächlich nennt Harville Hendrix diesen Zustand in seinem Buch *Keeping the Love you Find* „Lebendigkeit". Eckhart Tolle hat in seinem Buch *The Power of Now* eine wunderbare Arbeit geleistet, um diese und andere Eigenschaften des Zustandes zu beschreiben, obwohl er ihn nicht mit einem dieser Namen bezeichnet.

Neben den enormen Auswirkungen, die er mit sich bringt, dass das gesamte vergangene emotionale Trauma aus seiner Komponente Inner Peace verschwindet, gibt es noch einige andere Effekte, die dieser Zustand hervorbringt und die besondere Erwähnung verdienen. Erstens, ein Mensch in diesem Zustand träumt nicht oder zumindest nicht in der Art und Weise, wie wir über den Begriff denken. Man erlebt kurze Zeiten im Schlaf, in denen die Ereignisse des Tages wieder aufleben, anscheinend, damit die Erinnerungen sortiert und entsprechend archiviert werden können. Träume, wie sie von den meisten Menschen erlebt werden, treten nicht mehr auf. Warum ist das so? Weil Träume eigentlich ein Artefakt des dysfunktionalen normalen Bewusstseins sind. Die Gedanken-Prozesse des Herzhirns und Verstandeshirns während des Schlafes gehen ineinander über, und sie erschaffen eine passende Traumgeschichte, basierend auf den vielen vergangenen Traumata, die sie erlebt haben. Wenn Verstand und Herz verschmelzen, gibt es diese Art der Fehlkommunikation nicht mehr, da sie bereits ein Organismus sind. Gelegentlich wird es ein traumähnliches Erlebnis geben, aber es wird eine numinöse Qualität haben, denn es ist kein Traum im normalen Sinne, sondern eine Kommunikation des Planetenbewusstseins Gaia. (Das Gaia-Bewusstsein wird in Band 2 behandelt).

Eine weitere charakteristische Eigenschaft dieses Zustands (sowie bei vollständigeren Hirn-Verschmelzungszuständen) ist die Stille des Verstandes, die in ihm auftritt. Selbstgespräche können immer noch vorhanden sein, aber das lästige unfreiwillige Denken, das besonders während der Meditation auffällt, ist komplett verschwunden. Der Grund dafür wird in Band 3 ausführlich behandelt, da er einen großen Einfluss auf mehrere Arten von psychischen Erkrankungen hat.

Der Zustand gibt einer Person auch die charakteristische „Invulnerability" (Unverwundbarkeit), die bei einigen Kindern in gefährlichen Situationen aufgrund der Verschmelzung von Verstand und Herz auftritt. Wie wir im vorherigen Abschnitt gesagt haben, hält diese

Verschmelzung eine Person im gegenwärtigen Moment, ohne dass sie von einem früheren emotionalen Trauma betroffen ist.

Wir schätzen, dass sowohl der Zustand des Inner Peace als auch der Beauty Way zusammen in etwa 8% der Allgemeinbevölkerung vorkommen, wobei weitere 14% ihn aus früheren Spitzenerfahrungen erkennen können.

*Kurze Referenzliste: Der synergistische Zustand Beauty Way*
- Ruhe, Frieden und körperliches Gefühl der Leichtigkeit.
- Die Vergangenheit scheint nicht traumatisch zu sein - Erinnerungen sind ohne Emotionen. Du fühlst dich total lebendig, und alles um dich herum fühlt sich auch lebendig an.
- Alles hat eine Art von Schönheit, sogar Müll.
- Spirituelle Wahrheiten sind offensichtlich.
- Kein Träumen.
- Kein grundlegendes Gefühl von Angst.
- Ganz in der Gegenwart lebend.
- Keine Spannung wie in den Sommerferien als Kind.
- Vogelgeräusche sind lebhafter.
- Keine Übernahme der emotionalen Belastung anderer Menschen.
- Gehorche nicht automatisch den „Experten", indem du dein eigenes Wissen aufgibst.
- Kann viele schamanische Dinge mit Training machen.
- Stiller Geist, d.h. kein inneres Geschwätz oder Stimmen oder Hintergrundgeräusch.

## Schlüsselpunkte

- In einem Spitzenzustand erlebt man besondere Gefühle und Empfindungen, die ohne den Zustand nicht erlebt werden können. Der Zustand verursacht die Gefühle Glück, Frieden, Ganzheit und Lebendigkeit. Sie werden durch Spitzenzustände des Dreifachhirns verursacht. Ihr Grad hängt davon ab, wie viel von dem Zustand eine Person hat.
- Das Körperbewusstsein handelt auf eine Art und Weise, die es durch das Assoziieren von Empfindungen gelernt hat, nicht

durch Urteil. Seine Handlungen sind oft aus einer rationalen Perspektive nicht zu verstehen, da die damit verbundenen Empfindungen in der Regel nicht rational verbunden sind.
- Das Körperhirn ist das primäre Gehirn, und sein Einfluss dominiert im Allgemeinen Probleme mit Spitzenzuständen und Spitzenerfahrungen.
- Die Assoziationen, die das Körperbewusstsein während eines Entwicklungsereignisses in der Gebärmutter aufgrund eines Traumas hervorruft, erklären, warum diese Ereignisse wichtig sind, weil diese später im Leben Spitzenzustände blockieren. Die wunderbaren Empfindungen, sich auf Spitzenzustände oder -erfahrungen zuzubewegen, stimulieren im Allgemeinen diese alten entwicklungsbedingten Traumareaktionen und verursachen eine Blockade für jede weitere Bewegung in Richtung eines Zustandes.
- Die Kategorie der Spitzenzustände, die wir für das Wohlbefinden für am wichtigsten halten, umfasst Dreifachhirn-Verschmelzungen, d.h. die innere Vereinigung von Verstand, Herz und Körper.
- Abhängig vom Grad und den jeweiligen Bewusstseinen der Gehirne, die miteinander verschmelzen, gibt es eine Vielzahl von Zuständen. Darüber hinaus existieren Kombinationszustände, die auf diesen Verschmelzungen der Gehirne aufbauen.
- Um eine grafische Methode zur Veranschaulichung der Art und des Grades der Dreifachhirn-Zustände zu liefern, verwenden wir Perry-Diagramme, die eine einfache visuelle Identifizierung ermöglichen und den zusätzlichen Vorteil haben, dass sie direkt von Menschen gesehen werden können, die den entsprechenden Spitzenzustand haben.
- Der unterdurchschnittliche Zustand wird in erster Linie durch eine Trennung des Solarplexushirns vom Körperhirn verursacht. Wenn das wahr ist, impliziert dies Techniken zur Wiedervereinigung dieser Gehirne, die für alle Arten von Klienten von enormem Nutzen sein könnten.

# Empfohlene Literatur und Webseiten

Für das Dreifachhirn
- Elaine De Beauport, *The Three Faces of the Mind: Developing your Mental, Emotional, and Behavioral Intelligence*, Questbücher, 1996.
- Tom Brown, Jr., *The Vision*, Berkley, 1988.
- Tom Brown, Jr., *Grandfather*, Berkley, 1993.
- Ronald Gross, *Peak Learning: A Master Course in Learning How to Learn*, Tarcher, 1991.
- G. I. Gurdjieff, *Views from the Real World: Early Talks of G. I. Gurdjieff*, Viking, 1973. Sammlung seiner Vorträge bis 1924.
- Charles Hapden-Turner, *Maps of the Mind*, MacMillan, 1982.
- Dr. Arthur Janov, *The Anatomy of Mental Illness: The Scientific Basis of Primal Therapy*, Berkley, 1977.
- Dr. Arthur Janov, *The New Primal Scream: Primal Therapy 20 Years On*, Trafalgar Square, 2000.
- Dr. PaulMacLean, *The Triune Brain in Evolution: Role in Paleocerebral Functions*, Plenum Press: 1990
- P. D. Ouspensky, *In Search of the Miraculous: Fragments of an Unknown Teaching*, Harvest, 1949. Eine gut organisierte Übersicht über Gurdjieffs Konzepte.
- Joseph Chilton Pierce, *Evolution's End: Claiming the Potential of Our Intelligence*, HarperCollins, 1992.
- Joseph Chilton Pierce, *The Biology of Transcendence: A Blueprint of the Human Spirit*, Innere Traditionen, 2002.

Für bestimmte Dreifachhirn-Zustände
- Harville Hendrix, *Keeping the Love You Find*, Atria, 1993. Er spricht über die Dreifachhirn-Struktur und den Zustand, den er als „Lebendigkeit" bezeichnet (was wir den Beauty Way nennen).
- Eckhart Tolle, *The Power of Now: A Guide to Spiritual Enlightenment*, Neue Weltbibliothek, 1999. Sein Buch beschreibt den Zustand des Beauty Way sehr gut, obwohl er ihm diesen Namen nicht gibt.

Für die Denkprozesse des Verstandeshirns
- Eugene Gendlin, *Focusing* (überarbeitete Auflage), Bantam, 1981.

Wenn sich Traumata miteinander verbinden
- Dr. Frank Gerbode, *Beyond Psychology: An Introduction to Metapsychology (third edition)*, Institut für Forschung in der Metapsychologie, 1995.
- Dr. Stanislav Grof, *The Adventure of Self-Discovery*, State University of New York Press, 1988.
- Tad James und Wayne Woodsmall, *Time Line Therapy and the Basis of Personality*, Meta Publications, 1988. Vieles basiert auf NLP.
- Grant McFetridge und Mary Pellicer MD, *The Basic Whole-Hearted Healing Manual*, Institute for the Study of Peak States Press, 2003.

## Kapitel 6

# Entwicklungsereignisse für Dreifachhirn-Verschmelzungszustände

## Einführung

In diesem Kapitel wenden wir das Modell der Entwicklungsereignisse auf die Spitzenzustände des Dreifachhirns an. Wir beginnen mit der Einführung der atemberaubenden empirischen Beobachtung aus der Trauma-Arbeit, dass sich das Dreifachirn aus *selbstbewussten* Organellenstrukturen entwickelt. Diese Strukturen und ihre traumatischen Wechselwirkungen erklären einen Großteil der Dynamik der Dreifachhirn-Trennungszustände. Diese extrem wichtigen, typischerweise traumatischen Entwicklungsereignisse sind der pränatalen Psychologie unbekannt. Wir gehen dann später in der Zeit zu vertrauteren Entwicklungsereignissen über, wie z.B. Empfängnis, Einnistung, Schwangerschaft und Geburt für andere kritische Dreifachhirn-Entwicklungsereignisse.

Kapitel 8 wendet diese Informationen in einem detaillierten, schrittweisen Verfahren zur Erfassung relativ permanenter Dreifachhirn-Zustände an. Anhang B gibt einen Überblick über die Zeitachse dieser Entwicklungsereignisse.

Interessanterweise stellt sich heraus, dass Illustrationen aus dem 16. Jahrhundert über die Stadien der Alchemie als Beschreibungen dieser wichtigen Entwicklungsereignisse angesehen werden können. Wir geben in diesem Kapitel einige Beispiele.

*Zustände in diesem Kapitel:*
- Inner Peace
- Beauty Way
- Hollow
- Wholeness

- Inner Gold

## Grants Geschichte
## Das Finden der Entwicklungsereignisse

In den frühen 80er Jahren hatte ich erfahren, dass es eine Dreifach-Natur des Gehirnes gibt und das geschah, als ich auf ein Gebärmutter-Trauma stieß, bei dem sich die Dreifachhirne erstmalig trennten. Bis zu diesem Zeitpunkt war mir nicht klar, dass die von mir gesuchten Zustände auf dem Verschmelzungsgrad des Dreifachhirns basieren. Gleichzeitig lernte ich auch, wie wichtig erinnertes oder vergessenes Trauma für die gegenwärtigen Probleme der Menschen ist. Ich begann im Grunde genommen, den Whole-Hearted Healing-Prozess zu entwickeln, um mich selbst zu heilen, da ich erkannte, wie viel ich heilen musste! Aus diesen Erfahrungen heraus war es ein kleiner Schritt für mich zu vermuten, dass Trauma das Hindernis war, um Dreifachhirn-Zustände zu verhindern, und insbesondere Traumata, die ihren Ursprung in Ereignissen vor der Geburt hatten.

Einige Jahre später hatte ich den Zustand „Inner Brightness" (innere Helligkeit) erreicht, bei dem mein Körper mit Licht gefüllt war. Der Zustand erlaubte mir, nach Belieben auf meine Erinnerungen vor der Geburt zuzugreifen. Allerdings war es ein Problem zu wissen, wo ich zu suchen hatte. Zu meiner Überraschung verlor ich ein Jahr später abrupt diesen Zustand. Um die Erforschung fortzusetzen, musste ich versuchen, Menschen zu finden, die sich in Bewusstseinszuständen befanden, die für mich gut genug waren, um sie wie Laborgeräte zu benutzen. Das war ein sehr schwieriges Problem - ich konnte nichts von dem, was ich über Spitzenzustände wusste, vorzeigen oder beweisen, da ich meine eigenen verloren hatte. Jeder Mensch mit dem erforderlichen Maß an Fähigkeiten fühlte sich bereits so gut, dass er kein Interesse daran hatte, etwas Schmerzhaftes zu tun, was für die Entwicklungsarbeit notwendig war; und meine Ideen standen im Widerspruch zu praktisch jedem Glauben über Spiritualität oder Schamanismus. Ich konnte niemanden finden, der helfen konnte, also beendete ich im Laufe der Zeit die Entwicklung der Heilungsmethode Whole-Hearted Healing, und ich begann diese zu unterrichten. Meine wahre Leidenschaft, die Spitzenzustände, blieben erst einmal außen vor.

Ein paar Jahre vergingen. Ich hatte das große Glück, Kate Sorensen von Trauma Relief Services zu treffen, die die ersten Konferenzen zur Erforschung der neuen Powertherapien organisierte. Sie wurde mir eine Freundin und teilte meine Leidenschaft für das Verständnis von Spitzenzuständen (ihre Geschichte ist in Kapitel 13). Da sie den Zustand der inneren Helligkeit und ihre eigenen Einsichten in das Problem hatte, arbeiteten wir an der Forschung weiter und teilten die Entdeckungsbegeisterung. Sie wurde zum „Versuchskaninchen" Nummer eins, wie Wes es nennen würde. Nachdem sie sich damit vertraut gemacht hatte, sich der Dreifach-Natur ihres Gehirns bewusst zu sein, erkannte sie schnell, dass die Gehirne ständig in Konflikt miteinander standen. Wir haben viel Zeit damit verbracht, uns mit den Gründen zu beschäftigen, warum ihre Gehirne nicht bereit waren zu verschmelzen. Wir hatten vorübergehend Erfolg bei der Verschmelzung einer oder mehrerer Hirne, aber es war immer nur von kurzer Dauer. Trotz ihres ausgezeichneten inneren Bewusstseins und ihrer Motivation konnten wir keine Möglichkeit finden, diesen Prozess zu verbessern. Und wir konnten nicht verstehen, warum, denn egal was wir taten, immer kam etwas dazwischen und ihre Gehirne fielen wieder auseinander. Dieser Ansatz war wie eine grundlegende Familientherapie mit den bewussten Dreifachhirnen, aber es schien nicht, dass dieser Ansatz zu einem dauerhaften Spitzenzustand führen oder für die überwiegende Mehrheit der Menschen sehr nützlich sein würde.

Mit dieser Erfahrung und meiner Intuition, dass Trauma ein kritischer Teil des Puzzles war, formulierte ich die Hypothese, dass Entwicklungsereignisse der Schlüssel zu permanenten Spitzenzuständen sind - aber ich hatte keine Beweise. Außerdem konnte ich damals nicht herausfinden, warum Menschen diese Zustände bei der Geburt verlieren, was meine Hypothese noch suspekter machte. Während dieser Zeit machten Kate und ich eine

Reihe weiterer Durchbrüche in verwandten Bereichen, aber zu meiner Enttäuschung führte ihr Leben sie schließlich in eine andere Richtung.

Dann traf ich Wes Gietz, der Workshops zum Überleben im Freien und über einheimische Spiritualität anbot, basierend auf der Arbeit von Tom Brown, Jr. und seinen eigenen einheimischen Lehrern in Ontario. Gemeinsam konnten wir den Kontrast zwischen dem Paradigma, das ich entwickelte, und dem traditionellen schamanischen Paradigma wirklich beleuchten, - und versuchten zu verstehen, warum sie in einem solchen Konflikt waren. Das war eine der lustigsten Zeitspannen meines Lebens, da Wes ein williges Werkzeug in der Arbeit war, blitzgescheit und in der Lage, die Konzepte zu verstehen und einen Beitrag zu leisten. Noch besser war aus meiner Sicht, dass Wes die meiste Zeit im Beauty Way- und Inner Brightness-Zustand lebte, und so konnte er Ereignisse vor der Geburt nach Belieben untersuchen.

Um ein wenig auszuholen, ich war ursprünglich im Alter von 11 Monaten in den Zustand des Beauty Way eingetreten, während einer Nahtoderfahrung durch einen Schlag auf meinen Kopf. Während dieser Erfahrung erkannte mein Herzbewusstsein, dass es „nach oben greifen" und das Bewusstsein des Verstandes in sich selbst ziehen konnte. Und das tat es auch. Plötzlich war ich im Beauty Way. Von da an, bis ich 29 Jahre alt war, hatte ich diesen Zustand relativ kontinuierlich, außer wenn ich die Missbilligung meiner Mutter spürte. Wenn ihre Missbilligung aufhörte, konnte ich wieder in meinen Zustand zurückkehren.

Wir nutzten Wes Fähigkeiten, den Ursprung des Beauty Way Zustandes zu finden. Wir konnten auch den Ursprung seines Eintritts in den Beauty Way finden. Wie bei mir selbst geschah es in der frühen Kindheit. Er erinnerte sich daran, wie er ein helles weißes Licht am Weihnachtsbaum sah. Dies löste etwas in ihm aus, und sein Herzbewusstsein griff nach oben und zog das Bewusstsein des Verstandes in sich hinein. Das brachte ihn in den Zustand des Beauty

Way. Sein Zustand war nicht so stabil wie meiner, aber er fand heraus, dass wenn er regelmäßig Zeit in der Natur verbrachte, der Zustand zurückkehren und für eine Weile anhalten würde. Seine und meine Erfahrung teilten einige gemeinsame Merkmale, und es dauerte nicht lange, bis wir erkannten, dass das, was wir taten, um in den Zustand einzutreten, etwas Vergleichbares in einem frühen Entwicklungsereignis hatte - der Empfängnis. Dies war ein unglaublicher Moment, als wir die Auswirkungen dessen sahen, was wir gefunden hatten. Wir begannen, nach weiteren Entwicklungsereignissen zu suchen, um zu sehen, was dabei geschehen würde. Wir machten weitere Durchbrüche, aber bald darauf musste er sich von dem Schmerz, den er durch die Arbeit erlitt, zurückziehen, sehr zu meinem Bedauern. Wir waren ein wunderbares Team und hatten auch viel Spaß.

Ich richtete meine Hoffnungen auf Dr. Deola Perry, die ich zuvor bei einer Konferenz über Meridiantherapie getroffen hatte. Sie war bereit, die Erkundung fortzusetzen und wurde zu meinem nächsten großen Untersuchungsinstrument - dem „Versuchskaninchen" Nummer 3 sozusagen. Ich zog auf die Veranda ihrer guten Freundin Dr. Marie Green, und wir drei begannen zu arbeiten. Dr. Perry hat mit dem von uns entwickelten Modell mehrere wichtige Durchbrüche erzielt. Einer dieser Durchbrüche bestand darin, die Existenz der präzellulären Traumata zu finden und das spezifische, welches der Schlüssel zum Hollow-Zustand war. Diese sieben Monate mit Deola und Marie waren wahrscheinlich die kreativste und erstaunlichste Zeit meines Lebens, da wir einen Durchbruch nach dem anderen erreichten.

## Die zelluläre (Organelle) Dreifachhirn-Struktur

Fragen Sie sich selber, warum sollten die Dreifachhirne überhaupt die Befähigung haben, sich zu trennen? Welchen möglichen evolutionären Vorteil könnte es haben, wenn man weniger als einen Spitzenzustand des Bewusstseins hat? Offensichtlich gibt es keinen. Also, was könnte es sonst sein? Wir dachten eine Zeit lang, dass es sich um eine Art evolutionäres Problem handeln müsste, ein Überbleibsel unserer Entwicklung von Reptilien. Obwohl daran etwas Wahres dran ist, war die Lösung dieser Frage nicht etwas, was wir aus aktuellen Informationen zur Humanbiologie hätten ableiten können. Es stellte sich heraus, dass es sich um Phänomene handelte, die, soweit ich weiß, im Bereich der pränatalen Psychologie unbekannt sind. Dieser Bereich ist derjenige der „multizellulären", „zellulären" und „präzellulären" Entwicklungsereignisse, die auf das Dreifachhirn-System angewendet werden.

Einige der Annahmen, die wir in unserer Kultur haben, erwiesen sich als irreführend. Erstens, wenn wir über die Dreifachhirne sprechen, gehen wir alle automatisch davon aus, dass es sich um Zellgruppen im Gehirn des Fötus handelt, die sich später zu den bekannten Körper-, Herz- und Verstandeshirn entwickeln würden. Dieses Modell würde uns tendenziell davon ausgehen lassen, dass es in einem frühen Entwicklungsstadium keine Dreifachhirn-Struktur gab. (Der Einfachheit halber verwende ich den Ausdruck „Dreifach", um die beiden anderen Gehirne, das Solarplexus-Hirn und das Buddhahirn, einzubeziehen. Das „Fünffach" Etikett des Gehirns, wenn auch genauer, passt nicht in den üblichen Gebrauch...) Schließlich waren wir irgendwann rückwärts blickend nur noch eine einzige befruchtete Zelle, ohne Gehirnmasse. Mit diesem Modell, wie es uns in der Grundschule beigebracht wurde, könnten wir davon ausgehen, dass es ursprünglich nur eine Art DNA-programmierte Abfolge von Ereignissen in der befruchteten Eizelle gab, die die Evolution zusammenfasst. Das unbewusste, primitive Gehirn würde während die Schwangerschaft langsam an Komplexität zunehmen, von Fischen über Eidechsen, Säugetiere bis hin zu Primaten. Mit diesem Modell würden wir dann die frühe Schwangerschaft auf Ereignisse untersuchen, die dazu führten, dass das sich entwickelnde Dreifachhirn-System auseinanderfiel. So wahrscheinlich das auch klingen mag, diese Idee ist falsch.

Stattdessen sehen wir, wenn wir in der Zeit zurück zur frühen Schwangerschaft gehen, dass die multizellulären Strukturen, die zum Dreifachhirn werden, bereits von Anfang an vorhanden sind. Die evolutionär „neueren" Gehirnstrukturen entwickeln sich nicht aus dem älteren Reptilienhirn. Stattdessen sind die Zellen, die später die verschiedenen Gehirne bilden, voneinander getrennt, wie in Dr. MacLeans *The Triune Brain in Evolution* und in Kapitel 5 gezeigt. Anstatt dass die fötale Entwicklung die Evolution wiederholt, ist es die Symbiose sehr unterschiedlicher Strukturen, die sich gleichzeitig entwickeln.

Tatsächlich liegt der Ursprung dieser Gehirnstrukturen *nicht* in der frühen Zelldifferenzierung. Stattdessen stellten wir fest, wenn wir eine Regression durchführen oder einen Spitzenzustand verwenden, der es uns erlaubt, diese Periode nach Belieben zu erinnern, dass die Strukturen, die sich zu den Dreifachhirnen entwickeln, im einzelligen Organismus als integrale, funktionierende Teile der Zelle vorhanden sind! Diese subzellulären Strukturen, in der Biologie Organellen genannt, sind ebenfalls selbstbewusst und sehr ähnlich im Bewusstsein und Zweck dem, was sie später im multizellulären Fötus und Erwachsenen werden. Wenn ein Klient zu einem Trauma in dieser Zeit zurückkehrt, ist ihm bewusst, dass er auch bei der einzelligen Zygote noch ein Körper-, Herz- und Verstandesbewusstsein hat. (Beachten Sie, dass diese körperlichen Traumata typischerweise zu einer vorübergehenden Spaltung des subzellulären Dreifachhirns führen, weshalb man sich in dieser Zeit sogar der vielfältigen Bewusstseine bewusstwerden kann). Der Verstand denkt immer noch, das Herz fühlt immer noch, und der Körper hat immer noch den „Empfindungs-Sinn" (unter Verwendung von Gendlins Beschreibung der Gestalt-Empfindung des Denkprozesses des Körperbewusstseins).

Noch früher fortgesetzt, wiederholt sich die selbstbewusste dreifach-subzelluläre „Gehirn"-Struktur auch im Spermium und in der Eizelle. Jede dieser Einzelzellen hat auch die Sechsfachhirn-Struktur in sich selbst (die sechste ist das Spermiumschwanz- oder Eiplazentahirn). Diese „Gehirne" sind in der Einzelzellenerfahrung genauso aktiv wie sie im erwachsenen Menschen auf komplexere Weise aktiv sind. Ich möchte betonen, dass der Klient während der Regression diese Gehirne auf zellulärer Ebene als so aktiv und bewusst erlebt, wie sie in der Gegenwart des Klienten sind, nur nicht so erfahren und kenntnisreich, wie sie später werden. Sie können genauso wütend oder verwirrt oder ängstlich werden wie ihre komplexeren Gegenstücke beim Erwachsenen.

## Definition - Multizelluläre Entwicklungsereignisse (in der Gebärmutter)

Dieser Satz ist nur eine weitere Möglichkeit, jedes Entwicklungsereignis zu beschreiben, das die Handlungen der mehrzelligen Zygote und des Fötus beinhaltet. So fallen Ereignisse oder Stadien, die nach der ersten Zellteilung auftreten, in diese Kategorie. Obwohl sich das Bewusstsein des Organismus vorher und nachher ziemlich gleich anfühlt, erfolgt der Übergang vom Bewusstsein des Organellen-Gehirns zum Bewusstsein des Mehrzellen-Gehirns fast unbemerkt, wobei er während der anfänglichen Zellteilung beginnt. Diese Zeitspanne endet kurz nach der Geburt, wobei wichtige Erfahrungen noch kurz nach der Geburt des Babys gemacht werden.

## Definition - Zelluläre (Organelle) Gehirne

Die sechs selbstbewussten mehrzelligen Dreifachhirne (Buddha, Verstand, Herz, Solarplexus, Körper und Plazenta), die wir kennen, entwickeln sich aus sechs selbstbewussten Organellenstrukturen in der einzelnen Ei- und Zygote-Zelle. Das Spermium hat ein Schwanz-Organelle-Hirn und kein Plazenta-Organelle-Hirn. Während der Regression werden die Organellenhirne und die mehrzelligen Gehirne identisch erlebt - nur ihre Umgebung verändert sich.

Wir verwenden in diesem Text die Bezeichnungen „Organelle", „subzellulär" und „zellulär" austauschbar. Wir verwenden oft den Begriff „zellulär", wenn wir über Organellenhirne sprechen, da dies mit dem Konzept der „zellulären Erinnerungen" aus dem Bereich des pränatalen Traumas verbunden ist. Wir neigen dazu, die genauere Bezeichnung „subzellulär" zu vermeiden, da sie leicht mit der unten definierten „präzellulären" Gehirnbezeichnung verwechselt werden kann.

> ## Definition –
> ## Zelluläre (Organelle) Entwicklungsereignisse
>
> Diese Ereignisse sind solche, die die Erfahrungen des einzelligen Spermiums, der Eizelle und einzelligen Zygote einbeziehen. Diese Zeitspanne liegt zwischen der Entstehung der konventionell definierten Einzelzelle und der ersten Zellteilung. Wir konzentrieren uns insbesondere auf die Dreifachhirn-Struktur der Organellen innerhalb der Einzelzelle.

## Die präzelluläre Dreifachhirn-Struktur und die „Koaleszenz".

Diese und frühere Ereignisse können durchaus auch im Erwachsenenalter erlebt werden, vorausgesetzt man hat den passenden Bewusstseinszustand. Den erforderlichen Bewusstseinszustand nennen wir den Zustand „Inner Brightness" und er ist Gegenstand eines Kapitels in Band 2. Sie können diese Entwicklungsereignisse auch mit Regressionstechniken oder als außerkörperliche Trauma-Bilder aus dem normalen Bewusstsein heraus erleben. (Diese Bilder sind die Grundlage der Whole-Hearted Healing-Heilmethode.) Wenn Sie die Entwicklung der Ei- und Samenzelle in der Vergangenheit verfolgen, fühlen Sie sich weiterhin normal groß, mit normalen Körperteilen wie Armen, Kopf usw., auch wenn Sie diese Körperteile noch nicht in Ihrer Zygote oder Ihrem einzelligen Selbst haben. Die Bilder, die Kunden sehen, sind das, was wir von der mikroskopischen Fotografie gewohnt sind, die wir gelegentlich aus Bildungsprogrammen im Fernsehen sehen können.

Während wir immer weiter in die Vergangenheit zurückgehen, kommen wir zu Szenen aus uns selbst, die nicht mehr wie mikrofotografische Bilder aussehen. Sie erleben jetzt Ereignisse, die wahrscheinlich nur ein Elektronenmikroskop deutlich sehen könnte, obwohl Sie sich immer noch wie normal oder größer fühlen. Die Bilder, die Sie jetzt sehen, sind ziemlich bizarr. Auch wenn diese Szenen im Verhältnis zu dem, was wir als Erwachsene zu sehen bekommen, völlig fremd sind, beschreiben Klienten die Bilder so, dass sie sich auf Objekte beziehen, mit denen sie vertraut sind. So könnte man sagen, dass man einen „Brunnen" oder eine „riesige Ebene" oder ein „Gebäude" sieht und so weiter. Bei der Regression mit Whole-Hearted Healing oder anderen Regressionstherapien ignorieren viele Menschen einfach diese Bilder, die sie als Unsinn oder irrelevant für die Heilung betrachten. Diese Erinnerungen/Bilder sind jedoch in der Regel die wichtigsten für unsere Arbeit sowohl bei der Heilung als auch beim Erreichen von Spitzenzuständen. Denn das Trauma baut auf einem früheren Trauma auf, als wäre es eine Lawine. Beseitigen Sie den Beginn der Lawine, dann verschwinden später die damit verbundenen Traumata oder werden viel einfacher zu heilen sein.

Zu unserem Erstaunen werden die einzelnen zellulären Gehirne separat erschaffen, durchlaufen Entwicklungsereignisse separat und werden dann innerhalb des Bewusstseins des Körpers zusammengeführt und montiert und kombiniert. Wir nennen diese frei schwebenden, unabhängigen Organismen die „präzellulären Gehirne". Dieses Ereignis der Zusammenstellung des präzellulären Gehirns hat keinen Namen in der uns bekannten Literatur, deshalb haben wir es „Koaleszenz" des Spermium- oder Eizellen-Präzellulären Gehirns genannt. So liegt der Grund dafür, dass die Gehirn-Bewusstseine bei einem Erwachsenen die Fähigkeit zur Trennung haben, darin, dass sie als grundsätzlich getrennte Systeme begonnen haben und Phasen durchlaufen müssen, in denen sie zusammengeführt und verschmolzen werden. Da dieses Verschmelzungsereignis potenziell schwierig ist und sowohl in der präzellulären Eizelle als auch im präzellulären Spermium auftritt, kommt es in der Regel zu Trauma, welches nach der Geburt Dreifachhirn-Zustände blockiert.

Lassen Sie mich das noch einmal betonen. Das Dreifachhirn-Bewusstsein hat die Tendenz, auseinander zu fallen, weil die Gehirnteile getrennt erstellt wurden und durch Entwicklungsereignisse gehen mussten, um vereint zu werden. Diese Verschmelzungsschritte treten fast immer mit einem Trauma auf. So werden nach der Geburt diese extrem frühen und grundlegenden Traumata des Vereinigungsereignisses aktiviert, und die einzelnen Gehirn-Bewusstseine werden auseinanderfallen, zurück zu ihrem ursprünglichen separaten Zustand. So finden wir eine vollständige Gehirn-Verschmelzung, den Hollow-Zustand, relativ selten in der allgemeinen Bevölkerung. Wir schätzen, dass nur etwa 7% der Bevölkerung ihn haben.

Die Abfolge der Schritte, die die präzellulären Gehirne beim physischen Zusammenwachsen während der Koaleszenz durchlaufen, erklärt, warum bestimmte Dreifachhirn-Spitzenzustände bevorzugt auftreten, während andere weniger häufig sind. Das Modell der Entwicklungsereignisse für diese Situation neu formuliert, führt zu der Erkenntnis, dass das multizelluläre *Gehirn-Bewusstsein* typischerweise in dem gleichen Schrittmuster verschmilzt, wie die präzellulären Gehirne während der Koaleszenz *physikalisch* verschmelzen. So werden beispielsweise der Solarplexus und das Buddhahirn so wie die anderen präzellulären Gehirne unabhängig voneinander gebildet, vor der Koaleszenz. Daher ist es irreführend, ihnen den Namen „Unterhirne" für Körper und Verstand zu geben. Sie sind völlig unabhängige, eigenständige Gehirne. Sie verhalten sich jedoch wie Unterhirne für Körper und Verstand und verschmelzen vorzugsweise mit ihren Partnern, unabhängig davon, was im Dreifachhirn-System sonst noch geschieht. Dies findet statt, weil ihre Selbsterkenntnis den allerersten Schritt der physischen Koaleszenz nachahmt, wenn sich diese gepaarten präzellulären Gehirne sofort miteinander verbinden, bevor eine andere präzelluläre Hirnbindung stattfindet.

In dieser Abfolge von Ereignissen, die wir Koaleszenz nennen, treten die Hauptblockaden der Dreifachhirn-Verschmelzung auf, ebenso wie Probleme bei der Verschmelzung der Chakren und ihrer Bindung an die Meridiane (siehe Kapitel 7). Diese Entwicklungsphase der Kombination der verschiedenen selbstbewussten präzellulären „Gehirne" wird in der Regel nicht richtig durchgeführt, und diese Trennung wird während der Geburt (oder noch früher) wieder hervorgerufen und fixiert. Im Falle des Eies geschieht all dies, solange sich Ihre Mutter noch im Schoß ihrer Mutter befindet. Eine ähnliche Zusammenstellung des Gehirns findet im präzellulären Entwicklungsstadium des Spermiums statt, wenn der Vater noch eine Blastozyste ist.

Beispiel:
    Das Koaleszenz-Ereignis wird in der Literatur gelegentlich erwähnt. Zum Beispiel schrieb Alan Watts 1962 in einer Sitzung darüber: „Ich verfolge mich selbst durch das Labyrinth meines Gehirns, durch die

unzähligen Windungen, durch die ich mich selbst abgeschirmt habe und durch das ewige Kreisen den ursprünglichen Weg, auf dem ich diesen Wald betrat, ausgelöscht habe. (...) Hinunter und zurück durch immer enger werdende Röhren bis zu dem Punkt, an dem der Durchgang selbst der Reisende ist - eine dünne Reihe von Molekülen, die durch den Versuch und Irrtum gehen, sich in die richtige Reihenfolge zu bringen, um eine Einheit des organischen Lebens zu sein." (Wie von Grof in *The Adventure of Self-Discovery* zitiert, S. 100.)

Abbildung 6.1 zeigt die Abfolge der für die Hirn-Verschmelzung kritischen Ereignisse in schematischer Form. Beachten Sie, dass die Verschmelzung aller 12 präzellulären Gehirne fünf verschiedene Ereignisse erfordert, die ohne Trauma für die Eizelle und das Spermium erfolgen, für insgesamt zehn Ereignisse während ihrer Koaleszenz. Wenn man dies später zu mehreren erforderlichen Entwicklungsereignissen hinzufügt, ist es ziemlich überraschend, dass sogar 7% der Bevölkerung die fünf Gehirne für den Hollow-Zustand verschmolzen haben! Wie gesagt, diese physischen Bindungen zwischen den präzellulären Gehirnen werden später von der multizellulären Gehirnwahrnehmung als bevorzugte Dreifachhirn-Spitzenzustände nachgeahmt. Je nachdem, ob die Ereignisse mit oder ohne Trauma stattfanden, treten unterschiedliche Ereignisse auf.

Wenn du noch früher in der Zeit weitermachst, kann deine gespaltene Gehirnwahrnehmung in der Zeit rückwärts zu einzelnen Matrizen verfolgt werden, die sich ewig anfühlen, wo sie zuerst geschaffen werden. Dies wird in Band 2 behandelt.

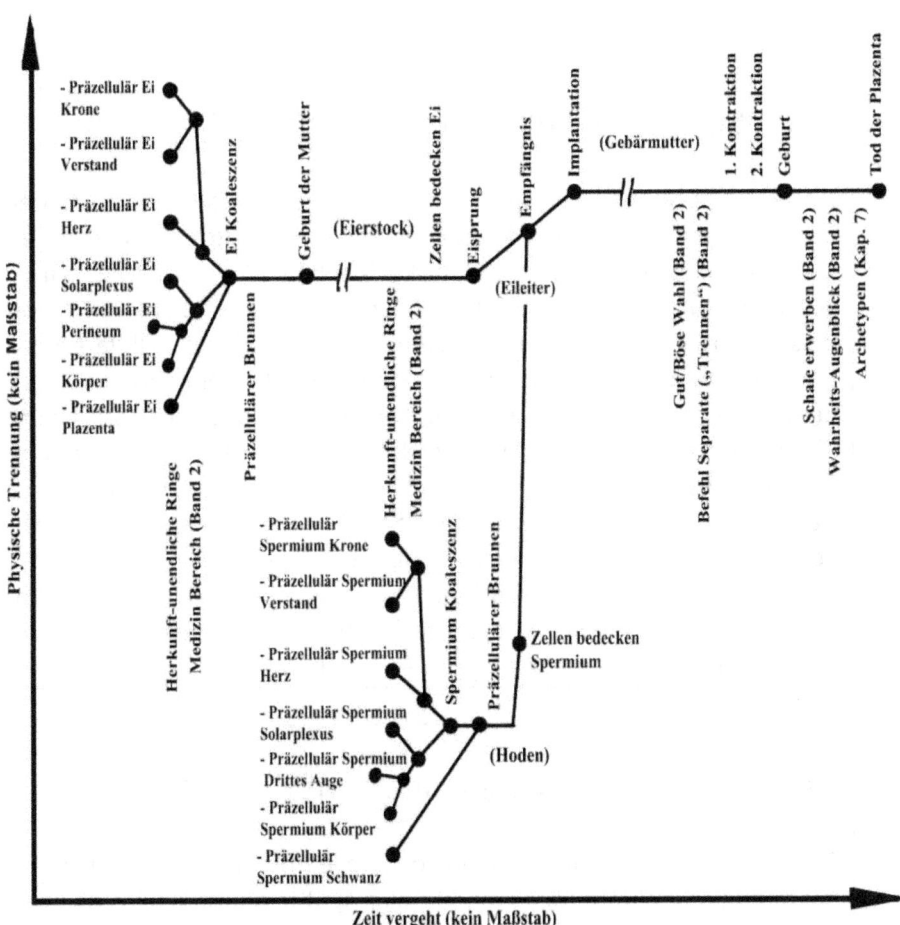

*Abbildung* 6.1: Schlüssel-Entwicklungsereignisse der Dreifachhirne

## Definition – Präzelluläre Gehirne

Dies sind physisch getrennte, selbstbewusste Strukturen. Später verbinden sie sich zu einem einzelligen Organismus. Es sind die Strukturen, aus denen sich das Organellenhirn entwickelt. Erfahrungsgemäß können Klienten in der Regression sie identisch mit den vertrauteren mehrzelligen Gehirnen erleben, obwohl sie in einer unbekannten Umgebung separat agieren. Allerdings haben die Gehirne in der Regel eine ganz andere Art von Bewusstsein, das Reich des Schamanen-Zustandes (siehe Band 2).

> ### Definition - Präzelluläre Entwicklungsereignisse
>
> Diese Entwicklungsereignisse treten auf, bevor die konventionell beschriebene Ei- oder Samenzelle gebildet wird. Bilder aus dieser Zeit sehen nicht biologisch aus, da der Maßstab viel kleiner ist, als wir es von Mikrofotografien gewohnt sind. Obwohl die Trennlinie zwischen diesen Entwicklungsereignissen oder -stadien und den zellulären das Ende der Koaleszenz ist, neigen wir als Kliniker dazu, spätere Ereignisse, die für unsere Klienten nicht biologisch aussehen, ebenfalls als „präzellulär" zu bezeichnen. (Diese häufige Anwendung ist mehr als nur bequem - es ist möglich, dass es eine Art große Veränderung vom zusammengewachsenen Organismus zur vertrauteren Zelle gibt, die mehr als nur eine Größenänderung ist. Wenn ja, werden wir wahrscheinlich die genaue Definition ändern, um die Bezeichnung „präzellulär" auf diesen späteren Punkt auszudehnen.)

> ### Definition - Präzelluläre Koaleszenz der Gehirne
>
> Dies ist die Entwicklungsphase in der Eizelle oder im Spermium, in der die biologischen Komponenten, die sich später zu den Dreifachhirnen entwickeln, zu einem Paket zusammengefasst werden. Das ist schon viel früher als die Einzelzelle, die wir kennen. Wir bezeichnen diese Abfolge von Ereignissen im Allgemeinen in Kurzform nur als „Koaleszenz".

## Konzeption und der männliche und weibliche Teil des Gehirns

Das nächste relevante Entwicklungsereignis der Dreifachhirn-Verschmelzung nach der Koaleszenz (das wir kennen), ist die Empfängnis. Wir beginnen damit, ein Schlüsselthema zu behandeln, um zu verstehen, wie sich dieses Ereignis auf die Dreifachhirn-Zustände bezieht – und das sind die männlichen und weiblichen Aspekte des Menschen.

Obwohl wir typischerweise davon ausgehen, dass wir nach der Empfängnis entweder männlich oder weiblich sind, ist die Wahrheit komplexer. Erfahrungsgemäß fühlt sich das Spermium während der Regression männlich an, wie eine junge Version des Vaters, während sich das Ei weiblich anfühlt, wie eine junge Version der Mutter. Wenn die Empfängnis vollständig geheilt ist, fühlt sie sich wie eine königliche Hochzeit an. Das Spermium fühlt sich wie ein „royaler" König an, und das Ei wie eine „königliche" Dame. Wenn das Spermium in die Eizelle eindringt, löst sich sein Schwanz, und sein Kopf spaltet sich auf, so dass die Chromosomen (sie sehen aus wie kleine Drähte, die sich im Inneren der Eizelle bewegen) und ihre zellulären Gehirne austreten oder herausspritzen können und dann mit denen der Eizelle verschmelzen. Leider gibt es für die meisten Menschen in diesem Moment ein Trauma, und so fühlt sich das für das Spermium wie ein echter, traumatischer, schrecklicher Tod an! Die fünf zellulären Organellen-Hirnstrukturen aus der Eizelle und die fünf zellulären Organellen-Hirnstrukturen aus dem Spermium bilden zusammen die fünf neuen Strukturen, die sich zum fötalen Gehirn entwickeln. Obwohl sich die Ei- und Samenzellengehirne vereinen, werden sie nicht ganz zu fünf einheitlichen Strukturen. In der späteren Entwicklung gibt es noch eine „linke" und eine „rechte" Seite zu jedem der Gehirne, die von diesem Entwicklungsereignis übrig geblieben sind.

Mehrere meridianbasierte Therapien (und Therapien wie EMDR) weisen darauf hin, dass es bei vielen Menschen während einiger Traumata ein Integrationsproblem zwischen links und rechts gibt. Die Empfängnis ist das Ereignis, das dieses auslöst, weil sie üblicherweise mit Trauma stattfindet. Hinzu kommt die erste Zellteilung, die uns entlang der Mittelachse von rechts nach links teilt. Daran liegt es, dass die rechte Seite (linke Gehirnhälfte) einer Person sich mit dem „männlichen" Spermium und die linke Seite (rechte Gehirnhälfte) sich mit dem „weiblichen" Ei identifiziert. Tatsächlich können Sie dies bei Klienten erleben, die feststellen, dass ihre Schmerzen oder Verspannungen auf einer Seite ihres Körpers sind, und abrupt an der Mittellinie ihres Körpers aufhören. Wenn das Problem auf der linken Seite liegt, ist es ein Ei-Trauma, und wenn auf der rechten Seite ist, ein Spermium-Trauma (vorausgesetzt, es ist nicht darauf zurückzuführen, dass der Klient später im Leben nur auf einer Seite des Körpers verletzt wird!).

Beispiel:
Ein männlicher Klient hatte Schmerzen in der Brust, die genau an der Mittellinie seines Körpers aufhörten. Sofern der Klient keine

merkwürdige Verletzung hatte, bedeutete dies, dass das Symptom nur von einem Ei- (oder Spermium-Trauma) vor der Empfängnis herrührte. In seinem Fall war es ein Spermium-Trauma, bei dem der peitschende Schwanz eines anderen Spermiums in der „Brust" getroffen wurde, während es sich in den Fortpflanzungsorganen des Vaters bewegte.

Beispiel:
Wenn es sich um Menschen handelt, die während des Erwachens der Kundalini ein Gefühl der Verzweiflung verspüren, gibt es eine schnelle, wenn auch vorübergehende Lösung. Wenn sie den Kopf bewegungslos halten, lassen Sie sie mit ihrer ausgestreckten Hand mehrere Unendlichkeitszeichen machen, während sie verfolgen, wie sich ihre Hand von einer Seite des Kopfes zur anderen bewegt. Die Überquerung des Gesichtsfeldes von einem Auge zum anderen führt dazu, dass sich die linke und rechte Gehirnhälfte wieder vereinen und das hektische Gefühl verschwindet.

Interessanterweise neigen Männer in der Regel dazu, sich mit den Erinnerungen und Handlungen der Spermien zu identifizieren, während Frauen dazu neigen, sich mit den Erinnerungen und Handlungen der Eizelle zu identifizieren, obwohl wir sowohl aus Spermium als auch aus einer Eizelle bestehen. So werden Männer zum Beispiel zum Mannschaftssport (Nachahmung der Mannschaftsaktionen des Spermas beim Eintritt in die Eizelle) und zur Kriegsführung (Blockade des Spermas anderer Männer von der Eizelle) hingezogen. Frauen neigen dazu, miteinander zu interagieren, ähnlich wie sie mit anderen Eizellen im Eierstock kommuniziert haben, und so weiter.

Haben Sie sich jemals gefragt, welche Muster Männer und Frauen spielen, die von John Gray in dem Buch *Men are From Mars, Women are from Venus* so gut beschrieben werden? Wenn der Mann viel Intimität empfindet, zieht er sich zurück. Denn das Empfängnistrauma mit der Identifikation als Spermium wird aktiviert, und er „weiß", dass eine tiefere Intimität zu seinem Tod führen wird! Die Heilung dieses Traumas hat umfassende Auswirkung auf dieses Verhalten.

Es gibt noch eine weitere Art und Weise, wie die Empfängnis unsere innere Erfahrung, männlich oder weiblich zu sein, beeinflusst. Nach der Empfängnis neigt das Herzhirn dazu, sich selbst als Frau zu erleben, unabhängig davon, ob man ein Mann oder eine Frau ist. Ebenso neigt das Verstandeshirn dazu, sich selbst als Mann zu erleben, wiederum unabhängig vom tatsächlichen Geschlecht der Person. Dies führt zu Problemen, die sich in der Therapie und in der zwischenmenschlichen

Dynamik zeigen. Es ist auch zentral für das Verständnis, wie die Empfängnis mit der Verschmelzung von Verstand und Herz zusammenhängt, die im nächsten Abschnitt behandelt wird: Der Grund, warum die Gehirne diese Art von „vortäuschenden" Selbstidentitäten haben, liegt außerhalb des Rahmens dieses Buches, wird aber in Band 2 behandelt.

## Die Empfängnis ist entscheidend für den Inner Peace und Beauty Way Zustand

Wir können nun unsere Aufmerksamkeit auf die Dreifachhirn-Zustände lenken, die an der Empfängnis beteiligt sind. Der Einfachheit halber ignoriere ich bis zu einem späteren Abschnitt den Hirntod des Spermiums und das Plazenta-Hirn während der Empfängnis. Ich ignoriere auch Veränderungen, die für die Dreifachhirn-Spitzenzustände nicht relevant sind, wie Veränderungen in den Chakren (siehe Kapitel 7) und die Interaktion mit dem Schöpfer (siehe Band 2).

Inwiefern hängt die Erfahrung der zehn präzellulären Gehirne, die während der Empfängnis verschmelzen, mit Spitzenzuständen zusammen? Schließlich haben wir im vorherigen Kapitel gesagt, dass Spitzenzustände durch eine „vertikale" Verschmelzung von Verstand, Herz und Körper verursacht wurden, nicht durch eine „laterale" Verschmelzung von Spermium und Eizelle des Verstandes mit dem Verstand, Herz mit Herz und Körper mit Körper. Wie viele andere Dinge ist der Spitzenzustand-Mechanismus ein indirekter. Die Heilung der Empfängnis bewirkt, dass mehr als die Hälfte unserer Klienten eine Verschmelzung des Verstandes mit dem Herzen erwirbt. Die Heilung nur eines bestimmten Teils der Empfängnis gibt diesen Menschen den Zustand des Inner Peace (Verstand-Herz-Verschmelzung), und die Heilung der gesamten Empfängnis gibt ihnen den Zustand des Beauty Way (Verstand-Herz- Verschmelzung mit einer begrenzten Verbindung zum Schöpfer).

Um dies zu verstehen, schauen wir uns noch einmal meine Beschreibung meines Einstiegs in den Beauty Way an, als ich 11 Monate alt war. Ich wurde so hart auf die Seite meines Kopfes geschlagen, dass mein Schädel eingedrückt wurde und ich eine Nahtoderfahrung hatte. Etwa in diesem Moment erkannte mein Herz, dass es nach oben greifen und mit meinem Verstand aus meinem Kopf verschmelzen konnte. Und nach einem Moment der Unentschlossenheit tat es das. Ich blieb in meinem täglichen Leben verschmolzen, es sei denn, ich fühlte

Missbilligung von meiner Mutter (und später von anderen Frauen, mit denen ich in Beziehung war), wonach ich mich trennen wollte. Ich verschmolz erneut, wenn die Missbilligung aufhörte. Wes ging auch zum ersten Mal als kleiner Junge in den Beauty Way, während er zu einem hellen Weihnachtsbaumlicht aufblickte. Sein Herz reichte in diesem Moment bis zum Kopf und verschmolz. Wie ich verliess er den Zustand für verschiedene Zeiträume.

Also, wie sind Wes und ich in den Beauty Way gekommen? Wir spielten beide den Moment des Empfängnis-Traumas nach. Das Herzhirn nahm den Teil der Eizelle/Mutter ein, und das Verstandeshirn den Teil des Spermiums/Vater. (Band 2 beschreibt, warum das Gehirn vorgibt, sich selbst zu identifizieren). Obwohl es allgemein nicht bekannt ist, wählt die Eizelle während der Empfängnis das Spermium aus, mit dem sie befruchtet werden möchte. Sie erkennt das richtige Spermium, denn nach dem „Sehen" der Eizelle ist das richtige Spermium hell erleuchtet, und alle anderen sind dunkel. Diese Erinnerung wurde in Wes aktiviert, wobei das Weihnachtsbaumlicht wie das erhellte Spermium wirkte. Wenn das Spermium an der Eizelle ankommt, öffnet die Eizelle einen Durchgang in ihrer Brust und „streckt" sich mit etwas, das sich wie Arme anfühlt, aus, um das Spermium in seine „Herz"-Region zu ziehen. Nach der Geburt verhält sich das Herzhirn wie das Ei, und das Verstandeshirn verhält sich wie das Spermium, wobei das Herzhirn das Bewusstsein des Verstandeshirns in sich „hineinzieht". Das ist ein Grund, warum Sie Ihren Verstand nicht benutzen können, um in den Beauty Way zu kommen - es ist eine Aktion, die das Herz übernimmt, nicht der Verstand.

Wie ich bereits sagte, für das Spermium fühlt sich die Empfängnis an, als würde es wirklich sterben. Deshalb erlaubte mir meine eigene Nahtoderfahrung, dass mein Verstand und mein Herz verschmelzen konnten - die Todesempfindung des Spermiums bei der Empfängnis und meine Nahtoderfahrung hatten ungefähr das gleiche Maß an Trauma und erlaubten es mir, dieses frühere Trauma zu wiederholen und eine neue Entscheidung zu treffen. Allerdings empfehle ich diese Methode nicht - ich war sehr, sehr glücklich, das Resultat geändert zu haben.

Der einfachste Weg, um eine Verschmelzung von Verstand und Herz zu erlangen, ist die Heilung des Empfängnis-Traumas. Kapitel 9 beschreibt den Inner Peace Prozess, der eine sehr einfache und schnelle Methode bietet, um genau das zu tun. Etwas mehr als die Hälfte unserer Psychotherapie-Klienten bekommt den Zustand, wenn sie das anwenden, oft auch dauerhaft. Aber was ist mit der anderen Hälfte? Dies ist ein wichtiger Bereich, den wir noch erforschen, aber hier ist, was wir bisher wissen. Es gibt eine Vielzahl von möglichen Gründen, warum die andere Hälfte sich nicht in einen Dreifachhirn-Spitzenzustand bewegt, auch wenn sie die Empfängnis heilt:

- Die häufigste Ursache ist ein Koaleszenz-Trauma, insbesondere während der Koaleszenz von Spermium und Eizelle im präzellulären Herz und Verstand.
- Zu meiner Überraschung kann eine weitere Ursache die Spannung im Bereich des Solarplexus sein. Ich hatte Erfolg dabei, Menschen wieder in den Zustand des Beauty Way zurückzubringen, nachdem sie ihn verloren hatten, indem sie einfach ihren Solarplexus/Zwerchfell zum Entspannen gebracht haben. Ich glaube, dass mit diesem Effekt ein Koaleszenz-Trauma verbunden ist. Das Solarplexushirn erleichtert die Verbindungen zwischen allen anderen präzellulären Gehirnen während der Koaleszenz. Es ist vernünftig anzunehmen, dass ein Trauma in diesem Gehirn die Verbindung zwischen Verstand und Herz erschweren kann.
- Andere Blockaden bei der Verschmelzung von Verstand und Herz blockieren auch andere Dreifachhirn-Zustände: Nabelschnur-Vergiftung und Geburtskanal-Trauma. Sie werden in den folgenden Abschnitten behandelt. Beachten Sie jedoch, dass Trauma im Allgemeinen keinen Einfluss auf die Dreifachhirn- Zustände hat. *Nur Traumata, die mit den zugrundeliegenden wichtigen Entwicklungsereignissen verbunden sind, haben das Potenzial, den Trennungsprozess zwischen den Dreifachhirnen zu aktivieren.*
- Schließlich gibt es noch andere Blockaden beim Erreichen der Spitzenzustände, die in Band 3 behandelt werden, die nur indirekt von Traumata der Entwicklungsereignisse abhängen.

Schließlich, warum gibt die Heilung des vollen Empfängnis-Traumas den Beauty Way und nicht nur den Inner Peace Zustand? Kurz gesagt, während der Empfängnis kommt eine „Lichtkugel" in den plötzlich komplexeren Organismus. Es ist ein Stück des Schöpfers, das Sie als „Du" erleben. Wenn die Heilung eines Traumas geschieht, gibt es eine teilweise Verbindung zum Schöpfer. (Dies wird in Band 2 ausführlich behandelt.) In Kombination mit dem Inner Peace Zustand der Verschmelzung von Verstand und Herz führt dies dazu, dass man den Beauty Way erwirbt.

Beispiel:
> In letzter Zeit besteht großes Interesse an Eckhart Tolles *The Power of Now*. Er durchlief ein intensives Trauma, bevor er sich ganz in der Gegenwart entfaltete. Aus unserer Erfahrung mit Klienten, die eine Heilung der Empfängnis hatten, ist das Trauma, das er beschreibt, mit ziemlicher Sicherheit ein Empfängnistrauma, obwohl er es nicht als solches bezeichnet. Unter der Annahme, dass dies wahr ist, und das ist wahrscheinlich der Fall, veranschaulicht dies, wie Menschen ihre Erfahrungen mit dem erklären, was sie als Erwachsene wissen. Nur sehr wenige Menschen erkennen ein längst vergessenes zelluläres und präzelluläres Trauma, wenn die Symptome ohne Vorbereitung oder Training in ihr Leben treten. Nachdem sein Trauma vorbei war, kam er in den Beauty Way-Zustand - was normalerweise der Fall ist, wenn ein Empfängnistrauma geheilt wird.

## Die Einnistung ist entscheidend für den Underlying Happiness-Zustand

Vor kurzem haben wir entdeckt, dass wir unsere Freiwilligen in den Zustand des Underlying Happiness versetzen können, indem wir das Einnistung-Ereignis heilen. Wie bei der Empfängnis ist der Grund nicht direkt ersichtlich. Wir untersuchen das noch, aber zum Zeitpunkt dieses Schreibens denken wir, dass es wieder mit den Identifikationen zu tun hat, die das Dreifachhirn mit der Mutter und dem Vater hat. Es scheint, dass das Körperhirn, das Herzhirn und die Mutter als Synonym erlebt werden. So sind Herz-Körper-Verschmelzung und Einnistung der Zygote in die Gebärmutterwand der Mutter durch ein ähnliches Gefühl mit dem Körper-Bewusstsein verbunden. Natürlich ist das Trauma bei der Einnistung dann auch mit jedem Versuch des Körperhirns verbunden, mit dem Herzen zu verschmelzen.

Beispiel:
> Scott McGee beschreibt die Einnistung : „Die Einnistung fühlt sich an wie zu Hause sein, im Moment fühlt es sich an, als könne einen nichts aus dem Zentrum stoßen. Das Herz ist glücklich, und der Körper will das nur spüren. Es ist das gleiche „glücklich" wie die Ergebnisse der Körper-Herz-Fusion."

## In der Gebärmutter kann die Nabelschnur-Vergiftung dazu führen, dass das Dreifachhirn fragmentiert

Bei dieser Art von Trauma isst, atmet oder erhält die Mutter etwas, das der Fötus als giftig empfindet und das durch die Gebärmutter/Plazenta-Barriere in den Fötus gelangt. In einem Versuch, sich von dem Gift zu entfernen, das in den Bauchnabel eindringt, ziehen sich insbesondere der Verstand und möglicherweise das Herz von dem Dreifachhirn-Bewusstsein zurück, das sich um den Bauchnabel herum zentriert. Im Wesentlichen versucht der gesamte Organismus, den Schmerzen im Nabelbereich zu entkommen, was sich in das Gehirn überträgt, das sich von der Verschmelzung in diesem Bereich des Körpers entfernt. Erinnern Sie sich daran, dass das Körperhirn Ereignisse miteinander „verbindet", auch wenn eine solche Assoziation aus logischer Sicht keinen Sinn ergibt. Der Körper kann eine Assoziation zwischen Sicherheit und Rückzug aus der Schmerzstelle in der Nähe des verschmolzenen Dreifachhirn-Zentrums herstellen. Zumindest in meinem eigenen Fall blieb die Trennung zwischen Verstand und Herz-Körper-Bewusstsein bestehen, auch nachdem das Gift nicht mehr da war.

 Dies führt zu einem scheinbaren Widerspruch - wir haben gesagt, dass erst bei der Geburt älteres Trauma-Material aktiviert wird. Und im Allgemeinen ist diese Aussage wahr. Doch im vorherigen Absatz stellen wir fest, dass das Vergiftungstrauma im Fötus aktiviert bleiben kann. Es gibt drei Hauptgründe, warum dies der Fall ist. Erstens hinterlässt eine körperliche Verletzung vor der Geburt eine Art Schaden am physischen Körper, der als schwarze, mangelhafte Leere oder als „Loch", in dem die Verletzung stattgefunden hat, angesehen wird. Dieses Loch verschwindet nicht nach dem Ende des Traumas und verursacht danach Schwierigkeiten für das Körperbewusstsein, wenn es versucht, es zu umgehen oder zu vermeiden. Zweitens gibt es Generations-Traumata, die vom Körperbewusstsein vor der Geburt nicht ignoriert werden können und die Entwicklung stören. Drittens, und wahrscheinlich am wichtigsten für Spitzenzustände sind traumatisch induzierte Dreifachhirn-Selbstidentitäten und Identitätsprojektionen. Diese Faktoren beeinflussen kontinuierlich das Spermium vor der Geburt, die Eizelle und den Fötus. Auch wenn es den Anschein haben mag, dass diese Faktoren keine großen Auswirkungen haben, denken Sie daran, dass wir als Kliniker eine sehr verzerrte Stichprobe von Traumata vor der Geburt sehen - alle unsere Klienten fanden Traumata vor, mit denen sie irgendwie umgehen und trotzdem überleben konnten. Die anderen sind einfach umgekommen.

Besonders hervorzuheben sind die Selbstidentitäten und Projektionen der Gehirne. Nach dem Trauma, das eines dieser Auswirkungen hat, bleiben diese Identitäten und Projektionen bestehen. Aus diesem Grund wird es die Hirnverschmelzung auch in der Gebärmutter stören, wenn das Trauma ein Schlüsselereignis der Verschmelzung war. Ähnliche Gefühlstraumata „stapeln" oder verbinden sich und erzeugen ähnliche Selbstidentitäten, die sich in einem Gehirn ansammeln. Klienten, die ein Verschmelzungstrauma heilen, werden manchmal die Identität und/oder Projektion erleben, die das Gehirn unbewusst bewahrt, wenn sich das Trauma auflöst. So führt auch das Heilen der verbundenen Verschmelzungstraumata dazu, dass diese Variationen der Selbstidentität mehrfach auftreten. Als wir ursprünglich daran arbeiteten, die Gehirne zu verschmelzen, indem wir sie dazu überredeten, ihre getrennten Identitäten und Projektionen über die anderen Gehirne loszulassen, war deshalb die Veränderung nur vorübergehend und endete normalerweise am nächsten Morgen. Obwohl dieses Material der Selbstidentitäten für eine Reihe von Spitzenzuständen von großer Bedeutung ist, haben wir in diesem Band einfach nicht den Platz, es zu behandeln. Es wird in Band 2 ausführlich behandelt.

## Geburtstrauma kann zu einer Dreifachhirn-Fragmentierung führen

Die Geburt ist das letzte bedeutende Ereignis in unserem Leben, das einen direkten Einfluss auf die Dreifachhirn-Verschmelzungszustände hat. Wie ich bereits kurz erwähnt habe, aktivieren zwei einzigartige Ereignisse während der Geburt Entwicklungsereignistraumen, die zu einem Verlust von Dreifachhirn-Spitzenzuständen führen. In Band 2 wird darauf im Detail eingegangen. Aber es gibt eine andere Art von Trauma während der Geburt, die zur Fragmentierung des Dreifachhirn-Systems einer Person beitragen kann. Im Geburtskanal stellen wir oft fest, dass einzelne Gehirne aus dem Verschmelzungszustand herausgezogen werden. Anscheinend ist es ein Überlebenskampf, bei dem jedes Gehirn versucht, mit den unerträglichen Bedingungen der Geburt allein umzugehen. Für diejenigen unter Ihnen, die dies noch nicht wissen, ist Geburtstrauma nicht nur mit schweren körperlichen Verletzungen verbunden, sondern auch mit Sauerstoffmangel, wenn die Sauerstoffversorgung des Fötus aufgrund von Uteruskontraktionen, einer Akkordkompression, unterbrochen wird. Anstatt dass sich jedes Gehirn während dieses Traumas auf das Körperbewusstsein als

Gesamtrichtung konzentriert, wenden die Gehirne ihre „Aufmerksamkeit" nach außen, weg vom Körperhirn. Diese „Abwendung" neigt dazu, dauerhaft zu werden. Wie andere, spätere Traumata, wird diese Situation wahrscheinlich durch frühere Dreifachhirn-Entwicklungsereignisse verursacht.

Beispiel:
> Ich entdeckte die Existenz des Kronenhirns, als ich an diesem speziellen Trauma arbeitete. Ich war im Geburtskanal und spürte die Emotionen meiner Mutter, als ich plötzlich eine riesige, massive, unbewegliche Statue Buddhas über meinem Kopf wahrnahm. Während ich staunend zusah, erhob sich diese massive Statue und bewegte sich von außen nach innen. Danach fühlte ich mich, als würde ich ständig die gleichen Gefühle empfinden, die ich früher hatte, als ich in einem buddhistischen Tempel saß und meditierte. Das verblasste schließlich nach ein paar Monaten, da ich damals absolut keine Ahnung hatte, was ich getan hatte oder was passiert war. Ich hatte das Geburtstrauma nicht vollständig geheilt, da ich damals nicht wusste, dass dies ein zu erwartendes Resultat war, und das verbleibende Trauma bestätigte sich selbst.

Beispiel:
> Paula Courteau schreibt über ihre heilende Arbeit zu diesem Thema: „Ich ging direkt vom Empfängnistrauma aus, wo das Spermium seinen eigenen Schwanz zum glücklichen Tod aufsteigen sah und erkannte, dass es mit ihm verschmelzen und mit ihm aufsteigen konnte.... zu einer Episode meiner Geburt. Ich stecke mit meinem Kopf draußen und meinem Körper immer noch im Geburtskanal fest. Mein Körper und mein Herz entscheiden, dass mein Verstand alles tun kann, um zu leben, wobei sie in der spirituellen Welt bleiben, immer noch mit dem Spermiumschwanz verschmolzen. All die Helligkeit wird in meinen Kopf geschoben, als ob ich eine Farbtube wäre, die ausgedrückt wird. Ich beschließe an dieser Stelle, niemandem zu erlauben, meinen Körper oder mein Herz tief zu berühren, so dass niemand jemals herausfinden wird, dass ich nicht da bin." Diese Verletzung hat sich nicht vollständig gelöst, ebenso wenig wie die Trennung, die während der Empfängnis stattfand. Paula musste den ganzen Weg zurück zur Koaleszenz von Eizelle und Spermium gehen, um die wahre Ursache für diese tiefe Verletzung zu finden.

Wir haben festgestellt, dass bei den meisten Menschen nach der Heilung früherer Entwicklungsereignisse, die mit der Verschmelzung der Gehirnstrukturen verbunden sind, dieses Geburtserlebnis kein nennenswertes Problem zu verursachen scheint. Anscheinend kann dieses Ereignis nur Probleme bei der Dreifachhirn-Verschmelzung verursachen, wenn frühere Verschmelzungs-Entwicklungsereignisse noch unvollständig sind. Aber auch wenn die früheren Verschmelzungs-Ereignisse nicht geheilt sind, kann die Heilung dieses Ereignisses immer noch zu einer gewissen Verschmelzung im Gehirn führen. Gelegentlich ist dieses körperliche Trauma so schwer, dass es separat behandelt werden muss.

Beispiel:
> Eine Klientin, die die Koaleszenz der Eizelle heilte, fand heraus, dass als ihr Verstandes-Bewusstsein versuchte, seinen Platz falsch einzunehmen, es sich anfühlte, als würde ihr Kopf seitwärts klemmen, während sie durch den Geburtskanal ging. Die gleiche Klientin hatte eine Geburtsverletzung, die sich anfühlte, als würde jemand versuchen, ihren Kopf im Moment des Herauskommens zurück in den Geburtskanal zu schieben; diese Verletzung hatte sich nicht gelöst und sie war nicht in der Lage, die Heilung der Geburtsverletzungen zu beenden. Sie fand dies erneut in einer weiteren Sitzung bei der gleichen Koaleszenz-Heilung. Es beinhaltete, dass sich das Kronenhirn falsch entfaltete; es fühlte sich an wie ein Ballon an der Decke innen in ihrem Schädel, der das Bewusstsein des Verstandes nach unten drückte und Schmerzen an der Hals- und Lendenwirbelsäule verursachte.

## Das Plazenta-Todesereignis und der Wholeness Zustand

Gelegentlich gingen Klienten, die Trauma-Heilungen machten, vorübergehend in einen Zustand, in dem sie spontan sagten: „Ich fühle mich ganz!" Interessanterweise wusste ich beim ersten Betreten des Zustandes einfach, dass das Wort „ganz" zu der Erfahrung passt, die ich hatte, ohne Frage oder Zweifel, obwohl ich es noch nie bewusst erlebt hatte. Jahrelang haben wir ohne Glück nach dem Entwicklungsereignis gesucht, das für diesen Zustand verantwortlich war. Eines Tages fand Preston Howard vom Institut die Antwort auf einer Website in einem Artikel von Nemi Nath (www.breathconnection.com.au) unter www.breathconnection.com.au. Ihre persönliche Erfahrung, „ganz" zu werden, findet sich in Kapitel 13. Ich danke Frau Nath für ihre großartige Arbeit.

Um die Entdeckung von Frau Nath zusammenzufassen, ist das wichtigste Entwicklungsereignis für den Zustand der Ganzheit die Freisetzung und der Tod der Plazenta. Zu unserer Überraschung stellte sich heraus, dass die Plazenta ein selbstbewusstes „Gehirn" ist. Unsere kulturellen Annahmen standen der Anerkennung der Bedeutung der Erfahrung der Plazenta bei der Heilung von Traumata im Wege, geschweige denn ihrer Auswirkungen auf die Dreifachhirn-Verschmelzung. Ohne diese Erkenntnis wurde die Entwicklungsphase der Geburt in unserer Arbeit nie abgeschlossen. Da die Plazenta eines der Gehirne ist, das mit dem Rest für ein einheitliches Gehirnsystem verschmelzen muss, klassifizieren wir Ganzheitlichkeit als einen Dreifachhirn-Verschmelzungszustand. Beachten Sie auch, dass der Wholeness-Zustand keine Verschmelzung der anderen Gehirne erfordert, um sich zu manifestieren - er hängt nur davon ab, wie das Plazentahirn mit den anderen Gehirnen verschmolzen ist, was in unserer begrenzten Erfahrung bei allen anderen Gehirnen gleichermaßen der Fall ist.

Nach der Geburt wird der Wholeness-Zustand blockiert, wenn das Bewusstsein des Plazentahirns nicht richtig mit dem Rest des Organismus verschmilzt, wenn die Plazenta stirbt. Man könnte sich fragen, warum das wichtig sein sollte. Schließlich ist die Plazenta tot, so dass eine Verschmelzung ihres Bewusstseins mit den anderen Gehirn-Bewusstseinen in der Gegenwart keinen Unterschied machen sollte. Doch das tut es, und wir vermuten, dass dies aufgrund der Natur des Bewusstseins des Gehirns in einem Phänomen namens „Reich des Schamanen" geschieht. Dieses Thema geht über den Rahmen dieses Buches hinaus, wird aber in Band 2 ausführlich behandelt.

Das Trauma um den Plazentatod beinhaltet sowohl den Trennungsschock, bei dem die Nabelschnur durchtrennt wird, aus der Sicht des Babys als auch die Reaktion des Bewusstseins der Plazenta selbst, wenn sie sich von der Mutter löst und stirbt. Zu den Symptomen beim Erwachsenen gehören Empfindungen im Nabelbereich des Bauches und Trennungstraumata, die meist und scheinbar fälschlicherweise der Trennung von der Mutter zugeschrieben werden, während es sich tatsächlich um einen Trennungsschock von der Plazenta handelt. Diese Trennung fühlt sich oft wie ein brennendes Gefühl auf dem gesamten Rücken an, sowohl aus der plazentaren als auch aus der fötalen Perspektive. Als Erwachsene benutzen Menschen andere in ihrem Leben als Ersatz für die Plazenta. Die Schwere des Trennungs- und

Sterbetraumas wird durch die Art und Weise, wie die aktuellen medizinischen Praktiken das Baby während der Geburt behandeln, stark erhöht. Sie durchtrennen fast immer zu früh die Nabelschnur, was zu enormen Schmerzen und einem Schock beim Baby führt. Dies wird auch als lebensbedrohliches Ereignis für das Baby empfunden, nicht nur wegen des plötzlichen Sauerstoffverlustes, sondern auch, weil das Blut in der Plazenta keine Chance hat, in das Baby abzufließen.

## WARNUNG:

Wir haben bei mehreren unserer Kunden zu diesem Zeitpunkt der Geburt Suizidgefühle erlebt. Diese können so intensiv sein, dass selbst gut integrierte Menschen, die sich noch nie zuvor suizidal gefühlt haben, von ihnen überwältigt werden können. Insbesondere haben wir diese Gefühle in dem Moment wahrgenommen, in dem die Nabelschnur durchtrennt wurde, und während der Geburt, wenn die Schnur um den Hals des Babys lag. Siehe Kapitel 8 für weitere Details.

Beispiel:
> Während sie das Plazenta-Todtrauma heilte, machte Paula die Heilung zunächst nur aus der Perspektive des Fötus. Das Gefühl der Ganzheit bekam sie dann nur zu Zeiten, in denen sie sich entspannte. Nachdem sie die Plazenta-Seite auch geheilt hatte, fühlte sie sich ständig ganz. Die anderen Gehirne waren zusammengeführt, aber bei dieser Arbeit nicht verschmolzen.

Beachten Sie, dass der Wholeness Zustand auch die Heilung des Todestraumas des Spermiumschwanz-Organellenhirns zur Stabilisierung erfordert. In Bezug auf das Trauma ist dies ein früheres Trauma, das den späteren Plazentatod so einrichtet, dass er traumatischer ist als normalerweise. Interessanterweise werden Verletzungen während des Todes des Spermiumschwanzes später im Plazentakörper reproduziert.

## Alchemie, Entwicklungsereignisse und der Inner Gold Zustand

Zu meiner Überraschung gelten für unsere Arbeit die Prinzipien der mittelalterlichen Alchemie. Carl Jungs *The Psychology of the Transference* enthält Illustrationen aus einem der frühen alchemistischen Texte, dem *Rosarium Philosophorum* von 1550. Die Holzschnitt-Illustrationen daraus machen Sinn, wenn man sieht, dass jedes Bild kritische in utero oder frühere Entwicklungsereignisse darstellt, um Spitzenzustände des Bewusstseins zu erlangen. Erinnern wir uns, dass die Alchemisten, die diese vorgeburtlichen Erfahrungen gemacht haben, keine Ahnung von der Art der zellulären Objekte hatten - das war noch lange vor der Erfindung des Mikroskops und unserem modernen Verständnis der Biologie. Ihre Zeichnungen spiegeln ihre Erfahrungen wider und geben eine Wegbeschreibung für die fötalen, zellulären und präzellulären Entwicklungsereignisse.

Wenn wir die Vorstellung loslassen, dass die Alchemisten über die Umwandlung von metallischem Blei in metallisches Gold redeten und stattdessen über innere, spirituelle Entwicklung sprachen, dann machen die Illustrationen vollkommen Sinn. Aus dieser Perspektive erreichen Sie vollständig während des Prozesses der alchemistischen Entwicklung (d.h. wenn Sie die Entwicklungsereignisse ohne Trauma durchlaufen) den Inner Gold Zustand (Ihr „Blei" verwandelt sich in „Gold"), und am Ende finden Sie den Stein der Weisen, eine goldene Kugel im Bauch, so wie das Gehirn in vollständiger Fusion aussieht. Ich habe einige der alchemistischen Phasen ausgewählt, um ihren Zusammenhang mit Entwicklungsereignissen zu veranschaulichen.

Abbildung 6.2 zeigt ein Holzschnittbild, ein alchemistisches Gestell eines Springbrunnens. Wie würde sich dies auf die Entwicklungsereignisse auswirken? Es stellt sich heraus, dass es sowohl für die Eizelle als auch für das Spermium ein präzelluläres Entwicklungsereignis (das in Kapitel 8 ausführlich beschrieben wird) gibt, das das „Aussehen" eines Brunnens beinhaltet. Natürlich gibt es im Alltag keinen Brunnen, sondern eine Struktur, die aus präzellulärer Sicht wie ein Brunnen „aussieht". Wenn der sich entwickelnde präzelluläre Organismus auf den Brunnen trifft, geht er wie eine Dusche in den Flüssigkeitsstrom und absorbiert das „Wasser". Dies führt zu einer großen Veränderung des Körpers in der Gegenwart - wenn das Innere des Körpers aus dem Zustand Inner Brightness betrachtet wird, hat er nun eine reiche, metallische, goldene Farbe. Wir nennen dies den Inner Gold Zustand. Diese Veränderung war bei allen unseren Freiwilligen von Dauer. Die meisten unserer Freiwilligen, die tiefe Arbeit leisteten, begegneten diesen Ereignissen spontan im Zuge ihrer Trauma-Heilung. Wir vermuten, dass dieser goldene Zustand etwas mit körperlicher Heilung zu tun hat oder gleichbedeutend ist mit einer besseren Verbindung zu unserem Speziesbewusstsein, obwohl wir das noch untersuchen müssen. Was auch immer der eigentliche Zweck ist, wir glauben, dass dieser Zustand ein wichtiger für unsere persönliche Arbeit ist, und anscheinend stimmen die Alchemisten mit unserer Schlussfolgerung überein.

Beispiel:
> Einige Zeit, nachdem ich dieses Ereignis zum ersten Mal erlebt und das „Wasser" absorbiert hatte, arbeitete ich an einem schweren körperlichen Trauma an meinem Zwerchfell. In ihm befand sich ein „Loch", ein Bereich dessen, was sich wie bodenlose, mangelnde Leere anfühlt. Normalerweise geht die schwarze Leere beim Heilen von Löchern in ein rauchiges Grau über, das sich schließlich mit normalem Fleisch füllt. Stattdessen füllte sich das Loch diesmal und jedes Mal danach mit einer goldenen, fast flüssigen Substanz, bevor es schließlich zu normalem Fleisch wurde. Dieses goldene Material fühlte sich sehr tiefgründig an, als wäre es das, woraus ich wirklich gemacht bin, als wäre es meine wahre Substanz. Später bemerkte ich, dass sich auch mein Zustand Inner Brightness dahingehend geändert hatte, dass er einen goldenen Farbton hatte, anstelle des klaren weißen Lichts, das er gewesen war.

*Abbildung 6.2:* Alchemistische Umwandlungsphase von Tafel 1 des *Rosarium Philosophorum* (Rosenkranz der Philosophen), 1550.

Der Holzschnitt in Abbildung 6.3 ist Teil einer Serie, die den Augenblick des Entwicklungsereignisses der Empfängnis veranschaulicht. Erinnern Sie sich daran, dass sich eine geheilte Empfängnis genau wie eine königliche Hochzeit anfühlt. Erfahrungsgemäß passen die Symbole zur Erfahrung - das Spermium ist der König, und die Königin ist die Eizelle, und sie verschmelzen bei diesem Entwicklungsereignis im flüssigen Medium des Eileiters zu einem Körper. Wahrscheinlich wird eine zusätzliche Ebene der Symbolik verwendet, mit der Frau als Herzhirn, dem Mann als Verstandeshirn und dem Thron als Körperhirn. Die aus den Wolken herabsteigende Gestalt stellt wahrscheinlich ein Stück des Schöpfers dar, der während dieses Ereignisses in den Organismus eintritt (siehe Band 2 für eine Erklärung). Abbildung 6.4 ist eine überarbeitete Zeichnung etwas weiter in der 72 Jahre später entstandenen Sequenz - beachten Sie die Einbeziehung des „Sensenmann" Tod in das überarbeitete Bild. Während der Empfängnis erlebt sich das Spermium als sterbend, eine sehr traumatische Erfahrung, die der Künstler offensichtlich für wichtig hielt.

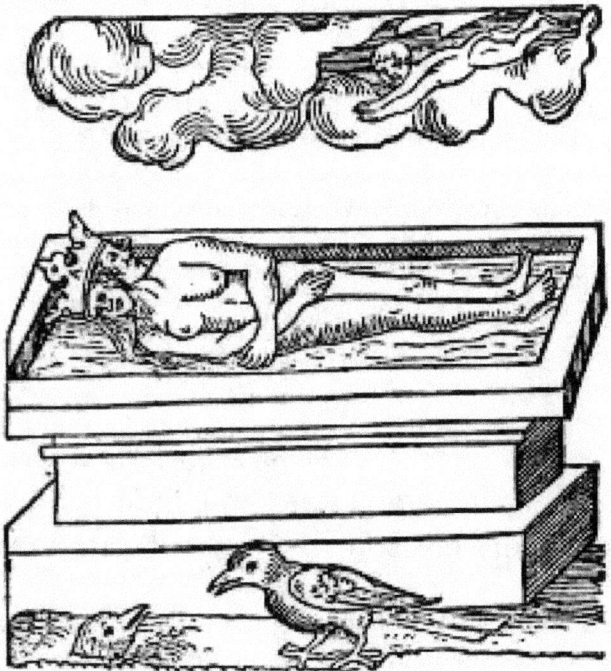

*Abbildung 6.3:* Alchemistische Verwandlungsstufe aus Tafel 16 der *Rosarium Philosophorum* (Rosary of the Philosophers), 1550.

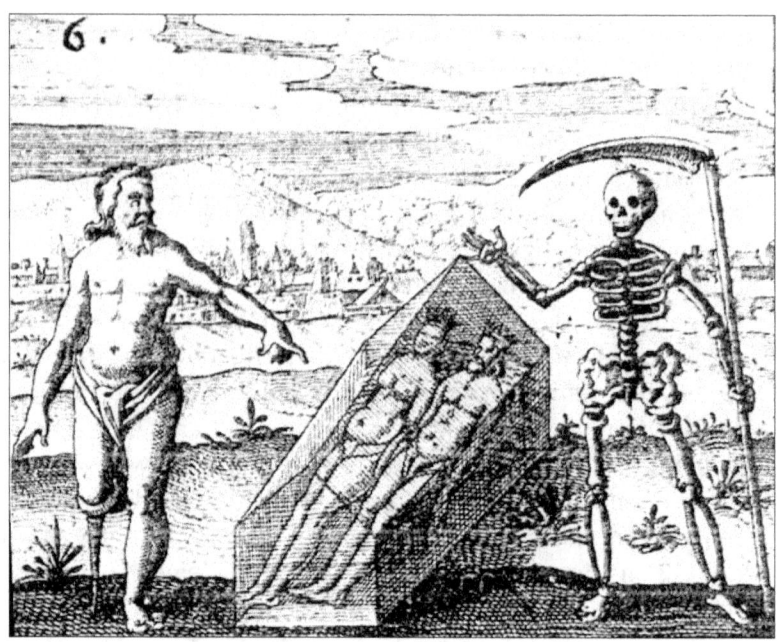

*Abbildung 6.4:* Alchemistische Umwandlungsphase aus Abbildung 6 des *Mylius Rosarium Philosophorum*, 1622. Beachten Sie die Hinzufügung des Bildes „Tod" auf der rechten Seite in dieser Version.

Ich erkenne einige der Entwicklungsereignisse, die in den originalen Holzschnitten dargestellt sind, aber es gibt einige Illustrationen, deren Entwicklungsereignis wir noch nicht identifiziert haben. Die Gegenüberstellung unserer Ergebnisse mit ihren Ergebnissen kann sehr wertvoll sein, um fehlende Entwicklungsereignisse in unserer eigenen Arbeit zu identifizieren.

## Praktische Schwierigkeiten bei der Suche nach Entwicklungsereignissen

Wie wir bereits in einem früheren Kapitel erwähnt haben, kann ein sehr eigenartiges Phänomen auftreten, wenn ein Zustand das Ergebnis von mehr als einem Entwicklungsereignis ist. Wenn die früheren Ereignisse nicht richtig durchgeführt wurden (d.h. ohne Trauma), werden spätere Ereignisse nicht mit den vollen Entwicklungsänderungen erlebt, die auftreten sollten. So sollten Sie im Allgemeinen während der regressiven Heilung zuerst mit den früheren Ereignissen beginnen, wenn Sie wissen, wo diese sind.

Wie wird beispielsweise die Empfängnis durch ein Trauma in der Koaleszenz beeinflusst? Wenn Sie die Empfängnis heilen, bevor Sie die präzelluläre Koaleszenz vollständig heilen, werden Sie irgendwann trotzdem die Erfahrung einer schönen „königlichen Hochzeit" machen. Der Verschmelzungszustand von Ei- und Spermiumhirn bleibt jedoch auf dem Niveau, mit dem sie in Berührung kamen - wenn sie getrennt wurden, bleiben sie in der Regel während der Empfängnis getrennt. Kommt man dagegen in die Empfängnis, nachdem man die präzellulären Koaleszenz-Traumata geheilt hat, so dass die Ei- und Samenzelle das fusionierte Gehirn bereits als Kugeln in ihren „Bäuchen" haben, verschmelzen die Kugeln wiederum zu einer größeren einzelnen Kugel. Auch die Chakren zeigen diesen Effekt.

Wir vermuten, dass es noch einige weitere Entwicklungsereignisse gibt, die wir noch nicht gefunden haben. Sie sind schwer zu finden, da unsere Ermittler keine Trauma-Reaktion haben, so dass sie in keiner Weise auffallen. Wir erforschen weiter, aber es ist ein langsamer Prozess.

## Dreifachhirn-Spitzenzustände und Dauerhaftigkeit

Eine der interessanteren Diskussionen unter den Technik-Entwicklern ist die Frage, ob Menschen Spitzenzustände dauerhaft haben können und wenn ja, sollten sie dauerhaft sein? Ich beginne damit, nur die Dreifachhirn-Spitzenzustände anzusprechen. Die Beobachtungen, die ich weiter unten machen werde, scheinen jedoch für alle Spitzenzustände zu gelten, die mir bekannt sind.

Können Menschen dauerhafte Spitzenzustände haben? Wie ich bereits in den vorangegangenen Kapiteln gesagt habe, können viele Menschen das und haben sie dauerhaft. Warum gibt es also eine Debatte zu diesem Thema? Ich vermute, dass die meisten spirituellen Lehrer und Forscher selten, wenn überhaupt, Beispiele für permanente Spitzenzustände antreffen. Menschen mit Spitzenzuständen fühlen sich in den meisten Fällen ungewöhnlich gut, also haben sie im Allgemeinen kein Interesse daran, Hilfe von jemandem zu suchen. Stattdessen sehen spirituelle Lehrer und Technik-Entwickler in der Regel nur die Menschen, die in irgendeiner Weise leiden. Die Menschen, die aktuell verfügbare Techniken wie Meditation und so weiter anwenden, können die Zustände nicht dauerhaft halten, es benötigt eine kontinuierliche „Wartung", da diese Vorgehensweisen die Traumata, welche Spitzenzustände blockieren, nur vorübergehend abschalten können. So kommen die Lehrer aufgrund von Beobachtungen natürlich zu dem Schluss, dass permanente Spitzenzustände nicht der normale Lauf der Dinge sind. Basierend auf ihrer Erfahrung ist es normal zu argumentieren, dass das durchschnittliche Bewusstsein die Grundlage ist, von der aus Spitzenzustände aufsteigen und wieder zurückkehren, anstatt zu erkennen, dass das durchschnittliche Bewusstsein ein Zustand der schlechten Gesundheit ist.

Eine weitere klinische Beobachtung kann den Sachverhalt verwirren. Ich habe erlebt, dass viele Klienten einen der kleineren Verschmelzungszustände bekommen, aber dann verlieren, wenn ein Trauma, das einen besseren Dreifachhirn-Zustand blockiert, erneut in ihr Leben tritt. Diese Menschen haben typischerweise viel vorgeburtliches traumatisches Material zu heilen. So erkennen wir bei jemandem, der versucht, einen besseren Verschmelzungszustand zu erreichen, oft eine Verbesserung im Wechsel mit einem teilweisen oder vollständigen Verlust seines Zustands. Andere, die mit einem Zustand geboren wurden, können ihn vorübergehend verlieren, aber er wird zurückkehren, wenn der Stress-Auslöser, der andere ungeheilte Entwicklungsereignisse antriggert, aufhört und die Trauma-Reaktion beendet.

Andererseits verlieren viele meiner Klienten keinen früheren Zustand, sondern machen einen kurzen, reibungslosen Übergang in den neuen Zustand, indem sie das neu auftretende Material heilen. Wenn sich ihr Zustand verbessert, wird es für sie immer einfacher, sich durch jedes Blockierungs-Material zu bewegen, was wiederum ihren Zustand noch weiter verbessert und so weiter. Ihre größte Einschränkung ist, zu wissen, was als nächstes zu heilen ist! Sie haben typischerweise wenig Vorgeburts-Trauma zu heilen, der Zustand, mit dem sie begonnen haben, macht die Heilung besonders einfach, oder sie haben keine anderen komplizierenden Faktoren wie störende Generationstraumata, mit denen sie umgehen müssen.

Es gibt noch eine weitere Beobachtung, die in dieser Diskussion von Bedeutung ist. Wir kennen eine Reihe von Fällen, in denen Menschen mit ungewöhnlichen Zuständen und Fähigkeiten diese verlieren, wenn andere Menschen das herausfinden. Natürlich passiert es nicht jedem, aber ich vermute, dass ein großer Teil der Bevölkerung davon betroffen ist. So verlor beispielsweise Jack Schwarz später im Leben seine gut dokumentierten Fähigkeiten. Was das betrifft, so ist es mir auch passiert! Wes und ich gehen davon aus, dass dieses Problem zumindest teilweise für eines der primären Tabus im Schamanismus verantwortlich ist – und zwar ungewöhnliche Fähigkeiten nicht zu enthüllen. Band 3 behandelt mehrere der Blockier-Mechanismen, die wir identifiziert haben. Diese Mechanismen stehen nicht in direktem Zusammenhang mit einem Trauma und haben nichts mit einem bestimmten Zustand oder einem Problem im Zusammenhang mit der Nutzung des Zustandes zu tun.

Als nächstes, sollten Spitzenzustände dauerhaft sein? Viele glauben, dass permanente Zustände, selbst wenn es möglich wäre, eine Blockade oder ein Hindernis für das weitere spirituelle Wachstum sein würden, und deshalb sollten Zustände nur vorübergehend sein. Wie wir in den vorangegangenen Kapiteln gesehen haben, ist die vollständige Verschmelzung der Dreifachhirne unser natürlicher Zustand, unser Geburtsrecht und nicht etwas, das wir entwickeln müssen, um es zu erwerben. Ihr Verlust macht unser Leben unnötig unglücklich und macht es viel schwieriger, spirituell oder auf andere Weise zu wachsen. Und wie gesagt, ich hatte eine Reihe von Freiwilligen, deren Zustände immer besser und besser werden - ihre aktuellen Zustände helfen ihnen, neue zu erwerben. Es gibt also keinen spirituellen oder psychologischen Vorteil, wenn wir uns aus unseren Geburtsrechts-Zuständen, Hollow und Wholeness, weiterbewegen.

Allerdings gibt es insbesondere einige Zustände, die als potenzielle Blockade für verbesserte Spitzenzustände fungieren:

- Erstens habe ich Beispiele von Menschen mit dem Zustand des Beauty Way gesehen (nur die Verschmelzung von Verstand und Herz mit einer begrenzten Verbindung zum Schöpfer), die es fast unmöglich finden, bewusst auf das Trauma zuzugreifen, um ihren Zustand zu verbessern, weil sie kein Trauma spüren, von dem sie sprechen können. In ihrem Fall wirkt der Zustand als Blockade für weiteres Wachstum. Es kann immer noch getan werden, aber es ist viel schwieriger als für jemanden in einem weniger oder besseren Dreifachhirn-Zustand.

- Zweitens haben wir entdeckt, dass eine gute Verbindung zum Schöpfer den Menschen das Gefühl geben kann, dass „alles in Ordnung ist und wie es sein sollte", egal was passiert. Diese Einstellung blockiert nicht nur das eigene Wachstum, sondern auch die Motivation, anderen gezielt zu helfen. (Wir gehen in Band 2 ausführlich darauf ein.) Obwohl es sich nicht um einen Dreifachhirn-Zustand handelt, tritt eine Verbindung zum Schöpfer oft als Nebenprodukt in unserer Arbeit über Dreifachhirn-Zustände auf, also hielt ich es für wichtig, dies zu erwähnen. Ich kann aus der schwierigen persönlichen Erfahrung sprechen, viele Freiwillige verloren zu haben, die in dieses

Bewusstsein eingetreten sind und dann unsere Arbeit verlassen haben, bevor wir verstanden hatten, was das verursacht hat und wie wir es beheben können. Auch Zivorad Slavinski ist auf dieses Problem gestoßen. Ich möchte Scott McGee vom Institut dafür danken, dass er die Lösung dafür gefunden hat.

- Drittens und ein psychologischeres Problem ist die Tatsache, dass sich die Menschen in vielen Dreifachhirn-Zuständen daran gewöhnen, sich gut zu fühlen. Tatsächlich gewöhnen sie sich so sehr daran, dass sie allem widerstehen, was ihnen auch nur vorübergehend Unannehmlichkeiten bereiten könnte, auch wenn es ihren Zustand verbessern würde. Andere in unseren Workshops haben die berechtigte Sorge, dass sie, wenn sie weiter heilen, ihren neuen Zustand verlieren könnten und neigen daher dazu, jede Heilarbeit an dem Ort, an dem sie sich befinden, einzustellen. Die meisten dieser Menschen, die zu unseren Workshops kommen, wollen sich einfach nur besser fühlen, und nachdem das erreicht ist, sind sie vollkommen zufrieden damit und hören auf. Zu einem späteren Zeitpunkt können in ihnen Umstände oder neue Motivationen für etwas Besseres entstehen, und dann wäre es angebracht fortzufahren. Ich weiß, dass viele meiner besten Versuchspersonen ein so erbärmliches Leben hatten, dass sie nicht aufhören werden, weil sie eine Progression von immer besseren Zuständen erleben. Andere, die schon immer einen guten Zustand hatten, neigen bei dieser Arbeit dazu, schnell auf der Strecke zu bleiben, da Unbehagen für sie so fremd und unangenehm ist.

Was andere Spitzenzustände anbelangt, so glaube ich, dass hier die gleichen Argumente gelten. Da unsere Art, spirituelle und schamanische Zustände anzugehen, jedoch so neu ist, werde ich mich nicht in jedem Fall auf diese Position festlegen. Vielleicht gibt es einige rein spirituelle oder schamanische Spitzenzustände, in denen die Menschen ein- und ausgehen sollten - ich habe sie nur noch nicht angetroffen. Der zukünftige Dialog zu diesem Thema mit anderen Technik-Entwicklern könnte sich als sehr fruchtbar erweisen.

## Zusammenfassende Darstellung dieser wichtigen Entwicklungsereignisse

Eine Analogie kann helfen, dieses Material ins rechte Licht zu rücken. Stellen Sie sich vor, wir schauen durch einen Tunnel von einer Seite eines Berges (unsere Schöpfung) zur anderen (unsere Geburt). Wenn wir sehr viel Glück haben, gibt es keine Einbrüche, und wir können von einem Ende zum anderen klar sehen, und wir haben unseren fortgeschrittenen „Hollow" Spitzenzustand. Was ist mit Menschen ohne diesen Zustand? An Stellen, an denen der Tunnel vergrößert wurde (als wir zu einem komplexeren Organismus wurden), erlitt das Dach einen kleinen Zusammenbruch (ein Trauma). Wenn wir also die Höhle an der Stelle ausgraben (ein bestimmtes Entwicklungsereignis heilen), von der wir gedacht haben, dass sie uns einen bestimmten Zustand geben würde, wie z.B. den Inner Peace, erhalten wir stattdessen einen viel besseren Zustand, zum Beispiel die vollständige Gehirn-Verschmelzung und den Hollow Zustand, weil dies der einzige Höhleneinbruch auf der ganzen Reise war. Mit anderen Worten, die Heilung eines bestimmten wichtigen Entwicklungstraumas gibt Ihnen im Allgemeinen den erwarteten Zielzustand, aber möglicherweise nicht, weil andere wichtige Entwicklungsereignisse entweder ebenfalls vorhanden sein müssen oder mehr vorhanden sind, als Sie erwartet haben. Da es wahrscheinlicher ist, dass andere Entwicklungsereignisse traumatisch sind, ist es üblicher, den Zielzustand oder weniger zu erreichen. Wir erleben, dass etwa 20% unserer Klienten über das Ziel hinausschießen, d.h. bessere Zustände erhalten, als sie erwartet haben.

Um es noch einmal zu wiederholen: Die verschiedenen Dreifachhirn-Zustände, die wir nach der Geburt erleben, sind in der Regel Teilzustände, da die Person nicht alle kritischen Entwicklungsereignisse ohne Trauma durchläuft. Die Zwischenzustände, wie die Zustände „Inner Peace" oder „Underlying Happiness", obwohl viel besser als normal, haben Eigenschaften, die immer noch Verzerrungen des richtigen, vollständig verschmolzenen Dreifachhirn-Systems darstellen. Viele dieser Merkmale verschwinden, wenn vollständigere Zustände erreicht werden, weil sie auf den teilweisen oder unvollständigen Charakter der Zwischenzustände zurückzuführen sind. So werden z. B. Emotionen selbst im Hollow-Zustand nicht mehr als Emotionen, sondern fast als eine Art Gedanken erfahren. Obwohl dies für das durchschnittliche Bewusstsein störend klingen mag, wird es als viel ausgeglichener, müheloser und angenehmer empfunden. Im

Wesentlichen geben Sie Aspekte Ihrer Erfahrung auf, die gar nicht hätten da sein sollen, wenn Sie von Geburt an völlig gesund wären.

Die Heilung der Empfängnis führt in der Regel zum Zustand Beauty Way oder besser. Der Beauty Way Zustand ist ein zusammengesetzter Zustand, der den Inner Peace Dreifachhirn-Zustand mit anderen Aspekten beinhaltet, die im nächsten Kapitel beschrieben werden.

Die Heilung der präzellulären Koaleszenz-Ereignisse führt in der Regel zu sehr tiefen Spitzenzuständen und -Fähigkeiten. Die Heilung von Empfängnis, der Einnistung und des Todes der Plazenta und des Spermienschwanzes führt in der Regel zu den Zuständen Hollow und Wholeness. In Kapitel 8 werden wir einen Schritt-für-Schritt-Prozess durchlaufen, um diese wichtigen Traumata durch Regression zu heilen. Visuelle Beschreibungen werden gegeben, um bei der Lokalisierung der spezifischen Entwicklungsereignisse zu helfen.

Wir haben in diesem Kapitel die Idee der Anwendung von Heilmethoden für Traumata während der Entwicklungsereignisse betont, um Dreifachhirn-Spitzenzustände zu erwerben. Allerdings können Menschen diese Traumata auf vielfältige Weise umgehen oder heilen. Oftmals können diese Traumata spontan im Leben der Menschen ausbrechen und emotionale und körperliche Schmerzen von leicht bis verheerend verursachen. Dies geschieht fast immer ohne jegliche Erkennung durch den Menschen, dass die Symptome durch längst vergessene traumatische Erfahrungen verursacht werden. Einige Menschen heilen diese Traumata unbewusst und erreichen einen Spitzenzustand.

Beispiel:
Melissa Proulx ist 19. Sie kam zum ersten Mal in den Beauty Way, als sie 17 Jahre alt war, als sie anfing zu üben, Menschen nicht zu verurteilen (was wir „bewusste Wahl des Ansatzes für Spitzenzustände" nennen). „Zum Beispiel habe ich früher die Leute verurteilt, die industrielle Farmen besitzen. Nun verurteile ich sie nicht. Ich verstehe nur, dass sie sich dessen einfach noch nicht bewusst sind, was sie tun. Sie sind keine schlechten Menschen. Sie wissen es einfach nicht". Sie bemerkte bald, dass ihre vergangenen Traumata kein emotionales Gefühl mehr hatten. Sie und die Welt um sie herum fühlten sich sehr lebendig. Dann, während eines 7-tägigen „Arise and Shine"-Fastens im Alter von 19 Jahren erlebte sie extreme Schwäche, Übelkeit und Schmerzen in ihren Armen und Beinen. Ihre Beine stützten sie nicht. Sie war nahe dran, das Fasten zu beenden, bevor der Prozess abgeschlossen war. Am sechsten Tag fühlte sie sich plötzlich sehr glücklich. Ihre körperlichen Symptome

verschwanden oder sie kümmerte sich nicht mehr darum. Am nächsten Tag bemerkte sie, dass sie sich innerlich hohl fühlte, ohne einen Körper in ihrer Haut (der Hollow Zustand). „Ich fühle mich wirklich gut. Ich habe das Gefühl, dass ich keine Probleme habe. Alles, was ein Problem war, ist für mich kein Problem mehr. Es ist großartig! Ich bleibe glücklich, egal was passiert." Paula hatte am nächsten Tag die Möglichkeit, mit Melissa zu sprechen und fand heraus, dass ihre Symptome zu Paulas eigenem Trauma zu einem Koaleszenz-Ereignis passten. Anscheinend hatte Melissa dieses alte Trauma während ihres Fastens versehentlich ausgelöst und hatte das Glück, es während des Fastens auf ihre eigene Weise zu heilen.

Leider vermuten wir, dass wir nicht alle Entwicklungsereignisse für die vollständige Verschmelzung der Gehirne haben, obwohl wir denken, dass wir die wichtigsten haben. Dies begrenzt die Erfolgsrate, die wir bei Menschen haben, da diejenigen, die die Zielzustände erhalten, diejenigen sind, welche die Ereignisse, die wir noch vermissen, nicht benötigen. Wir werden dieses Buch und unsere Website www.PeakStates.com aktualisieren, wenn neue Entdeckungen gemacht werden.

## Schlüsselpunkte

- Aus erfahrungstechnischer Sicht treten in drei Phasen der biologischen Entwicklung für Spitzenzustände wichtige Entwicklungsereignisse auf. Das Früheste nennen wir „präzellulär". Dies geschieht innerhalb des Elternteils, das die Zelle erstellt, aber noch bevor eine Zelle tatsächlich erstellt wird. Das Nächste ist zellulär und beinhaltet die Eizelle, das Spermium und die Zygote. Das Nächste ist der multizelluläre Organismus, oft auch als Gebärmutter-Phase bezeichnet, und er endet kurz nach der Geburt.
- Die Organelle und die in der Gebärmutter befindlichen „Gehirne" sind bewusst und selbstbewusst.
- Die Organelle „Gehirne" wird separat konstruiert und in einem Vorgang, den wir „Koaleszenz" nennen, zusammengebaut. Dies ist eines der wichtigsten Ereignisse für die Dreifachhirn-Verschmelzung.

- Die Heilung bestimmter kritischer Entwicklungsereignisse führt bei den meisten Menschen zu Spitzenzuständen.
- Der Schwanz des Spermiums und die Plazenta des Babys haben ihr eigenes „Gehirn"-Bewusstsein. Die Heilung ihrer Todes-Trauma ist der Schlüssel zum Zustand der Ganzheit.
- Die Arbeit in diesem Bereich ist potenziell lebensbedrohlich. Einige dieser Ereignisse, wie z.B. die Geburt, beinhalten Erfahrungen, die beim Erwachsenen überwältigende suizidale Gefühle hervorrufen können.

## Empfohlene Literatur und Webseiten

Über das Plazentatod-Trauma
- Nemi Nath, „Placenta Trauma" *in The Healing Breath: A Journal of Breathwork Practice, Psychology and Spirituality*, Volume 4, No. 2, 2002. Der Artikel ist unter http://www.i-breathe.com/thb42/placenta zu finden.
- Shivam Rachana, *Lotus Birth*, Victoria Australien, Greenwood Press, 2000.

Zur Wirkung des Empfängnis-Traumas
- John Gray, *Men are from Mars, Women are from Venus: A Practical Guide for Improving Communication and Getting What You Want in Relationships*, HarperCollins, 1993.
- Eckhart Tolle, *The Power of Now: A Guide to Spiritual Enlightenment*, 1999. Sein Buch beschreibt den Zustand des Beauty Way sehr gut, obwohl er ihm diesen Namen nicht gibt.

Über die mittelalterliche Alchemie
- Carl Jung, *The Psychology of the Transference*, Princeton University Press, 1969.

Über fötale, prä- und perinatale Ereignisse und Traumata
- Verein für prä- und perinatale Psychologie und Gesundheit, www.birthpsychology.com. Ausgezeichnetes Material zum Thema Gebärmutter-Regression.

- Frühe Trauma-Behandlung und Trainings von Terry Larimore, www.terrylarimore.com. Ihre Website enthält auch exzellentes Material.
- Emerson Training Seminare, William Emerson, www.emersonbirthrx.com. Er ist einer der führenden Köpfe in den Bereichen Prä- und perinatale Psychologie meiner Meinung nach.
- William Emerson, „The Vulnerable Prenate", Papier, das 1995 dem APPPAH-Kongress in San Francisco vorgestellt wurde, veröffentlicht im Prä- & Perinatal Psychologie Journal, Vol. 10(3), Spring 1996, 125-142. Eine Online-Kopie finden Sie unter www.birthpsychology.com/healing/point2.html.
- *Prenatal and Perinatal Psychology and Medicine: Encounter with the Unborn; A Comprehensive Survey of Research and Practice*, UK: Parthenon, 1988.
- Michael Gabriel und Marie Gabriel, *Voices from the Womb: Adults Relive their Pre-birth Experiences - a Hypnotherapist's Compelling Account* - ein überzeugender Bericht eines Hypnotherapeuten, Aslan Verlag, 1992.
- Stanislav Grof, *The Adventure of Self-Discovery*, State University of New York Press, 1988. Ausgezeichnete Berichterstattung über die Phasen der Geburt und andere spirituelle und schamanische Erfahrungen.
- Terry Larimore und Graham Farrant, „Universal Body Movements in Cellular Consciousness and What They Mean", ursprünglich veröffentlicht in Primal Renaissance, Vol. 1, No. 1, 1995. Eine Online-Kopie finden Sie unter www.terrylarimore.com/CellularPaper.html.
- Sheila Linn, William Emerson, Dennis Linn und Matthew Linn, *Remembering Our Home: Healing Hurts and Receiving Gifts from Conception to Birth,* Paulist Press, 1999.
- Elizabeth Noble, *Primal Connections*: *How our Experiences from Conception to Birth Influence our Emotions, Behavior, and Health,* Simon und Schuster, 1993.
- Bill Swartley, „Major Categories of Early Psychosomatic Traumas: From Conception to the End of the First Hour" from *The Primal Psychotherapy Page.* Eine Online-Kopie finden Sie

unter www.primal-page.com/bills-1.htm. Ausgezeichnet mit tollen Referenzen.

Bilder von Spermien, Eizellen und Entwicklungsereignissen in der Gebärmutter
- Reise ins Leben: *The Triumph of Creation* (ein 30-minütiges Video),1990, von Derek Bromhall, vertrieben von Questar Video, Inc. Dies ist ein außergewöhnliches Video über die Reise von Spermium, Eizelle, Zygote und Fötus. Das Material wird mit dem gleichen Blickwinkel und der gleichen Bildgröße gefilmt, die Menschen, die sich an Traumata um diese Ereignisse herum erinnern, sehen.
- Lennart Nilsson, *A Child is Born*, Delacorte Press, NY, 1990. Fotos von der Reise von Spermium, Ei, Zygote und Fötus. Die Bilder sind von Szenen, welche Menschen sehen, die sich an Traumata in diesen Momenten erinnern. Empfohlen.

Kapitel 7

# Anwenden des Modells: Chakren, Meridiane, Vorleben, Auren, Archetypen, Bilder der Ureinwohner und Alterung

## Einführung

In diesem Kapitel wenden wir das Modell der Entwicklungsereignisse auf einige wichtige Spitzenerfahrungen und -fähigkeiten an. Insbesondere konzentrieren wir uns auf Phänomene, die bei der Anwendung starker Therapien oder spiritueller Praktiken beobachtet werden, die aber außerhalb unseres konventionellen westlichen Glaubenssystems liegen - Chakren, Meridiane, Vorleben, Altern, Auraschichten und Archetypen. Unsere Arbeit hat uns überraschende Informationen über diese Phänomene geliefert, die, soweit wir wissen, einzigartig in diesem Bereich sind.

*Zustände in diesem Kalitel:*
- Zugang zu Vorleben
- Fluss-Bewusstsein

## Grants Geschichte
## Kollaterale Entdeckungen

Als ich das Projekt begann, um Spitzenzustände auszulösen und Traumata zu heilen, habe ich mich dem dominanten westlichen Glaubenssystem voll und ganz angeschlossen. Ich gebe zu, dass ich die Augen gerollt habe, wenn Bekannte, die sich für Konzepte des „neuen Zeitalters" interessierten, über Dinge wie Vorleben, Chakren und alles andere sprachen. Ich nahm einfach an, dass es sich hierbei um vage, traumhafte Eindrücke handelte, die ein Produkt der lebhaften Vorstellungskraft der Menschen waren. Obwohl dies für einige zutrifft, haben meine Schüler und ich eine ganz andere Erfahrung - wir können dieses Material mit der gleichen Klarheit sehen, die Sie beim Betrachten dieses Buches haben. Damals verstand ich nicht, dass der eigene Zustand bestimmt, ob man diese ungewöhnlichen Phänomene „sehen" kann, und dass der Grad des Zustandes die Klarheit bestimmt. Ich kann mich noch an meine verblüffende Überraschung erinnern, als ich plötzlich, vollständig und in vollem Umfang „Surround-Sound Technicolor" einen traumatischen Moment in einem vergangenen Leben wiedererlebte. Es geschah während eines Tantra-Workshops, als ich plötzlich die herzzerreißende Traurigkeit über den kürzlichen Tod meiner Frau in diesem Leben erlebte. Mein Tantra-Partner war diese „gleiche" Frau, und ich erkannte, dass ich mein ganzes Leben lang nach ihr gesucht hatte. Später stellte ich fest, dass ich nach Belieben auf dieses Leben zugreifen konnte.

Aber als Skeptiker dachte ich, dass, selbst wenn ich dachte, dass an diesem Zeug aus vergangenem Leben etwas dran war, es nicht bedeutete, dass der Rest davon wahr war. Einige Zeit später lag ich im Bett, als ich etwas sah, das aussah wie das Rad eines silbernen alten Schiffskapitäns, das sich langsam in meiner Brust drehte. Ich hatte keine Ahnung, was das ist, bis ich mich anhand von Literatur über Chakren informierte und herausfand, dass es die klassische Beschreibung des Herz-Chakras war. Im Laufe der Zeit traten immer mehr spirituelle, schamanische und transpersonale Erfahrungen auf. Ich war oft verwirrt darüber, worum es bei ihnen ging.

Bisher ist meine Geschichte nicht anders als die vieler Menschen, die sich auf eine spirituelle Suche begeben, mit Meditation oder schamanischen Techniken beginnen und zu neuen Wahrnehmungsebenen heranwachsen. Was später geschah, ist viel interessanter und einzigartiger. Meine Kollegen und ich begannen, das neu geschaffene Modell der Entwicklungsereignisse auf all diese außergewöhnlichen Erfahrungen und Fähigkeiten anzuwenden. Nun wurde es wirklich spannend! Wir begannen uns zu fragen, wenn wir auf etwas Neues stoßen würden: „OK, passt das Modell der Entwicklungsereignisse auch darauf?" - und das würde es sicherlich. Ich denke, mit meinen Erfahrungen hatte ich wirklich, wirklich begonnen, meinem eigenen Modell zu vertrauen. Natürlich erwarte ich, dass es noch viele Menschen-Jahre Arbeit kosten wird, dieses neue Material vollständig zu erforschen.

Doch unsere Arbeit hat mich keineswegs zu einem „wahren Gläubigen" gemacht. Ich habe immer noch einen skeptischen, praktischen Ingenieurstandpunkt, der messbare, nützliche Anwendungen benötigt, um die Gültigkeit zu testen. Die Notwendigkeit, sich selbst etwas vorzumachen, um Schmerzen zu vermeiden, ist ein ständiges Problem bei dieser Art von Arbeit, dem ich bei mir und meinen Kollegen immer wieder begegnet bin. In der Tat, in Richtung Schmerz zu gehen ist wahrscheinlich die sicherste Richtung zu reisen, um dieses Problem zu vermeiden, wenn auch eindeutig nicht die bequemste. Wahnhaftes Material kann so überzeugend sein und eine so einvernehmliche Einigung erzielen, dass der einzige echte Test objektive physische Realität ist – verursacht das eine Veränderung in der realen Welt?

## Chakren und Meridiane

## Einführung

Viele meiner Klienten sind mit Symptomen zu mir gekommen, die zu einem vorgeburtlichen Trauma bei einem Chakra führten. Nachdem wir das Trauma geheilt haben, konnten sie normalerweise ihr eigenes Chakra „sehen". Während sie sich bei der Regression immer noch bei den Gebärmutter-Erlebnissen befanden, erhielten sie oft den unbewussten inneren Hinweis, der sie kontrollierte, indem sie ihre Mutter beobachteten, wie diese ihre Chakren unbewusst selbst benutzte. Dieses Material wird in unserem Basic Whole-Hearted Healing Manual näher erläutert. Obwohl diese Heilarbeit von großer praktischer Bedeutung für die Heilung war, beantwortete sie keine der theoretischen Fragen zu den Chakren. Es führte auch nicht zu einer globalen Behandlung von Chakra-bezogenen Problemen.

Unsere Arbeit mit den Hirn-Verschmelzungszuständen und der Koaleszenz zeigte jedoch den Zusammenhang zwischen Chakren, Meridianen und körperlichen Symptomen, den wir mit ziemlicher Sicherheit nie anders entdeckt hätten. Dies ist von großer theoretischer Bedeutung, insbesondere das Material über die Meridiane. Meridiantherapien wie Akupunktur und EFT nutzen sie, ohne theoretisch zu verstehen, was sie genau tun und warum. Dies liegt nicht nur an einem mangelnden Verständnis des Materials in diesem Kapitel, sondern es ist auch wahrscheinlich, dass es historische Wurzeln hat - der chinesische Fokus auf die Meridiane, aber nicht auf die Chakren, während sich die

Hindus auf die Chakren, aber nicht auf die Meridiane konzentrieren. So sieht keine der beiden Gruppen das vollständige Bild der Beziehung zwischen den beiden.

Wir haben festgestellt, dass ein voll entwickeltes Chakra-System eines ist, bei dem sie zu einer Scheibe im Bereich des Solarplexus verschmolzen werden. Diese Verschmelzung schafft einen Zustand, den wir den Zustand „Flow Awareness" nennen. Wir haben auch festgestellt, dass die einzelnen Chakren in den Meridianen verankert werden sollten, und Probleme in dieser Verankerung verursachen übermäßige Müdigkeit oder Hyperaktivität. Richtig verankerte Chakren führen zu einem voll erholsamen Schlaf, der nur drei bis vier Stunden dauert.

Kapitel 8 enthält spezifische Details, die es ermöglichen, die relevanten Entwicklungsereignisse zu heilen.

## Die Chakren - Mängel des traditionellen Modells

Unsere Arbeit hat gezeigt, dass die Chakren, wie sie in hinduistischen Yoga Texten und von Gruppen wie dem Berkeley Psychic Institute und in Barbara Brennans *Hands of Light* beschrieben werden, existieren und der Schlüssel zu einer Reihe von Fähigkeiten sind, die unser Geburtsrecht sind. In diesem konventionellen Verständnis verhalten sich verschiedene Chakren unterschiedlich und haben unterschiedliche Funktionen. Zum Beispiel sind die am häufigsten gefühlten Chakren am Herzen und am Solarplexus in der Lage, Energie abzugeben, die sich anfühlt, als würde Wasser aus diesem Körperbereich fließen. Traditionelle Illustrationen zeigen, dass die sieben großen Chakren in einer Linie entlang der vertikalen Achse des Körpers verteilt sind. Diese Chakren sind „Energiezentren" mit unterschiedlichen Formen, die im Zustand Inner Brightness sichtbar sind. Diese Gruppen arbeiten mit Heilung und lernen, wie man die Fähigkeiten jedes der Chakren für eine vollständige Gesundheit nutzt - jedes Chakra muss sich richtig, in die richtige Richtung, mit der richtigen Geschwindigkeit drehen, entsperrt werden, und so weiter.

Das allgemein verfügbare Material über Chakren hat jedoch große Mängel, die selbst für erfahrene Praktizierende nicht offensichtlich sind. Das offensichtlichste Problem mit dem traditionellen Modell der Chakren ist die Unwissenheit über das Dreifachhirn-System. Befürworter des klassischen Chakra-Modells erkennen nicht, dass die Chakren „Geräte" sind, die von ihrem entsprechenden Gehirn betrieben werden, also entwickeln sie stattdessen ein Modell, das die Chakren irgendwie selbstbewusst sind - im Wesentlichen, indem sie zu viel in einen Korb packen.

Ein weiterer Mangel besteht darin, nicht zu erkennen, dass sich auf der Haut eine Schicht mit veränderlicher Durchlässigkeit befindet, die die Chakren-Energie blockiert. Ihre Auswirkungen auf unser Leben reicht jedoch weit über die Chakren hinaus. Dieses Material wird in Band 2 ausführlich behandelt.

Der größte Fehler bei traditionellen Modellen ist nicht offensichtlich. Es stellt sich heraus, dass ein voll entwickeltes Chakra-System nicht so aussieht wie in der Literatur gezeigt. Vielmehr sollten die Chakren alle zu einer einzigen scheibenförmigen Form im Bereich des Solarplexus verschmelzen. Das konventionelle Modell kann mit dem Modell verglichen werden, das ein Biologe aus einer erwachsenen Kaulquappe machen könnte, wenn er noch nie einen Frosch gesehen hätte. Anstatt zu zeigen, dass sie Beine zum Springen hat, leitet er selbstverständlich ab, dass es einfach eine größere, robustere Version der Kaulquappe sei, die aber immer noch einen Schwanz hat. Das Verhalten ist hier ähnlich. Es stellte sich heraus, dass es, wie unser Modell es sagt, einige wenige, kritische Entwicklungsereignisse gibt, die nur sehr wenige Menschen traumafrei durchlebt haben. Diese Traumata begrenzen das Chakra-System und führen zu den häufig gesehenen Illustrationen zu diesem Thema. Wie ein ausgereiftes Chakra-System aussieht, werden wir im nächsten Abschnitt beschreiben.

## Die Chakren – Entwicklungsereignisse

Die wichtigsten Entwicklungsereignisse, die wir bisher für das Chakra-System kennen, sind die Koaleszenz von Eizelle und Spermium sowie die Empfängnis. Jedoch sind die Qualitäten, die Sie mit Hirn-Verschmelzungszuständen erwerben, nicht die gleichen wie die Qualitäten, die ein vollständig geheiltes und entwickeltes Chakra-System Ihnen aus den gleichen Abschnitten beschert. Das Chakra- und Gehirnsystem kann unabhängig voneinander geheilt werden, was zu unterschiedlichen Ergebnissen führt. Da jedoch nur sehr wenige Menschen die notwendigen Entwicklungsstadien ohne Trauma durchlaufen haben, wird ein voll funktionsfähiges Chakra-System und seine Auswirkungen auf das körperliche Wohlbefinden in der uns bekannten Yoga-Literatur nicht beschrieben sein.

Das Schlüsselereignis ist die präzelluläre Gehirn-Koaleszenz. Vor der Koaleszenz bringt jedes der präzellulären Gehirne ein oder mehrere Chakren mit, die sich in den jeweiligen präzellulären Gehirnen befinden. Sie „sehen" aus wie glühende Lichtkugeln im Inneren des physischen präzellulären Gehirns oder darüber. (Eine genauere Untersuchung dieser Chakren könnte Merkmale ergeben, aber die hat bis jetzt noch nicht stattgefunden). Die Gehirn-Bewusstseine, die „Lichtkugeln", die wir in den vorangegangenen Kapiteln erwähnt haben, haben ein anderes Aussehen als die Chakren.

Im Falle der Eizellen-Koaleszenz richten sich die sieben Chakren beim Eintritt in den Behälter des Körperhirns in einem vertikalen Muster entlang der Achse des präzellulären Körpers in Ausrichtung zu ihrem jeweiligen Gehirn aus. Die Chakren sehen aus wie die klassischen Illustrationen. Während die Ereignisse weitergehen, konvergieren die Chakren zu einem einzigen glattkantigen Chakra im Bereich des Solarplexus, etwa zu zwei Dritteln unter dem Solarplexus und etwa ein Drittel darüber.

Interessanterweise gibt es einen Unterschied zwischen dem präzellulären und zellulären Ei- und Spermium-Chakra. Das Ei hat nur die sieben großen Chakren, die wir aus der Literatur kennen, aber das präzelluläre Spermium hat etwas ganz anderes - das Herzhirn hat eine Reihe von Chakra-Kugeln, die sich nach oben und unten (in Ausrichtung auf das präzelluläre Körperhirn im Behälter) erstrecken, soweit man es wahrnehmen kann. Das war ein völlig unerwartetes Ergebnis. Obwohl wir uns noch nicht sicher sind, warum dies der Fall ist, vermuten wir, dass es etwas mit der Verbindung eines Spermiums mit allen anderen Spermien zu tun hat, die ihm helfen, die Eizelle zu befruchten. Im Laufe der Koaleszenz konvergieren sie zu einer Art Nebelkugel im gleichen Bereich des Solarplexus wie die präzelluläre Eizelle.

Das nächste große Entwicklungsereignis ist die Empfängnis. Dabei verbinden sich die Chakren-Scheiben aus Spermium und Ei zu einer einzigen Chakra-Scheibe, die sich im Solarplexus-Bereich der Zygote befindet. Diese Chakra-Scheibe hat ein regelmäßiges Muster von Vertiefungen am Rand (Natürlich hat die Zygote an sich keinen Solarplexus-Bereich, aber bei Regressionen erleben die Klienten die Zygote, als wäre es ihr Körper in der Gegenwart, wo die inneren Teile der Zygote mit ihren Körperteilen in der Gegenwart ausgerichtet sind.)

Beachten Sie, dass es acht Umsetzungen in diesen Ereignissen gibt, wenn Sie davon ausgehen, dass die Ereignisse mit oder ohne Gesamttrauma durchgeführt werden: die Eizelle ist gut, aber das Spermium ist traumatisiert, während die Empfängnis in Ordnung ist; die Eizelle ist gut, aber das Spermium ist traumatisiert, und die Empfängnis ist traumatisiert; und so weiter. In Wirklichkeit verursacht ein partielles Trauma sehr viele Zwischenzustände, die zu Unvollkommenheiten in der endgültigen Chakren-Verschmelzung führen. Da die Wahrscheinlichkeit, dass alle Chakra-Verschmelzungsereignisse ohne Trauma stattfinden, sehr unwahrscheinlich ist, erhalten wir bei den meisten Erwachsenen das typische sieben-Chakra-Muster.

Während der Schwangerschaft haben die meisten Menschen separate Chakra-Kugeln. Der Fötus lernt, wie man die einzelnen Chakren benutzt oder kontrolliert, indem er der Mutter zusieht, wie sie ihre benutzt. Da die meisten Mütter nicht wissen, dass sie die Chakren benutzen, lernt der Fötus, indem er sich mit dem Körpergefühl verbindet, das die Mutter erlebt, während sie sie benutzt. Das Problem dabei ist, dass es sich um eine ziemlich indirekte Kontrolle handelt, und wenn die Mutter die Chakren nicht benutzt hat, während sie mit dem Fötus schwanger war, dann wird der Fötus nicht lernen, wie man sie benutzt. Dies hat eine interessante Auswirkung auf unsere Klienten - wenn sie heilen und eine Chakren-Scheibe bekommen, werden sie dann unbewusst wissen, wie man sie richtig benutzt? Schließlich hat ihre Mutter es nicht getan, also haben sie keine Assoziationen zu lernen. Bis jetzt Zeit können wir diese Frage nicht beantworten

Beispiel:
> Meine eigene Mutter hat ihr Kronen-Chakra beim Sex und ihr Herz-Chakra beim Beugen über Patienten im Krankenhaus, in dem sie arbeitete, eingeschaltet. Wenn ich diese Empfindungen in meinem eigenen erwachsenen Körper spüre, habe ich auch das zugehörige Chakra eingeschaltet.

Wie wenden wir diese Kenntnisse an, um das Leben der Menschen zu verbessern? Es ist möglich, diese Ereignistraumata aktiv zu heilen. Zurzeit verwenden wir nur Methoden, die eine Regression erfordern. Kapitel 8 geht sehr detailliert auf die Schritte ein. In der Regel ist eine Wiederholung des Heilungsprozesses erforderlich. Man durchläuft die relevanten Traumata mehrmals, da die späteren auf den früheren aufbauen. Beachten Sie, dass Sie oft nicht auf die früheren zugreifen können, bis die späteren so weit wie möglich erledigt sind, woraus die Notwendigkeit der Wiederholung resultiert.

## Der Zustand „Flow Awareness" (Flussbewusstsein)

(Obwohl wir das noch untersuchen, habe ich mich entschieden, in diesen Text unsere aktuellen Ergebnisse aufzunehmen. Beachten Sie, dass sich diese in Zukunft ändern können, wenn mehr Daten eintreffen.) Wenn sich die Chakren zu einer einzigen Scheibe zusammenschließen, erhält man das, was wir den Zustand „Flow Awareness" genannt haben. In diesem Zustand spürt man einen „Fluss" von wasserähnlicher Energie, der durch den Körper von hinten nach vorne strömt. Wie dieser Fluss wahrgenommen wird, hängt davon ab, was für einen Dreifachhirn-Zustand jemand hat. Wenn man keine Verschmelzung des Gehirns hat, fühlt sich die Flussrichtung an, als ob sie von außen kommt. Daher ist eine bewusste Anstrengung erforderlich, um sich auf den äußeren Fluss einzustellen, was als ein besserer Zustand wahrgenommen wird, als nicht mit dem Fluss in Einklang zu kommen.

Im Hohlzustand fühlt sich die Strömung jedoch nicht mehr so an, als würde sie von äußeren Kräften geleitet. Stattdessen ist die Person in dem Zustand immer auf den Fluss von hinten nach vorne ausgerichtet, egal was sie tut.

Beispiel:
>Scott McGee beschreibt es so: „Der Fluss ist wie eine Meeresströmung. Wenn Sie ihn bekommen, bringt er Sie irgendwohin. Sie müssen sich bewusst sein, ob es ein langsamer oder schneller Fluss ist, um mit ihm zu gehen, um mit ihm zu synchronisieren. Sie können zu verschiedenen Abschnitten des Flusses wechseln, die schneller oder langsamer sind. Wie erkennt man das an unserer eigenen viszeralen Erfahrung? Es ist wie dicker Sirup aus einer Flasche, er fließt einfach, er schüttet nicht. So fühlt es sich im Körper an, zieht einen mit, im Rücken und vorne. Wenn man mit dem Fluss synchronisiert ist, gibt es kein Gefühl mehr nach hinten oder vorne, da der ganze Körper mit ihm fließt. Sie können den Fluss um sich herum bemerken, aber er beeinflusst Sie nicht. Es gibt eine Art von Feedback - man kann mit ihm gehen oder sich ihm widersetzen, aber man kann es spüren. Außerdem lässt es die Dinge dreidimensionaler erscheinen."

Wie wird der Chakra-Flow-Zustand bei verschiedenen Arten der Hirn-Verschmelzung erlebt? Im Falle des durchschnittlichen Bewusstseins, aber im Flow Awareness Zustand, fühlen Sie den „Flow" entweder schnell oder langsam, und dies beeinflusst, was Sie erreichen können. Mit dem Hollow-Zustand, aber ohne den Flow Awareness

Zustand gibt es ein Gefühl der Mühelosigkeit, aber man muss seine Handlungen noch beabsichtigen. Sowohl mit den Zuständen Hollow als auch Flow Awareness fühlt sich alles mühelos an, und Sie müssen nicht darüber nachdenken, damit es mühelos ist. Es ist einfach so.

Zu diesem Zeitpunkt glauben wir, dass der Chakra-Flow-Zustand nicht das ist, was Athleten fühlen - es ist also nicht die „Zone", wie sie genannt wird. Wir vermuten, dass sie tatsächlich den Hollow-Zustand beschreiben, der sich durch Mühelosigkeit auszeichnet. Und wie sieht es im Vergleich zu Mihaly Csikszentmihalys Arbeit am „Flow" aus? Wir wissen es zu diesem Zeitpunkt nicht, aber es ist eindeutig ein faszinierendes Gebiet, das es zu verfolgen gilt.

## Die Meridiane und ihre Beziehung zu den Chakren

Zurück zu den Chakren in der Ei- und Spermium-Koaleszenz, da geschieht etwas, das wir nie erwartet hätten und das noch dramatischer ist als die Veränderungen in den Chakren. Die Chakra-Kugeln verankern sich in einer Matrix von Linien, die erscheinen und sich ausdehnen und die Gehirne und ihre Chakren verbinden, während die Gehirne in den Körperbehälter integriert werden. Zu unserem Erstaunen bildet dieses Netz von Linien die Meridiane! Visuell beschrieb einer unserer Forscher, dass die Chakra-Kugeln in etwas verankert waren, was einem Netz oder einer elektronischen Leiterplatte ähnelte. Die Meridiane wuchsen mit fortschreitender Koaleszenz weiter und endeten schließlich in einem fertigen Gewebe mit den darin eingebetteten Chakra-Kugeln.

## Auswirkungen der Heilung von Trauma der Meridian/Chakra-Entwicklungsereignisse

Wie wir bereits erwähnt haben, ist eines der Hauptprobleme in dieser Arbeit, die Heilung lange genug fortzusetzen, um die vollen Veränderungen während der Entwicklungsphase zu erreichen. Die Koaleszenz bildet dabei keine Ausnahme. Bei dieser Heilung können mögliche Probleme auftreten. Das Hauptproblem besteht darin, die Chakra-Kugeln dazu zu bringen, dass sie ohne Trauma in das Meridiangewebe eingesetzt werden. Es gibt viele mögliche Kombinationen von Problemen, die dabei auftreten können, da es viele

Chakren gibt, die richtig verankert sein könnten oder auch nicht, aber ein wirklich offensichtliches Symptom kann entweder tiefe Erschöpfung oder extreme manische Energie sein.

Beispiel:
> Als wir zum ersten Mal mit der Verankerung der Chakren experimentierten, hatte unsere Testperson die beiden extremen Reaktionen in der Gegenwart, wegen ungeheilter Probleme in der Verankerung. Im ersten Fall war sie völlig erschöpft und konnte kaum wach genug bleiben, um die Heilung fortzusetzen. Als sie die Heilung fortsetzte, machte sie etwas anderes falsch und wurde stattdessen übererregt, und zwar so sehr, dass sie um die kreisförmige Einfahrt laufen musste, um etwas von der Energie abzulassen, während wir den Prozess fortsetzten!

**Warnung - Potenzielle physikalische Reaktionen**
Die Arbeit am präzellulären Koaleszenz-Trauma zur Heilung der Chakra-Systeme kann zu einer von zwei extremen Erfahrungen führen - und zwar zu einer vollständigen Entleerung der Energie oder zu viel Energie, wenn sie nicht bis zur Vollendung durchgeführt wird. Beide Fälle sind ein großes physikalisches Problem für die Testperson. Also sehen Sie sich vor, wenn Sie den Prozess ausführen, und geben Sie sich genug Zeit, auch Fehler zu machen und sich von ihnen zu erholen.

Da wir dazu tendieren, die Chakra-Traumata zusammen mit den Meridian-Traumata zu heilen, ist es etwas schwierig, sie zu trennen. Wir glauben jedoch zu diesem Zeitpunkt, dass die alleinige Heilung der Verankerung der Chakren in den Meridianen eine weitere unerwartete Wirkung bei unseren Testpersonen hat. Diese haben nur drei oder vier Stunden pro Nacht geschlafen und sich danach völlig ausgeruht gefühlt. Dies ist eine dramatische, unverwechselbare und klare Veränderung der Menschen. Dies hat uns gezeigt, dass den Menschen, die mit Chakren in traditionellen Prozessen arbeiten, das volle Potential des Möglichen fehlt. Wir fanden das faszinierend, da die Unterschiede in der Schlafdauer in der Allgemeinbevölkerung die Verbreitung der Phasen widerspiegeln können, die ohne Trauma durchgeführt wurden. Wir haben von Menschen gehört, die nur ein paar Stunden pro Nacht schlafen, aber wir hatten angenommen, dass alle von ihnen eine Art großes psychologisches Problem hatten, das Schlaflosigkeit verursachte. Stattdessen sieht es so aus, als ob durchschnittliche Menschen, die etwa 8 Stunden Schlaf pro Nacht benötigen, tatsächlich diejenigen sind, die ein Problem vorweisen.

(Wir unterscheiden hier zwischen Schlaflosen, die immer müde sind, und Menschen, die kaum schlafen, aber „frisch wie Gänseblümchen" sind.)

Durch die Heilung dieser Meridian-/Chakra-Entwicklungsereignisse können Veränderungen auch in der visuellen Wahrnehmung auftreten. Dass die visuelle Wahrnehmung so radikal anders sein kann, ist etwas, das in unserer herrschenden Kultur nicht wahrgenommen wird, aber erstaunlich offensichtlich ist, wenn man diese Veränderungen schnell durchläuft und erlebt, was wirklich möglich ist. Die Veränderungen reichen von der Sicht, hinter Objekte sehen zu können, bis hin zu anderen, häufigeren Verbesserungen wie der Fähigkeit, mit peripherem Sehen so klar zu sehen wie mit direktem Sehen oder verbessertem dreidimensionalen Sehen. Sowohl die Zen-buddhistische Gehmeditation als auch Tom Brown Jr.'s schamanische Weitwinkelvision versuchen, Menschen dazu zu bringen, ihre periphere Sicht zu nutzen, um ihren Bewusstseinszustand zu verbessern. Aus unseren Ergebnissen geht hervor, dass der Versuch, peripheres Sehen zu nutzen, die Traumata stimulieren würde, die mit dem Verlust dieser Fähigkeiten verbunden sind und das dies dieselben Ereignisse sind, deren Trauma Dreifachhirn-Spitzenzustände blockieren. Im Wesentlichen ergibt die Heilung des Einen das Andere, weil sie beide in fast der gleichen Zeit während der kritischen Entwicklungsereignisse auftreten.

Zum Beispiel kennen wir eine Person, die von Geburt an eine verbesserte dreidimensionale Sicht hat (d.h. die Fähigkeit, selbst zu sehen und zu wissen, wo genau im dreidimensionalen Raum man sich befindet). Sie hatte auch den Bewusstseinszustand des Beauty Way. Dies veranlasst uns zu untersuchen, ob eine vollständig geheilte Empfängnis dies den Menschen geben könnte oder ob es auch andere Phasen erfordert? Der Vorteil dieser Änderung der Sehkraft ist, dass sie relativ gering ist. Dramatischere Veränderungen im Sehvermögen können von einigen Menschen als beängstigend empfunden werden.

Beispiel:
Einer unserer Mitarbeiter, Frank Downey, war ein Kampfpilot, der sein ganzes Leben lang im Beauty Way war, was bedeutet, dass er den Empfängnis-Vorgang mit wenig oder gar keinem Trauma durchlaufen hatte. Es stellte sich heraus, dass er schon immer auch eine Seherfahrung hatte, die viel dreidimensionaler war als die eines gewöhnlichen Menschen. Diese Spitzenfähigkeit ist wahrscheinlich der Grund, warum er sich als Pilot überhaupt hervorgetan hat.

Beispiel:
> Als eine unserer Freiwilligen die Heilung des präzellulären Entwicklungsstadiums der Eizelle beendet hatte, stellte sie fest, dass sie in der Gegenwart eine Spitzenfähigkeit erworben hatte - sie war nun in der Lage, durch Dinge hindurchzusehen oder tatsächlich hinter Dinge zu sehen. Es war sehr schwer, es in Worte zu fassen, aber der Raum wurde optisch ganz anders - alles wurde sehr dreidimensional, nicht mehr wie Bilder, die von den Augen gesehen wurden. Unsere Testperson fand dies ziemlich beunruhigend, da es im Widerspruch zu ihrem religiösen Glauben dessen stand, was für „normale" Menschen akzeptabel war.

## Außergewöhnliche Stärke und Fähigkeit

Wie wirkt sich die Heilung der Chakra-Stufen auf die Extreme der körperlichen Stärke und Ausdauer aus? Aus unserer bisherigen Arbeit haben wir keine plötzlichen Veränderungen in diesem Bereich der geheilten Stadien festgestellt. Unabhängig von den Chakren kann man sich leicht vorstellen, wie wichtig Spitzenzustände (insbesondere solche wie Hollow mit seinem Aspekt der Mühelosigkeit) für die sportliche Leistung sind. Einer unserer Forscher, der den Grad der Gehirn-Verschmelzung „sehen" kann, berichtete, dass der unerwartete Gewinner des Olympischen Goldes für Skating eine solide Verschmelzung des Dreifachhirns hatte, während der Favorit, der verloren hatte, sein Verstandeshirn aus der Verschmelzung herausgezogen hatte. Wir wissen nicht, welches der Zustand ihrer Chakren war, aber wir können erwarten, dass der Verstand, als er aus der Verschmelzung herausgezogen wurde, auch seine zugehörigen Chakren herausgezogen hat.

Doch was ist mit den übermenschlichen körperlichen Fähigkeiten wie die klassische Mutter, die ein Auto von ihrem Baby hebt? Gibt es wirklich Ebenen körperlicher Fähigkeiten, die weit außerhalb der Norm liegen? Die Antwort ist ja. Wir kennen Leute, die diese Art von Phänomenen zeigen. Einer unserer Workshop-Teilnehmer erzählte von einer Erfahrung, die er einige Jahre zuvor gemacht hatte - eines Tages während er seinem Vater in einem Baseball-Camp Aufschlag geboten hatte, erlebte er für etwa 20 Minuten eine Spitzenleistung und warf den Ball wiederholt weit über den normalen Weltrekord hinaus. Der Fänger, sein Vater, bat ihn, runterzufahren, da es schmerzte. Er versuchte daher den Ball nur leicht zu werfen, und doch bewegte dieser sich immer noch im Bereich von 80 km/h. In diesem Sinne unterrichtet Tom Brown Jr.

seine Fortgeschrittenen regelmäßig, wie man tagelang mit voller Geschwindigkeit läuft, ohne zu ermüden.

Einige unserer Freiwilligen berichten von einer verbesserten körperlichen Stärke und Ausdauer als Nebenprodukt der Heilung von Entwicklungsereignissen, die aber immer noch im „normalen" Bereich sind. Zu diesem Zeitpunkt unserer Arbeit haben wir noch keine außergewöhnlichen körperlichen Fähigkeiten festgestellt. Sind sie mit den Chakren verbunden? Wir wissen es nicht. Da unser Modell korrekt ist, wird es einen Schlüssel oder mehrere wichtige Entwicklungsereignisse geben, die dieses Niveau an körperlicher Leistungsfähigkeit verleihen würden. Die Anwendung unseres Modells auf die sportliche Leistung hat ein enormes Potenzial, und eines Tages hoffen wir, dies besser zu verstehen.

## Vorleben

## Hintergrund

Für diese Diskussion gehen wir davon aus, dass Sie dem Phänomen von Vorleben begegnet sind oder deren Existenz aus anderen Gründen bereits kennen und den Paradigmenkonflikt in unserer Gesellschaft überwunden haben. Es wurden eine Reihe guter Bücher zu diesem Thema geschrieben, insbesondere aus therapeutischer Sicht, aber ich werde einige der ungewöhnlicheren Merkmale der Vorleben beschreiben, die selbst bei Menschen, die mit ihnen zu tun haben, im Allgemeinen nicht bekannt sind.

Mehrere religiöse Traditionen sagen, dass Menschen in fortgeschrittenen spirituellen Bewusstseinszuständen Erinnerungen an ihr ganzes vergangenes Leben zurückgewinnen. Wie Sie in Kürze erkennen werden, ist dies eine vernünftige Aussage, die auf unserer Arbeit basiert. Wenn Sie davon ausgehen, dass das Modell dieses Buches richtig ist, so ist ein Bewusstsein der Vorleben in unserem natürlichen Zustand enthalten, daher müssen bestimmte Arten von Entwicklungstraumata das Bewusstsein der Vorleben blockieren. Die Entwicklung des Bewusstseins für Vorleben geht wahrscheinlich Hand in Hand mit der Entwicklung von Spitzenzuständen mitttels traditioneller Prozesse. Es könnte auch sein, dass bestimmte Spitzenzustände die Traumata aufheben, die Vorleben unzugänglich machen, vielleicht in der gleichen Weise, wie der Inner Peace-Zustand emotionale Traumata aus der Vergangenheit beseitigt. Wenn dies jedoch der Fall sein sollte, konnten wir es bei unseren Versuchspersonen bis jetzt noch nicht bestätigen.

## Die Natur der Zeit

Der nächste schwer zu akzeptierende Teil über Vorleben ist die Betrachtung über die Natur der Zeit. Wir werden in Band 2 viel ausführlicher darauf eingehen, aber im Moment gebe ich nur einen Überblick über das, was wir entdeckt haben. Zu unserer Überraschung stellten wir fest, dass die Gegenwart nicht so ist, wie unsere Kultur sie annimmt. Es gibt keine exklusive Gegenwart, die sich von der Vergangenheit in die Zukunft bewegt, wie es uns gelehrt wurde. Um eine visuelle Darstellung zu geben, stellen Sie sich die Zeit als einen Fluss vor, der von der Vergangenheit in die Zukunft fließt. Die Gegenwart ist völlig willkürlich und hängt davon ab, wohin Sie Ihre Aufmerksamkeit beim Betreten des Wassers lenken. Sie können einen bestimmten Moment in der Vergangenheit oder Zukunft wählen, und wenn Sie Ihre Aufmerksamkeit dorthin lenken, ist es „in der Gegenwart", es ist gerade jetzt. Jeder Moment, ob Vergangenheit oder Zukunft, wird vom Betrachter als „in der Gegenwart" erlebt. Dies bedeutet für Vorleben, dass Sie, wenn Sie ein vergangenes Leben oder ein Trauma in diesem Leben mittels einem von vielen Rückführungsprozessen wiedererleben, den gegenwärtigen Moment von jemandem teilen, der ihn tatsächlich lebt. Das sind nicht nur statische Erinnerungen. Und die Ereignisse in diesem Moment können geändert werden. Die Zukunft kann zurückgehen, um die Vergangenheit zu beeinflussen, genauso wie die Vergangenheit die Zukunft beeinflussen kann. Das bedeutet, dass man in bestimmten Spitzenzuständen mit Menschen in der Vergangenheit genauso interagieren kann wie mit einem Nachbarn in der Gegenwart, beispielsweise per Telefon. Tatsächlich kann man sich selbst mit Rat und Tat von einem Leben zum nächsten beistehen, das ultimative Beispiel dafür, wie man sich selbst an den eigenen Haaren aus dem Sumpf zieht!

Die andere wichtige Auswirkung dieses Zeitmodells ist, dass man auch mit Leben interagieren kann, die noch nicht geschehen sind - in der Zukunft, wie wir sie uns vorstellen. Obwohl es für jemanden in der Zukunft natürlich dessen Gegenwart ist und wir in der Vergangenheit sind. Das beste Beispiel für diese Erfahrung, die ich kenne, ist von Hank Wesselman in dem Buch *Spiritwalker* beschrieben.

An dieser Stelle stellt sich eine weitere natürliche Frage. Gibt es eine Art Überseele oder Wesen außerhalb der Zeit, das jedes dieser Leben gleichzeitig erlebt? Um diese Frage zu beantworten, müssen wir uns mit einem relevanten Entwicklungsereignis befassen.

## Vorleben und Entwicklungsereignisse

Mit dem Modell dieses Buches können wir davon ausgehen, dass sich die Menschen nicht an Vorleben erinnern, weil es sich um eine Art Entwicklungsunfall handelt. Zweitens erwarten wir eine Verteilung des Bewusstseins für Vorleben in der allgemeinen Bevölkerung aufgrund des unterschiedlichen Ausmaßes an Traumata in kritischen Entwicklungsstadien, so wie es eine Verteilung von Spitzenzuständen in der allgemeinen Bevölkerung gibt. So würden wir erwarten, dass einige sich an all ihre Leben erinnern können, einige, die es gelegentlich können, und die Mehrheit, die überhaupt keinen Zugang zu ihnen hat. Und tatsächlich scheint es so zu sein.

Wes Gietz entschied sich zu prüfen, ob diese Hypothese wahr ist. Von seinem außergewöhnlichen Spitzenzustand aus konnte er zu dem Moment zurückkehren, in dem er die Blockade seines Bewusstseins für das Wahrnehmen der Vorleben spüren konnte. Vor diesem Moment hatte er das volle Bewusstsein für alle seine Vorleben, obwohl sich herausstellte, dass er sie aus der Perspektive einer Eizelle im Eierstock erleben musste. Er stellte fest, dass dieses Bewusstsein verloren ging, als die Eizelle aus dem Eierstock ausgestoßen wurde. Während dies geschah, bildete sich eine Art Schutzschicht über dem Ei. Dieser Vorgang begann an dessen „Kopf", und als die Beschichtung weiter nach unten ging, konnte er spüren, wie das Bewusstsein für Vorleben reduziert wurde, bis nach Abschluss der Beschichtung kein Zugang mehr zu anderen Leben bestand. Er heilte dieses Ereignis, und zu unserer Überraschung stellte er fest, dass er in der Gegenwart das volle Bewusstsein für seine Vergangenheit und seine Zukunft hatte. Wes beschrieb dies ungefähr so, als hätte er Erinnerungen an sein eigenes ganzes Leben, die aber nicht aufdringlicher waren als die normalen Erinnerungen - obwohl er einige Zeit damit verbrachte zu erkennen, dass Menschen, die er in der Gegenwart kannte, Menschen waren, die er in der Vergangenheit gekannt hatte.

Beispiel:
> Paula Courteau ging weiter auf dieses Ereignis ein und suchte nach dem Grund, warum dies für Vorleben relevant war. Sie fand heraus, dass sie auf einer bestimmten Bewusstseinsebene ein relativ flaches Netz-Gewebe „sehen" konnte, das sich unendlich weit in den Raum erstreckt. Sie begegnete diesem Umstand, indem sie die Koaleszenz der Eizellen in dem Moment heilte, in dem das Herzbewusstsein in den Körper-Behälter kommt. Sie fühlt, dass es in irgendeiner Weise mit der Bewusstseinsstufe des Schöpfers zusammenhängt, aber wie genau, da ist sie sich noch unsicher darüber. Nachdem sie den Wholeness-Zustand in eines ihrer Vorleben induziert hatte, bemerkte sie, dass das Gewebe stellenweise hell wurde. Diese Bereiche waren ihre Vorleben. Ihr aktuelles Leben war nur ein weiterer dieser Bereiche.
>
> Nach weiterer Heilung bekam das Netz eine hellere goldene Farbe und sie konnte ihre Vorleben entweder als hellere Flecken von Gewebe oder als schwache Silhouetten betrachten, als wären sie Menschen, die in der Abenddämmerung sichtbar sind. Interessanterweise waren die beleuchteten Flecken, die ihr am nächsten standen, nicht unbedingt ein junges Vorleben - vielmehr hatten sie ähnliche Probleme wie sie in der Gegenwart. Mit weiteren Experimenten stellte sie fest, dass es eine chronologische Reihenfolge gab. Die Vorleben, die sich zu ihrer Linken befanden, waren Vergangenheit, die zu ihrer Rechten die Zukunft. Hinter ihr lagen Leben, die vor der Geburt starben. Direkt vor ihr befanden sich nur Schatten, die sich ständig bewegten. Sie fühlte, dass sie „mögliche Paulas" waren - das Leben, das sie geführt hätte, wenn sie einen anderen Weg eingeschlagen hätte. Sie fühlte große Angst, die mit der Verschmelzung mit diesen Leben verbunden war. Ich finde diesen Bereich faszinierend, da sowohl ich als auch Zivorad Slavinski in unserer Heilarbeit Klienten Zugang zu diesen Arten von „alternativen" Leben verschaffen. Nach weiterer Heilung wurde Paulas gesamtes Netz golden und die vergangenen und zukünftigen Leben verschmolzen teilweise mit ihr. Seitdem hat sie immer wieder den Eindruck, dass ihr ganzes Leben von ihrer Heilung profitiert.
>
> Mit mehr Koaleszenz- und weiterer Heilung sieht sie das Netz-Gewebe jetzt als einen durchgehenden Bogen aus orange-goldenem Licht. Sie erwähnt dies, weil andere Forscher, die weniger traumatisiert sind, das Zwischenstadium des Netz-Gewebes möglicherweise nicht sehen.

Paula schreibt: „Es war David Burnet, der Worte fand für die Art und Weise, wie ich auf besondere Fähigkeiten und verschiedene Sichtweisen zugreife: Um vom Creator-Zustand aus zu arbeiten, sagte er, dass er sich in den Moment zurückentwickelt, in dem er den Schöpfer zum ersten Mal wahrnahm. Ich habe heute Morgen erkannt, dass Regression auch das ist, was ich tue, aber nicht ganz bewusst. Wenn ich vergangene Leben sehen will, umgebe ich mich mit einer bestimmten Atmosphäre. Ich merke jetzt, dass es die Atmosphäre des Gebärmutter-Eeignisses ist, die ich geheilt hatte, als ich zum ersten Mal meine früheren Leben entdeckte. Wenn ich das planetarische Bewusstsein spüren will, umarme ich mich mit einer anderen Atmosphäre - derjenigen des Augenblicks, als ich kurz davor war, meinen ersten Atemzug zu machen. Ich habe vergessen, was die meisten Entwicklungsmomente waren, aber ich muss mich nicht an die Zeit erinnern; alles, woran ich mich erinnern muss, ist das Gefühl dieser besonderen Momente. Es ist eine Abkürzung, aber genau genommen ist es definitiv eine Rückführung in den Moment, in dem das Phänomen zum ersten Mal gesehen wurde."

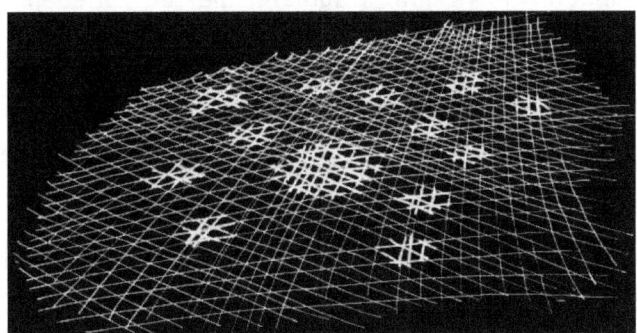

*Abbildung 7.1:* Paula skizzierte ihre Beobachtungen. Das Muster auf dieser Zeichnung ähnelt dem Muster im Netz-Gewebe, das Vorleben enthält. Der größte Fleck ist das gegenwärtige Leben, mit vergangenen und zukünftigen Leben drum herum.

In welchem Zusammenhang steht dies mit dem Entwicklungsereignis des Eisprungs? Im Eierstock wird die Eizelle über ein Gewebe mit ihren „Schwestereiern" verbunden, das sich sehr ähnlich anfühlt und aussieht wie das, was Paula als ein Gewebe sah, welches Vorleben enthält. Die Eier kommunizieren alle miteinander, wie Mädchen und Frauen in Gruppen und tauschen Informationen untereinander aus. Erinnern Sie sich daran, dass es sich um eine Assoziation handelt, die der Körper verwendet, um damit zu lernen und nicht um Logik oder Vernunft. Im Falle des Eisprungs, wenn die Beschichtung über das Ei kommt, durchtrennt diese die Kommunikationskanäle zu den anderen Eiern. Dieser Verlust der Kommunikation mit den anderen Eiern wird gleichzeitig auf den ähnlichen Gefühlsverlust der Kommunikation mit früheren Leben übertragen.

Gibt es ein gleichwertiges Entwicklungs-Stadium im Spermium, das vergangene Leben blockiert? Das Spermium ist ebenfalls mit einer Schutzschicht aus Zellen überzogen, aber zumindest bis zu unserem aktuellen Wissensstand scheint es nicht die gleiche Wirkung zu haben wie bei der Beschichtung der Eizelle. Wie man vermuten kann, sind Entwicklungsstadien, die nicht mit Traumata zu tun haben, schwer zu finden, für den Betrachter sind sie Nicht-Ereignisse. Nur Menschen, die einen Zustand haben, der gut genug ist, sagen aus, dass sie auf das traumatische Material zugreifen und es heilen können, und die noch ein Ereignistrauma haben, das mit dem Gesuchten zusammenhängt, können die relevanten Ereignisse wahrnehmen. Es war bisher ein langsamer Erfolg-Misserfolg Prozess.

Gibt es andere Entwicklungstraumata, die für Vorleben relevant sind? Wir vermuten, dass es die gibt, denn nicht jeder, der das Eisprung-Trauma heilte, gewann seine Erinnerungen an vergangene Leben zurück. Aber auch hier steht noch weitere Forschung an.

## Der Zustand „Past-Life" (Vorleben-Bewusstsein)

Wie wir bereits erwähnt haben, erlebt der Einzelne, wenn relevante Traumata vollständig geheilt sind, die Verschmelzung seiner gesamten vergangenen und zukünftigen Leben in seine Gegenwart. Offensichtlich gibt es Grade dieser Verschmelzung - von der fehlenden Fähigkeit, auf Vorleben zuzugreifen bis hin zum vollständigen Bewusstsein. In diesem Buch haben wir uns entschieden, diesen Zustand „Past Life" (Vorleben-Bewusstsein) zu nennen. Da man auch auf zukünftige Leben zugreifen kann, ist der Name etwas unvollständig, aber da der Begriff der Vorleben bereits Wurzeln geschlagen hat, haben wir uns entschieden, den Zustand mit dem gängigen Namen zu kennzeichnen.

## Heilung der Vorleben in großen Mengen

Nach ein paar Jahren erkannten wir, dass es so viele vergangene Leben gab, dass es sowohl sinnlos als auch ziellos war zu versuchen, ihr relevantes Trauma zu heilen. Bei so vielen Leben war praktisch alles, was traumatisch sein könnte, mindestens einmal zu irgendeinem Zeitpunkt erlebt worden. Erfahrungsgemäß hatten wir festgestellt, dass Klienten-Probleme, die auf ein Vorleben zurückzuführen waren, tatsächlich durch ein grundlegenderes Trauma in diesem Leben ausgelöst wurden. Der Klient könnte zuerst in das vergangene Leben gehen, weil die Erfahrung des vergangenen Lebens für die Person weniger traumatisch ist, weil es jemand anderem passiert und sich nicht persönlich anfühlt. Wir könnten den Klienten zwingen, in diesem Leben zur ursprünglichen Ursache des Problems zu gehen, und die vergangenen Traumata würden für ihn irrelevant werden.

Dr. Perry machte eine weitere erstaunliche Entdeckung. Sie fand heraus, dass sie den Wholeness-Zustand in einem ihrer vergangenen Leben induzieren konnte, und dann würde diese Person in dem Leben ihn in einem anderen ihrer Vorleben induzieren, und so weiter in einer expandierenden Kettenreaktion. Während sie zusah, wurde ihre gesamte Vergangenheit und zukünftige Geschichte ihrer anderen Leben neu geschrieben. Das war ein erstaunliches Ergebnis und half uns, uns besser zu fühlen mit dem Entschluss, all die Lebenszeiten des Elends, die wir alle hatten, einfach zu ignorieren.

## Bedeutung für die Zukunft unserer Zivilisation

Eine der faszinierendsten Implikationen dieser Arbeit ist wieder die Natur der Zeit. Wir stellen fest, dass Menschen, nachdem sie in den richtigen Spitzenzustand, den Inner Brightness, eingetreten sind, ihre eigene Zukunft dann in unterschiedlichem Maße erleben können. Denn aus dieser Sicht des Spitzenzustands ist die Zukunft bereits eingetreten. Mit erschreckender Uniformität sehen diese Menschen das Ende unserer Zivilisation und das virtuelle Aussterben unserer Spezies in ihrem eigenen Leben. Hank Wesselman, Tom Brown, Jr. und Christopher Bache machen alle eine gute, wenn auch beunruhigende Arbeit, um diese Katastrophe zu beschreiben. Selbst Dr. Raymond Moody's Psychomanteum-Arbeit, die für einen ganz anderen Zweck konzipiert ist, nämlich die

Kommunikation mit den Toten, lässt die Menschen diese Ereignisse sehen.

Ist das echt? Nun, es braucht keinen ungewöhnlichen Zustand, um festzustellen, dass unsere Gesellschaft die Biosphäre, die unsere eigene Spezies erhält, in einem erschreckenden Maß zerstört, sodass wir erwarten können, dass ein solches Ergebnis ziemlich realistisch ist. Doch die gleichen Ergebnisse bieten Hoffnung - die Vergangenheit und die Zukunft können sich ändern. Tatsächlich kann man auf der Grundlage dieses Modells des ständigen Wandels eine Wahrscheinlichkeit für zukünftige Ereignisse ableiten. Leider scheint die Wahrscheinlichkeit einer globalen Katastrophe zu diesem Zeitpunkt fast sicher zu sein. Doch vielleicht wird sich das Ergebnis ändern, wenn genügend Menschen heilen.

## Ein Entwicklungsereignis für die Kunst und Musik der amerikanischen Ureinwohner

Während ich die Entwicklungsereignisse des Spermiums im Hoden erforschte, stieß ich auf eine der numinos schönsten und fantastischsten Erfahrungen, die ich je gemacht habe. Ich flog schnell durch eine Reihe von riesigen, miteinander verschlungenen Tunneln, die sich anfühlten, als wären sie Hunderte von Metern breit. Es gab den Klang einer indianischen Singstimme, von der ich wusste, dass sie den Schöpfer lobte. Die Wände der Tunnel waren mit kantigen Mustern bedeckt, den gleichen, die in Kunstwerken der amerikanischen Ureinwohner der Prärien und des Südwestens zu finden sind.

Natürlich waren diese Tunnel, Kunstwerke und Musik alle aus der Perspektive des Spermiums, also sind die Dimensionen ziemlich klein, aber aus meiner Sicht war es atemberaubend!

Dieses Ereignis hat keinen von mir erkannten besonderen Nutzen, aber ich erwähne es hier wegen seiner beeindruckenden Schönheit.

## Das Entwicklungsereignis für Alter und Tod

### Alt werden

Zu unserer großen Überraschung fand eine unserer Mitwirkenden ein Entwicklungsereignis, bei dem wir uns dafür entscheiden, alt zu werden und den Zeitpunkt zu wählen, an dem wir an Altersschwäche sterben werden. Dies geschieht während des Geburtstraumas, direkt nach der ersten Geburtskontraktion. (Die Benennung der ersten Kontraktion geht von einer normalen Geburt aus.) Sie fand die Erfahrung ziemlich beängstigend und entschied sich schließlich dafür, das Ergebnis nicht zu ändern.

Beispiel:
> „Während einer Sitzung traf ich auf eine Entscheidung, die ich gewählt hatte, um zu altern und alt zu werden. Ich konzentrierte mich auf einen Mangel an Ganzheit, öffnete mein Herz, ließ wirklich meine Herz-Energie los, dann fing ich an, mich selbst im Sterben zu fühlen, wie das Sterben im Alter. Dann wurde mir klar, dass das Altern eine Enge war, und ich sah, dass es nicht so sein musste. Um dorthin zu gelangen, musste ich die innere Welle loslassen und mich nach außen ausdehnen. Ich musste mich dem Universum, diesem Geben/Empfangen, hingeben, schutzlos in dieses Geben und Empfangen gehen und in Nichts zu investieren. Ein Tod, der weiß, wo ich landen würde. Ich beschloss, auf die Entscheidung zu warten, das Altern aufzugeben, es auf später zu verschieben! (Ich hatte große Angst, diese Entscheidung nicht zu altern zu treffen.)"

Später konnte Scott McGee diese Ergebnisse überprüfen. Er durchlief das Trauma des Ereignisses und änderte das Ergebnis. Da es sich um experimentelle Arbeiten handelt, wussten wir nicht, was uns erwartet. Er berichtete, dass er plötzlich über einen Zeitraum von Wochen enorme Mengen an Proteinen essen und viel schlafen musste. Sein Körper gewann spontan die Muskulatur und Form eines jüngeren Mannes zurück. Wir wissen nicht, wie weit dies gehen kann, oder ob andere Entwicklungsereignisse beteiligt sind, aber wir beobachten den Verlauf der Veränderungen mit großem Interesse.

Ist es möglich, den Alterungsprozess tatsächlich zu stoppen oder umzukehren, indem man dieses Trauma im Entwicklungsereignis heilt? Wir wissen es einfach nicht.

Nebenbei bemerkt durchlaufen die über einen Kaiserschnitt geborenen Babys auch die gleichen Entwicklungsereignisse wie das normal geborene Baby, aber die Ereignisse werden in nur wenige Augenblicke komprimiert, während das Baby von der Mutter entfernt wird. Es ist eigentlich schwieriger zu bewältigen als eine normale Geburt, da es als ein schrecklicher Schock erlebt wird, wenn alle Phasen in einer kurzen Zeitspanne zusammengepfercht sind. Empirisch haben wir also festgestellt, dass Kaiserschnittbabys nicht glücklicher sind als normale Geburten und in der Tat in Abschnitten der Geburt stärker beeinträchtigt sein können als normal geborene Kinder.

## Archetypen und die Musik der Sphären

Wie unser Modell voraussagt, gibt es für jede mögliche Spitzenerfahrung ein Entwicklungsereignis, und das Bewusstsein für Archetypen ist ein weiteres Beispiel für dieses Prinzip. Der Zugriff auf das Ereignis erfolgt unmittelbar nach der Geburt. Wenn du dich nach dem Verlassen des Geburtskanals in der Zeit vorwärts bewegst, gibt es einen kurzen Moment in der Zeit, der ein starkes archetypisches Gefühl hat. Es ist eine ganz besondere Erfahrung - dein Bewusstsein geht zu einem „Ort", an dem du dir unterschiedlich großer Sphären bewusst wirst, die fast planetarisch groß erscheinen, die sich in einer Art Tanz vor und zurück bewegen. Jede Kugel ist ein „Archetyp" und gibt eine musikalische Note oder einen Ton ab. Zusammen bilden alle Sphären eine harmonische Kakophonie, die nicht angenehm klingen sollte, es aber tut. Auf der anderen Seite des „Raumes" befindet man sich im Gaia-Bewusstsein, das aus einem Wohnhaus mit abgenommener Wand besteht - jedes Zimmer ist ein Spezies-Bewusstsein. Der Mensch als Spezies befindet sich in einem dieser Räume.

Ich habe dieses Ereignis an anderen Freiwilligen getestet. Es ist ziemlich einfach, sie langsam die Geburtssequenz neu erleben zu lassen, um den Moment zu finden, in dem sie auf diese Erfahrung zugreifen müssen. Wie bei so vielen Ereignissen bedeutet die Heilung des Traumas um es herum nicht, dass man automatisch weiß, wie man es in irgendeiner Weise benutzt. Diese Erfahrung wird bei bestimmten Arten von schamanischen Aktivitäten außerhalb des Rahmens dieses Buches verwendet.

Ich kann nur vermuten, dass die Griechen sich dieser Spitzenerfahrung bewusst waren, weil sie eine Sprache sprechen, die so gut zu ihr passt. Soweit ich sagen kann, sind diese Archetypen nicht mit denen verwandt, die in psychologischen Büchern erwähnt werden - das ist viel grundlegender. Ich vermute, dass sie jedoch mit Transitastronomie zu tun haben.

## Die Schichten der Aura und ihre biologischen Gegenstücke

## Einführung

Eines der Hauptziele der Arbeit in diesem Buch ist es, ein Modell zu definieren, das alle psychischen und spirituellen Erfahrungen in einen zugrundeliegenden Mechanismus einbindet. Eine solche Erfahrung sind die Aura-Schichten, die von einer Reihe von Menschen beschrieben werden, allen voran Barbara Brennan in ihrem Buch *Hands of Light*. Dieses Phänomen ist nützlich, um bestimmte Arten von emotionalen und körperlichen Problemen zu verstehen und zu heilen. Siehe Band 3 für Einzelheiten zu diesem Thema.

Unser Modell deutet darauf hin, dass diese Art von Phänomenen aufgrund biologischer Ereignisse existiert, und genau das haben wir in den Fällen, die wir untersucht haben, bestätigt gefunden. Obwohl die Schichten der Aura nicht-physikalisch sind, haben diese Schichten ein Gefühl für den Körper, das eine zugrundeliegende biologische Erfahrung vor der Geburt nachahmt. Soweit wir wissen, werden diese Schichten nicht durch die Entwicklungsbiologie gebildet, sondern der Körper erlebt sie als identisch mit den biologischen Schichten und geht genauso damit um. Die biologischen Schichten entstehen in den frühen Entwicklungsstadien in der Gebärmutter, während Einzel- oder Wenigzellperioden. Die nicht-physikalischen Schichten haben eine charakteristische Eiform, auch wenn der Erwachsene nicht eiförmig aussieht, denn ihr Ursprung liegt in biologischen Entwicklungsstadien, in denen der Körper eiförmig war, wie bei der Empfängnis oder Einnistung. Interessanterweise müssen die ursprünglichen Entwicklungsstadien in der Regel geheilt werden, damit die nicht-physikalischen Schichten funktionieren oder richtig genutzt werden können.

## Die Barriere der „Eierschale"

Es gibt eine nicht-physikalische Membran, die den menschlichen Körper umgibt. Sie kann als eine cremefarbene, harte Schicht gesehen werden, die aussieht wie eine Eierschale und deren Form hat. Obwohl ihre Abmessungen geändert oder sogar erweitert werden können, um eine andere Person nach Belieben zu umgeben, nimmt sie normalerweise diese Eiform ungefähr einen Fuß breit um den Körper an und umschließt ihn vollständig.

Die Beschädigung dieser Schicht sieht in der Regel wie eine verbrannte, geschwärzte Stelle aus.

Diese Schicht fungiert eher als Barriere. Ihr Ursprung liegt in der Empfängnis, wenn die neu befruchtete Eizelle ihre äußere Membran verfestigt, um das Eindringen anderer Spermien zu verhindern. Deshalb hat die nicht-physische Barriere die charakteristische Form einer menschlichen Eizelle. Es besteht die Möglichkeit, dass diese Barriere ihren Prototyp in der Koaleszenz hat.

Diese Barriere ist besonders wichtig für die Heilung und Diagnose bestimmter Arten von emotionalen und körperlichen Problemen. Dies wird in Band 3 und in Band 2 mit Bezug auf die „Strippen" näher erläutert.

## Die Barriere der „rutschigen Oberfläche"

Diese Schicht der nicht-physischen Aura wird als Grenzschicht erlebt, die eine rutschige oder fettige Oberfläche hat. Eine Person beschreibt es als ein Gefühl wie Eiweiß. Sie hat auch eine Eiform, und sie liegt innerhalb der zuvor erwähnten Eierschalen-Grenze. Im Gegensatz zur Grenze der Eierschale kann ihre Oberfläche auch einen Rotationseffekt haben, als ob ein Wind- oder Staub-Teufel den Körper an der Grenze umgeben würde. Wenn dieser Wind-Effekt nicht auftritt, kann die Schicht lückenhaft und porös wirken.

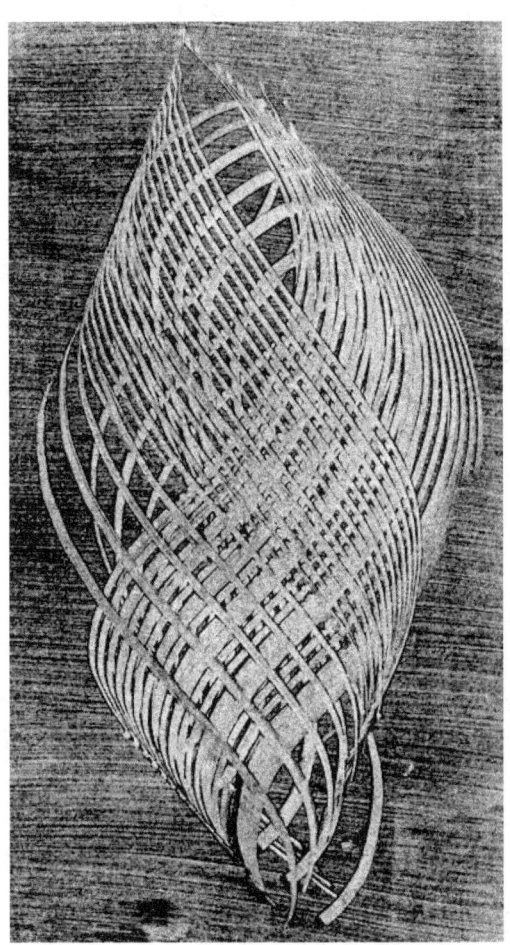

*Abbildung 7.2*: Ein ungefährer visueller Eindruck der auf die Eizelle oder das Spermium aufgetragenen Beschichtung, wenn sie den Eierstock bzw. die Hoden verlassen. Es sieht nach der Empfängnis genauso aus. Der Eindruck davon bleibt bis in die Gegenwart bestehen.

Diese Schicht ist wichtig bei bestimmten Arten von physikalischen Problemen und ist nützlich und relevant für Phänomene, die im Raumzustand des Bewusstseins auftreten. Dies wird in Band 3 ausführlich behandelt.

Sein Ursprung in der Entwicklungsphase liegt in drei verschiedenen Ereignissen. Die Eizelle erhält eine Beschichtung, wenn sie den Eierstock verlässt. Die rutschige Oberfläche bildet sich unter dieser neuen Zellschicht. Das Spermium erhält auch eine Beschichtung, wenn es die Hoden verlässt und ebenso bildet sich eine rutschige Schicht darunter. Die beiden Schichten werden während der Konzeption zusammengeführt. Schließlich wird die rutschige Beschichtung während der Zeit kurz vor der Einnistung aktiviert, wenn die Zygote die sie umgebende Schicht aus Nährstoffzellen verliert. Die Zygote macht ihre Außengrenze rutschig, um die umgebenden Zellen zu lösen.

## Schlüsselpunkte

- Es gibt Chakren und Meridiane. Die gleichen Entwicklungsstadien, die für Dreifachhirn-Verschmelzung-Zustände entscheidend sind, sind auch für die richtige Entwicklung und Nutzung der Chakren und des Meridiansystems in unserem Körper entscheidend. Traumata rund um ihre Entwicklung müssen angegangen werden, sonst sind viele unserer natürlichen Fähigkeiten beeinträchtigt. Die Folgen geheilter Entwicklungsereignisse sind Seh-Veränderungen und ein radikaler Rückgang des Schlafbedarfs.
- Einen Spitzenzustand oder eine potenzielle Fähigkeit zu haben bedeutet nicht immer, dass man weiß, wie man ihn effektiv nutzt. Oftmals ist eine Schulung erforderlich. Wenn Ihre Mutter das unbewusst nicht benutzt hat, während Sie in der Gebärmutter waren, lernt Ihr fötales Selbst nicht, wie man es benutzt. Die Verwendung der Chakren ist ein gutes Beispiel dafür.
- Blockaden im Bewusstsein für frühere (und zukünftige) Leben sind auch auf ein Trauma in mindestens einem Entwicklungsstadium zurückzuführen. Diese Phase tritt unmittelbar nach dem Eisprung ein, wenn die Eizelle mit einer Schutzabdeckung überzogen ist.

## Empfohlene Literatur und Webseiten

**Für Nahtoderfahrung**
- Dr. Raymond Moody MD, *The Light Beyond*, Bantam, 1989.

**Für Vorleben**
- Grant McFetridge und Mary Pellicer, *The Basic Whole-Hearted Healing Manual* (dritte Ausgabe), Institute for the Study of Peak States Press, 2003.
- Winafred *Regression Therapy: A Handbook for Professionals, Volume 1: Past-life therapy*, Deep Forest Press, 1993.

- Dr. Stanislav Grof, *The Cosmic Game: Explorations of the Frontiers of Human Consciousness*, State University of New York Press, 1998.

Kommunikation mit den Toten
- Dr. Raymond Moody und Paul Perry, *Reunions: Visionary Encounters with Departed Loved Ones*, Ivy-Books, 1994.

Chakren und die Schichten der Aura
- Barbara Brennan, *Hands of Light: A Guide to Healing Through the Human Energy Field*, Bantam, 1993.
- Karla McLaren, *Your Aura and Your Chakras: The Owner's Manual,* Red Wheel/Weiser, 1998.

Beschreibungen von außergewöhnlichen Fähigkeiten und Erfahrungen
- www.ehe.org, das außergewöhnliche Netzwerk für menschliche Erfahrung.

Über die mögliche Zukunft
- Christopher Bache, *Dark Night, Early Dawn*, State University of New York Press, 2000.
- Tom Brown, Jr., *The Vision*, Berkley, 1988. Sachbuch.
- Hank Wesselman, *Spiritwalker: Messages from the Future*, Bantam, 1995. Ein Bericht über ein zukünftiges Leben, ausgezeichnet geschrieben. Sachbuch.

Kapitel 8

# Ein „Trauma"-Ansatz: Regression zu Dreifachhirn- Entwicklungsereignissen und entsprechende Spitzenzustände

## Einführung

Dieses Kapitel ist speziell für Fachleute und Personen gedacht, die eine Ausbildung am Institut absolvieren. Es dient nur zu Bildungszwecken und ist nicht für die allgemeine Öffentlichkeit bestimmt. Der Prozess in diesem Kapitel ist so konzipiert, dass er nur mit geschulter und qualifizierter Aufsicht angewendet werden darf, da die Möglichkeit besteht, dass langfristige emotionale und körperliche Schmerzen sowie lebensbedrohliche Suizid-Gefühle auftreten können. Wenn Sie ein Laie sind, der dieses Buch liest, verweisen wir Sie auf die Kapitel 3, 9, 10, 11 und 12 für Prozesse zum Erfassen von Spitzenzuständen, die bereits an großen Personengruppen getestet wurden und relativ schnell, einfach, sicher und effektiv sind.

Der in diesem Kapitel behandelte Prozess ist unser Kern-Regressionsprozess zur Erfahrung von Dreifachhirn-Spitzenzuständen und verwandten Bewusstseinszuständen. Insbesondere sind die Spitzenzustände, für die er bestimmt ist, der Hollow-Zustand, der Wholeness-Zustand, der Inner Gold-Zustand und der Flow Awareness-Zustand, die alle an anderer Stelle in diesem Band erläutert wurden. Zum jetzigen Zeitpunkt befinden sich die Schritte in diesem Prozess noch in der Entwicklungsphase, und wir gehen davon aus, dass sie bis zur nächsten Ausgabe geändert und verbessert werden. Wir nehmen den folgenden Prozess in dieses Buch auf, weil er für unsere Arbeit von zentraler Bedeutung ist, um den Ursprung neuer Zustände zu entdecken und so unsere Gaia-Befehls-Prozesse zu verbessern (siehe Kapitel 9 für ein Beispiel für einen Gaia-Befehlsprozess).

Wir hoffen auch, dass andere Technik-Entwickler diese Informationen aufnehmen, verbessern und unsere Erkenntnisse in ihre eigene Arbeit einfließen lassen.

Zustände in diesem Kapitel:
- Wholeness

- Hollow
- Inner Gold
- Underlying Happiness
- Beauty Way
- Flow Awareness

## Über diesen Regressionsprozess

Im Wesentlichen ist der Prozess in diesem Kapitel nur eine Liste von detaillierten Beschreibungen der wichtigsten Entwicklungs-Stadien, die wir gefunden haben, die entscheidend sind für das Dreifachhirn und entsprechende Spitzenzustände, zusammen mit den Lösungen für einige andere spezifische Probleme, mit denen man sich befassen muss. Im Wesentlichen ist dieser Prozess nur eine erweiterte Version des in den Kapiteln 6 und 7 beschriebenen Materials. Die Heilung dieser Phasen hat den Effekt, dass die oben genannten Zustände an viele, aber nicht an alle Menschen, die die Heilung durchführen, weitergegeben werden. Um die Prozessschritte durchzuführen, haben wir angenommen, dass Sie sich bereits in einem Bewusstseinszustand befinden, der es Ihnen erlaubt, nach Belieben zu regressieren, oder dass Sie Hilfe dabei erhalten können. Die Voraussetzung für die Möglichkeit, nach Belieben regressieren zu können, ist der Zustand Inner Brightness und wird in Band 2 behandelt. Für Menschen, die nicht nach Belieben regressieren können, haben wir einige Erfolge mit Bildern und Musik, die wir genauer beschreiben werden. Wir gehen auch davon aus, dass Sie eine Heilmethode kennen, die jedes relevante Trauma heilen kann. Jeder Prozess, der schnell, effektiv und vollständig funktioniert, um Traumata zu heilen, wie z.B. eine Meridiantherapie oder Whole Hearted Healing, wäre in Ordnung.

## Was Sie erreichen können

Die meisten Menschen, die diesen Prozess beenden, werden große interne Veränderungen wahrnehmen. Dazu gehören:
- Ein tiefes und wunderbares Gefühl, „ganz" zu sein, wenn man in den Zustand von Wholeness eintritt.
- Sie betreten den Hollow Zustand oder einen der wenigen Dreifachhirn-Zustände wie den Beauty Way oder den Underlying Happieness. Wenn Sie in dem vollen Hollow-Zustand sind, fühlen

Sie sich, als würde Ihr Körper sich in Luft umwandeln und nur eine Abdeckung haben, und alles wird mühelos. Wenn Sie bereits den Zustand Inner Brightness haben, können Sie wahrscheinlich wahrnehmen, dass Ihre fünf Gehirne zu einer Kugel um Ihren Bauchnabel verschmelzen. Im Sinne des Perry-Diagramms überlagern sich alle Kreise, wenn die Gehirnbewusstseine miteinander verschmelzen.

- Sie werden eine goldene Farbe in Ihrem Körper bekommen. Wir glauben jedoch, dass diese Veränderung nur im Zustand Inner Brightness oder bei der Heilung von körperlichen Verletzungen mit der WHH-Methode sichtbar ist.
- Die Chakren verschmelzen zu einer Kugel direkt darüber und überlagern den Hirn-Verschmelzungsball, wodurch der Flow Awareness Zustand erreicht wird. Um diese Chakra-Kugel zu sehen, ist auch der Zustand Inner Brightness erforderlich, wobei er als ein Gefühl des Flusses empfunden werden kann, der durch den Körper von hinten nach vorne geht.
- Angenommen, Sie heilen die Meridian-Chakra-Verbindungen während der Koaleszenz-Phasen, dann können Sie damit rechnen, dass Sie nur etwa drei oder vier Stunden Schlaf benötigen, um sich gut ausgeruht zu fühlen.

## Die Effektivität des Prozesses

Wir können mit Sicherheit sagen, dass die meisten Menschen diesen Prozess, wie er geschrieben wurde, nicht als effektiv empfinden werden, um ihnen die gewünschten Spitzenzustände zu geben.

Dies liegt daran, dass Menschen im durchschnittlichen Bewusstsein einen ziemlich seltenen Spitzenzustand, den Inner Brightness, benötigen, um leicht zu den richtigen Momenten in der Zeit zurückzukehren. Wir glauben, dass andere Ansätze für die Regression dieses Problem umgehen könnten, aber im Moment machen wir den Prozess selten mit Menschen mit einem durchschnittlichen Bewusstsein und haben ihn daher nicht für sie optimiert.

Selbst bei Menschen mit dem Zustand Inner Brightness wissen wir, dass nicht jeder erfolgreich ist, um die aufgelisteten Zustände zu erhalten. Bei dieser ungewöhnlichen Gruppe haben wir bis jetzt keine guten Statistiken darüber, wie effektiv dieser Prozess für den Erwerb von Zuständen ist.

In der Regel führen wir diesen Prozess einzeln durch und passen ihn daher an die individuellen Bedürfnisse des Menschen an und lösen jedes ungewöhnliche Problem vor Ort. Das bringt uns bessere Ergebnisse als die bloße Befolgung von einzelnen vorgedruckten Schritten.

Da wir vermuten, dass einige der erforderlichen Entwicklungsstadien noch nicht identifiziert sind, erwarten wir nicht, dass dieser Prozess allen den Hollow-Zustand geben wird. Es ist jedoch sehr wahrscheinlich, dass es zumindest einen der anderen kleineren Dreifachhirn-Spitzenzustände geben wird, an die Sie sich vielleicht erinnern können, dass sie sich vor dem Hollow-Zustand entwickeln.

Selbst unter Berücksichtigung all dieser Faktoren ist nicht jeder mit dem Zustand Inner Brightness in der Lage, die Ziel-Zustände zu erreichen. Wir wissen nicht, warum dies so ist, aber wir haben mehrere Hypothesen: fehlende Entwicklungsstadien in unserem Prozess; unvollständige Heilung eines bestimmten Stadiums, vielleicht aufgrund unzureichender Beherrschung der Powertherapien; unzureichende Heilung von verwandten Vor- oder Nachtraumata, die sich auf die Entwicklungsstadien der jeweiligen Person beziehen; Generations-Traumata, die die Heilung stören (in Band 3 ausführlich behandelt); ungelöste frühere Traumata, die in Band 2 beschrieben sind; das Trauma, das zu Beginn der Geburt auftreten kann, in Band 2 beschrieben; andere ungewöhnliche Phänomene, die in Band 3 behandelt werden; und unbekannte Gründe.

## Die Entscheidung, eine Teilmenge der aufgelisteten Zustände zu erwerben

Es ist möglich, nur einige der Entwicklungsstadien zu heilen, um bestimmte Zustände zu erlangen. Da die Stufen jedoch aufeinander aufbauen, können übersprungene Stufen, insbesondere die Koaleszenz-Stufen, den Effekt blockieren, den die Heilung späterer Stufen bewirken kann.

- Der Zustand Wholeness: Das Trauma des Plazentatodes ist der Schlüssel zu diesem Zustand. Führen Sie die Schritte 2, 7a, 9, 10 und 11 aus. An sich scheint das ganz gut zu funktionieren.
- Der Underlying Happieness Zustand: Die Heilung der Einnistung ist der Schlüssel zu diesem Zustand. Führen Sie die Schritte 2, 8,

10 und 11 aus. Da es sich jedoch um eine neuere Entdeckung handelt, haben wir noch keine Daten darüber, wie effektiv allein diese Schritte sind.

- Der Beauty Way Zustand: Die Heilung der Empfängnis gibt oft den Zustand des Beauty Way (oder des Inner Peace). Führen Sie die Schritte 2, 7, 10 und 11 aus.
- Flow Awareness Zustand: Es ist möglich, nur die Chakra- und Meridiananteile der Koaleszenz und Empfängnis zu heilen, um den Schlafbedarf zu reduzieren oder den Flow Awareness Zustand zu erreichen. Führen Sie die Schritte 2, 3e, 5e, 7b, 10 und 11 aus.
- Der Inner Gold Zustand: Führen Sie die Schritte 2, 4 und 6, 10 und 11 aus.

---

### POTENZIELLE RISIKEN

Verwenden Sie diesen Prozess nicht, es sei denn, Sie sind voll und ganz bereit, alles zu akzeptieren, was Ihnen als Ergebnis des Prozesses geschieht. Verwenden Sie diesen Prozess nicht, wenn Sie bereits Erfahrungen mit Suizidgefühlen gemacht haben

---

Wir haben dieses Verfahren (mit Ausnahme der Schritte 8 und 9) bei etwa 50 Personen ohne Nebenwirkungen angewendet. Es handelte sich jedoch nicht um zufällig ausgewählte Personen, sodass wir keine Vorhersagen darüber treffen können, was passieren wird, wenn große Gruppen von Menschen diesen Prozess nutzen. Er ist immer noch SEHR experimentell. Wir haben Schritt 9, den Tod der Plazenta, NUR an einer Handvoll Menschen zum Zeitpunkt dieses Schreibens getestet, und wir vermuten, dass dieser Schritt bei einigen Menschen Suizid-Gefühle auslösen kann. Die Phase tritt während einer Zeitspanne auf, die manchmal extreme Suizidgefühle hervorruft. Wenn dieses Material beim Éintreten in diese Phase ausgelöst wird, können die Suizid-Gefühle eine Person überwältigen. Wir empfehlen Ihnen, Schritt 9 nur dann durchzuführen, wenn Sie kompetente Unterstützung haben und nicht bereits ein Problem mit Suizidgefühlen haben.

Wir empfehlen, den Prozess mit einem ausgebildeten und lizenzierten Therapeuten durchzuführen, der mit der Heilung von Gebärmutter-Trauma vertraut ist und, wenn Sie die Schritte 7 und 9 in den Prozess einbeziehen, auch mit dem Umgang mit Suizid-Klienten vertraut ist. Wir haften nicht für Sie, wenn Sie die Nutzung dieses Prozesses gewählt haben. Verwenden Sie diesen Prozess NICHT, es sei denn, Sie sind auf die möglichen Folgen vorbereitet. Dieser Prozess ist nicht sicher und kann selbst für gut eingestellte Personen sehr gefährlich sein. Es wird in diesem Buch nur als Recherchewerkzeug für Fachleute angeboten, die mit dem, was passieren kann, vertraut und vorbereitet sind. Ein viel sichererer, schnellerer und einfacherer Prozess für den Inner Peace ist in Kapitel 9, und eine erweiterte Version dieses Prozesses für den Hollow-Zustand ist in Band 2. Wenn Sie kein Profi sind, der mit dieser Art von Arbeit vertraut ist, empfehlen wir Ihnen, stattdessen diese anderen Prozesse zu verwenden.

Ein weiteres Problem mit diesem Regressionsprozess ist, dass er Sie einer Reihe von großen Traumata sehr nahebringt, die intensive und oft erschreckende Gefühle der Vernichtung mit sich bringen. Für die meisten Menschen treten diese Traumata früher auf, weshalb wir in den Schritten vermeiden, zu diesen früheren Zeitpunkten zu gehen. Für weitere Informationen zu diesen Traumata und den Zuständen, die sie verleihen, siehe Band 2 über den Sakral-Zustand und Realm of Shaman Zustand (Reich des Schamanen).

Die möglichen Risiken oder Probleme bei der Anwendung dieses Regressionsprozesses sind:

- Suizidgefühle entstehen, die dazu führen können, dass Sie sich selbst töten.
- Vielleicht finden Sie bei der Arbeit mit Ihren Chakren heraus, dass Sie entweder körperlich manisch oder völlig erschöpft werden. Setzen Sie die Heilung der relevanten Traumata fort, bis diese verschwinden.
- Sie können extreme körperliche Schmerzen haben, Übelkeit und Erbrechen entwickeln, während Sie einige dieser Phasen heilen (besonders während der Geburt). Bereite Sie sich darauf vor!
- Wenn Sie die Traumata nicht vollständig heilen, werden Sie vielleicht feststellen, dass Sie „neue" körperliche und emotionale Symptome und Probleme in Ihrem Leben haben, bis Sie die Heilung abgeschlossen haben. Es kann eine gewisse Ausdauer erforderlich sein.

- Sie können vor oder während der Koaleszenz-Phase auf eine Angst stoßen, vernichtet zu werden. Ausdauer wird extreme Veränderungen im Bewusstsein verursachen, wenn Sie sich in Zustände begeben, die Sie nicht erwartet haben. Heilen Sie diese Vernichtungsereignisse nicht weiter, bevor Sie in Band 2 über den Realm oft the Shaman Zustand gelesen haben. Sie müssen in der Lage sein, eine fundierte Entscheidung darüber zu treffen, ob Sie diese sehr dramatischen Zustände jetzt wollen oder nicht.

## Die Wahl der therapeutischen Heilmethoden

In diesem Buch gehen wir davon aus, dass Sie bereits dem neuesten Stand der Heilmethoden, insbesondere der Powertherapien, wie sie sowohl für Traumata nach der Geburt als auch vor der Geburt verwendet werden, ausgesetzt waren. Wir gehen auch davon aus, dass Sie bereits moderne pränatale Informationen kennen, wie z.B. die bewusste Wahrnehmung von Fötus, Spermium und Ei; die enormen Auswirkungen der pränatalen Verletzungen auf das Leben der Menschen usw. Wenn dies für Sie Neuigkeiten sind, empfehlen wir Ihnen, einige der Zeitschriften oder Bücher am Ende dieses Kapitels zu lesen.

Wir haben den Prozess in diesem Kapitel mit der grundlegenden Whole-Hearted Healing (WHH)-Technik abgeleitet und ihn so für die Verwendung mit WHH optimiert. Diese Therapie ist auf der Website www.PeakStates.com oder im *The Basic Whole-Hearted Healing Manual* von Grant McFetridge und Mary Pellicer verfügbar. Doch jede Technik, die ein Trauma vollständig heilen kann, sollte funktionieren. Beispiele für solche Therapien sind Traumatic Incident Reduction (TIR), Eye Movement Desensitization and Reprocessing (EMDR), Tapas Acupressure Technique (TAT), Emotional Freedom Technique (EFT), jede der anderen Meridiantherapietechniken usw. Unabhängig von der verwendeten Technik sollte der Endpunkt der Traumaheilung ein Gefühl der Ruhe, des Friedens und der Leichtigkeit sein, mit einem Gefühl des hellen inneren Lichts in jedem Teil des Körpers und dem Gefühl, dass du sehr groß bist. Wenn Sie mit der von Ihnen verwendeten Therapie nicht zu dieser Art von Endpunkt gelangen können, wechseln Sie zu einer der anderen.

Wir empfehlen die Arbeit von Terry Larimore und William Emerson, insbesondere die Verwendung von Körperbewegungen für bestimmte Entwicklungsstadien. Da die präzellulären Stadien auch in der prä- und perinatalen Psychologie noch weitgehend unbekannt sind, hoffen wir, dass sich bald neue Techniken und Daten entwickeln werden. Siehe Kapitel 4 und 6 für weitere Informationen zu diesem Thema.

Obwohl diese Tatsache nicht sehr bekannt ist, sind aufgrund der Art des Bewusstseins, das man in der Gebärmutter (oder früher) hat, die einzigen Ereignisse, die als traumatisch empfunden werden, immer körperliche Verletzungen. Die Verletzung kann manchmal leicht zu übersehen sein, also vergessen Sie nicht, bei dem Trauma zu bleiben, bis die Verletzung gefunden und vollständig geheilt ist. Sie werden wissen, dass die Verletzung vollständig geheilt ist, wenn Sie sich in diesem vergangenen Moment überall in Ihrem Körper sehr groß und hell fühlen. Da der Prozess nur Entwicklungsstadien vor der Geburt umfasst, haben alle Traumata in ihnen eine Körperverletzungskomponente.

## Verändern der Vergangenheit

Einige Heilmethoden haben die Fähigkeit, die Vergangenheit des Klienten tatsächlich zu verändern. Diese Aussage liegt völlig außerhalb unserer kulturellen Überzeugung, aber dieses Phänomen tritt bei fast allen kraftvollen Therapien auf. Wir erwähnen es hier, weil Sie dies bei diesem Prozess erkennen werden. Was meine ich damit? Unsere kulturelle Überzeugung über Traumata ist, dass es nur eine Erinnerung ist, und wenn die Heilung abgeschlossen ist, ist die Erinnerung immer noch genau dieselbe, aber die emotionale Ladung ist verschwunden. Auch wenn dies ein geeignetes Modell für die meisten Prozesse ist, würde diese Idee dazu führen, dass der Kunde, der diesen Regressionsprozess durchführt, zu früh den Prozess beendet, bevor die Änderungen des Verschmelzungszustandes in Kraft treten. Insbesondere wenn Sie durch die Heilung gehen und bis zur Vollendung wiederholen, werden Sie feststellen, dass völlig neue Erfahrungen entstehen, die zu Beginn noch nicht da waren.

Sie müssen den Heilungsprozess fortsetzen, bis diese Veränderungen nicht mehr auftreten.

Zum Beispiel nehmen die meisten Menschen, die das Empfängnis-Trauma heilen, die Ereignisse an, die geschehen sind und entfernen einfach den emotionalen Schmerz davon. Wenn das Trauma vollständig geheilt ist, können sich die Handlungen von Spermium und Eizelle ändern, und die Erfahrung wird fast zu einem Tanz zwischen einem Königspaar, einem Ei, das sich jetzt wie eine Königin anfühlt, und einem Spermium, das sich wie ein König anfühlt.

Erfahrungen zu haben, die außerhalb des dominanten Paradigmas liegen, ist nicht immer angenehm. Sie können sich entscheiden, unsere Interpretation von Ereignissen zu ignorieren (d.h. die Vergangenheit zu verändern), aber Sie müssen trotzdem die beobachteten Phänomene berücksichtigen. Das bedeutet, dass das Abschluss-Ereignis manchmal wenig oder gar keine Ähnlichkeit mit dem hat, was zuerst erlebt wurde.

## Der Regressionsprozess der Entwicklungsereignisse für die Dreifachhirne und die damit verbundenen Spitzenzustände
Revision 1.0, August 2003

- Ergebnis: Die Spitzenzustände Hollow, Wholeness und Inner Gold oder geringere Dreifachhirn-Verschmelzungszustände.
- Erforderlicher Zustand: Innere Helligkeit, obwohl die Zustände manchmal auch aus dem normalen Bewusstsein heraus erreicht werden können.
- Gefahren: Löst bei vielen Menschen ein schweres Trauma aus, nach welchem bis zur Heilung Wochen oder sogar Monate vergehen können. In einigen Fällen können Suizid-Gefühle ausgelöst werden. Sie sollten die Prozesse nicht ohne qualifizierte Unterstützung und Anleitung durchführen.
- Erfolgsrate: Wahrscheinlich sind 50% der Menschen, die diesen Ansatz nutzen, erfolgreich.
- Kommentare: Dem Prozess fehlen wahrscheinlich noch wichtige Entwicklungsereignisse.

Es gibt fünf wesentliche Entwicklungsereignisse, die für die Verschmelzung der Gehirne und die Verschmelzung der Chakren richtig durchgeführt werden müssen. Zwei davon treten in Phasen der sogenannten Koaleszenz auf, bevor die Eizelle und das Spermium zu einzelligen Organismen werden. Das dritte geschieht bei der Empfängnis, das vierte bei der Einnistung und das fünfte bei der Geburt. Es ist mit ziemlicher Sicherheit notwendig, sich auf jede dieser Entwicklungsstufen zu konzentrieren, um sie vollständig zu heilen. Darüber hinaus gibt es einen Entwicklungsmoment bei der Geburt, der manchmal den Prozess stören kann. Dies ist der Moment, in dem die Geburt durch den Fötus eingeleitet wird. Wir verschieben die Erklärung darüber auf das Kapitel über das Gaia-Bewusstsein in Band 2, weil mehr Hintergrund benötigt wird, um zu verstehen, was das Problem ist und wie man damit umgeht.

Wir haben einen Schritt hinzugefügt, der bewirkt, dass man im Körper eine goldene Farbe bekommt. Wir sind uns nicht ganz sicher, warum es wichtig ist, aber sowohl die Alchemisten als auch die Menschen, die umfangreiche innere Arbeit leisten, kommen an den Punkt, an dem dieser Zustand auftritt, also haben wir ihn unten aufgeführt. Der Schritt besteht in erster Linie aus einem einzigen Entwicklungszeitpunkt in der präzellulären Existenz von Eizelle und Spermium.

Wir empfehlen, Musik in jedem der Entwicklungsstadien zu verwenden, aber Sie müssen entscheiden, ob dies ein Hilfsmittel oder ein Hindernis ist. Die Verwendung unserer Musikauswahl könnte mehr ein Problem als eine Hilfe sein, denn die gehörte Musik hat nur eine relativ geringe Ähnlichkeit mit der eigentlichen „spirituellen", nicht hörbaren Musik. Auch diese spirituelle Musik ändert sich meist im Laufe der Zeit, so dass unsere Musikauswahl manchmal nicht für den gesamten Verlauf der Prozesse geeignet ist. Vielleicht möchten Sie mit oder ohne Musik experimentieren.

Obwohl der Prozess in Schritten gezeigt wird, mit der Folge, dass sie vollständig nacheinander durchgeführt werden können, finden viele Menschen, dass sie aufgrund der Wechselwirkungen, die die Traumata miteinander haben, die Schritte wiederholen müssen. Einige Leute machen alle Schritte an einem Tag - andere brauchen viele Monate, um sie alle durchzugehen. Es ist besser, zuerst das früheste Material zu heilen, wenn es überhaupt möglich ist, da es die späteren Phasen erleichtert, und deshalb haben wir die Schritte in dieser Reihenfolge angeordnet. Aber nicht jeder kann das tun. Viele Menschen finden, dass sie erst mit einem späteren Trauma arbeiten müssen, bevor sie ein früheres angehen.

## Schritt 1: Notieren Sie Ihre Erfahrungen

Benutzen Sie ein Tonbandgerät, machen Sie Notizen, während Sie den Prozess durchführen, oder lassen Sie jemanden dabei sein, der aufzeichnet, was Sie zu sagen haben. Es ist aus mehreren Gründen wichtig, dass Sie sich Notizen machen. Erstens müssen Sie sie haben, damit Sie sich daran erinnern können, was geschehen ist, wenn Sie danach alle Details der Arbeit aufschreiben. Vor allem geheilte Probleme verblassen oft bis zum nächsten Tag. Wenn Sie es verschieben, sind die Details nicht mehr erinnerbar.

Diese Notizen haben mehrere Verwendungsmöglichkeiten. Material, das beim ersten Mal nicht geheilt wurde, kann lokalisiert werden, während Sie Ihre Notizen durchgehen. Für einige Menschen entstehen starke Emotionen oder körperliche Empfindungen, wenn sie unerledigte Themen überprüfen. Sie werden diese Informationen auch für Ihre zukünftige Arbeit mit anderen Menschen nutzen wollen. Es können ungewöhnliche Ereignisse auftreten, die Sie später mit Kollegen besprechen möchten, und deshalb ist eine schriftliche Aufzeichnung unerlässlich. Und da sich diese Arbeit noch in der Entwicklung befindet, würden wir uns freuen, wenn wir von neuen Entdeckungen hören würden, die Sie machen könnten!

## Schritt 2: Entfernen Sie Blockierungsprobleme.

Heilen Sie zuerst jedes „großes Problem", das Sie haben. Dies ermöglicht es Ihnen, sich voll und ganz auf die Entwicklungstraumata zu konzentrieren. Wenn Sie mehrere Sitzungen benötigen, um den Prozess abzuschließen, müssen Sie möglicherweise das „große Problem des Tages" zu Beginn jeder Sitzung heilen. In den meisten Fällen werden Sie wahrscheinlich feststellen, dass das, was auch immer das Problem heute ist, mit einem der Entwicklungsstadien zusammenhängt, die in diesem Prozess behandelt werden - wenn auch nicht unbedingt mit dem, an dem Sie am Ende der letzten Sitzung gearbeitet haben. Dieses Prinzip, dass Sie an dem Material arbeiten müssen, das ganz oben auf Ihrer Aufmerksamkeits-Liste wahrgenommen wird, bevor Sie erfolgreich in neue Bereiche wechseln können, wird auch bei TIR-Prozessen berücksichtigt.

Die Verwendung von Gaia-Befehlen für Spitzenzustands-Prozesse (beschrieben im nächsten Kapitel) deckte bei einer großen Anzahl von Menschen ein seltsames Phänomen auf. Einige unserer Klienten erleben keinen Spitzenzustand, obwohl sie die Entwicklungs-Traumata beseitigt haben, und das solange, BIS sie auch ihr „großes Problem" heilen - auch wenn das erst nach dem Heilen für den Spitzenzustands-Prozess stattfindet! Danach wechseln sie einfach automatisch in den Spitzenzustand und bleiben auch dort. Dieses Problem tritt bei etwa 10 bis 20% der untersuchten Personen auf. Seltsamerweise gibt es bei den meisten dieser Menschen im Allgemeinen nur ein bestimmtes Problem. Wir vermuten, dass das gleiche Phänomen mit dem Prozess in diesem Kapitel auftritt, obwohl wir es nicht sicher wissen.

Beispiel:
>Paula Courteau beschreibt ihre Erfahrungen in diesem Prozess: „Meine Heilung war überhaupt nicht einfach.... Zum einen hatte ich den Tod der Plazenta bereits bearbeitet. Aber ich hatte einen ganzen Haufen sehr schwerer Traumata, die sich vor der Verschmelzung von Eizelle und Spermium ereigneten, während deren individuelle Bewusstseine noch in ihren zeitlosen „Ringen" waren. Traumata der Eierstöcke und Spermien sowie schwerwiegende Einnistungs- und Geburtsprobleme waren ebenfalls im Weg. Diese Traumata waren nicht in sauberen, folgerichtigen „Stapeln", sondern in unordentlichen, voneinander abhängigen Haufen, mit körperlichen Verletzungen in jeder Phase. Der gesamte Prozess dauerte Monate. Wenn das auch bei Ihnen der Fall ist, arbeiten Sie einfach weiter.... Finden Sie jemanden, mit dem Sie sich regelmäßig beraten können. Die Übergangs-Spitzenzustände die Sie bei dieser Vorgehensweise erhalten, sind gute Anreize für die Fortsetzung des Prozesses."

## Schritt 3: Heilen Sie die präzelluläre Eizellen-Koaleszenz.

Um sich auf das richtige Trauma einzustellen, empfehle ich, die untenstehende Musik zu spielen. Wir haben versucht, echte Musik an die „spirituelle" Musik anzupassen, die während der Phase entsteht, aber natürlich ist das Ergebnis nicht perfekt. Der Einfachheit halber haben wir bekannte Melodien ausgewählt, die die meisten Leute kennen. Jede einzelne Melodie gilt für einen bestimmten Moment im Trauma, und so gibt es mehrere Melodien für das gleiche Entwicklungs-Ereignis. Anbei die Auswahl: *Somewhere Over the Rainbow, Clair De Lune, I Wonder Who's Kissing Her Now, Rustle of Spring Piano*, oder Roger Williams *Autumn Leaves coming down*. Ich mag *Somewhere Over the Rainbow* am meisten für diesen Teil des Prozesses, obwohl es nicht wirklich die beste Wahl für jeden Zeit-Moment ist, der geheilt werden muss. Aus praktischer Sicht ist das die einfachste Vorgehensweise.

Folgen Sie dem Ei rückwärts in der Zeit bis zu dem Zeitpunkt, an dem es sich im Schoß ihrer Mutter befindet, die sich wiederum im Schoß ihrer Mutter befindet. (Falls Sie es nicht wussten, die Eier werden gebildet, während die Mutter noch in der Gebärmutter wächst.) Um die Regression in das Ei zu erleichtern, ist es manchmal hilfreich, das Gefühl zu nutzen, dass Sie als Ei eine junge Version Ihrer Mutter sind. Andere Menschen finden es hilfreich, sich über den Körper ihrer Mutter im Klaren zu sein, der sie umgibt, damit sie nicht versehentlich in ihre Spermium-Erinnerungen rutschen, während sie regressieren. Bewegen Sie sich zurück über die Reifung und den Ausstoß des Eis aus dem Eierstock, dann über eine lange Regression im Eierstock, weiter durch die erste Kontraktion, die Ihre Mutter während der Geburt durchgemacht hat. Wenn Sie weit genug zurückkehren, gibt es ein plötzliches Gefühl, dass sich Ihr Verstand, Ihr Herz und Ihr Körperhirn aufspalten und voneinander trennen.

Für die folgenden Schritte, um ein bestimmtes Gehirnbewusstsein zu heilen, müssen Sie Ihr Bewusstseinszentrum (CoA) in den physischen Ort des Gehirns bringen, dem Sie in der Zeit rückwärts folgen möchten. Ihr CoA ist der Ort, auf den Sie mit dem Finger zeigen würden, wenn Sie jemand anderem sagen müssten, wo „Sie" sich in Ihrem Körper befinden. (Siehe Band 2 für weitere Informationen zu diesem Phänomen.) Mit Übung können Sie Ihr Bewusstsein in mehr als einem Gehirn auf einmal halten, auch wenn sie physisch getrennt sind. Anfänger müssen sich in der Regel auf ein Gehirn nach dem anderen konzentrieren und zwischen den anderen hin und her wechseln, wobei sie sich in der Zeit immer wieder vorwärts und rückwärts bewegen, um die Heilung abzuschließen. Es ist ein bisschen wie eine Zeitlupenwiedergabe eines Sportereignisses, zuerst mit der Kamera auf einem Spieler, dann mit der Kamera auf einem anderen Spieler.

## Schritt 3a: Heilen Sie die Verschmelzung von Verstand, Herz und Körper.

Sie sind zu einer präzellulären Erinnerung gekommen, die wie ein großer flacher Raum mit einer Art langem flachem Tisch aussieht. Das präzelluläre Körperhirn sieht aus wie ein klarer, flexibler, aufgeweiteter Polyesterbeutel mit Falten. In der Nähe des Körperbeutels befinden sich die präzellulären Verstandes- und Herzhirne, die so ähnlich wie Rüben aussehen, mit einer Wurzel, die am Boden herausragt. Der Verstand und das Herz berühren sich und beginnen kreisförmig zu werden, gleiten zusammen und durcheinander. Sie bewegen sich in den Körperbeutel, wobei sie die Bewegung noch nicht abgeschlossen haben. Das Verstandeshirn und das Herzhirn bewegen sich in den Körperbeutel an einer Stelle, die sich wie ein Anhang-Bereich anfühlt, und dort können Schmerzen während des Eintritts wahrgenommen werden. Jetzt haben Sie einen Körperbeutel mit zwei runden Rübenstrukturen, die vertikal gestapelt sind. Die Herz-Rübe verändert weiterhin die Form in eine rundere Struktur, ebenso wie die Verstandes-Rübe, und das Herz entfaltet sich und umschließt den Verstand. Der äußere Körper wird ebenfalls abgerundet. Es ist ein bisschen so, als würden sie sich in drei konzentrische Kugeln verwandeln. Das Solarplexushirn wird wie ein langes dünnes Ei oder ein runder Obelisk verlängert und hält eine Bindung an das Körperhirn aufrecht, während es in und durch die anderen Gehirne geht und sie miteinander verbindet. An diesem Punkt werden sie zu einem einzigen Organismus und ihre Trennung ist beendet.

Für Menschen, die kein Außenbild von diesen Ereignissen bekommen können, fühlen sich die Gehirne von innen her wie Ballons aus weichem Leder an.

## Schritt 3b: Heilung der Verschmelzung des präzellulären Ei-Körperhirns und des Solarplexushirns

Senden Sie Ihr CoA in den Unterleib und den Solarplexus-Bereich. Vom Augenblick der Verschmelzung von Körper, Herz und Verstand gehen Sie als Körper und Solarplexushirn (SP) weiter rückwärts in der Zeit. Während Sie rückwärts weitergehen, spalten sich plötzlich Körper und Solarplexushirn. (VORSICHT! Vermeiden Sie es, weiter rückwärts zu gehen, bis Sie das Material in Band 2 gelesen haben. Vermeiden Sie die Trennung der Gehirne vom „unendlichen Ring", wo sie zuerst erschaffen werden.) Diese präzellulären Gehirne haben sich gerade von ihrer jeweiligen angrenzenden Quellmatrix getrennt, die wie große Ringe aussieht. Die Ringe sind sehr eng beieinander, und die präzellulären Gehirne kommen fast sofort zusammen, wie Magnete, die sich gegenseitig anziehen.

Durchlaufen Sie ihre Verschmelzung zu einem physischen präzellulären Organismus, bis diese Phase geheilt ist. Das Körperhirn wird wie ein wackeliger Sack aussehen. Das Solarplexus-Hirn sieht ähnlich aus, aus dem gleichen Material, aber mit einer dunkleren Farbe und kleiner. Sie sehen beide durchsichtig aus. Wenn sie zusammenkommen und sich vereinen, lösen sich die präzellulären Wände zwischen ihnen auf und bilden dann eine kontinuierliche Wand, die sie beide umgibt. Das

Körperhirn und das präzelluläre SP-Hirn bleiben in ihren eigenen Bereichen getrennt. Wo sie sich berühren, sendet der Körper Hunderte von fingerähnlichen Verbindungen zum SP, und der SP sendet ähnliche Finger, die mehr eine Holzkohlefarbe haben, zum Körperhirn. Der dünne Bereich zwischen den beiden Gehirnen ist mit diesen Verbindungen gefüllt.

## Schritt 3c: Heilen Sie die Verschmelzung des präzellulären Verstandeshirns der Eizelle mit dem Kronenhirn

Bewegen Sie sich zeitlich zurück in Richtung Gegenwart, zur Koaleszenz von Verstand, Herz und Körper. Gehen Sie mit Ihrem CoA in den Kopf. Gehen Sie in der Zeit zurück, während sich der Verstand aus dem Körperbeutel bewegt, dann weiter zu der Zeit, in der sich das Kronenhirn plötzlich vom Verstand trennt. (VORSICHT! Vermeiden Sie es, weiter zurück zu gehen, solange Sie das Material in Band 2 nicht gelesen haben. Vermeiden Sie die Trennung der Gehirne vom „unendlichen Ring", wo sie zuerst erschaffen werden.) Die präzellulären Gehirne haben sich gerade von ihrer jeweiligen Quellmatrix getrennt, die wie Ringe aussieht. Die präzellulären Gehirne lösen sich von den Ringen und gleiten dann zusammen. Der Verstand sieht aus wie ein großer Donut, und das Kronenhirn sieht aus wie ein kleinerer Donut. Der Verstandes-Donut hat Schlitze in der Mitte. Der Kronenhirn-Donut weist an seiner Außenfläche Vorsprünge auf. Das Kronenhirn bewegt sich in das Verstandeshirn und die Vorsprünge und Schlitze werden miteinander verbunden. Es ist wie ein kleiner Donut in der Öffnung eines großen Donuts. Durchlaufen Sie diese Ereignisse wiederholt, bis sie vollständig geheilt sind.

## Schritt 3d: Heilen Sie die Verschmelzung des präzellulären Ei-Plazentahirns

Gehen Sie in der Zeit rückwärts vom Zusammenwachsen von Verstand, Herz und Körper. Gehen Sie in der Zeit zurück in das Plazentahirn-Bewusstsein, bevor es mit den anderen präzellulären Gehirnen verschmilzt. Diese Regression ist etwas knifflig, da es keinen einfachen Ort in der Gegenwart gibt, um Ihr CoA dahin zu bringen wie in den vorigen Schritten. Da dieses Gehirn bei der Geburt stirbt, meist mit erheblichen

Traumata, kann das „Gespür" für dieses Gehirns etwas ungewohnt sein. Es ist hilfreich, bereits einige Erfahrungen mit der Verschmelzung mit diesem Gehirn gemacht zu haben, während es an den Fötus gebunden ist. Es ist jedoch nicht notwendig - Sie können Ihr Bewusstsein bewusst in das präzelluläre Plazentahirn bewegen, sobald Sie es mit der folgenden Beschreibung wahrnehmen können.

Die Zeitzone, die wir heilen wollen, ist kurz nachdem das präzelluläre Plazentahirn gerade seinen „unendlichen Ring" verlassen hat. (VORSICHT! Vermeiden Sie es, weiter zurück zu gehen, solange bis Sie das Material in Band 2 gelesen haben. Vermeiden Sie die Trennung der Gehirne vom „unendlichen Ring", wo sie zuerst erschaffen werden. Im Gegensatz zu den anderen Gehirnen entfernt sich dieses Plazentahirn vom Ring mit einer Art langsamer, rollender, absichtlicher „Drehung".) Der unendliche Ring, aus dem die Plazentahirne stammen, hat eine sehr „ätherische" Qualität und kann schwer wahrnehmbar sein. Das präzelluläre Plazentahirn ist ebenfalls schwer wahrzunehmen - es hat auch eine sehr ätherische Eigenschaft. Vergleichbar ist dessen Qualität mit dem Kinderzeichentrickfilm "Casper the friendly Goast". Sie können Dinge dahinter sehen, und Sie können es vermehrt durch die Unterbrechung des umgebenden „Lichts" bemerken und nicht, weil Sie es einfach wie die anderen Gehirne „sehen".

Das präzelluläre Plazentahirn sieht aus wie ein transparenter Beutel, wie der Körperbeutel, aber größer. Die anderen Gehirne kommen in den Körperbeutel und dann kommt der Plazentabeutel in den Körperbeutel und umgibt oder geht über die anderen fünf Gehirne, während sie verschmelzen, mit dem Gefühl, eine Art Schutz zu sein. Wenn die anderen Gehirne mit dem Verschmelzen fertig sind, dann verschmilzt der Plazentabeutel mit allen gleichzeitig. Das Plazentahirn hat keine eigenen Chakren.

Beispiel:
Paula fährt fort: „Zuerst konnte sich der Plazentabeutel nicht öffnen. Stattdessen wickelte er sich wie ein geschlossener Plastiksack, schlang sich zwischen jedes Gehirn und isolierte sie voneinander. Nachdem ich das Trauma des Plazentahirns geheilt hatte, musste ich auch die körperlichen Verletzungen heilen, die jedes Gehirn bei dem Vorgang erlitten hatte. Ich schmerzte an der Spitze des Kopfes, diagonal über den Kopf vom Nasenrücken zum Nacken, über den Hals, entlang des Zwerchfells zum Rücken und über den Bauch auf Nabelschnur-Niveau."

## Schritt 3e: (Optional) Heilung der Meridiane und Chakren

Dies ist ein optionaler Schritt, um den Flow Awareness Zustand zu erhalten und den Schlafbedarf radikal zu senken. Wenn dieser Schritt angewendet wird, muss er in Verbindung mit Schritt 5e und Schritt 7a durchgeführt werden, um die volle Wirkung zu erzielen. (VORSICHT! Dieser Schritt hat das potenzielle Problem der Hyperaktivität oder völligen Erschöpfung, wenn die Heilung nicht richtig durchgeführt wird. Führen Sie diesen Schritt nicht ohne qualifizierte Aufsicht durch. Siehe Kapitel 7 für weitere Informationen.) Jedem der Rüben-Hirne sind mehrere leuchtende Kugeln (Chakren) zugeordnet, die sich mit ihrem jeweiligen präzellulären Gehirn bewegen. Wenn die Chakren in den Körperbehälter eindringen, bildet sich ein Netz (die Meridiane der chinesischen Medizin), das diese leuchtenden Kugeln verankert. Dieser Ankerplatz ist ziemlich physisch. Dieses Netz ist wie eine dicke silberweiße Seiden- oder gewebte Kordel. Es sieht aus wie ein Netz, sobald es erscheint. Die richtige Heilung der Verankerung der Chakren im Netz reduziert den Schlafbedarf.

Wie wir bereits erwähnt haben, verschmelzen die Gehirn-Bewusstseine zu einem Ball, während die präzellulären Gehirne im Körperbeutel physisch verschmelzen. Wenn das Bewusstsein der Gehirne verschmilzt, beginnen auch die Chakren, sich aufeinanderzu zu bewegen. Die Chakra-Kugeln verschmelzen dann zu einer Kugel im Inneren des präzellulären Eies. Diese sieht aus wie eine weiße, silberfarbene Kugel mit einem ausgeprägten Rand. Für die Person, die die Regression durchführt, fühlen sich etwa 2/3 des Balles an, als ob er sich unter dem SP befindet, und etwa 1/3 befindet sich über dem SP in ihrem Körper in der Gegenwart. Beachten Sie, dass für die meisten Menschen beim ersten Durchgang durch dieses Ereignis die Chakren keinen Ball bilden. Dies geschieht erst, wenn traumatisches Material geheilt ist. Bei einigen Leuten können sich jedoch trotz traumatischem Material, die Chakren zu einem Ball formen. Das Problem dabei ist, dass sich die Chakren erneut lösen werden, sobald die Anstrengung aufhört. Achten Sie darauf, diese Phase zu heilen, und erzwingen Sie nicht, dass es so wird, wie Sie es möchten.

Beispiel:
> Paula fährt fort: „Manchmal fiel es mir sehr schwer zu sagen, in welcher präzellulären Koaleszenz ich war, da ich immer wieder von Phase zu Phase sprang. Innen fühlten sich beide an, als wären die

einzelnen Teile weiche Lederballons mit Schwänzen drauf. Ein paar Mal sah ich mich selbst als transparente, vage kubische Blöcke. Ich fühlte mich immer wie ich selbst, nicht wie meine Mutter oder mein Vater. Mein wichtigstes Merkmal war die Überprüfung, wer sich außerhalb von mir befand: Wenn ich in der Spermium-Verschmelzung war, habe ich meinen Vater jung gefühlt, und als ich weiter heilte, spürte ich oft, dass er meine Mutter intensiv liebte. In der Ei-Verschmelzung fühlte ich meine Mutter, oft als Baby oder Fötus, und meine Großmutter um sie herum. Es gab schwere Generationstraumata auf beiden Seiten, und ich musste diese heilen, bevor ich fortfahren konnte. Meine Großmutter hatte eine schwere Beinverletzung, und nachdem ich sie geheilt hatte, fühlte ich ihre Beine wie zwei starke Säulen, eine solide und sichere Basis, auf der ich aufwachsen konnte.

Die Hauptverletzung bei der Ei-Verschmelzung war eine Spaltung am Mittelkörper. Mein Verstand und mein Herz hatten sich außerhalb des Körperbehälters verbunden, und mein Solarplexus hielt schmerzhaft an dem Herz-Bewusstsein aus dem Inneren des Behälters fest, wie durch einen Beutel. Auch mein Herz war rückwärts gerichtet, möglicherweise in beiden Verschmelzungen, was später zu Seltsamkeiten geführt haben kann: Als Spermium schwamm ich gerne auf meinem Rücken; ich versuchte auch, auf meinem Rücken schwimmend zu implantieren.

Ich sah eine junge Version von mir, die trotzig dastand, eine Waffe hielt und von Kriegsutensilien umgeben war. Ich bin mit ihr verschmolzen und entdeckte, dass sie die älteste Schwester in meiner Familie sein sollte... und dass sie in dieser Phase der Ei-Verschmelzung wegen eines schrecklichen emotionalen Traumas meiner Großmutter gestorben ist.... und sie war ich! Und ein sehr junges Vorleben ist ein gutes Beispiel für die nichtlineare Qualität der Zeit: Als mein heutiges Selbst, die jüngste Schwester, musste ich noch die schreckliche Enge des emotionalen Schocks meiner Großmutter durchlaufen.

Jedes Gehirn gab vor, etwas anderes zu sein: Mein Solarplexus gab vor, mein Herz zu sein, da sich mein Herz außerhalb des Behälters befand, und fühlte sich von der zusätzlichen Arbeit gequält und unfähig, seine eigene zu tun. Mein Buddhahirn versuchte, nützlich zu sein und baute eine grobe Version des Meridiannetzes, was eigentlich der Solarplexus tun sollte. Mein Körperhirn sah aus wie ein

Sumpfmonster. In der Spermium-Verschmelzung gab sich mein Buddhahirn als Baby aus.

In den frühen Phasen der Heilung fühlte es sich an, als wären viele Verletzungen Analogien des Geburtstraumas: Mein Kopf fühlte sich festgeklemmt und zerquetscht an, als er versuchte, sich den Weg durch einen engen Durchgang zu erzwingen, solche Art von Dingen etwa.... In späteren Wiederholungen der Sequenz wurde dies durch wunderbare Eindrücke ersetzt, dass mein Herzbewusstsein beim Durchlaufen des Körperbehälters liebevoll massiert und gequetscht und mit körperlicher Sinnlichkeit durchdrungen wurde, und mein Verstand die gleiche Behandlung und eine starke Dosis emotionaler Liebe erhielt, als er sich auf den Weg durch beide machte."

## Schritt 4: Vervollständigen Sie die alchemistische präzelluläre Ei-Gold-Stufe „Brunnen".

Vom Moment der präzellulären Verschmelzung im Ei gehen Sie in der Zeit vorwärts, und Sie werden an einen Ort kommen, der wie ein Brunnen aussieht. Das präzelluläre Ei geht in ein Becken über, das ein wenig wie ein Becken aussieht, das wie ein Brunnen „Wasser" sammelt, und es färbt sich dabei hell golden, während es das „Wasser" „aufnimmt". (Eine weitere Versuchsperson wurde ebenfalls zum Brunnen. Weitere Experimente können erforderlich sein.)

Wir wissen, dass diese Phase wichtig ist, denn danach geheilte Bereiche füllen sich mit einer goldenen Substanz, die wir als uns selbst erkennen. Anscheinend waren sich die Alchemisten einig, da es einen Holzschnitt gibt, der diese Entwicklungsstufe aus dem 19. Jahrhundert zeigt. Allerdings sind wir uns noch nicht ganz sicher, warum es wichtig ist. Eine unserer Versuchspersonen fühlte, dass die goldene Farbe eine permanente Wiederverbindung mit der Schöpferenergie war (siehe Band 2) und nicht eine momentane Erfahrung, wie sie in früheren Entwicklungsstadien auftritt.

## Schritt 5: Heilen Sie die präzelluläre Spermium-Koaleszenz.

Die Musik für diese Entwicklungsphase ist „76 Trombons". Ich habe keine Alternativen, obwohl es wahrscheinlich viele gibt.

Gehen Sie in der Zeit zurück, vorbei an der Empfängnis, bis zu dem Zeitpunkt, an dem das Spermium noch in den Hoden des Vaters ist. Das Ereignis, nach dem wir suchen, tritt etwa acht Wochen vor der Empfängnis ein. Als Hilfsmittel, um die Eierstadien von den Spermienstadien zu unterscheiden, könnten Sie versuchen, die vergangene Empfängnis mit dem Gefühl zu regressieren, dass Sie eine junge Version Ihres Vaters geworden sind. Andere berichten, dass sie sich nicht wie ihr Vater fühlten, sondern dorthin gelangen können, indem sie ihren Vater um sich herum spüren. Gehen Sie im Leben der Spermien zurück zu ihrer präzellulären Existenz. Das Spermium, wie die Eizelle, besteht aus präzellulären Gehirnen von Körper, Solarplexus, Herz, Verstand und Krone, die alle separat gewachsen sind. Wenn Sie die richtige Zeit erreichen, fühlen sich Verstand, Herz und Körper plötzlich so an, als würden sie sich voneinander trennen.

Ich wiederhole die entsprechenden Anweisungen aus Schritt 3 zur Verwendung Ihres Center of Awareness (CoA). Um ein bestimmtes Gehirnbewusstsein zu heilen, müssen Sie Ihr CoA an den physischen Ort des Gehirns bringen, dem Sie in der Zeit rückwärts folgen möchten. Ihr CoA ist der Ort, auf den Sie mit dem Finger zeigen würden, wenn Sie jemand anderem sagen müssten, wo „Sie" sich in Ihrem Körper befinden. (Siehe Band 2 für weitere Informationen zu diesem Phänomen.) Mit Übung können Sie Ihr Bewusstsein in mehr als einem Gehirn auf einmal halten, auch wenn sie physisch getrennt sind. Anfänger müssen sich in der Regel auf ein Gehirn nach dem anderen konzentrieren und zu den anderen hin und her wechseln, wobei sie sich in der Zeit immer wieder vorwärts und rückwärts bewegen, um die Heilung abzuschließen.

## Schritt 5a: Heilung der Verschmelzung der präzellulären Körper-, Herz- und Verstandeshirne

Die präzellulären Spermienhirne sehen anders aus als die präzellulären Eihirne. Alle präzellulären Spermienhirne sehen aus wie runde Schachteln und sind unterschiedlich groß. Das Verstandeshirn ist eine Schachtel mit dem Buddhahirn im Inneren, das wie eine kleinere Schachtel aussieht.

Das Körperhirn sieht auch wie eine Schachtel aus, wobei das Solarplexushirn (SP) wie eine weitere viel kleinere Schachtel aussieht, die an der Außenseite angebracht ist. Die Körperschachtel ist die größte, der Verstand ist die nächstkleinere und das Herz die kleinste Schachtel. Während dieses Teils der Koaleszenz berühren und verbinden sich Verstand und Herz zuerst, bevor sie den Körper berühren. Dann kommt das Herzende der Gehirnschachteln zusammen mit der Körperhirn-Schachtel, ein bisschen wie ein Totempfahl, wobei Körper, Herz und Verstand übereinandergestapelt sind, mit dem SP als kleine Schachtel, die seitlich am Körper befestigt ist. Diese Reihe von Ereignissen geschieht fast zur gleichen Zeit.

Die Schachteln bewegen sich dann ineinander, mit dem Verstand in der Mitte, dem Herzen, das ihn umgibt, und dem Körper, der alles umgibt. Der SP treibt frei in der äußersten Körperhirn-Schachtel. Der SP wird dann zu einer länglichen rechteckigen Form und verbindet alle Schachteln miteinander, indem er sich in die anderen Schachteln erstreckt, während er aber an der Körperschachtel befestigt bleibt.

Wes Gietz beschrieb den Beginn der Spermium-Koaleszenz wie folgt: „Kurz vor der Koaleszenz befinden sich die präzellulären Gehirne jeweils in ihren eigenen Abteilungen, aber sehr nahe beieinander und erkennen ihre Beziehung zueinander. Sie sind wie durchsichtige Plastikschachteln, die nebeneinanderstehen und leuchten." Ich selber habe diese Beschreibung auch gehört, die mehrmals von Klienten geschildert wurde, die Trauma in dem Moment der vor Angst zitterten nebeneinanderliegenden Pünktchen (Schachteln) heilten.

Der andere große Unterschied zu der Ei-Koaleszenz ist, dass es etwas gibt, das aussieht wie eine unendliche Anzahl von Chakra-Kugeln, die in der Ferne auf und ab gehen.

Durchlaufen Sie diese Ereignisse wiederholt, bis sie vollständig geheilt sind.

## Schritt 5b: Heilung der Verschmelzung des präzellulären Spermiumkörpers und des Solarplexushirns

Die Schritte und die Umgebung für diese Phase sind ähnlich wie bei der entsprechenden Ei-Phase. Versetzen Sie Ihr CoA in den Unterleib und die Solarplexus-Region. Von der Verschmelzung des Herzens, Verstandes und Körpers gehen Sie als Körperhirn und Solarplexushirn (SP) weiter rückwärts in der Zeit. Während Sie rückwärts weitergehen, trennen sich plötzlich Körper und Solarplexushirn. (VORSICHT! Vermeiden Sie es, weiter zurück zu gehen, solange bis Sie das Material in Band 2 gelesen haben. Vermeiden Sie die Trennung der Gehirne vom „unendlichen Ring", wo sie zuerst erschaffen werden.) Die präzellulären Gehirne haben sich gerade von ihren benachbarten Quellmatrizen getrennt, die wie große Ringe aussehen. Die Ringe sind sehr eng beieinander. Das Gehirn löst sich als Ring ab und verwandelt sich in schlabberig aussehende Strukturen. Sie rasten fast sofort zusammen, wie Magnete, die sich gegenseitig anziehen. Durchlaufen Sie deren Verschmelzung zu einem einzigen physischen präzellulären Organismus, bis diese Phase geheilt ist. Wenn Körper und SP zusammen einrasten, lösen sich die Wände zwischen ihnen auf. Die sackartige Form quillt auf, und wie die äquivalente Ei-Phase senden die beiden Gehirne sich durchdringende „Finger" an ihrer gegenseitigen Grenze ineinander. Durchlaufen Sie diese Ereignisse wiederholt, bis sie vollständig geheilt sind.

## Schritt 5c: Heilen der Verschmelzung des präzellulären Spermium-Verstandeshirns und des Buddhahirns.

Kommen Sie zurück in die Gegenwart, bis zu der Stelle, an der das präzelluläre Spermium-Verstandeshirn, Herzhirn und Körperhirn verschmelzen. Senden Sie Ihr CoA in den Kopf. Gehen Sie rückwärts in der Zeit, wenn sich der Verstand aus der Körperschachtel bewegt, dann früher, wo sich die Verstandesschachtel von den anderen trennt, zu der noch früheren Zeit, wo sich das Buddhahirn plötzlich vom Verstand trennt. (VORSICHT! Vermeiden Sie es, weiter zurück zu gehen, solange bis Sie das Material in Band 2 gelesen haben. Vermeiden Sie die Trennung der Gehirne vom „unendlichen Ring", wo sie zuerst erschaffen werden.) Die präzellulären Gehirne haben sich gerade von ihren Ausgangsmatrixen getrennt, die wie Ringe aussehen. Die präzellulären Gehirne, die wie Donuts aussehen, lösen sich von den Ringen und gleiten dann zusammen. Der Verstand sieht aus wie ein Donut, und das Buddhahirn sieht aus wie ein kleinerer Donut. Sie hängen zusammen und sehen schachtelförmig aus, mit dem Buddhahirn in der Verstandesschachtel. Durchlaufen Sie diese Ereignisse wiederholt, bis sie vollständig geheilt sind.

## Schritt 5d: Heilung der Verschmelzung des präzellulären Spermiumschwanzhirns

Gehen Sie wieder zur Fusion der präzellulären Spermienhirne. Diesmal senden Sie Ihr CoA in das Gehirn des Spermiumschwanzes. Es fühlt sich nicht ganz wie ein Gehirn an, wie es die anderen tun, aber es fühlt sich trotzdem wie eine Intelligenz an. Dies erfordert wahrscheinlich, dass Sie den Zustand Inner Brightness haben, um genügend Bewusstsein dafür zu haben, aber wir werden eine Beschreibung für Menschen im durchschnittlichen Bewusstsein als Hilfe geben. (VORSICHT! Vermeiden Sie es, weiter zurück zu gehen, solange bis Sie das Material in Band 2 gelesen haben. Vermeiden Sie die Trennung der Gehirne vom „unendlichen Ring", wo sie zuerst erschaffen werden.) Wie die anderen Gehirne wird auch das präzelluläre Spermiumschwanzhirn gebildet und löst sich von seinem eigenen unendlichen Ring aus anderen präzellulären Spermiumchwanzhirnen.

Das präzelluläre Spermiumschwanzhirn schwimmt nach außen in die Flüssigkeit, die die anderen Gehirne umgibt, nachdem sie verschmolzen sind. Im weiteren Verlauf verbindet sich das Schwanzhirn mit der Außenfläche des neu verschmolzenen Spermiums. Es sieht aus wie eine lange, krause Schlange, die im Vergleich zum Rest ziemlich klein ist. Für denjenigen, der die Regression durchführt, fühlt es sich an, als würde das Schwanzhirn sich hinter dem Körper an der Wirbelsäule anhängen. Durchlaufen Sie diese Ereignisse wiederholt, bis sie vollständig geheilt sind.

## Schritt 5e: (Optional) Heilung der Meridiane und Chakren

Dies ist ein optionaler Schritt, um den Flow Awareness Zustand zu erhalten und den Schlafbedarf radikal zu senken. Wenn er angewendet wird, muss er in Verbindung mit Schritt 3d und Schritt 7a durchgeführt werden, um die volle Wirkung zu erzielen. (VORSICHT! Dieser Schritt hat das potenzielle Problem der Hyperaktivität oder völligen Erschöpfung, wenn die Heilung nicht richtig durchgeführt wird. Führen Sie diesen Schritt nicht ohne qualifizierte Aufsicht durch. Siehe Kapitel 7 für weitere Informationen.) Jedes der schachtelartig aussehenden präzellulären Spermiumgehirne hat mehrere leuchtende Kugeln (Chakren), die damit verbunden sind. Im Gegensatz zu den präzellulären Ei-Hirnen hat das präzelluläre Spermium-Herzhirn eine Reihe von Chakra-Kugeln, die scheinbar nach oben und unten ins Unendliche gehen Zum Zeitpunkt dieses Schreibens glauben wir, dass diese Kugeln etwas mit den anderen Spermien zu tun haben, da die Spermien später in der Entwicklung wie eine Gruppenintelligenz wirken.

Dieser Teil der Koaleszenz geschieht genauso wie die Verschmelzung der Gehirne und zwar endet sie in der Form eines Balls. Die Meridiane (aus der chinesischen Medizin) erscheinen zunächst als sehr feine, weißsilberne Fäden, während die Chakra-Kugeln zuerst zusammenkommen. Im Laufe der Koaleszenz bilden die Fäden ein Gewebe. Im Gegensatz zur Ei-Koaleszenz verankern sich die Chakren nicht physisch, sondern energetisch und recht solide. Die Heilung dieser Verankerung ist es, die das Bedürfnis nach Schlaf verändert.

Die Chakrakugeln verschmelzen dann zu einer Kugel im Inneren des präzellulären Spermiums. Es sieht aus wie ein weißer Nebelball ohne ausgeprägte Kante. Für die Person, die die Regression durchführt, fühlen sich etwa 2/3 des Balles an, als ob er sich unterhalb des SP befindet, und etwa 1/3 befindet sich oberhalb des SP, das auf ihren Körper in der Gegenwart bezogen ist. Durchlaufen Sie diese Ereignisse wiederholt, bis sie vollständig geheilt sind.

Beispiel:
Paula fährt fort: „In der Verschmelzung des Spermiums, sobald die Ursprungsverletzungen aus dem Weg geräumt waren, spürte ich bald, wie sich die Chakren linienförmig ausrichteten und über und unter mir fortsetzten. Ich hatte den Eindruck, dass einige der Extras mit dem Bewusstsein der anderen Spermien zusammenhängen."

## Schritt 6: Vervollständigen Sie die alchemistische präzelluläre Gold-Spermium-Stufe „Brunnen".

Wie die präzelluläre Eizelle hat auch das präzelluläre Spermium ein nahezu identisches Entwicklungsstadium des „alchemistischen Brunnens". Vom Moment der präzellulären Verschmelzung im Spermium gehen Sie in der Zeit vorwärts, und Sie werden an einen Ort kommen, der wie ein Brunnen aussieht. Das präzelluläre Spermium geht in ein Becken über, das ein wenig wie ein Becken aussieht, welches Brunnen- „Wasser" sammelt und färbt sich hell golden, während es das „Wasser" aufnimmt. (Ein anderer unserer Freiwilligen fand sich wieder, als würde er das

"Wasser" absorbieren, als es aus dem Becken floss, in einem scheinbar engen Rinnsal. Weitere Experimente können erforderlich sein.)

## Schritt 7: Heilung der Empfängnisphase

Zum Zeitpunkt dieses Schreibens haben wir festgestellt, dass viele Menschen den Zustand Beauty Way erreichen, indem sie ein einziges Trauma in den Entwicklungsstufen heilen – die Empfängnis. Wenn dies Ihr Ziel ist, genügt es oft, nur die Schritte 7, 10 und 11 auszuführen. Der Hollow Zustand erfordert jedoch die Heilung einer Vielzahl von Entwicklungsstufen und die Empfängnis ist nur eine davon.

Die Musik, die bei der Heilung dieses Ereignisses hilft, beginnt mit „When you wish upon a star".

Sie können zu diesem Trauma kommen, indem Sie sich vorstellen, dass Ihre Eltern heiraten (mit einer extremen sexuellen Ladung). Ihr Spermium-Selbst fühlt sich an wie eine junge Version Ihres Vaters, und Ihr Ei-Selbst fühlt sich an wie eine junge Version Ihrer Mutter. Sie können sie entweder einzeln oder gleichzeitig heilen. Die Eizelle kann das Spermium als ein helles Licht sehen, das sich nähert. Das Ei weiß, dass es das Spermium wählen wird, das hell erleuchtet ist wie ein weißer Christbaumschmuck.

Viele Leute glauben, dass das erste Spermium, das sich durch die Eihülle gräbt, gewinnt, aber das ist nicht richtig - das Ei wählt dasjenige, welches „Licht" hat. Das Ei öffnet einen Durchgang in der Mitte seiner Brust. Die Eizelle zieht den Kopf des Spermiums ein, der Schwanz löst sich vom Spermium, was sich wie der obere Rücken anfühlt, und dann öffnet sich der Spermiumkopf entlang einer Linie, die die linke von der rechten Seite teilt, und klappt rückwärts auf.

Wenn sich der Spermiumkopf öffnet, fühlt sich Ihr Spermium selbst, als würde es sterben, und das kann die ersten paar Male sehr intensiv sein! Die meisten Menschen haben große Schwierigkeiten, sich diesem Ereignis ohne Hilfe zu stellen. Der erste Satz von Beethovens Fünfter Symphonie ist eine gute Wahl für den Samenerguss. Um den Moment zu finden, stellen Sie sich vor, Ihr Vater stirbt, während Ihre Eltern heiraten. Nach diesem Zeitpunkt versiegelt das Ei seine Hülle um sich selbst. Die restliche Spermiumschicht wandert dann an die Wand der Eikammer und haftet dort an. Danach, was sich anfühlt wie Drähte, bewegen sich diese Drähte im Inneren von „Ihnen", während sich die Chromosomen bewegen, und die Chakren verschmelzen. An dieser Stelle ist die Empfängnis abgeschlossen.

Wiederholen Sie es immer wieder, da Sie anfangs mit ziemlicher Sicherheit Feinheiten übersehen werden. Diese Entwicklungsphase muss geheilt werden, bis sich die Eizelle und das Spermium wie ein König und eine Königin fühlen, die eine königliche Ehe ohne Trauma eingehen. Die ersten paar Male werden Sie wahrscheinlich nicht den königlichen Hochzeitsteil erleben, aber wenn Sie den physischen Schaden heilen und die Vergangenheit ändern, entwickelt es sich zu dem, was es hätte sein sollen.

## Schritt 7a: Heilung der Spermiumschwanz-Ablösung und des Todestraumas

Die Heilung dieses Ereignisses ist oft erforderlich, damit das Plazentatod-Trauma in Schritt 10 vollständig geheilt werden kann. Musik, die hilft, das Todeserlebnis des Spermiumschwanzes hervorzurufen, ist Robert Gass' *Gate Gate* und *Beyond the Beyond*. Für die Erfahrung der Spermiumseite verwenden Sie diese Lieder und das Lied von Gass *A Sufi Song of Love*.

Bleiben Sie beim ersten Teil der Empfängnis, wenn sich der Schwanz vom Spermium löst. Um bei dem Spermium zu bleiben, erinnern Sie sich, dass es sich wie eine junge Version des Vaters anfühlt. Halten Sie Ihr Bewusstsein im Spermiumschwanz und im Spermium möglichst gleichzeitig. Wenn nicht, bewegen Sie Ihr CoA abwechselnd zwischen ihnen, bis sie beide vollständig geheilt sind. Der Schwanz löst sich aus dem Bereich um die Unterseite der Schulterblätter, und es kommt oft zu Ablösungsverletzungen. Der Schwanz ist sich selbst bewusst und wenn er stirbt, muss sein Trauma geheilt werden. Bei seinem Tod muss eine Erfahrung stattfinden, bei der sein essentielles Selbst vom verbleibenden Spermiumkörper, der sich im Inneren der Eizelle befindet, wieder aufgenommen wird. Es scheint den Menschen eine Hilfe bei der visuellen Orientierung zu sein, wenn z.B. technischen Zeichnungen betrachtet werden, die umgekehrt oder gespiegelt sind.

Es kann auch aus Sicht der Eizelle ein Trauma geben, wenn sich der Schwanz löst und stirbt.

## Schritt 7b: (Optional) Verbinden Sie die Chakren des Spermiums und des Eis miteinander.

Wir empfehlen, jedes Empfängnis-Chakra-Trauma zu heilen. Für die meisten Menschen, die das mit Schritt 3d und Schritt 5e tun, reduziert sich der Schlafbedarf und gibt ihnen den Flow Awareness Zustand. Die Chakren aus Spermium und Eizelle kommen zusammen und bilden eine Scheibe mit Vertiefungen direkt über dem Nabel. Um dieses Ereignis rechtzeitig zu lokalisieren, gehen wir zu dem Zeitpunkt, an dem das Spermium seinen Kopf öffnet und sich das Material in der Eizelle zu vermischen beginnt, und beide Gehirn-Bewusstseinskugeln zusammenkommen. (Es gibt nur Gehirnkugeln, wenn Sie die Koaleszenz gemacht haben, ansonsten kommen fünf verschiedene Gehirne zusammen.) Beide Gehirnbälle verlagern sich leicht versetzt in sich selbst, wie Kreise in der Zielscheibenmitte, die aus der Mitte geraten, aber sie lösen sich nicht voneinander oder lösen sich nicht auf. Diese Fehlausrichtung lässt das Ei- und das Spermiumhirn zusammengleiten. Dann verschmelzen das Spermium und das Eihirn miteinander, von Herz zu Herz, von Verstand zu Verstand usw. Als nächstes, wenn die Gehirne fast fertig verschmolzen sind, kommen die Chakra-Kugeln zusammen und werden flach, um scheibenförmig zu werden. Die Vertiefungen bilden sich gleichzeitig, wenn sie zusammenkommen. Wenn sich die Scheibe zu formen beginnt, wackeln oder flimmern die Meridiane zusammen, als ob sie daran interessiert wären, herauszufinden, wie man richtig zusammenkommt. Dies geschieht fast gleichzeitig mit der Bildung der Chakra-Scheibe.

Während die Scheibe die gebogenen Kanten bildet, zementiert sich die Scheibe in die Meridiane, so dass sich die Energie innerhalb der Meridiane synchron mit der Drehung der Scheibe bewegt, ähnlich wie Wasser, das von einem Wasserrad gepumpt wird. Einige unserer Versuchspersonen haben berichtet, dass sie plötzlich unmittelbar nach der Bildung dieser Scheibe hinter Objekte in der Gegenwart sehen können, wenn sie dieses Material vollständig heilen.

Wenn Sie das Chakra-Material in Schritt 3d und 5e noch nicht geheilt haben, werden Sie sehen, wie sich einzelne Chakren aus Eizelle und Spermium zusammenfügen (vorausgesetzt, Sie haben den Zustand Inner Brightness und können sie sehen). Auch wenn die sieben Chakren zusammenkommen, sind sie nicht perfekt verschmolzen. Die anderen Chakren aus dem Spermium bleiben erhalten und sehen aus wie eine

Reihe von Kugeln, die bis zur Unendlichkeit reichen. Die sieben Chakren sind etwas heller als die des Spermiums, die nach oben und unten ins Unendliche gehen. Das Verweilen in diesen Momenten, bis alles vollständig geheilt ist, führt dazu, dass die Chakren vorübergehend zu einer Scheibe zusammenkommen, doch jedes nicht geheilte Chakra-Trauma bei den Verschmelzungsereignissen führt dazu, dass diese Scheibe später auseinanderfällt, sobald die Aufmerksamkeit von ihr genommen wird. Das verbleibende Verschmelzungs-Chakra-Trauma verhindert, dass dieser Prozess vollständig und korrekt abgeschlossen wird.

Beispiel:
Paula fährt fort: „Zuerst fühlte sich das Ei an, als wäre es vergewaltigt worden. Das Spermium trat durch das Hals-Chakra ein und fühlte sich wie ein fester Gegenstand an, der mich erstickte.

Ich war also ziemlich überrascht, das Spermium nicht als aggressiven Tyrannen zu erleben, sondern als glückliches, liebevolles Wesen, voll von hellblauem Licht, auf dem Weg zu seinem großen Date mit dem zellulären Äquivalent von Blumen und Schokolade... und schwimmend auf dem Rücken.

Das Ei ist analytisch und hat einen klaren, langfristigen Blick auf Ursachen und Folgen. Noch im Eierstock kann es seine ganze Zukunft wie auf einem Röhrenbildschirm sehen, bei der jedes Ereignis, auf das Sie sich konzentrieren, in den Vordergrund tritt. Das Spermium hingegen ist sehr emotional, liebevoll und romantisch. Ich frage mich, ob dies nicht einfach nur ein Spiegelbild der Eigenschaften meiner Eltern ist anstatt allgemeiner Ei-/Spermium-Eigenschaften. Sicherlich sind beide Seiten in mir auffindbar.

Die Empfängnis selbst ist ein Fall von falscher Identität. Ich sehe eine schöne, abgedämpfte Strukturkugel, wie eine geodätische Kuppel. Ich glaube, ich bin aus dem Körper gefallen und versuche, mich mit ihm zu verschmelzen. Es ist ungewöhnlich schwierig. Nach drei Versuchen umarme ich ihn auf eine Weise, die nicht rückgängig gemacht werden kann: Ich bin in der Tat das Spermium, und ein völlig bizarrer Zeittrick hat mich dazu gebracht, mich mit dieser kalten leblosen Kugel zu paaren. Ich bin gebunden und verdammt, ich hatte noch nicht einmal Spaß.

Ich fühle eine Leere in meinem Kiefer. Dann scheint es, als wäre mein Kiefer in Stücke geschossen worden.

Ich bin wieder das Spermium... aber nur der Schwanz des Spermiums. Sein Kopf verschmilzt fröhlich, und mit unerträglicher Langsamkeit wird der Schwanz inzwischen herausgerissen. Später werde ich herausfinden, dass dies auf eine vorzeitige Verhärtung der äußeren Hülle des Eies zurückzuführen ist.

Ich erlebe noch einmal die Zeit, als jemand versuchte, mich zu töten, indem er mich in ein großes Fenster warf. Ich will jetzt diesen Schmerz, um mich von der Langsamkeit dieses Todes zu befreien. Ich bin voll von destruktiver und selbstzerstörerischer Wut.

Schließlich füllte ich mich mit strahlend blauem Licht auf. Dann wurde das Licht abgedämpft, zu einem schönen durchsichtigen Schieferblau, das mit weißen Flecken gesprenkelt ist. Ich steige verdunkelt, ekstatisch zu dem auf, was spezifisch der weibliche Aspekt des Schöpfers zu sein scheint. (Stell dir das vor.)

Das nächste Trauma ist anfangs sehr schwer zuzuordnen, denn ich fühle mich immer noch weiblich, und was sich als das Ei herausstellt, fühlt sich männlich an. (Für fast die gesamte Heilung habe ich mich irgendwie geschlechtslos gefühlt.) Da sich das Spermium im Inneren der Eizelle öffnet, fühlt es sich ursprünglich an, als würde es angegriffen werden. Es wird von selbstzerstörerischen Gefühlen überwältigt (in der Gegenwart möchte ich sehr gerne meinen Kopf an die Wand schlagen, bis er blutet) und denkt, dass es dem Ei schaden wird, wenn es diese Gefühle herauswirft. Wenn es das nicht tut, wird es mit Sicherheit sterben. Am Ende tut es beides. Sein Bewusstsein endet damit, dass es über die Wände des Eis gesprüht wird. Es ist wie der Tatort eines Mordes. Eigentlich ist es sehr einfach, sich vorzustellen, dass einige wirklich grausame Morde und Selbstmorde eine Nachstellung dieses Traumas sind.

In einer späteren Wiederholung davon merke ich, dass das Zeug an den Wänden eigentlich nur meine äußere Hülle ist. Mein „Selbst" ist ein Haufen drahtiger Teile darin. In noch einer weiteren Version quelle ich einfach zu einer riesigen Größe auf und fühle meinen eigenen Knochenbau als Drahtstücke.

Eine noch spätere Wiederholung sieht all dies als einen liebevollen Tanz... aber es sind meine Eltern, die das tun, und ich bin ausgeschlossen.

Doch später schwimmt das Spermium richtig nach oben und fühlt sich an wie beladen voller Geschenke. Das Ei fühlt sich an wie eine schöne Braut mit Blumen im Haar. Sie erkennen sich mühelos wieder. Beide sind ich. Die ganze Szene hat ein fröhliches und sehr „kunstvolles" Gefühl.

Später habe ich das Empfängnistrauma aufgeräumt. Ich kam an einen Ort, an dem das Gehirn des Spermiums durch eine Kollision mit der Eileiterwand auseinanderbrach. Ich war bereits im Underlying Happines Zustand, nachdem ich die Einnistung geheilt hatte. Nachdem ich das Körperhirn geheilt hatte, machte ich meine ersten Erfahrungen mit einer „zustandsabhängigen Reaktion". Wenn ich mich jetzt frage: „Was ist der Grund zum Leben", ist es offensichtlich, dass die Antwort „Lieben" lautet.

## Schritt 8: Heilung der Einnistung

Diese Entwicklungsphase ist entscheidend für den Zustand Underlying Happiness mit seiner Körper-Herz-Verschmelzung und kann von selbst geheilt werden, um genau diesen Zustand zu erlangen. Natürlich baut diese spezielle Gehirn-Verschmelzung auf den vorangegangenen präzellulären Phasen der Ei- und Spermium-Koaleszenz auf, so dass bereits bestehende Traumata den Zustand Underlying Happiness blockieren können, wenn Sie nur die Einnistung heilen. Die Heilung dieser Phase ist auch für den Hollow-Zustand erforderlich, da alle Entwicklungsphasen der Hirn-Verschmelzung für diesen Zustand traumafrei sein müssen.

Die Einnistung beginnt, wenn sich die Zygote der Gebärmutterwand nähert. Sie „sieht" einen hellen Fleck an der Gebärmutterwand, und dort wird die Zygote implantiert. Aus der Nähe sieht dieser Abschnitt der Gebärmutterwand aus wie Wurzeln oder Lichtfinger, ein wenig wie der freigelegte Wurzelballen eines umgestürzten Baumes. Auf dem Weg zur Einnistung löst sich die Beschichtung aus Schutzzellen der Mutter von der Zygote ab. Sie nähern sich der Einnistung von der Vorderseite Ihres Körpers - natürlich sieht eine Zygote aus wie ein rundes Bündel von Zellen, aber aus der Erfahrungssicht eines Erwachsenen, der die Regression durchführt, fühlt es sich an, als wäre es die Vorderseite Ihres jetzigen Körpers. Während der Einnistung, dem Einnistung-Ort zugewandt, spaltet sich die Beschichtung von dem Körper auf und gleitet ab. Es ist, als würde man einen langen Mantel ausziehen, der sich von vorne öffnet. Die Beschichtung löst sich wie eine Schlange, die ihre Haut verliert, während die Zygote die Gebärmutter berührt. Beachten Sie, dass viele Menschen an dieser Stelle ein Trauma haben, da sie nicht in der Lage sind, sich beim ersten Berühren der Gebärmutterwand zu verankern.

Ihr Gesicht berührt zuerst die Gebärmutterwand. Sie verankern sich mit dem Gefühl, das Sie bekommen, wenn Sie sich mit dem Gesicht nach unten auf eine weiche, bequeme Matratze legen. Es fühlt sich dann an wie eine Spule, die sich aus dem unteren Bauch abwickelt, und das Ende des Schlauches auf der Spule wird in die Gebärmutterwand eingeführt. Dann gibt es eine Freisetzung von Flüssigkeit durch den Schlauch, was sich anfühlt, als würde man Pipi machen. Ist das Ende des Schlauches in der Gebärmutterwand verankert, fühlt es sich an, als würde er mit dem Universum verschmelzen, und nicht nur mit der Mutter. Aus der Perspektive des Plazenta-Hirns fühlt es sich an, als würden Sie sich von Ihrem Rücken aus mit der Mutter verbinden, obwohl es aus der Perspektive der Zygote wie auf dem Bauch liegend ist. Diese Empfindungen geschehen gleichzeitig.

Eine Kombination von Material aus der Zygote und der Mutter bildet sich, um die Plazenta zu züchten. Das Wachstum der Plazenta erfolgt schnell. Der Schlauch dehnt sich zur Plazenta aus, wobei auch die Vorderseite des Körpers beteiligt ist. Es fühlt sich an, als würde sich die Biologie aus dem Schlauch nach außen ausdehnen, den Schlauch nach unten ausdehnen. Gleichzeitig dehnt sich die plazentare „Energie" durch die Schutzschichten der Zygote von der Vorderseite des Körpers auch auf die Außenseite des Körpers aus. Die gesamte Vorderseite des Körpers ist an dem beteiligt, was sich wie ein Energieaustausch zwischen der Zygote und der Mutter anfühlt. Dieser Energiefluss ist zumindest teilweise ein Fluss von Nährstoffen.

Der Fruchtblase bildet sich gleichzeitig rund um die Außenseite des Körpers. Der Beutel ist auch Teil des Bewusstseins der Plazenta.

Es ist wichtig, die Haftung der Plazenta an der Gebärmutterwand zu heilen. Falsches Wachstum zu diesem Zeitpunkt erhöht die Wahrscheinlichkeit, dass Fehlgeburten und Plazenta-Ablösungsprobleme später in der Entwicklung auftreten. Während dieses Ereignis voranschreitet, heilen Sie es, indem Sie die Schichten glätten, während sich die Plazenta nach außen ausdehnt, und dafür sorgen, dass alles ohne Unvollkommenheiten verbunden ist. Es ist so ähnlich wie das

Herausdrücken der Blasen auf einem Stück Klebeband, das auf etwas gedrückt wurde. Es fühlt sich an, als würden die Zygote und die Gebärmutter und die Plazenta eins werden, obwohl sie biologisch gesehen getrennte Teile sind.

Die Angst vor zu wenig oder der Verlust von finanziellen Einnahmen resultiert oft aus einem Trauma in dieser Phase.

Beispiel:
>Paula fährt fort: „Die Einnistung war kein Picknick. Ich versuchte, auf meiner Seite zu implantieren und wurde zweimal von der Gebärmutterwand abgestoßen. Zuerst schien die Gebärmutterschleimhaut zu dünn, wie eine billige Schaumstoffmatratze mit einer harten Planke darunter. Das zweite Mal war ich diejenige, die sich in Angst zurückhielt. Stellen Sie sich vor, Sie liegen auf einem dicken Teppich, halten sich aber irgendwie mit jeder Zelle Ihres Körpers zurück, so dass Sie nur die Enden der Fasern berühren, anstatt einzusinken. Ziemlich schrecklich.
>
>Ich hatte einen Zwilling, der bei der Einnistung starb. Elizabeth Noble bemerkte in ihrem Buch *Primal Connections*, dass nicht diagnostizierte Zwillinge ein recht häufiges Ereignis sind. In meinem Fall gab es ein schreckliches Dilemma. Ich befürchtete, dass meine erfolgreiche Einnistung den Tod meines Zwillings bedeuten würde. Gleichzeitig gab es eine intensive Eifersucht und Angst: Wenn er zuerst implantiert, dann würde ich sterben.
>
>In einer späteren Heilung sah ich die im Text beschriebenen wurzelartigen Fasern, aber sie waren unbeleuchtet und sahen gezackt und bedrohlich aus. Ich fand eine Stelle zwischen ihnen und implantierte sie... auf meinem Rücken. In weiteren Sitzungen heilte ich Traumata mit dem Plazenta-Hirn. Das Plazenta-Bewusstsein drehte sich schließlich um und stellte sich meinem Zygoten-Selbst: Ich stand vor mir. Jetzt implantierte ich auf meinem Rücken, aus der Plazenta-Perspektive, und auf meiner Vorderseite, aus der Sicht des Körpers. Erstmals löste sich eine Nährstoffschicht sauber ab. Es herrschte ein tiefes, tiefes Gefühl der Vereinigung. Etwas, das sich von meinem Bauch gelöst hat; die Verbindung fühlte sich sexuell an und streckte sich bis ins Universum aus. Meine Brust war voller Licht. Die Welt war voller Licht.
>
>Ich fühlte, wie meine Hände und Beine in die Matratze eindrangen, als sich die Plazenta-Verbindungen bildeten. Meine Seele dehnte

sich aus. Ich sah meine Mutter als eine Schwesterseele, eine Gleichgestellte. „Sind wir Teil von Gott? Sind wir so heilig?" Ich schrie überrascht auf, weil ich mit Wellen alles umschloss".

## Schritt 9: Heilen Sie das Plazenta-Todestrauma.

Die Heilung dieses Entwicklungsstadiums bringt den Zustand Wholeness in der Regel unabhängig vom Grad der Verschmelzung in den anderen Dreifachhirnen. Musik, welche hilft, die Erfahrung des Plazenta-Todes hervorzurufen, ist Robert Gass' *Gate Gate* und *Beyond the Beyond*. Für die fötale Seite der Erfahrung verwenden Sie diese Lieder und von Gass das Lied *A Sufi Song of Love*.

---

### WARNUNG

Dies ist ein großes Trauma für fast jeden, und wenn es notwendig wird, sollte Hilfe in Anspruch genommen werden. Achten Sie darauf, dass Sie dies nur unter qualifizierter Aufsicht tun. DIESES TRAUMA KANN MÖGLICHERWEISE EXTREME SUIZID-GEFÜHLE HERVORRUFEN. SETZEN SIE DIE HEILUNG FORT, OHNE ANZUHALTEN, BIS SIE VERSCHWUNDEN SIND. SUCHEN SIE DANN NACH EVENTUELLEN FRÜHEREN TRAUMATA MIT AUFKOMMENDEN SUICIDGEFÜHLEN UND HEILEN SIE DIESE, BIS SIE AUCH WEG SIND. Hören Sie nicht auf zu heilen, bis Sie völlig frei von dem Gefühl sind, denn dieses Gefühl kann so stark sein, dass eine Person sich selbst tötet.

Diese Geburtsphase kann selbst bei Klienten, bei denen während der Geburt alles gut gelaufen ist, Suizidgefühle hervorrufen. Bei etwa 20% der Geburten liegt die Schnur um den Hals des Babys. Die Krankenhausroutine lässt den Arzt die Nabelschnur durchtrennen, während der Körper des Babys noch im Körper der Mutter ist. Da dies dem Baby den Sauerstoff entzieht, entsteht ein schweres, heftiges zusätzliches Trauma. Nach meiner Erfahrung mit vielen Klienten ruft die Regression zu dem Ereignis der Nabelschnur um den Hals (bei den Hebammen eine verwickelte Nabelschnur) meist sehr starke suizidale Gefühle hervor. Suizide durch Erhängen sind in der Regel mit diesem Trauma verbunden.

Bewegen Sie sich vorwärts in der Zeit der Geburt, nachdem Sie die Mutter verlassen haben. Heilen Sie das Durchtrennen der Nabelschnur, was in der Regel mit starken Schmerzen im Nabelbereich verbunden ist. Es gibt auch das Gefühl, dass die abgeschnittene Nabelschnur danach herumwedelt und versucht, sich wieder an jemanden zu binden. Bleiben Sie dabei, bis sich das Gefühl einstellt, dass sich die Schnur wieder in den Bauch zurückzieht.

Als nächstes lenken Sie Ihre Aufmerksamkeit auf die Plazenta. Sie erlebt einen Todesschock, wenn sich die Bindung an die Gebärmutterwand löst. Klienten berichten, dass es in der Regel einen sehr bitteren Geschmack gibt, wenn sie an diesem Trauma arbeiten. Wenn sie sich von der Gebärmutter löst, fühlt sich die Plazenta ein wenig an, als würde sie sich von innen nach außen drehen, wenn ihre konkave Form konvex wird. Wenn dieses Trauma geheilt ist, wird es das Gefühl geben, dass sich die Essenz der Plazenta von ihr in den Babykörper bewegt. Beachten Sie, dass dieses Trauma ein früheres verwandtes Trauma wie die Einnistung aktivieren kann, das ebenfalls geheilt werden muss.

Kapitel 13 enthält eine detaillierte Geschichte von Nemi Nath über ihre Erfahrungen bei der Heilung dieses Traumas.

Beispiel:

Paula fährt fort: „Ich begann, diese Entwicklungsphase zufällig zu heilen. Ich arbeitete an Themen der Verlassenheit durch Männer und an Beziehungen, die nicht funktionierten. Es führte zu einem Bild meines Lebens, das aus geborgenem Schrott bestand, einem klapprigen Schiff, das ich mein „Schiff der Narren" nannte. Nachdem ich ein Trauma geheilt hatte, das damit zusammenhing, dass ich nicht genügend Nahrung in der Gebärmutter bekam und meinen eigenen Körper Zelle für Zelle „stehlen" musste, befand ich mich an einem Strand, neugeboren durch das Wrack meines alten Lebens. Neben mir war meine Plazenta mit ihrer Fruchtblase, wie eine sterbende Qualle. Die Trauer war extrem. Sie war wie ein Liebhaber für mich gewesen, ein Reisebegleiter, Beschützer, Quelle von Wärme und Nahrung, Komplize. Sie fühlte sich geschlechtslos an, aber dann fühlte ich mich auch geschlechtslos. Von Auslösern in der Gegenwart, die mit Beziehungen zu anderen Menschen zu tun hatten, und über einen Zeitraum von einer Woche habe ich einen Aspekt nach dem anderen betrauert. Ich durchlebte auch Wut und lehnte die Plazenta ab. An einem wichtigen Punkt hatte ich das Gefühl, dass Musik als Geschenk von der Plazenta kommt. Sie gab mir auch ein „blaues Netz" oder ein „blaues Tuch", das anfangs ziemlich nutzlos schien, wie der Lieblingspullover eines verstorbenen Freundes, der zwar tröstet, aber einen noch mehr zum Trauern bringt. Das Netz und die Musik schienen aus der Plazenta in mein Herz zu fließen. Als ich die Heilung abschloss, nahm das blaue Netz seinen ständigen Aufenthaltsort ein, und mit ihm kam ein Gefühl der Sicherheit, ein Gefühl, dass ich nie wieder heimatlos sein würde. In meinem Herzen war ein großes weißes Licht, und die Plazenta verschmolz später mit ihm, ihre Essenz war da. Es war unglaublich hell und schön. Dies führte zu einer Reihe von Heilungen darüber, wie man mit diesem neuen Material umgehen und es annehmen kann, insbesondere aus spiritueller Sicht.

Später hatte ich noch Geburtsverletzungen an Hals, Rücken, oberem Brustbein und Kinn, die nicht heilten; alles, was ich fühlte, war Angst und „Ich kann nicht" und „Tu das nicht"! Ich stellte fest, dass die Verletzungen tatsächlich in der Plazenta selbst waren und dass die Plazenta sich selbst bewusst war. Die Nackenverletzung war die Schnur, die durchtrennt wurde, die Rückenverletzung war die Plazenta, die von der Gebärmutterwand riss, die Herzverletzung war die Plazenta, die besorgt war, weil sie wusste, dass sie sterben würde und dass das Baby nicht gut versorgt werden würde. Im Brustbein ging es darum, dass die Plazenta ihre „Persönlichkeit" verlor; die Plazenta wurde zu einer Sache, ein Stück Fleisch, das in den Müll geworfen wurde, während es früher ein Teil einer Person war. Mein „Solarplexus" fühlte sich an wie der Ort, an dem die Nabelschnur aus der Plazenta austritt. Nachdem die Schnur durchtrennt war, fühlte sich die Schnur riesig und leer an. An diesem Punkt verspürte ich einen extrem starken Drang, mir wirklich in den Hals zu schneiden, um den quälenden und geisterhaften Schmerz der Verletzung zu beenden. Ich ging damit so um, indem ich mir absolut verbot, von der Couch aufzustehen, bis die Verletzung geheilt war. Es war sehr schwierig, dem Drang zu widerstehen, mir selbst zu schaden, obwohl ich viel Erfahrung im Umgang mit Suizidgefühlen hatte.

Nachdem die Plazenta sich von der Gebärmutterwand gelöst hatte, ging sie plötzlich von einer konvexen Form, die der Wand entsprach, in eine konkave Form über, als würde sie sich von innen nach außen drehen. In der Zwischenzeit war sie voller Licht und Weisheit, die mit Göttlichkeit zu tun hatte. Da die Schnur durchtrennt war, gab es keine Möglichkeit, das weiterzuleiten. Als die Plazenta starb, fühlte sie sich wirklich friedlich an. Ich sah den Tod meines Vaters während der gleichen Heilung. Die Musik, die meine Erfahrung mit dem Sterben der Plazenta hervorrief und mit ihr übereinstimmte, war „Beyond the Beyond" von Robert Gass. Die Musik zur Lösung aller Probleme, die die Plazenta hatte, war „Gate Gate", ebenfalls von Robert Gass.

Es gab eine Art Übereinstimmung zwischen dem Baby und der Plazenta. Nachdem ich die Plazenta geheilt hatte, konnte ich nun diese Verletzungsstellen im Baby heilen. Das Baby hatte die Nabelschnur um den Hals gewickelt und war bereit zu sterben, denn der einzige Weg, sich selbst (das Baby) zu retten, war, die Schnur durchzuschneiden und die Plazenta dadurch zu töten. Die vollständige Formulierung entpuppte sich als „Ich kann das nicht" und „Bitte Gott, bitte mich nicht darum, das zu tun". Die Nabelschnur wird durchtrennt, die Plazenta stirbt, und das Baby fühlt sich verantwortlich. Viel Trauer und Schuldgefühle, die zu einem erschöpften Baby kommen, das nicht leben will.

Ich hatte auch Suizidgefühle während eines Gebärmutter-Traumas gefunden, bei dem ich starke Schmerzen hatte, die unendlich schienen, aber nicht ausreichten, um mich zu töten. Sie kamen durch meine Mutter, die Kaffee trank. Eine der Möglichkeiten, die ich aber satthatte, war mich selbst umzubringen, indem ich versuchte, meine Plazenta von der Gebärmutter zu lösen, was aber wiederum nicht funktionierte, ebenso wenig wie der Versuch, mich selbst zu erdrosseln. (wobei ich mich natürlich wundere über die Auslöser von Plazenta-Ablösungen...) Dann versuchte ich, an meinem Gesicht und Kopf zu reißen, um mich umzubringen. Und ich versuchte, in meinem Zorn meiner Mutter zu schaden."

## Schritt 10: Die Änderungen in die Gegenwart übertragen

Der Prozess in diesem Kapitel ist ein gutes Beispiel für das „Schleppen", das ich im Basic Whole-Hearted Healing Manual beschrieben habe, bei welchem man in die Vergangenheit geht, ohne die Heilung durch Symptome in der Gegenwart zu beginnen. Wenn Sie die WHH-Regressionstechnik verwenden, um dieses Problem zu heilen, wird es voraussichtlich in vielen Fällen nicht vollständig heilen, es sei denn, die Art und Weise, wie das Trauma Sie in der Gegenwart beeinflusst, wird ins Bewusstsein gerufen. Lassen Sie mich diesen Punkt noch einmal betonen

- es ist ausschlaggebend, sich bewusst zu werden, wie sehr diese Traumata in frühen Phasen Sie in der Gegenwart beeinflussen. Dies ist ein lebenswichtiger und notwendiger Schritt, sonst kann die Heilung der Vergangenheit wenig oder gar keinen Einfluss auf Ihre Gegenwart haben.

Das kann auch gelten, wenn Sie andere Heilmethoden verwenden, aber das ist etwas, worauf wir noch nicht so genau geachtet haben. Wenn Sie andere Methoden verwenden, wäre es wahrscheinlich eine gute Idee, das trotzdem als Vorsichtsmaßnahme auszuführen.

Für diejenigen unter Ihnen, die WHH verwenden: Sie müssen dem natürlichen Zeitfluss vorwärts folgen, der von jeder Phase, an der Sie gearbeitet haben und geheilt haben, ausgeht. Sie werden feststellen, dass Traumata, die mit diesen früheren Phasen zusammenhängen, sequentiell und spontan in Ihr Bewusstsein kommen und sich dann auflösen werden, wenn Sie sich Richtung Gegenwart bewegen. Andere, insbesondere solche mit erheblichen körperlichen Verletzungen, müssen möglicherweise vorsätzlich geheilt werden. Diese Schritte müssen wahrscheinlich mehrmals wiederholt werden, solange bis keine weitere Veränderung wahrnehmbar ist, wenn Sie sich in Richtung Gegenwart bewegen. Die traumatischen Ereignisse, die nach der Heilung einer Entwicklungsphase auftreten, sind von Person zu Person unterschiedlich. So kam beispielsweise Wes nach der Empfängnis-Heilung die erste Zellteilung spontan ins Bewusstsein. Nachdem er sie geheilt hatte, entstand dann in seinem Bewusstsein die Einnistung, die auch eine gezielte Heilung erforderte.

Alternativ stellen einige Menschen fest, dass wenn sie vergangene Traumata heilen, spontan kurze Bilder der aktuellen verwandten Traumata erscheinen, oft mit einer „aktualisierten" Version der Formulierung, die mit dem ursprünglichen Trauma verbunden ist. Nehmen Sie sich einen Moment Zeit, um diese neuen Bilder und ihre Beziehung zum Trauma in der Entwicklungsphase zu betrachten und sie dann loszulassen.

Viele Menschen berichten, dass die Heilung dieser sehr frühen und grundlegenden Traumata in Entwicklungsphasen dazu führt, dass sie sich plötzlich an ihr Leben erinnern, das ganz anders verlaufen ist, als es tatsächlich der Fall war. Dieses neue Leben ist das, was das Ergebnis gewesen wäre, wenn Sie ohne die Traumata geboren worden wären, die so große Auswirkungen auf Ihr Leben hatten. (Übrigens tritt dieser Effekt einer neuen Vergangenheit auch bei völlig anderen Spitzenzustands-Prozessen wie dem PEAT Past/Future Rundown-Prozess auf.) Seien Sie sich der neuen Vergangenheit und der ursprünglichen Vergangenheit bewusst und bleiben Sie bei ihr, bis ein Gefühl dafür entsteht, dass die beiden Zeitströme in die Gegenwart übergehen. Die beiden werden sich schließlich wie ein 'V' zu diesem gegenwärtigen Moment der Zeit zusammenfügen.

## Schritt 11: Überprüfen Sie alle anderen Blockaden.

Wenn Sie sich nach den oben genannten Schritten nicht im Zustand Hollow befinden, beobachten Sie sich selbst, während Sie wachsen und sich von den frühesten Entwicklungsphasen an entwickeln, die wir bis zur Geburt aufgelistet haben, und stellen Sie sicher, dass Sie die Verschmelzung der Gehirne nicht verlieren. Wenn das passiert, halten Sie rechtzeitig an, wie ein Standbild in einer Fernsehsendung, und heilen Sie diese Traumata. Wiederholungen könnten erforderlich sein, also stellen Sie sicher, dass Sie das Trauma aufschreiben, einschließlich einer visuellen Beschreibung, einem Gefühl dafür, in welcher Zeitsequenz es sich befindet, die emotionalen und physischen Schmerzen, die damit verbunden sind, und alle anderen Details, die Sie bemerken können, damit Sie später bei Bedarf zu ihm zurückkehren können.

Generationstraumata scheinen auch eine Rolle dabei zu spielen, nicht nur die vollständige Heilung einer bestimmten Phase zu blockieren, sondern allgemein das Erreichen von Spitzenzuständen. Band 3 behandelt im Detail Methoden zur Heilung dieser Art von Problemen.

Wir würden uns freuen, wenn Sie dazu beitragen würden, mögliche Blockaden im Prozess besser zu verstehen, somit wäre es hilfreich, wenn Sie uns eine E-Mail mit Ihren Erfahrungen schicken würden. Unsere E-Mail-Adresse finden Sie auf unserer Website www.PeakStates.com.

Beispiel:
Paula fasst ihre neuen Bewusstseinszustände zusammen: „Nachdem ich den Tod der Plazenta geheilt hatte, konnte ich da, wo sich die Dreifachhirne befinden, leuchtende, überlappende Scheiben sehen. Zuerst waren sie blass-gold farbig, mit einer klaren Grenze von kurzen Lichtstrahlen. Das Gefühl war Glück und Ganzheit; es gab einen leicht „klingenden" Oberton, als hätte ich zu viel Kaffee getrunken. Am zweiten Tag wurden die Lichter zu wolkigen weißen Kugeln, ohne klare Kanten, und ich wurde sehr ruhig. Das blaue Netz, das ich von der Plazenta erhalten hatte, wurde golden, breiter und heller. Anfangs hatte ich Angst auszugehen: Ich fühlte mich wie ein beleuchteter Weihnachtsbaum und konnte nicht glauben, dass dies von außen nicht sichtbar sein würde!

Die Liebe der Plazenta war über alle Maße selbstlos: sie gab und gab, bis nichts mehr von ihr übrig war. Bei der Liebe des Babys ging es dagegen um Greifen, Halten und Konsumieren. Früher hatte ich diese beiden Extreme verkörpert, aber nach der Heilung begann ich auf eine viel authentischere und ausgewogenere Weise zu lieben.

Als nächstes bewältigte ich die Empfängnis, Koaleszenz und die Einnistung, die alle miteinander vermischt waren. Der Wholeness-Zustand verschwand, als schwere Traumata in meinem Bewusstsein auftauchten. Die ersten Wochen brachten eine Vielzahl faszinierender Pyrotechniken des inneren Lichts hervor: Gold- und Rotstrahlen um Teile meines Körpers herum, Wolken aus weichem Licht, ein Gefühl, dass jede meiner Zellen einzeln lebendig war und in Grün und Weiß aufleuchtete; schimmernde, mehrfarbige Strahlen, die sich mehrere Meter von meinem Körper nach außen erstrecken. Einige dieser Muster waren den „Schichten" der Aura ähnlich, wie Barbara Brennan in ihrem Buch *Hands of Light* (Farbtafeln 7-7 bis 7-13) beschreibt.

Jeder Zustand war instabil und dauerte einige Stunden bis wenige Tage, aber insgesamt nahm mein Gefühl des Friedens zu. Ein paar Mal wachte ich in der Nacht auf und fühlte mich völlig hohl, als wäre mein Körper aus Luft gemacht.

Ich heilte das Trauma der Eizelle, als sie den Eierstock verließ und fühlte, wie sich meine Haut ablöste! Jetzt fühlt sich mein Körper grenzenlos an, und das Verhalten anderer Menschen beeinflusst mich nicht mehr persönlich. Anstatt zu urteilen, bin ich neugierig und mitfühlend auf meine eigenen Probleme und die anderer Menschen geworden. Diese Veränderung scheint von Dauer zu sein. [Anmerkung der Redaktion: Dieser Zustand wird in Band 2 behandelt.]

Eines Morgens, nach einer Woche Pause, kehrte ich zu meinem Job als Obstbaum-Beschneider zurück. Etwas Wichtiges fehlte hier.... Ich brauchte eine halbe Stunde, um herauszufinden, was es war. Meine Höhenangst war weg! Ich hatte in der Zwischenzeit mehrere Dinge geheilt, aber ich vermute, dass das „Fallen" in die Gebärmutter, kurz vor der Einnistung, das entscheidende Trauma war. Auch diese Veränderung ist dauerhaft.

Ich heilte die Stadien, in denen die Eizelle und das Spermium jeweils mit einer Schutzsubstanz überzogen werden, wenn sie den Eierstock bzw. den Hoden verlassen. Diese Beschichtung ist lichtdurchlässig und scheint sich um den Körper von Eizelle und Spermium zu drehen. Als ich diese Veränderungen in die Gegenwart brachte, beeinflussten sie die Empfängnis und die Einnistung stark. Das Gefühl des „Drehens" blieb bestehen und ich bin sehr glücklich von dem Heilungsgefühl weggekommen. Ich habe meine üblichen Emotionen, aber im Hintergrund ist ein zugrundeliegendes Glück, das konstant da ist. Das „drehende" Gefühl kam in die Gegenwart und ich fühle mich dadurch... na ja... verziert. Wie ein Jugendstil-Druck, vielleicht. Wenn ich mich darauf konzentriere, fügt es dem Glück eine Aufregung hinzu.

Ich machte eine seltsame Sitzung, in der ich versuchte, Zivorad Slavinskis Konzepte in die WHH-Heilung einzubeziehen. Ich war mir einer großen Polarität in meinem Leben bewusst geworden: „Allein" versus „zusammen". Also benutzte ich WHH, konzentrierte mich aber auf dieses Dilemma und nicht auf eine einzige Seite davon. Ich durchlief schnell Entwicklungsphasen und heilte diesen speziellen Aspekt in jeder von ihnen. Obwohl ich das Dilemma nicht beseitigt habe, habe ich die Kluft zwischen diesen Gegensätzen stark verringert und die emotionale Ladung reduziert. Ich wurde noch glücklicher und sehr, sehr, sehr friedlich. Meine vorherrschenden Emotionen haben jetzt mit Liebe und Mitgefühl zu tun. Diese Veränderung scheint dauerhaft zu sein."

## Schlüsselpunkte

- Es ist möglich, die Regression zu nutzen, um Spitzenzustände zu erlangen, indem man insbesondere in der Gebärmutter und in früheren Entwicklungsphasen heilt.
- Der Zustand Inner Brightness ermöglicht einen einfachen Zugang zu den Entwicklungsphasen in der Gebärmutter, was die Heilung ziemlich einfach macht. Menschen ohne diesen Zustand erleben die Regressionen als viel schwieriger oder unmöglich.

- Es gibt heute eine Vielzahl von wirksamen Therapien, die Traumata heilen, und diese können zur Heilung von Entwicklungsereignissen eingesetzt werden. Als Gruppe werden sie in der psychologischen Literatur als „Powertherapien" bezeichnet.
- Während der Heilung einer Entwicklungsphase kann sich die Erfahrung dessen, was passiert ist, ändern, um Ereignisse einzubeziehen, die ursprünglich nicht stattgefunden haben.
- Wenn die frühe Phase geheilt ist, heilen spätere Traumata manchmal spontan, es sei denn, an den späteren Traumata waren erhebliche körperliche Verletzungen beteiligt.

## Empfohlene Literatur und Webseiten

Über die fötalen, prä- und perinatalen Ereignisse und Traumata
- Association for Pre- and Perinatal Psychology and Health, www.birthpsychology.com. Ausgezeichnetes Material zum Thema Regression in die Gebärmutter.
- Frühe Trauma-Behandlung und Trainings von Terry Larimore, www.terrylarimore.com. Ihre Website enthält auch exzellentes Material.
- Emerson Training Seminare, William Emerson, www.emersonbirthrx.com. Er ist meiner Meinung nach einer der Führer in der prä- und perinatalen Psychologie.
- William Emerson, „The Vulnerable Prenate", Dokument, das 1995 dem APPPAH-Kongress in San Francisco vorgestellt wurde, veröffentlicht im Pre- & Perinatal Psychology Journal, Vol. 10(3), Spring 1996, 125-142. Eine Online-Kopie finden Sie unter www.birthpsychology.com/healing/point2.html.
- Michael Gabriel und Marie Gabriel, *Voices from the Womb: Adults Relive their Pre-birth Experiences - a Hypnotherapist's Compelling Account*, Aslan Verlag, 1992.
- Stanislav Grof, *The Adventure of Self Discovery*, State University of New York Press, 1988. Ausgezeichnete Berichterstattung über die Phasen der Geburt und andere spirituelle und schamanische Erfahrungen.

- Terry Larimore und Graham Farrant, *„Universal Body Movements in Cellular Consciousness and What They Mean"*, erstmals veröffentlicht in *Primal Renaissance*, Bandl. 1, No. 1, 1995. Eine Online-Kopie finden Sie unter www.terrylarimore.com/CellularPaper.html
- Sheila Linn, William Emerson, Dennis Linn und Matthew Linn, *Remembering Our Home: Healing Hurts and Receiving Gifts from Conception to Birth*, Paulist Press, 1999.
- Elizabeth Noble, Primal Connections: *Primal Connections: How our Experiences from Conception to Birth Influence our Emotions, Behavior, and Health*, Simon und Schuster, 1993.
- Bill Swartley, *„Major Categories of Early Psychosomatic Traumas: From Conception to the End of the First Hour"* von *The Primal Psychotherapy Page*. Eine Online-Kopie finden Sie unter www.primal-page.com/bills-1.htm. Ausgezeichnet mit tollen Referenzen.

Bilder von Spermien, Eizellen und in-Uterus-Entwicklungsphasen
- *Journey Into Life: The Triumph of Creation* (ein 30-minütiges Video), 1990, von Derek Bromhall, vertrieben von Questar Video, Inc. Dieses außergewöhnliche Video über die Reise von Spermium, Ei, Zygote und Fötus. Das Material wird mit dem gleichen Blickwinkel und der gleichen Bildgröße gefilmt, die Menschen, die sich an Traumata um diese Ereignisse herum erinnern, sehen.
- Lennart Nilsson, *A Child is Born*, Delacorte Press, NY, 1990. Fotos von der Reise von Spermium, Ei, Zygote und Fötus. Die Bilder sind von Szenen, die Menschen, die sich an Traumata in diesen Momenten erinnern, sehen. Empfohlen.

Regressionstechniken und -therapien
- Leslie Bandler, *Solutions*, Real People, 1985. Über die VKD (Visual Kinesthetic Dissociation) Powertherapie.
- Gerald French und Chrys Harris, *Traumatic Incident Reduction (TIR)*, CRC Press, 1999. Siehe auch die Website www.tir.org.
- Winafred Blake Lucas, *Regression Therapy; A Handbook for Professionals, Vol 1: Past-life Therapy*, Deep Forest Press, 1993.

- Winafred Blake Lucas, *Regression Therapy; A Handbook for Professionals, Vol 2: Special Instances of Altered State Work*,: Special Instances of Altered State Work, Deep Forest Press, 1993.
- Grant McFetridge und Mary Pellicer MD, *The Basic Whole-Hearted Healing Manual*, 3rd edition, 2003.
- Francis Shapiro und Margot Forrest, EMDR: *The Breakthrough Therapy*, HarperCollins, 1997. Siehe auch die Website www.emdr.org.

Kapitel 9

# Ein „Trauma"-Ansatz: Gaja-Befehle im Inner-Peace-Prozess nutzen

## Einführung

In Kapitel 8 haben wir einen Regressionsprozess zum Erfahren von Spitzenzuständen beschrieben. Offensichtlich gibt es große Nachteile dieses Ansatzes: 1) den meisten Menschen fehlt die Fähigkeit, auf die richtigen Gebärmutter-Momente zuzugreifen; 2) es kann eine immense Zeit in Anspruch nehmen, um die Traumata zu heilen; 3) es besteht die Gefahr, dass Suizidgefühle hochkommen und 4) es ist unmöglich, den Prozess bei großen Gruppen von Menschen durchzuführen, da ausgebildete Begleiter benötigt werden, die mit den Klienten in Einzelsitzungen arbeiten. In diesem Kapitel stellen wir eine Methode vor, die bestimmte Entwicklungsereignisse heilt ohne die Nachteile der Regression. Sie nutzt ein praktisch unbekanntes Phänomen namens „Gaia- Befehle", um dieses Ziel zu erreichen.

Um diesen Ansatz der Öffentlichkeit vorzustellen, bieten wir in diesem Kapitel eine detaillierte, schrittweise Vorgehensweise an, um sich selbst oder seine Klienten in den Zustand Inner Peace zu versetzen. Wir integrieren den gesamten Prozess in eine Form, die wir auch Klienten geben und machen daraus ein „eigenständiges" Dokument, das keiner weiteren Erklärung bedarf. Es steht Ihnen frei, es zu kopieren und an Freunde, Klienten oder Studenten weiterzugeben. Die einzigen Bedingungen sind, dass Sie es nicht verkaufen, dass Sie unser Urheberrecht anerkennen und dass Sie es in seiner Gesamtheit reproduzieren. Diese letzte Bedingung soll sicherstellen, dass die Personen, die das Dokument erhalten, über die potenziellen Schwierigkeiten des Prozesses informiert werden.

Wir haben uns entschieden, den Prozess in diesem Kapitel auf einen äußerst nützlichen und nicht störenden Zustand zu beschränken, den Inner Piece. Der Prozess ist schnell, einfach, relativ sicher und nebenwirkungsfrei. Es bringt etwa 55% der Klienten in den Inner Piece Bewusstseinszustand und ist für den größten Teil dieser Gruppe dauerhaft. Der Prozess dauert zwischen 30 Minuten und zwei Stunden und kann von großen Gruppen von Menschen gleichzeitig mit Laien-Begleitern durchgeführt werden. Wir haben die Komplexität des Prozesses in diesem Kapitel minimiert, um ihn einfacher anzuwenden - der Kompromiss ist die Anzahl der Personen, bei denen der Prozess funktioniert.

Der Inner Peace versetzt die Menschen vollständig in die Gegenwart, wodurch alle vergangenen Traumata jeglichen emotionalen Inhalt verlieren. Offensichtlich hat dieser Prozess einen großen Nutzen sowohl für Psychotherapie-Klienten als auch für normale Arbeits- und Privatsituationen. Für die Klienten beseitigt es die meisten Symptome einer posttraumatischen Belastungsstörung gleichzeitig, unabhängig von der Anzahl der beteiligten Traumata. Für die allgemeine Bevölkerung entfällt damit der größte Teil der emotionalen Überreaktion, die unter dem Namen „auf die Palme bringen" bekannt ist.

Der Prozess verwendet keine Regression, sondern die allgemein verfügbare Emotional Freedom Technique (EFT). Der Prozess kann durch einfaches Lesen dieses Kapitels und Befolgen der schriftlichen Anweisungen durchgeführt werden, außerdem haben wir ein Video zur Verfügung gestellt, das als Schulungsvideo verwendet werden kann. Es kann auf Wunsch über unsere Website unter www.PeakStates.com. erworben werden.

Wir erklären in Band 2, wie die Methode abgeleitet wird, was die Verwendung eines ungewöhnlichen Bewusstseinszustandes erfordert. Glücklicherweise kann jeder, wenn einmal die Entwicklung stattgefunden hat, die Ergebnisse davon anwenden, so wie wir einen Lichtschalter betätigen können, ohne die Elektrotechnik erlernen zu müssen. Die Methode, die wir für den „Inner Peace Prozess" (IPP) verwendet haben, kann wie in Band 2 beschrieben auf eine Vielzahl anderer Bewusstseinszustände und Krankheitsprozesse ausgedehnt werden.

*Zustände in diesem Kapitel:*
- Inner Peace

## Grants Geschichte zur Erstellung des Inner Peace Prozesses

Die erste Anwendung des Verfahrens war bei meiner Tante Elaine. Ich habe die Idee vollständig von der Theorie abgeleitet, also war ich fassungslos, als es tatsächlich funktionierte - nicht nur das, sondern weil sie bereits den Underlying Hapiness Zustand mit seiner Körper-Herz-Verschmelzung hatte, brachte sie der zusätzliche Inner Peace

Zustand mit seiner Verstand-Herz-Verschmelzung in den Hollow Zustand!

Eines der großen Probleme bei dieser Arbeit ist es, genügend Leute zum Experimentieren zu finden. Ich hatte mehrere Ideen, wie man den Prozess verbessern könnte, aber wenn es bei jemandem klappte, verlor ich meine Versuchspersonen, da sie jetzt ständig in dem Zustand waren. Dann hätte ich warten müssen, bis jemand anderes auftauchte, um Änderungen auszuprobieren. Und um statistisch valide Ergebnisse zu erhalten, sah ich keine Möglichkeit, eine große Anzahl von Probanden zu bekommen. Wir wussten, dass es funktioniert, aber die Theorie sagte, dass es nicht bei jedem funktionieren würde - aber war unser Verhältnis zwischen Erfolg und Misserfolg das Ergebnis dieser theoretischen Einschränkung oder aufgrund einer schlechten Technik oder eines unzureichenden Prozesses?

Wie bei so vielen Dingen kam die Hilfe aus heiterem Himmel. Harold McCoy vom Ozark Research Institute hatte von unseren Aktivitäten gehört und mich gebeten, eine Woche lang an seiner halbjährlichen Schule zu unterrichten. Ich hatte noch nie von ihm gehört, aber er ist ein sehr sympathischer Kerl und nachdem ich meine Überraschung überstanden hatte, sagte ich „Ja!". Während einer Woche habe ich genau 100 Personen durch vier verschiedene Versionen dieses Prozesses geführt, die viel komplexer waren als der Prozess heute ist. Ich ließ die Freiwilligen ein Geheimhaltungs- und Haftungsformular unterschreiben, da ich damals besorgt war, dass der Prozess bei einigen Menschen schwere Suizidreaktionen auslösen könnte, und ich wollte bestimmt nicht, dass sie den Prozess zu Hause an ihren Freunden und Verwandten ausprobieren! Zu meiner großen Überraschung erwies sich diese Vorsichtsvereinbarung als eine echt heiße Sache und wurde vielfach kritisiert. Bis heute habe ich keine Ahnung, warum die Menschen so empfunden haben, denn ich hatte meine Position ganz klar erklärt. Ich kann nur vermuten, dass nur sehr wenige von ihnen den Forschungs- und Entwicklungsprozess verstehen und dass sie auch den Irrglauben haben, dass starke innere Arbeitsprozesse an sich harmlos sind. Ich wusste es besser - ich hatte bereits zwei meiner Freunde im Laufe dieser Arbeit durch Suizid verloren, also war ich sehr, sehr vorsichtig.

Da ich noch nicht ganz verstanden hatte, wie man einen narrensicheren Fragebogen für den Zustand schreibt, waren die resultierenden Daten etwas nachlässig. Alles, was ich wusste, war, dass etwa ein Drittel bis die Hälfte der Menschen den Zustand erreicht hatte. Damit lag ich deutlich unter meinem Ziel von 80 bis 90%. Ich entschied auch, dass ich den Prozess zu komplex gemacht hatte, also habe ich ihn drastisch vereinfacht. Im Laufe der nächsten Monate hat Dr. Mary Pellicer MD diese neue Version bei ihren Kunden getestet. Schließlich fand sie heraus, was wir falsch gemacht hatten, und diese Änderungen wurden in den aktuellen Prozess integriert. Es machte großen Spaß, ihr zuzuhören, wie sie ihre Ergebnisse beschrieb, da die Klienten oft Erfahrungen machten, die nur außerhalb unserer konventionellen Annahme der Realität berücksichtigt werden konnten.

Wieder nahm uns das Glück bei der Hand. Dr.Pellicer und ich präsentierten unsere Arbeit auf einer Konferenz über Spiritualität und Medizin für Ärzte an einer medizinischen Fakultät in Toronto. Einer der Teilnehmer, Dr. David MacQuarrie MD, war fasziniert. Er kaufte unser IPP-Schulungsvideo, nahm es mit nach Hause und probierte es an seinen Psychotherapie-Klientengruppen ohne Einzelgespräche aus. Seine Erfolgsrate ist in diesem Kapitel enthalten. Wir sollten in der Lage sein, sie in Zukunft zu verbessern, aber sie ist im Moment ausreichend - insbesondere als Beweis der Prinzipien.

Ich werde diesen Abschnitt mit dem Hinweis beenden, dass der IPP-Ansatz geändert werden kann, um einen beliebigen Zustand zu erhalten. Dr.Deola Perry war nicht nur maßgeblich an der Formulierung dieser Veränderungen beteiligt, sondern hatte auch die Möglichkeit, die Hirnzustände der Klienten zu überwachen, so dass wir sofortiges, genaues Feedback erhalten konnten, um den Prozess zu verbessern. Es war eine der kreativsten und aufregendsten Perioden meines Lebens, als wir die neuen Prozesse an unseren Workshop-Teilnehmern ausprobierten. Ihre Version des Prozesses ist in Band 2 enthalten.

## Der IPP ist sowohl für Laien als auch für die Klienten-Therapie wichtig.

Der Inner-Peace-Prozess bringt viele Menschen in den Zustand Inner Peace. Dieser Zustand beseitigt alle emotionalen Gefühle, die auftreten, wenn eine Person sich an vergangene traumatische Ereignisse erinnert. Er versetzt den Menschen vollständig in die Gegenwart, mit verbesserter Fähigkeit, für die Zukunft zu planen. Es liegt auf der Hand, dass die Nutzung des Inner-Peace-Prozesses zum Erwerb dieses Zustandes einen großen Wert für Psychotherapie-Patienten hat. Offensichtlich können Menschen, die unter deutlichen posttraumatischen Stress-Symptomen leiden, insbesondere Menschen, die in der Vergangenheit zahlreiche Traumata erlitten hatten, sehr davon profitieren, wenn all ihre emotionalen Schmerzen und Symptome einfach verschwinden würden. Was viele Laien und selbst Psychologen nicht wissen, ist, dass die meisten der Probleme, die wir in unseren Praxen sehen, auf dieses posttraumatische Stress-Problem in dem einen oder anderen Ausmaß zurückzuführen sind. Diese vergangenen Traumata tauchen auf eine Weise auf, die ihren Ursprung verbirgt. Dieses Problem tritt jedoch auch in der nicht-therapiebedürftigen Bevölkerung auf - die meisten unserer emotionalen Reaktionen auf Situationen in der Gegenwart werden von Gefühlen gesteuert, die während vergangener, vergessener Traumata entstanden sind. Wir nennen es „auf die Palme bringen", und es ist die direkte Ursache für die meisten Leiden, die wir im Allgemeinen als unser normales Los im Leben betrachten. Dieses Buch ist nicht der Ort, um diese Aussage zu beweisen, aber sie wurden aus Erfahrung demonstriert - eine Vielzahl von Powertherapien nutzen diese Erkenntnisse, um eine breite Palette von dem, was in der Vergangenheit als normale menschliche Reaktionen auf Lebenssituationen galt, dauerhaft und vollständig zu heilen.

Das Problem bei den neuen Powertherapien ist, dass diese zwar schnell und effektiv sind und für Alltagssituationen oder für Probleme der psychologischen Patienten wirksam sind, aber es so viel zu heilen gibt! Der IPP beseitigt diese „Tretminen"-Gefühle in kurzer Zeit und gibt den zusätzlichen Bonus eines Gefühls des Friedens in unserem Alltag und ebenso in schwierigen Momenten. Natürlich kommen die Probleme wieder, wenn man den Zustand verliert, aber glücklicherweise ist der IPP für die meisten Menschen relativ dauerhaft.

## Überprüfung der Wirksamkeit des Inner-Peace-Prozesses

Wie effektiv ist also die aktuelle Version des Inneren Friedensprozesses? Die Antwort ist etwas komplex. Erstens, wie effektiv ist er bei der Anwendung an den Psychotherapie-Klienten? Mit der Routine-Version ohne weitere Intervention stellten wir fest, dass etwa 55% der Gruppe den Zustand vollständig erreichten. Es gab auch eine Reihe von Menschen, die nur teilweise in den Zustand eintraten. Der Prozentsatz der vollständig in den Zustand Eintretenden kann verbessert werden, indem man individuell mit den Klienten arbeitet, die nicht vollständig auf den Prozess reagieren. Was ist mit der durchschnittlichen Bevölkerung? Wir waren uns da nicht ganz sicher, aber es war ein höherer Prozentsatz, der durch die Tatsache ausgeglichen wurde, dass einige Leute den Zustand haben, mit dem sie beginnen.

Welche anderen Auswirkungen hat der Prozess auf die Probleme einer Person? Interessanterweise hat er keinen Einfluss auf Probleme, die auf Körperhirnreaktionen zurückzuführen sind. Zum Beispiel verändert sich das Sucht-Verlangen nicht. Doch oft wurden wir von Wirkungen überrascht - eine Frau, die suizidgefährdet war, fand heraus, dass diese Gefährdung nach dem Prozess vollständig verschwunden war, auch wenn sie später den vollen Zustand wieder verloren hatte.

Ich dachte, es wäre interessant, die Statistiken über unseren ersten großen Test einer früheren, komplexeren und weniger effektiven Version des Prozesses mizuteilen, da sie einige Ergebnisse für die Durchschnittpersonen im Gegensatz zu psychologischen Klienten liefern könnten. Dies veranschaulicht auch die Art des Forschungs- und Entwicklungszyklus, der für diesen Prozess läuft. Der IPP wurde 2001 am Ozark Research Institute an hundert Personen getestet. Diese Menschen gehörten der Durchschnitts-Bevölkerung an. Wir führten fünf Gruppen von jeweils etwa 20 Personen für jeweils etwa eine Stunde und 15 Minuten durch den Prozess. Der Zustand Inner Peace hat eine Eigenschaft, die unverwechselbar und einfach in Gruppen zu testen ist - der Zustand muss alle emotionalen Inhalte in jeder vergangenen traumatischen Erinnerung beseitigen. Wir haben die Teilnehmer zwei große Traumata mit einer Bewertung in SUDS von 0, kein Stress bis 10, maximaler Stress auflisten lassen. (In späteren Tests haben wir dies auf fünf Traumata erweitert, um Fehler zu vermeiden.)

Da wir mit großen Gruppen von Menschen arbeiteten, haben wir den Prozess völlig allgemein und ohne individuelle Anleitung oder Unterstützung gestaltet. Wir prognostizierten, dass etwa ein Drittel der Freiwilligen den Zielzustand erreichen würde. Und tatsächlich, von den 100 Freiwilligen bekamen wir 31% bestätigt in den Zustand (ihre Traumata gingen auf 0), weitere 6% kamen fast in den Zustand (eines ihrer Traumata war nicht ganz auf 0), weitere 21% hatten eine Minderung ihrer Trauma-Skala von besser als 50%, weitere 23% füllten den Fragebogen nicht richtig aus, so dass wir keine Ahnung haben, ob sie es geschafft haben oder nicht, und wir eliminierten 5%, weil sie bereits in einem Spitzenzustand der einen oder anderen Art waren, bevor der

Prozess begann. So kamen mit dem Aufwand von einer Stunde und 15 Minuten irgendwo zwischen 31% und 54% der Freiwilligen in den Zustand.

Dieser erste große Test war ermutigend, zeigte aber, dass wir den Prozess vereinfachen und die Probanden besser messen mussten. Wir taten dies, bekamen aber immer noch nicht die Erfolgsraten, die ich für akzeptabel hielt. Etwas später erkannte Dr. Mary Pellicer, während sie den aktuellen Prozess bei Testpersonen anwandte, dass wir den Prozess bei vielen der Testpersonen nicht lange genug durchgeführt hatten. Da sie Traumata hatten, die den Zustand ihr ganzes Leben lang blockiert hatten, hielten sie die Symptome dieses Traumas für „normal" und wussten nicht, dass sie den Prozess fortsetzen mussten, um sie ebenfalls zu beseitigen. Mit dieser Änderung begannen wir, bessere Ergebnisse von ungefähr 60% bei den Klienten zu erreichen. Beachten Sie, dass diese Menschen im Allgemeinen keine gut eingestellte, normale Gruppe von Menschen sind. Als Kliniker sind wir jedoch besonders an der Erfolgsrate bei dieser Gruppe interessiert, da dies die Menschen sind, die den Zustand am meisten brauchen. Wie gesagt, wir erhalten eine höhere Erfolgsrate, wenn wir individuelle Sitzungen mit Menschen machen, insbesondere indem wir den Prozess verlängern und ihr aktuelles „großes" Problem mit einer Powertherapie vor oder nach dem Prozess heilen.

Für die neue Version 1.0 des IPP hatten wir unerwartet das Glück, David MacQuarrie MD zu treffen. David betreibt ein Wellness-Center in der Nähe von Toronto, Kanada, und war bereit, den Routineprozess für Gruppen von Psychotherapie-Klienten durchzuführen. Aus unserer Sicht war dies ein wunderbarer Test, da er kein Training über unsere Theorien oder Prozesse hatte und den Prozess völlig auswendig ablaufen lassen würde. Dies war ein wunderbarer Test für die Klarheit und Einfachheit des Prozesses, mit dem zusätzlichen Bonus, dass David, da er nicht mit unserem Institut verbunden war, keine Vorurteile hatte. Er hatte auch Zugang zu einer großen Klientenbasis, um den Prozess zu testen. Für dieses Buch habe ich David gebeten, eine kurze Zusammenfassung seiner Ergebnisse zu schreiben. Zusammenfassend berichtete er von einer Erfolgsrate von 55% bei einer Testgruppe von etwa 80 Personen.

## Ergebnisse eines Tests zum Inner-Peace-Prozess von Dave MacQuarrie, MD, ein Vollzeit Therapeut, der eine private Gruppen-Psychotherapie-Praxis führte.

Nachdem ich an einem kurzen Workshop von Grant und Mary über die Arbeit des Institute for the Study of Peak States teilgenommen hatte und nachdem ich ihr Videoband über den Inner-Peace- Prozess überprüft hatte, entschied ich enthusiastisch, dass es nützlich wäre, den Prozess mit meinen laufenden Gruppen zu testen. Den Anweisungen des Videobandes folgend (und mit zeitlichen Einschränkungen aufgrund der Art meiner Gruppen), gab ich eine kurze Einführung in die grundlegenden Prämissen und moderierte dann den Prozess für etwa 40 Minuten für jede der fünf Gruppen.

Dreiunddreißig Personen nahmen teil und 28 gaben 1-2 Wochen später Feedback (5 antworteten nicht). Von den 28 berichteten 21 Personen über eine große Veränderung der Friedlichkeit für mindestens zwei Tage, 9 betrachteten die Veränderungen als wesentlich. 3 Personen berichteten von Nebenwirkungen (2 mit erhöhter Reizbarkeit, 1 zu friedlich).

Zu einem späteren Zeitpunkt wurde ein zweiter Test eingeleitet (mit einer detaillierteren Einführung und einem 90-minütigen Prozess), der allen offenstand, die kommen wollten. Achtunddreißig Personen nahmen teil, 19 von ihnen gaben nach 2 Wochen Feedback (einige Wiederholer aus den ursprünglichen Gruppen). Vierzehn Personen berichteten von positiven Effekten, 13 von großen Effekten; 4 Personen von Nebeneffekten (von Apathie bis zu starker Unruhe).

Obwohl aufgrund des wechselnden Terrains der Therapie schwer bewertbar, haben 11 Menschen von einer nachhaltigen (3-4 Monate) lebensverändernden Veränderung berichtet, die sie dem Inner Peace-Prozess zuschreiben. Eine Person beschreibt es als „Ich bin nicht mehr friedlich, aber ich bin ruhig und unter Kontrolle; ich war es vorher nicht." Ein anderer sagt: „Zum ersten Mal in meinem Leben habe ich einen Fokus und bin nicht so in Eile…".

Einzelpersonen, die über Nebenwirkungen berichten, reagierten alle auf die individuelle Bearbeitung ihrer Probleme.

Insgesamt kenne ich keinen anderen Prozess, der diese Ergebnisse hätte liefern können, und ich werde den Prozess weiterhin als Teil meiner Ausstattung nutzen.

## Langfristige Stabilität des Inner-Peace-Prozesses

Wie wir bereits erwähnt hatten, erwarteten wir, dass etwa 55% der Klienten mit einer Anwendung des Prozesses in den Inner Peace (oder besser) übergehen, wenn dieser in der Gruppe durchgeführt wird. Doch wie ist die langfristige Stabilität des Prozesses? Wir vermuten, dass der Prozentsatz der gesamten Klienten, die den Zustand erreichen und *ihn ohne Zusatzarbeiten* behalten, in der Nähe von 40% liegt. Dies ist jedoch nur eine Vermutung, die auf sehr wenigen Daten basiert. Wir finden es schwierig, unseren Testpersonen über die Zeit zu folgen. Leider hat Dr. MacQuarrie auch das gleiche Problem mit seinen Klienten und kann daher keine zusätzlichen Informationen über die Langzeitstabilität anbieten als die oben beschriebenen. Wir wissen mit Sicherheit, dass unsere ersten Probanden den Zustand seit unserer ersten Variante vor vier Jahren ohne jegliche Wartung beibehalten haben. Es besteht die Tendenz, den Inner Peace Zustand nach einigen Wochen so alltäglich zu finden, dass sie nicht mehr erkennen, dass sie sich im Zustand befinden, was die Selbstauskunft verzerren kann.

Wir haben aber auch gesehen, wie einige unserer Kunden den Zustand verloren haben. Interessanterweise gewinnen von dieser Gruppe, die wir getestet haben, fast alle den Zustand wieder zurück, sobald ihre aktuelle „große Krise" durch eine Powertherapie geheilt wird. Der Inner Peace Zustand wird zu ihrem Rückzugs-Zustand - sie kehren nicht zum früheren durchschnittlichen Bewusstsein zurück, nachdem das aktuelle Thema behandelt wurde.

Sowohl die Klienten von Dr. MacQuarrie als auch unsere eigenen Klienten wurden angewiesen, uns zu kontaktieren, falls nach dem IPP unerwartete Probleme auftreten sollten - und bisher ist noch nichts aufgetreten. Es gibt welche, die ich aber für relativ kleine Probleme halte, die bei einigen Menschen während des Prozesses auftreten können. Diese bestehen darin, dass zuvor unterdrückte Traumata aktiviert werden und sich während des Prozesses als körperliche oder emotionale Symptome zeigen. Obwohl sie unbehandelt mit der Zeit verblassen sollten, empfehlen wir Therapeuten, sie individuell mit dem Patienten zu heilen, in der Regel mit schnell wirkender EFT.

## Eine persönliche Geschichte darüber, was nach dem Prozess geschah

Wie ich bereits sagte, hatten wir bei der ersten Entwicklung des Inner-Peace-Prozesses die wunderbare Gelegenheit, ihn an hundert Freiwilligen des Ozark Research Institute (ORI) auszuprobieren. Obwohl diese erste Version nur eine Erfolgsrate von etwa 30% hatte, war Patricia eine von ihnen und schickte uns eine E-Mail, in der sie ihre Erfahrungen beschrieb. Beachten Sie, dass für die meisten Menschen dieser neue Zustand fast unmerklich ist, da es sich meist um einen Mangel an vergangenem emotionalem Material handelt. Aber ich dachte, dass dieser Bericht als Beispiel für eine extremere Reaktion einer Person nützlich sein könnte, die nie eine innere Friedenserfahrung hatte und sie nicht aus unserer Beschreibung erkennen kann.

„Lieber Grant:

Sei gegrüßt! Ich war in deiner ORI-Klasse am vierten Tag, eine der frustrierten „kopfstehenden" Teilnehmer am Morgen und ein „Glückshase" am Nachmittag nach der experimentellen Sitzung, die du uns gegeben hast. Ich musste fast 1 und 1/4 Stunden in der Ecke des Klassenzimmers schlafen und konnte nicht rausgehen und mich dem Tageslicht aussetzen. An diesem Abend hatte ich eine der tiefsten, ruhigsten Schlafphasen, an die ich mich erinnern konnte, wie ich es seit Jahren nicht mehr erlebt hatte und die besonders tiefgründig war, wenn man bedenkt, dass ich eine chemische Sensibilität habe und regelmäßig zwei- bis dreimal in der Nacht aufwache und auf der flimmernden Oberfläche des Lebens schlafe und atme.

Am nächsten Morgen erwachte ich völlig ruhig, geräuschlos, zentriert und friedlich, ein solcher Kontrast zu der Angst und Furcht, die normalerweise meine bewussten Wachmomente formt. Ich fühlte mich auf eine alberne, leichte Art und Weise glücklich, als wäre ich wegen etwas berauscht gewesen. Wirklich ein Kontrast, weil ich nicht wusste, was ein Spitzenzustand ist und den ganzen Morgen wirklich nicht verstehen konnte, worüber du gesprochen hattest. Tatsächlich war ich so aufgeregt gewesen, dass es zu sehen war, und der evangelische junge Mann hatte mich in der Pause gefragt, ob ich jemals Freude erlebt hätte, worauf ich antwortete, ich sei mir nicht sicher, ob ich das hätte, und ich wüsste nicht, was diese Spitzenerlebnisse sind.

Am nächsten Abend schlief ich auch ganz ruhig und wachte ziemlich erfrischt auf und schaffte den Heimflug ohne große Probleme.

Am dritten Tag nach der Behandlung der Kerntraumata der Empfängnis in Deinem Kurs fuhr ich zu Sylvia wegen einer schamanische Reise. Als sie mich bat, eine Absicht für die Reise zu setzen, erzählte ich ihr ein wenig über ORI und die Art von Erfahrungen, die ich dort gemacht hatte, und ich bat darum, das Kerntrauma anzusprechen, das ich als Angst und Verlassenheit identifizierte, die meiner chemischen Sensibilität zugrunde liegt. Sylvia und ich lagen auf dem Boden mit dem Trommeln und Klappern und dem tiefen Atmen...

Am nächsten Tag hatte ich eine Ölmassage und Dampf mit Sandelholz und Rosenöl zum Abkühlen. Auf dem Heimweg bemerkte ich, dass ich alle Details der Blätter an den Bäumen sehen konnte, und die Farbe der Blumen schien heller zu sein, und meine Perspektive erweiterte sich bei der Hin- und Rückfahrt nach Concord.

Das sind meine Erfahrungen an den drei bis vier Tagen nach Deiner Sitzung bei ORI. Es scheint mich in eine tiefere Heilung meiner chemischen Sensibilität und eine deutlichere breitere Präsenz im Lebensprozess katapultiert zu haben. Ich möchte Dir dafür sehr herzlich danken, denn ich glaube, dass die Sitzung für mich entscheidend war. Es ist eine sehr kraftvolle Arbeit, die Du entwickelst, und ich kann das mit Sicherheit bezeugen. Ich hoffe, dass Du mit voller Kraft weitermachst. Es wird für viele Menschen von großem Nutzen sein.

Ich danke Dir vielmals.
Herzliche Grüße,
Patricia Vanderberg"

## Einführung des Dokuments für den Inner-Peace-Prozess

Wir folgen dieser Einführung mit einem eigenständigen Dokument des Prozesses. Bitte haben Sie Verständnis für die Wiederholung in dem Dokument von Material von anderen Stellen. Es ist für Menschen gedacht, die noch keine Gelegenheit hatten, dieses Buch zu lesen.

Gibt es etwas, das ein Begleiter wissen sollte? Zunächst einmal gibt es ein Video des Prozesses, das tatsächlich bei Freiwilligen eingesetzt wird, auf unserer Website www.PeakStates.com verfügbar. Zweitens empfehle ich, dass Menschen, die den Prozess bei anderen durchzuführen wollen, lernen, wie man EFT bei Menschen anwendet - man könnte es benötigen, um jemandem zu helfen, der ungewöhnliche Symptome hat. Drittens ist es immer möglich, dass neue Techniken wie diese bei einigen wenigen Menschen unvorhergesehene Probleme verursachen können. Ich empfehle Leuten, die den Prozess unter Ihrer Aufsicht durchführen wollen, ein Haftungsfreistellungs-Formular auszufüllen; und stellen Sie sicher, wenn Sie ein Laie sind, dass Sie jemanden kennen, der in dieser Art von Traumata ausgebildet ist, zu dem Sie die Person schicken können. Abgesehen von diesen normalen Vorsichtsmaßnahmen ist der Prozess ziemlich selbsterklärend und, basierend auf unseren bisherigen Tests, sicher. Viertens, erklären Sie, dass es nicht für jeden funktioniert – lösen Sie keine falschen Erwartungen aus, denn eines Tages planen wir, eine effektivere Version zu verwenden, und wir wollen, dass die Leute es erneut versuchen!

Wie gesagt, zögern Sie nicht, das Dokument zu kopieren und auszuhändigen, mit den Angaben, auf die ich in der Einleitung hingewiesen habe. Viel Glück und Erfolg!

# Der Inner-Peace-Prozess

Revision 1.1, März 2004
Copyright © 2004 von Grant McFetridge

Willkommen zu unserer Arbeit am Institute for the Study of Peakstates!
   Wir werden in diesem Handbuch kurz die Theorie und Anwendung des Prozesses behandeln. Wir haben diesen Prozess so einfach wie möglich gestaltet. Um dies zu tun, mussten wir jedoch akzeptieren, dass er nicht für alle funktionieren wird. Zurzeit ist die Prozedur, die Sie in Ihren Händen halten, irgendwo zwischen 1/2 und 2/3 effektiv. Damit meinen wir, dass man bei 100 Menschen erwarten kann, dass 50 bis 66 Menschen tatsächlich den vollen Zustand des „Inner Peace" erlangen. Das sind Personen, die keine zusätzliche Zeit bei dem Prozess und keine individuelle Aufmerksamkeit benötigen und in einigen Fällen können wir zu diesem Zeitpunkt mit diesem einfachen Verfahren nicht helfen.
   Es ist ein Video über den Inner-Peace-Prozess verfügbar. Es geht darum, was in diesem Dokument steht. Die ersten 30 Minuten decken die Theorie des Prozesses ab, und die letzte Stunde und dreißig Minuten zeigen eine Gruppe, die den Prozess anwendet. Es ist so konzipiert, dass es zu Hause wie ein Trainingsvideo verwendet werden kann - Sie folgen einfach den Anweisungen und machen es dadurch für viele Menschen bequemer. Es kann über unsere Website unter www.PeakStates.com erworben werden.

## Potenzielle Risiken

Nach drei Jahren des Testens mit großen Personengruppen haben wir keine ungewöhnlichen Probleme bei dem Prozess gefunden. Allerdings besteht bei der Verwendung eines neuen Verfahrens immer ein Risiko, und wenn Sie nicht bereit sind, alle Konsequenzen der Verwendung dieses Prozesses zu akzeptieren, dann müssen Sie diesen Prozess beenden und nicht anwenden. Mit der Verwendung dieses Prozesses akzeptieren Sie dieses Risiko, und wir haften nicht für Ihre Entscheidung und die daraus resultierenden Folgen.
   Wir haben drei schwierige Erfahrungen identifiziert, die Sie beachten sollten:
   1. Durch die Art des Prozesses, werden während des Prozesses unbequeme Gefühle und Körperempfindungen ausgelöst. Dies ist zu erwarten, und sie sollten mit der Anwendung von

Emotional Freedom Technique (EFT) verschwinden. Wenn Sie Schwierigkeiten haben, die Gefühle zum Verschwinden zu bringen, empfehlen wir Ihnen, entweder den EFT-Prozess unter www.emofree.com zu studieren oder einen Therapeuten zu finden, der den EFT-Prozess kennt. Auf jeden Fall werden diese Gefühle, die während des Prozesses entstanden sind und mit EFT nicht beseitigt werden konnten, schließlich ohne Behandlung nachlassen, doch werden Sie den Zustand des Inner Peace nicht erreichen und dessen Nutzen nicht erleben.

2. Selten kann man durch diesen Prozess noch bessere und drastischere Bewusstseinszustände erlangen. Dies sind Zustände von erhöhter Gesundheit und Wohlbefinden, allerdings können Sie Ihnen Erfahrungen und Fähigkeiten geben, die Sie noch nie zuvor hatten. Normalerweise werden Sie sich in ein paar Tagen mit diesen neuen Seinszuständen vertraut machen.

3. Ein gewisser Prozentsatz der Personen, der erfolgreich in den Inner Peace Zustand eingetreten ist, kann den Zustand später verlieren. Die Rückkehr zum „durchschnittlichen" Bewusstsein kann als etwas Schwieriges und Unangenehmes erlebt werden, bis Sie sich wieder daran gewöhnt haben. Diese Menschen können sich deprimiert oder verärgert fühlen, wenn sie zu der Art von Bewusstsein zurückkehren, die sie vorher schon immer hatten. Wenn Sie das Verfahren erneut ausführen oder die anderen Vorschläge in diesem Handbuch verwenden, wird der Zustand in der Regel wiederhergestellt. Wenn wir Verbesserungen schaffen, werden wir sie auf unserer Website unter www.PeakStates.com veröffentlichen.

## Für weitere Informationen:

Für weiterführende Informationen besuchen Sie bitte unsere Website www.PeakStates.com. Wenn wir neue Verfahren veröffentlichen oder erstellen, halten wir Sie über unsere Website auf dem Laufenden.

Vielen Dank für die Teilnahme an unserer Arbeit!
Alles Gute für Sie,
Grant McFetridge und die Mitarbeiter des Institute for the Study of Peak States.
November 2002

Hornby Island, British Columbia, Kanada
www.PeakStates.com

## Spitzenbewusstseinszustände

### Verstehen von Spitzenzuständen des Bewusstseins

Haben Sie jemals bemerkt, dass einige Menschen einfach glücklicher, gesünder, erfolgreicher und in der Lage sind, das Auf und Ab des Lebens leichter zu überstehen? Im aktuellen psychologischen Paradigma wird angenommen, dass diese Menschen eine bessere Kindheit hatten, weniger Traumata, bessere genetische Hintergründe, bessere Freunde und so weiter. In diesem Modell läuft es auf zwei Faktoren hinaus - bessere Gene oder eine bessere Umwelt. Und vor kurzem wurde ein drittes Element hinzugefügt, eine bessere pränatale Versorgung. Obwohl diese Elemente wichtig sind, liegt der Hauptgrund, warum einige Menschen ein erstaunliches Leben unabhängig von äußeren Umständen führen, außerhalb des aktuellen Paradigmas der Psychologie.

In den 60er Jahren identifizierte Dr. Abraham Maslow Momente, in denen sich Menschen deutlich besser fühlen. Er nannte diese Momente „Spitzenerlebnisse". Es stellte sich heraus, dass man diese Spitzenerlebnisse kontinuierlich haben kann. Wir bezeichnen diese langanhaltenden wunderbaren Erfahrungen als „Spitzenzustände" des Bewusstseins. Menschen, die die meiste Zeit oder die ganze Zeit in diesen wunderbaren Zuständen leben, sind außergewöhnliche Menschen. Es ist nicht ihre Persönlichkeit, die den Unterschied macht, es ist der Zustand, in dem sie sich befinden! Wir haben bisher 15 große Zustände identifiziert, mit einer Vielzahl von Unterzuständen und Kombinationszuständen. Jeder von ihnen ist bemerkenswert besser als das durchschnittliche Bewusstsein. Ohne sie haben die Menschen tief im Inneren nicht wirklich das Gefühl, dass das Leben lebenswert ist, und sie verbringen ihr Leben auf kulturell anerkannte Weise, die ihnen nicht das gibt, was sie wirklich wollen, da unsere Kultur die Existenz dieser Zustände nicht einmal anerkennt. Jeder der Zustände hat unterschiedliche grundlegende Eigenschaften, die für alle Menschen gleich sind.

## Spitzenzustände und psychologische Heilung

In den letzten Jahren wurden eine Reihe von sehr wirkungsvollen und schnellen Heilmethoden entwickelt, als Gruppe „Powertherapien" genannt. Diese Prozesse verändern die Art und Weise, wie psychologische Heilung weltweit durchgeführt wird. Die Verwendung dieser oder anderer Therapien kann spezifische, identifizierbare Probleme beseitigen, die Sie (oder Ihr Klient) haben. Der grundlegende Whole-Hearted Healing (WHH) Prozess ist eine dieser sehr wirkungsvollen Therapien und kann kostenlos auf unserer Website www.PeakStates.com erlernt werden. WHH wurde jedoch eigentlich für einen ganz anderen Zweck entwickelt. Wir arbeiteten an dem Problem, wie man dauerhafte Spitzenzustände des Bewusstseins erreichen kann. Anstatt zu versuchen, Menschen zu heilen, damit sie normal funktionieren können, wollen wir als Heiler und Therapeuten Menschen in Bewusstseinszustände bringen, in denen sie nicht nur frei von den meisten Problemen sind, unter denen Menschen leiden, sondern ein außergewöhnliches Leben führen. Um eine Analogie zu verwenden, ist es, als wären die meisten Menschen in der Hölle mit einem Haufen Mistgabeln in ihnen. Sie sind schon so lange dort, dass es sich normal anfühlt. Powertherapien können die Mistgabel herausnehmen, was gut ist, aber die Menschen immer noch in der Hölle lassen. Wir wollten einfache Wege finden, um sie aus der Hölle in den Himmel auf Erden zu bringen.

Wenn Sie sich entscheiden, mehr über die Arbeit unseres Instituts zu erfahren und vielleicht zur Verbesserung und Entdeckung neuer Prozesse beizutragen, empfehlen wir Ihnen, eine Vielzahl dieser „Powertherapien", insbesondere den grundlegenden WHH-Prozess, zu erlernen, damit Sie ein Verständnis der Psyche und ein grundlegendes Forschungsinstrument hinzugewinnen können, mit dem wir im Rahmen des Peak States-Projekts arbeiten. Der größte Teil unserer Arbeit im Bereich der Spitzenzustände des Bewusstseins baut auf diesem Material auf. Weitergehendes Material, das noch nicht auf der Website verfügbar ist, befindet sich in unseren Büchern *Peak States of Consciousness, Volumes 1* bis 3.

## Arten von Spitzenzuständen

Es gibt zwei verschiedene Gruppen von Spitzenzuständen. Die Gruppe, die für diese Broschüre am relevantesten ist, betrifft die Verschmelzung zwischen mehreren Gehirnen des Dreifachhirn-Systems. Zur Erklärung: Das Gehirn ist in drei verschiedene biologische Teile unterteilt - im Alltag in Verstand, Herz und Körper. Nicht allgemein bekannt ist, dass bei den meisten Menschen die Gehirne voneinander getrennt sind und jedes Einzelne selbstbewusst ist. Um dies aus einer alltäglichen Erfahrung heraus zu veranschaulichen, erinnern Sie sich vielleicht daran, dass Sie sich zu jemandem hingezogen fühlen (die Reaktion des Körperhirns), den Sie nicht mochten (die Reaktion des Herzhirns), und sich sehr verwirrt über die Situation fühlen (die Reaktion des Verstandeshirns).

Für eine bestimmte Art von Spitzenzuständen können diese Bewusstseine „verschmelzen" oder „sich vereinigen", was bedeutet, dass die beteiligten Gehirne ihre Individualität verlieren und zu einem einzigen Bewusstsein werden. Welche Gehirne in welchem Ausmaß verschmelzen, verursacht eine Reihe unterschiedlicher Zustände. Ein 'Perry-Diagramm' kann verwendet werden, um die verschiedenen Arten von Hirn-Zuständen zu erklären. Sie werden als eine vertikale Reihe von Kreisen gezeichnet, deren Überlappung und Entfernung voneinander den Grad der Verschmelzung der Bewusstseine der Gehirne anzeigen. Nachfolgend finden Sie eine sehr kurze Beschreibung einiger dieser Verschmelzung-Zustände der Gehirne. Der erste Zustand auf der Liste ist der Inner Peace, der durch diesen Prozess ausgelöst werden soll, aber in seltenen Fällen kann es vorkommen, dass einer oder mehrere weitere Zustände durch dieses Verfahren entstehen. Daher haben wir eine Beschreibung derjenigen beigefügt, die bei der Verwendung unseres Prozesses auftreten können:

1. Inner Peace (Verstand-Herz-Verschmelzung) - Sie haben ein grundlegendes Gefühl der Ruhe, egal was Sie fühlen, daher der Name „Inner Peace" (Innerer Frieden). Dieser Zustand bewirkt, dass sich vergangene Traumata nicht mehr emotional traumatisch anfühlen. Ihre emotionalen Reaktionen werden von den gegenwärtigen Umständen und nicht von vergangenen Traumata bestimmt. Interessanterweise, wenn man Heilung macht und danach ein vorübergehendes Gefühl von Ruhe, Frieden und Leichtigkeit (CPL) bekommt, ist es in der Tat eine momentane Erfahrung dieses oder eines noch besseren Zustandes.

2. Beauty Way (Schönheitspfad) (Lebendigkeit) - Dieser kombinierte Zustand beinhaltet den Inner Peace und vermittelt zusätzlich ein Gefühl von „Lebendigkeit" und einen Mangel an negativer Beurteilung von Menschen sowie ein automatisches Wissen über spirituelle Wahrheiten. Alles hat eine Art Schönheit, daher der Name des Zustandes. Das „Geräusch" von unfreiwilligem Denken im Kopf verschwindet.
3. Underlying Happiness/Loving (Zugrundeliegendes Glück/Liebe) (Körper-Herz-Verschmelzung) - Dieser Zustand gibt ein dauerhaftes Gefühl von Glück, das nicht vergeht, egal was Sie sonst noch fühlen. Bei Männern ist es vor allem das Glück, bei Frauen fühlt es sich meist sehr liebevoll an.
4. Brain Communicate (Gehirnkommunikation) - Sie können zwischen Verstand, Herz und Körper kommunizieren, als ob drei Kinder in Ihnen miteinander reden würden.
5. Hollow (Verstand-Herz-Körper-Verschmelzung) - Das Innere Ihres Körpers fühlt sich plötzlich an, als wäre es aus Luft gemacht, aber immer noch von Haut umgeben. Aktivitäten werden sehr mühelos. In einigen Fällen fühlt sich die Hautgrenze an, als würde sie ebenfalls verschwinden (was ein weiterer Zustand ist, der nicht mit der Verschmelzung der Gehirne zusammenhängt).
6. Inner Brightness (Innere Helligkeit) - Sie erleben das Innere Ihres Körpers und des Kopfes gefüllt mit hellem, weißem oder goldenem Licht.

Spitzenzustände, die nichts mit Gehirnverschmelzung zu tun haben, sind in Band 2 des Lehrbuchs *Peak States of Consciousness* beschrieben. Wenn Sie neugierig sind, können Sie auch die Website www.PeakStates.com besuchen, um kurze Beschreibungen dieser anderen Zustände zu erhalten.

## Der Zustand Inner Peace
## Einführungsprozess

### Vorteile des Zustandes „Inner Peace"

Im Inner Peace Zustand kommt der Klient emotional in den gegenwärtigen Moment. Das bedeutet, dass all Ihr vergangenes Trauma plötzlich aufhört, sich traumatisch anzufühlen, egal wie sehr Sie versuchen, Gefühle aus der Vergangenheit hervorzurufen. Sie haben jetzt ein grundlegendes Gefühl von Frieden und Ruhe, und Ihre Emotionen stehen im Verhältnis zu dem, was mit Ihnen geschieht - Sie haben Ihre emotionalen „Knöpfe" verloren. Da die überwiegende Mehrheit der täglichen Probleme der Menschen dadurch entsteht, dass vergangene emotionale traumatische Materialien in der Gegenwart auftauchen, kann man sich vorstellen, wie viel besser Sie sich fühlen werden, wenn Sie sich in diesem Zustand befinden. Obwohl dies für alle gilt, trifft es besonders auf Menschen zu, die an einer Reihe von emotional bedingten Problemen leiden. Anstatt zu versuchen, einzelne emotionale Probleme zu beheben, schaltet dieser Prozess sie einfach alle auf einmal aus. Sie können sich diese Anwendungsmöglichkeit in einer Therapiepraxis vorstellen. Wir vermuten, dass bestimmte traumabedingte körperliche Probleme auch verschwinden, wenn sich der Klient in diesem Zustand befindet. Dies ist ein Gebiet, das wir gerade erforschen. Bitte teilen Sie uns alle Ihre Ergebnisse mit, und wir werden diese Informationen auf der Website www.PeakStates.com veröffentlichen.

Klienten finden die Veränderung nicht beunruhigend oder ungewöhnlich, wenn sie in den Inner Peace eintreten, da er eher durch die Abwesenheit von Problemen als durch das Hinzufügen neuer Erfahrungen und Fähigkeiten gekennzeichnet ist, wie es bei anderen Zuständen der Fall sein kann. Wir haben jetzt auch genug Erfahrung damit, um den Prozess als relativ frei von Nebenwirkungen zu betrachten.

## Warum der Prozess funktioniert

Was verursacht den Spitzenzustand Inner Peace? Im Inner Peace Zustand verschmelzen Verstand und Herz zu einem Bewusstsein. Es stellt sich heraus, dass der Inner Peace Zustand bei Menschen von Geburt an in der Regel kontinuierlich vorhanden sein wird, wenn sie eine Empfängnis ohne Trauma erlebt haben. Leider ist es relativ schwierig und zeitaufwendig, jemanden zu diesem Entwicklungstrauma zurückzuleiten, um ihm diesen Zustand zu ermöglichen. Es ist für den durchschnittlichen Therapeuten zu schwierig, dies in seiner Praxisumgebung in einer angemessenen Zeit zu tun. Stattdessen haben wir eine Abkürzung entwickelt, die immer noch sehr vielen Menschen den Inner Peace Zustand beschert. Der Kompromiss hier ist Geschwindigkeit und Benutzerfreundlichkeit gegenüber der Anzahl der Menschen, die den Zustand erreichen werden.

Da Powertherapien eingesetzt werden, um das Empfängnistrauma bei diesem Prozess zu lösen, ist ein weiterer Nachteil dieses schnellen und einfachen Prozesses die geringfügige Möglichkeit, dass der Prozess irgendwann in der Zukunft wieder rückgängig gemacht wird.

Die Abkürzung funktioniert, indem sie einen kritischen Moment in diesem Entwicklungsereignis nimmt und die biologische Aktivität in diesem Moment mit einem englischen Satz beschreibt. (Übersetzungen in andere Sprachen funktionieren, aber der Wortlaut ist kritisch und die Verwendung eines Übersetzungswörterbuchs kann erfolgreich sein oder auch nicht.) In diesem Fall lautet der Ausdruck „Join forces in Glory" (Zusammen mit heiligem Licht). Ich weiß, dass der Satz seltsam und eher religiös klingt - aber er passt am besten zu dem zugrundeliegenden biologischen Prozess. Wir integrieren auch eine Visualisierung und Musik in den Prozess, damit er schneller und gründlicher funktioniert. Die Musik ist ähnlich wie etwas, das auf spiritueller Ebene während der Empfängnis „gehört" werden kann. Ebenso ist die Visualisierung einem Prozess ähnlich, der tatsächlich während der Empfängnis stattfindet. Einige Leute hören tatsächlich die „echte" Musik und haben die „echte" Erfahrung, die die Visualisierung während des Prozesses zu vermitteln versucht. Das Verständnis, was Spitzenzustände verursacht und wie wir das jeweilige Entwicklungsereignis, die Aussage, die Musik und die Visualisierung abgeleitet haben, geht über den Rahmen dieses Handbuchs hinaus, ist aber Teil der fortgeschrittenen Ausbildung zur ganzheitlichen Heilung, die vom Institute for the Study of Peak States angeboten wird. Wir lassen die Klienten die Aussage wiederholen oder hören, während sie visualisieren und die Musik hören. Dies bringt den Klienten zum richtigen Zeitpunkt zurück zum Trauma, in der Regel ohne seine bewusste Wahrnehmung, und zu den emotionalen und körperlichen Symptomen, die während seiner Empfängnis aufgetreten und in seinen Körper gelangt sind. Während dies geschieht, lassen wir die Klienten Meridiantherapien wie EFT (Emotional Freedom Technique) anwenden, um die Trauma-Symptome zu beseitigen.

## Die Schritte des Inner Peace (Innerer Friedensprozess):

*Haftung:*
Wenn Sie dieses Handbuch lesen und diesen Prozess selbst durchführen, haben Sie damit implizit diesen Haftungs- und Verantwortungsbedingungen zugestimmt. Wenn Sie mit Klienten zusammenarbeiten, empfehlen wir Ihnen, den Prozess mit einer schriftlichen Haftungsvereinbarung zu beginnen. Sie müssen Ihrem

Klienten unmissverständlich klarmachen, dass es sich um einen neuen, experimentellen Prozess handelt, der keine historische Grundlage hat, um langfristige Auswirkungen oder Konsequenzen zu bestimmen. Der Klient muss bereit sein, die volle Verantwortung für die Auswirkungen zu übernehmen, auch wenn wir keine Ahnung haben, welches sie sein könnten, oder wie wir sie beheben können. Auch hier müssen die Klienten verstehen, dass sie und damit nicht das Institut für die Folgen aus der Anwendung dieses Prozesses verantwortlich sind. Obwohl wir den Prozess getestet haben und keine ungewöhnlichen Probleme aufgetreten sind, bedeutet dies nicht, dass Sie oder Ihr Klient nicht etwas Unerwartetes erleben werden.

*Schritt 1: Wählen Sie vergangene emotionale „Indikator"-Traumata aus.*
Wählen Sie drei oder vier große emotionale Traumata, die der Klient leicht spüren kann. SCHREIBEN SIE SIE AUF, sonst ist es wahrscheinlich, dass Sie vergessen werden, welches sie waren. Bewerten Sie den Schmerz, den Sie in der Gegenwart empfinden, wenn Sie daran denken und zwar auf einer Skala von 0 (kein Schmerz) bis 10 (der maximal mögliche Schmerz). Dies sind Ihre Indikatoren dafür, wie vollständig Sie in den Zustand eintreten. Im Allgemeinen passiert es, dass Menschen allmählich in den Zustand eintreten, und das spiegelt sich in den Trauma-Bewertungen wider, die während der Arbeit abnehmen. Beachten Sie, dass wir nicht möchten, dass Sie EFT oder TAT auf die traumatischen Erinnerungen selbst anwenden - wir möchten nur, dass Sie Traumata auswählen, die Sie als Messgeräte verwenden, um zu sehen, ob Sie in den Zustand eingetreten sind. Der Schmerz wird bei diesen und all den anderen Traumata verschwinden, die Sie schätzungsweise nicht gleichzeitig ausgewählt haben.

*Schritt 2: Abspielen der benötigten Musik*
Die Musik ist Beethovens Fünfte Symphonie, erster Satz, (obwohl wir an einer besseren Auswahl der Musik arbeiten). Dieses spezielle Musikstück ist wichtig, ersetzen Sie es nicht. Die Wahl einer anderen Musik wird nicht helfen (außer Sie haben ein unglaubliches Glück) und den Prozess wahrscheinlich stören. Die Musik wird während des Prozesses kontinuierlich abgespielt und hilft sehr, Gefühle zu wecken und Dinge zu beschleunigen. Gelegentlich kann ein Klient sagen, dass die Musik ihn stört, aber das bedeutet in der Regel, dass das traumatische Material aus der Empfängniserfahrung zum Vorschein kommt und dies ist bei einigen Menschen zu erwarten. Gelegentlich lehnen Klienten die Musik aufgrund negativer kultureller Erfahrungen ab, wie z.B. mit der erzwungenen Assimilation von Minderheitengruppen in die westliche Kultur. Zu

erklären, wie die Musik ausgewählt wurde und dass andere Entscheidungen aus verschiedenen Kulturen genutzt werden können, wenn jemand weiß, wie es geht, kann hier helfen.

### Schritt 3: Eine Visualisierung durchführen

Während der Prozess läuft, sollten Sie versuchen, eine Kette mit großen Gliedern mit einem Durchmesser von etwa einem Fuß zu visualisieren, die vertikal durch den Körper verläuft. Lassen Sie den Klienten sich vorstellen, wie sich die Kette in seinem Körper verbindet und löst. Die Kette sieht ein wenig aus wie die großen Ringe, die ein Magier während eines Zaubertricks verbindet und löst. Es stellt sich heraus, dass diese Visualisierung das ist, was tatsächlich auf einer bestimmten Bewusstseinsebene geschieht, und ein guter Prozentsatz der Klienten wird dies so wahrnehmen können, wie es geschieht. Wenn der Prozess abgeschlossen ist, wird die Kette verbunden sein und der Klient, der die Ringe sehen konnte, wird feststellen, dass er sich nicht mehr vorstellen kann, dass sie sich erneut lösen können. Dieser Teil des Verfahrens ist nicht kritisch; Wenn Sie vergessen, die Visualisierung durchzuführen, sollte der Prozess trotzdem einigermaßen gut funktionieren.

### Schritt 4: Sagen Sie den erforderlichen Satz.

Während Sie die Prozedur durchführen, werden Sie durchgehend den einfachen Satz „Join forces in Glory" wiederholen. Ändern Sie die Formulierung nicht - es ist wichtig, dass Sie sie so wiederholen, wie sie angegeben ist. Wir geben zu, dass es nach einer Weile wirklich langweilig wird, aber der Satz und die Musik sind ausschlaggebende Teile des Prozesses.

### Schritt 5: EFT verwenden

Sie werden die Emotional Freedom Technique (EFT) an sich selbst anwenden, um die Gefühle und Empfindungen zu heilen, die beim Prozess entstehen werden (wobei wahrscheinlich jede Meridiantherapie angemessen funktionieren wird). Sie wiederholen den Satz einfach immer wieder, während Sie beim Hören der Musik auf Meridianpunkte klopfen und wenn möglich die Visualisierung durchführen. Der Klopfvorgang wird im Video gezeigt oder kann durch das EFT-Handbuch von www.emofree.com erlernt werden. Lassen Sie in einer Gruppensitzung alle gleichzeitig den Satz wiederholen und klopfen. Bei diesem Prozess verzichten wir im Allgemeinen auf den psychologischen Umkehrschritt von EFT. Wir haben jedoch festgestellt, dass der psychologische Umkehrschritt mit dem Satz „obwohl es sich anfühlt, als würde ich sterben, wenn ich dies heile, liebe und akzeptiere ich mich zutiefst und völlig" für einige Menschen notwendig ist. Wir empfehlen, dieses zumindest zu Beginn einer neuen Musikrunde zu verwenden. Wenn Sie während des laufenden Prozesses keine Veränderung der Empfindungen oder Gefühle feststellen, müssen Sie möglicherweise alle EFT-Schritte einbeziehen. Wenn Sie diese nicht kennen, lesen Sie das Handbuch oder suchen Sie einen EFT-Therapeuten auf. Wir haben herausgefunden, dass es Ihre Chance erhöhen kann, dass der EFT-Prozess funktioniert, wenn jemand während des Prozesses an Ihnen klopft; das Erinnern daran, wo Sie klopfen sollen, kann Sie davon ablenken, die Empfindungen und Emotionen zu spüren, die auftreten sollten. Für diejenigen von Ihnen, die allein arbeiten, praktizieren Sie EFT vorher an sich selbst mit anderen Problemen, bis der EFT-Prozess Sie nicht von dem ablenkt, was Sie zu heilen versuchen.

*Schritt 6: Ausführen des Prozesses*
Das Verfahren wird mit ziemlicher Sicherheit dazu führen, dass Sie sich sowohl emotional als auch körperlich unwohl fühlen. Dies ist kein Problem, sondern ein Zeichen dafür, dass der Prozess funktioniert! Sie müssen sich bewusst auf die Unannehmlichkeiten, Schmerzen und Emotionen konzentrieren und sie spüren, anstatt zu versuchen, sie zu vermeiden. EFT wird verwendet, um die Gefühle zu beseitigen - neue entstehen, werden eliminiert, und so weiter, bis nichts mehr entsteht. Der Prozess wird nicht funktionieren, wenn Sie alle auftretenden Symptome erfolgreich ignorieren. Beachten Sie, dass einige Personen versuchen, die auftretenden Empfindungen als Folge dessen zu erklären, was in dem Raum vor sich geht. Zum Beispiel könnten Sie das Gefühl haben, dass die Wahl der Musik schlecht oder zu laut ist, oder dass Sie gehen müssen, um sich um ein Geschäft zu kümmern, und so weiter. Dieses kann Sie täuschen und den Arbeitsprozess blockieren, weil Sie sich während des Prozesses nicht auf Ihre Gefühle konzentrieren.

*Schritt 7: Überprüfen Sie Ihren Fortschritt*
Am Ende aller paar Runden der Musik überprüfen Sie, ob Ihre Bewertung Ihrer Indikator-Traumata auf Null gefallen ist. (Achten Sie darauf, denken Sie NICHT an Ihre Indikator-Traumata während des Prozesses, oder Sie könnten feststellen, dass Sie diese wenigen Traumata versehentlich geheilt haben. Wenn Sie nicht im Inner Peace Zustand sind, werden alle anderen Traumata Ihres Lebens immer noch schmerzhaft sein.)

*Schritt 8: Fahren Sie fort, bis es keine weiteren Änderungen mehr gibt.*

Im Allgemeinen dauert der Prozess mindestens 30 Minuten und kann bis zu 4 Stunden dauern. Sie müssen den Prozess auch dann fortsetzen, wenn Ihre Indikator-Traumata alle auf Null sind. Für die meisten Menschen werden sich die Änderungen fortsetzen. Machen Sie mit EFT noch für mindestens ein paar Runden weiter, indem Sie zusätzliche Veränderungen in Ihren Körperempfindungen beklopfen, und fahren Sie vorzugsweise fort, eine ganze Musik-Runde zu klopfen, auch wenn keine zusätzlichen Änderungen mehr stattfinden. Nicht lange genug zu klopfen ist der größte Fehler, den Menschen machen. Da Sie das traumatische Gefühl von der Empfängnis für Ihr ganzes Leben hatten, stufen Sie die Trauma-Empfindungen in Ihrem Körper als normal ein. So erkennen Sie im Allgemeinen nicht, dass Sie Symptome haben, die Sie beklopfen müssen, damit diese verschwinden. Mehrere Stunden Klopfen, verteilt auf ein paar Sitzungen, funktioniert gut und kann tatsächlich erforderlich sein, um die volle Veränderung zu erreichen, die stattfinden kann. Das Fortfahren auf diese Weise macht es auch weniger wahrscheinlich, dass Sie aus dem Zustand fallen.

## Wenn der Prozess nicht funktioniert

Was geschieht, wenn Sie (oder Ihr Klient) sich von diesen Möglichkeiten haben begeistern lassen und bereit waren, diesen Prozess auszuprobieren und feststellen, dass er nicht funktioniert hat? Im Allgemeinen können Sie (oder die Klienten) das Gefühl entwickeln, dass Sie an sich falsch reagieren oder dazu verdammt sind, nie das zu bekommen, was so viele andere Menschen haben. DAS IST NICHT DER FALL! Diese und andere Spitzenzustände sind eigentlich jedermanns Geburtsrecht, und der Grund, warum ein bestimmtes Individuum den Zustand hat oder nicht hat, hat nichts mit seiner inneren Fähigkeit oder Würde zu tun. Sie oder die Klienten hatten einfach das Pech, Lebenserfahrungen zu sammeln, die den Zustand blockieren, und es wird mehr Detektivarbeit erforderlich sein, um herauszufinden, was noch geheilt werden muss. Oder Sie müssen warten, bis wir bessere Verfahren gefunden haben. Es gibt jedoch noch andere Gründe, warum einige Menschen keine Spitzenzustände haben, und das Institut untersucht dieses Problem derzeit.

Für Verbesserungen und Aktualisierungen dieser Technik besuchen Sie bitte gelegentlich die Website www.PeakStates.com. Wir empfehlen Ihnen auch, sich für unseren sehr seltenen Newsletter anzumelden, um über neue Entwicklungen informiert zu werden. Falls Sie interessiert sind, gibt es zusätzlich eine E-Mail-Gruppe für Menschen, die den grundlegenden Whole-Hearted Healing (WHH)-Prozess verwenden, der besonders nützlich ist, um Traumata vor der Geburt wie z.B. die Empfängnis zu heilen. Sie können sich anmelden, indem Sie zum Bereich über den WHH-Prozess gehen. Hier sind einige spezifische Dinge, die Sie ausprobieren können:

- Versuchen Sie, eine Kombination aus den ätherischen Ölen von Minze und Wacholderbeere auf Ihren „Karate-Klopfpunkt" zu geben, während Sie den Prozess durchführen. Dieser Punkt befindet sich am Rand Ihrer Handfläche und ist einer der EFT-Klopfpunkte. Achten Sie darauf, dass das Öl nicht in die Augen gelangt, denn es brennt!
- Möglicherweise benötigen Sie eine andere Person, die bei Ihnen klopft, oder Sie müssen den gesamten EFT-Prozess nutzen. Vielleicht möchten Sie einen EFT-Therapeuten besuchen, um von ihm Hilfe zu erhalten.
- Probieren Sie außer der EFT-Technik auch eine andere Powertherapie aus, wie die Tapas Acupressure Technique (TAT), Be Set Free Fast (BSFF), Eye Movement Desensitization and Reprocessing (EMDR), und so weiter.
- Vielleicht haben Sie die Empfindungen in Ihrem Körper während des Klopfens ignoriert. EFT wird nicht funktionieren, wenn Sie nicht bewusst Ihre Aufmerksamkeit auf Ihren Körper und die auftretenden Emotionen richten.
- Möglicherweise haben Sie vergessen, während des Vorgangs zu klopfen. Wenn man den Satz sagt, die Musik hört und die Visualisierung macht, kommen nur Empfängnistraumata hoch - das EFT-Klopfen beseitigt sie.
- Wenn Ihre Geburtssprache nicht Englisch ist, müssen Sie den Satz möglicherweise in Ihre Geburtssprache übersetzen. Dies funktioniert gegebenenfalls nicht, da die Übersetzung womöglich nicht genau genug ist.
- Sie könnten ein „dominantes" Trauma haben. In diesem Fall existiert ein großes Problem in Ihrem Leben, welches das Erreichen dieses Zustandes unterbindet. Weitere Arbeit mit einer der Powertherapien ist erforderlich, um dieses Problem zu beseitigen. Glücklicherweise war der ausgeführte Inner-Peace-Prozess nicht umsonst, denn wenn das dominante Trauma beseitigt ist, wird dieser Zustand sofort eintreten. Mit anderen

Worten, Sie werden zum Inner Peace-Zustand zurückkehren, wenn diese großen Traumata geheilt sind, anstatt zum „durchschnittlichen" Bewusstsein, an das Sie gewöhnt waren.
- Einige Leute werden immer noch nicht auf diesen Prozess reagieren. Sie müssen möglicherweise mit einem Fachmann zusammenarbeiten, der ihnen helfen kann, das Empfängnistrauma direkt zu erreichen und zu heilen. Das funktioniert manchmal und gibt den besseren Beauty Way Zustand als zusätzlichen Bonus - obwohl es normalerweise etwas anderes in ihrem Leben ist, das den Zustand blockiert. Wenn wir den Prozess verbessern, werden wir Updates auf der Website www.PeakStates.com veröffentlichen.
- Eine Vielzahl von Organisationen hat Prozesse, die Spitzenzustände auslösen können, wenn auch in der Regel vorübergehend. Wenn der Inner-Peace-Prozess erfolglos war oder wenn Sie andere Spitzenzustände hinzufügen möchten, können Sie diese anderen Prozesse ausprobieren. Unsere Website www.PeakStates.com enthält Links zu denjenigen, von denen wir wissen, dass sie zumindest für einige Menschen funktionieren. Die wahrscheinlich leichteste und unkomplizierteste Möglichkeit wird von Jacquelyn Aldana in ihrem Buch *The 15 Minute Miracle* unterrichtet. In Zukunft werden wir weitere Peak-State-Prozesse veröffentlichen, über die Sie sich auf unserer Website informieren können oder sich für unseren regelmäßigen Newsletter anmelden können.

## Wiederherstellung des Inner Peace Zustandes, falls Sie ihn verloren haben

Von den Menschen, die während des Prozesses in den Zustand Inner Peace eingetreten sind, werden die meisten feststellen, dass dieser Zustand relativ stabil ist. Andere wiederum können ihn für kurze Zeiträume verlassen, wenn eine aktuelle Stresssituation eintritt, aber sie kommen zurück in den Zustand, sobald die Situation endet oder sie sich ein wenig entspannen. Allerdings verlieren einige Leute den Zustand und er kehrt nicht zurück. Ihre Ruhe verlässt Sie, ihre traumatische Vergangenheit kehrt zurück, und Sie kehren zu dem zurück, was Sie vorher hatten. Dieser letztgenannte Fall kann ein Problem sein, da Sie die

Chance hatten, sich im Leben besser zu fühlen und sich jetzt nicht gut dabei fühlen, so zu leben, wie Sie es früher getan haben. Für diese Gruppe haben wir einige Ratschläge, die den meisten helfen werden, ihren Zustand wiederherzustellen:

- Wenden Sie EFT oder WHH oder eine gemischte Kombination zu welchem Thema auch immer an, das Sie aus dem Zustand vertrieben hat. Sie werden in der Regel wieder in den Zustand zurückkehren, sobald dieses Problem gelöst ist.
- Wiederholen Sie den Prozess des Inner Peace. Wenn der Prozess wieder funktioniert, haben Sie wahrscheinlich den Zustand verlassen, weil die Heilwirkung des EFT rückgängig gemacht wurde oder Sie den Prozess nicht lange genug ausgeführt haben. Dies kann daran liegen, dass Ihre Atmung auf eine Weise durchgeführt wurde, die die Wirkung von EFT umkehrt. Sie können darüber lesen, welches die richtige Art zu atmen ist, indem Sie Gay Hendricks *At The Speed of Life* lesen. Eine weitere Möglichkeit, die Auswirkungen von EFT umzukehren, besteht darin, auf eine Substanz zu stoßen, auf die Ihr Körper reagiert, ein so genanntes „Energie-Gift". Lesen Sie das Handbuch von Gary Craig oder wenden Sie sich an einen EFT-Praktiker, um Hilfe in diesen Bereichen zu erhalten.
- Konzentrieren Sie sich auf alle stattgefundenen negativen Urteile gegen sich selbst oder andere zum Zeitpunkt, als Sie den Zustand verloren haben. Wenn Sie sich darauf konzentrieren, diese aufzugeben und wenn Sie eine Powertherapie verwenden, um sich dabei zu helfen, werden Sie im Allgemeinen ziemlich schnell wieder in den Inner Peace Zustand zurückkehren. *Dies ist die erfolgreichste Methode, um zum Inner Peace zurückzukehren.*

## Empfohlene Lektüre

- Grant McFetridge, *Peak States of Consciousness,* (Band 1 und 2), Institute for the Study of Peak States Press, 2004.
- Gary Craig, *Emotional Freedom Techniques: The Doorway to the new healing Highrise: The Manual (third edition)*, 1999. Eine Kopie finden Sie unter www.emofree.com.

# Danksagungen

Die für diesen Prozess erforderlichen Durchbrüche gingen auf die engagierte harte Arbeit der folgenden Personen zurück: Grant McFetridge, Wes Gietz, Dr. Deola Perry, Dr. Marie Green und Dr. Mary Pellicer. Vielen Dank auch an die zahlreichen Freiwilligen, die mit uns zusammengearbeitet haben, um diese Ideen im Laufe der Jahre zu testen.

# Kapitel 10

# Ein „alternativ"-Ansatz: Ausrichtung auf Spitzenzustände durch den 15-Minuten-Wunderprozess

*von Jacquelyn Aldana*

## Vorwort von Grant McFetridge

Ich hatte die Freude, Jacquelyn vor einigen Jahren zu treffen und fühle mich sehr glücklich, ihren Beitrag in diesem Buch zu haben. Ihre Arbeit ist das beste Beispiel, das ich kenne für das, was wir den Ansatz der „bewussten Wahl" für den Erwerb von Spitzenzuständen nennen. Darin entscheiden Sie sich bewusst dafür, die Qualitäten des Zustandes zu spüren, den Sie sich wünschen, und Sie bleiben weiterhin bei Ihrer Wahl. Aus unserer Sicht vermuten wir, dass ihr Prozess mehrere Zustände kombiniert - zumindest den Zustand des Underlaying Happieness und eine solide Verbindung zu Gaia, die sie in den Begriff „Leben" einbezieht.

In diesem Kapitel spricht sie kurz über ihren Prozess, wie man sich für einen Spitzenzustand des Bewusstseins entscheidet und ihn mit einfachen „Wartungs"-Schritten beibehält. Der Name des Prozesses, *The 15-Minute Miracle*, beschreibt genau, wie wenig Zeit dafür pro Tag benötigt wird. Ihr Prozess ist in der Regel so erfolgreich, dass ihr Workshop eine Geld-zurück-Garantie bietet. Und sie hört nicht auf, sich einfach wunderbar zu fühlen - sie zeigt, wie man den Zustand nutzt, um Träume und Wünsche in der physischen Welt zu manifestieren. Tatsächlich ist die Fähigkeit zur Manifestation in ihrer Methode zur Erzeugung von Spitzenzuständen eingewebt. Jacquelyn zeigt deutlich, dass der richtige Bewusstseinszustand (oder gleichbedeutend die richtigen Gefühle) erforderlich sind, um Ihre Wünsche zu manifestieren.

Jacquelyn ist eine Wegbereiterin, deren Arbeit eine einfache, leicht anzuwendende Methode zeigt, um 24 Stunden am Tag, 7 Tage die Woche in Bewusstseinszuständen zu leben, die diese Welt zu einem Himmel auf Erden machen. Ihr Prozess umfasst die neuesten Therapien wie EFT , um Menschen dabei zu helfen, den Zustand, in dem sie lebt, noch leichter zu erreichen und aufrechtzuerhalten. Dies ist eine unglaublich aufregende Zeit, um sich mit dieser Arbeit zu beschäftigen, da gerade erst begonnen wird, neue Entdeckungen und Synthesen zwischen den Ansätzen zu machen.

Natürlich haben wir in diesem Kapitel nicht den Platz, um ihren Prozess vollständig zu erforschen - dazu verweise ich Sie auf ihre gut geschriebenen und leicht zu befolgenden Bücher wie *The 15-Minute Miracle Revealed*, *Miracle Manifestation Manual II* und die *Shortcuts to Miracles*. Ich empfehle auch ihre wunderbaren „Playshops", wie sie sie gerne nennt, die über www.15MinuteMiracle.com gebucht werden können.

## Über die Autorin:
## Wie das 15-Minuten-Wunder zustande kam

Jacquelyn Aldana ist einer der glücklichsten Menschen, die man überhaupt treffen kann, und das ist nicht so, weil ihr Leben immer perfekt war. Ihre biologischen Eltern ließen sie in jungen Jahren im Stich; sie hatte den größten Teil ihres Lebens ein ziemlich schlechtes Selbstbild; und sie hatte viele Höhen und Tiefen wie die meisten anderen. Seltsamerweise kam ihr größter Segen jedoch, als sie sich den drei größten Herausforderungen ihres ganzen Lebens auf einmal stellen musste.

- Ihr Mann Ron lag im Sterben an einem virulenten Krebs.
- Ihre 20-jährige Ehe brach an allen Ecken zusammen.
- Ihr Familienunternehmen stand kurz vor einer finanziellen Katastrophe.

Als sie sich völlig hingab und alle Anhaftungen an mögliche Ergebnisse losließ, fühlte sie, dass ein unerklärliches Gefühl von Frieden und Wohlbefinden über sie kam. Am selben Tag wurde sie inspiriert, etwas auf ein Blatt Papier zu schreiben, und dann passierte es! Etwas hatte sich verändert! Plötzlich begann sie, eine Reihe von unglaublichen Ereignissen zu erleben - eines nach dem anderen! Es war, als hätte sie ein unerschöpfliches Reservoir von erstaunlichen Wundern erschlossen.

- Ron hat sein Wohlbefinden vollständig wiedererlangt (er ist jetzt strahlend gesund).
- Ihre Ehe auf Eis wurde zu einer Ehe im Himmel.
- Plötzlich nahm das Familienunternehmen eine 180°-Wendung und begann aufzublühen.

Jacquelyn entdeckte nicht nur Wege, um in ihrem eigenen Leben auf erstaunliche Wunder zuzugreifen, sondern sie fand auch Wege, es dem Rest von uns leicht zu machen, auch in unserem Leben große Wunder anzuziehen und zu erschaffen. Sie ist überzeugt, dass der Prozess, den sie liebevoll als „Das 15-Minuten-Wunder" bezeichnet, ihr als göttliches Geschenk gegeben wurde, das sie auf globaler Ebene teilen kann. Sie wurde inspiriert, es das 15-Minuten-Wunder zu nennen, weil es nur etwa 15 Minuten pro Tag dauert; es scheint Wunder für die meisten Menschen zu wirken, auch wenn sie nur mit ihm experimentieren; und die Ergebnisse sind oft so dramatisch und lebensverändernd, dass die meisten Menschen sie als Wunder bezeichnen!

## Wie jeder Tag ein großer Tag sein kann

Hatten Sie jemals einen dieser außergewöhnlichen Tage, an denen Sie sich gewünscht haben, dass er nie enden würde? Sie wissen, einen dieser Tage, an denen sich einfach alles von selbst ergibt, egal was oder wie Sie etwas tun? Wäre es nicht wunderbar, wenn es eine Möglichkeit gäbe, solche Tage öfter zu erleben? Stellen Sie sich vor, wie herrlich das wäre. Was normalerweise jedoch passiert, ist, dass wir durch unser Leben gehen und denken, dass wir keine Kontrolle über solche Dinge haben - dass einige Tage einfach besser sind als andere. Stimmt's? FALSCH!

Sie werden froh sein zu erfahren, dass Sie die Macht haben, diese wunderbaren Tage so oft ins Leben zu rufen, wie Sie wollen. Das Buch *The 15-Minute Miracle Revealed* verspricht Ihnen aufzuzeigen, wie Sie bemerkenswerte Tage hintereinander gestalten können. Tatsächlich werden Sie in der Lage sein, „diese und noch größere Dinge" zu tun, indem Sie nur ein paar einfache Prinzipien anwenden. Alles, was Sie tun müssen, ist zu verstehen, wie bestimmte universelle Gesetze funktionieren, damit Sie die Vorteile genießen können, mit ihnen in Harmonie zu arbeiten. Ja, wir wissen, das klingt alles zu schön, um wahr zu sein, also glauben Sie uns bitte nicht aufs Wort. Folgen Sie einfach den Anweisungen in diesem Buch und sehen Sie, was geschieht. Wundern Sie sich jedoch nicht zu sehr, wenn die Leute anfangen zu fragen, warum Sie glücklicher, energischer und produktiver sind als sonst. Als nächstes werden sie wissen wollen, wie sie diese Dinge erreichen können!

Auf den nächsten Seiten erhalten Sie einen besseren Eindruck davon, worum es bei dem 15-Minuten-Wunder geht. Wir laden Sie ein zu entdecken, wie Sie bewusst eine wünschenswerte Lebensqualität auf konsistenter Basis anziehen und bewusst schaffen können. Lernen Sie, wie jeder Tag ein wunderbarer Tag sein kann und wie Sie leicht Ihren höchsten Zweck des Seins erleben können. Bereiten Sie sich auf ein Abenteuer vor, das Sie höchstwahrscheinlich inspirieren wird, das Leben mit den Augen der Ehrfurcht und des Staunens zu betrachten. Bereiten Sie sich darauf vor, sich in die Liebe zu verlieben - in das Leben und alles darin (einschließlich sich selbst). Das Leben vergöttert Sie absolut und ist begierig darauf, auf jeden Ihrer Wünsche einzugehen. Alles, was Sie tun müssen, ist herauszufinden, was Sie wirklich glücklich macht - der Rest ist relativ einfach. Das Leben will, dass Sie Ihre Erfahrung hier auf Erden gründlich genießen, denn Sie sind die Göttliche Schöpfung, an der Ihr Schöpfer Wohlgefallen hat!

## Ein kurzer Überblick über das 15-Minuten-Wunder

Wenn Sie die sieben folgenden Fragen mit „Ja"" beantworten können, sind Sie ein erstklassiger Kandidat, um von dem 15-Minuten-Wunder zu profitieren. Dieses einfache Verfahren schriftlich durchzuführen, dauert in der Regel weniger als 1% Ihres Tages (ca. 15 Minuten) und es scheint für die meisten Menschen, die spielerisch damit experimentieren, Wunder zu wirken. Prüfen Sie, wie viele Fragen Sie inspirieren, „ja" zu sagen!

1. Gibt es etwas, wofür Sie heute dankbar sind?
2. Können Sie erkennen, wie Sie sich gerne fühlen und warum?
3. Möchten Sie Ihre intuitiven Fähigkeiten stärken?
4. Sind Sie bereit, Ihrer höheren Macht zu erlauben, Ihnen zu helfen?
5. Sind Sie bereit, negative Emotionen loszulassen und gehenzulassen?
6. Sind Sie bereit, sich Zeit zu nehmen, um nett zu sich selbst und anderen zu sein?
7. Können Sie in Ihrer Fantasie träumen und spielen (wenn auch nur für ein paar Augenblicke), bis es sich anfühlt, als würden Sie bereits das Leben Ihrer Träume leben?

Der schnellste und einfachste Weg, diesen einfachen Prozess zu meistern, ist die Verwendung der leicht lesbaren Bücher und Geschenke im *Deluxe Miracle Starter Kit*. Siehe www.15minutemiracle.com für weitere Informationen.

## Wie man weiß, wann man im Fluss ist.

Die folgenden Aussagen stellen das dar, was Menschen oft sagen, wenn sie sich im Fluss des Lebens fühlen. Bitte kreuzen Sie die folgenden Aussagen an, die beschreiben, wie Sie sich die meiste Zeit fühlen.

- Meine Arbeit fühlt sich wie ein Spiel an!
- Ich habe grenzenlose Energie!
- Ich fühle mich „auf dem Gipfel der Welt"!
- Ich bin mir nicht bewusst, dass die Zeit vergeht!
- Ich fühle mich authentisch und mir selbst treu!
- Ich fühle mich gezwungen, meine Träume zu verwirklichen!
- Das Leben macht Spaß, ist berauschend und lohnend!
- Ich denke über positive Möglichkeiten rund um die Uhr nach!
- Ich fühle mich viel glücklicher, als ich es je zuvor war!
- Die Dinge scheinen sich für mich leichter zu ergeben!
- Ich bin begierig darauf, einen positiven Beitrag in der Welt zu leisten!
- Ich lebe in einem Zustand ständiger Dankbarkeit und Wertschätzung!
- Ich habe das Gefühl, dass ich einfach „weiß", dass ich auf dem richtigen Weg bin!
- Ich sehe so genannte Herausforderungen jetzt als Chancen im Verborgenen!
- Ich fühle mich stark, selbstbewusst, klar und unaufhaltsam in meiner Mission!
- Ich habe das Gefühl, dass ich in allem, was ich tue, Göttliche Hilfe habe!
- Ich bin in der Lage, Entscheidungen schneller und sicherer zu treffen!
- Ich bin so aufgeregt und extrem leidenschaftlich über das, was ich zu bieten habe!
- Ich habe mich in meinem ganzen Leben noch nie so selbstbewusst und engagiert gefühlt!
- Ich scheine immer zur richtigen Zeit am richtigen Ort zu sein. Es ist nur die Geschichte meines Lebens!

- Ich bin in der Lage, mich glücklich zu fühlen und im Fluss des Lebens zu bleiben, unabhängig von den Umständen!

Gesamtzahl der Prüfzeichen:_____

Je mehr Aussagen Sie abhaken konnten, desto mehr sind Sie zu diesem Zeitpunkt „im Fluss des Lebens".

## In Bezug auf das Wort „Leben"...

Wenn ich in diesem Kapitel das Wort „Leben" verwende, beziehe ich mich auf das, was ich für die Unendlichkeit, die göttliche Einheit und den Schöpfer von allem was ist, halte. Für mich ist das Leben gleichbedeutend mit Gott, Heiligem Geist, Gaia, dem Alpha und dem Omega. Meiner Meinung nach gibt es nichts Größeres, Großartigeres oder Mächtigeres als LEBEN!

## Verbinden mit dem Fluss des Lebens

Drei Jahre vor der Entdeckung des 15-Minuten-Wunders war mein Leben wie die Wiederholung eines schlechten Films auf einem Fernseher mit schlechtem Empfang. Gerade zu dem Zeitpunkt, als ich dachte, dass es unmöglich noch schlimmer werden könnte, wurde es schlimmer! Als ich auf einen einfachen Weg stolperte, um durch die Kraft des Denkens und Betens Wunder in mein Leben zu bringen, war ich sicher, dass ich Aladins Lampe gefunden hatte. Als ich jeden Tag nur 15 Minuten damit verbrachte, einfach einen Liebesbrief an das Leben zu schreiben, fing alles an, sich für mich leicht, mühelos und magisch an seinen Platz zu rücken! Erst viel später wurde mir klar, dass all die erstaunlichen Manifestationen, die sich überraschend zeigten, nur Nebenprodukte der Suche nach „anhaltender Freude" waren. Da ich es mir zur ständigen Aufgabe gemacht habe, Wege zu finden, „Die glücklichste Person, die ich kenne" zu werden, hat sich alles andere mit wenig oder gar keinem Aufwand von meiner Seite aus erledigt.

Obwohl dieser faszinierende Prozess oft zu manifesten wünschenswerten Umständen und wunderbaren materiellen Dingen führt, ist der wahre Wert des 15-Minten-Wunders, dass er eine göttliche Verbindung zwischen Ihnen und Ihrer Höheren Macht, Ihnen und Ihrer Großartigkeit und Ihnen und dem Leben schafft! Wenn dies geschieht, beginnen sich die Dinge perfekt auszurichten und mit Leichtigkeit ihren Platz zu finden. Wahrscheinlich verbinden deshalb so viele Menschen das, was sie zu erleben beginnen, mit Wundern. Das Beste daran ist, dass Wunder mit IHNEN geschehen können (Wann? Dann, wenn Sie bereit und willens sind, sie zu erleben).

Erlauben Sie uns, Ihnen viel Zeit und Energie zu ersparen, die Sie sonst damit verbringen könnten, zu schieben, zu ziehen, zu kämpfen, stromaufwärts zu schwimmen, bergauf zu laufen und zu versuchen, das Ergebnis der Umstände zu kontrollieren. Geben Sie Ihre Sorgen, Zweifel und Ängste einfach Ihrer Höheren Macht hin und vertrauen Sie darauf, dass das Leben Ihnen seinen großartigsten Plan in genau der richtigen Zeit enthüllen wird. Der Unterschied zwischen Vertrauen und Kontrolle besteht darin, dass Vertrauen gleichbedeutend ist mit der Einstellung eines Expertenteams, um die Aufgabe zu erledigen, während Kontrolle gleichbedeutend ist mit dem Versuch, die gesamte Arbeit selbst zu erledigen. Bis ich mein Bedürfnis losließ, alles in meinem Leben zu kontrollieren, kontrollierte mich weiterhin alles in meinem Leben! Schließlich musste ich als „CEO des Universums" zurücktreten, um meinen Stress in Seelenfrieden zu verwandeln. Wir hoffen, dass die Erfolgsgeschichten auf den folgenden Seiten SIE inspirieren, beflügeln und ermutigen werden, dasselbe zu tun.

## Warum „Was wir DENKEN und SAGEN" wirklich zählt

Obwohl es viele Sprachen auf der ganzen Welt gibt, ist die „Universalsprache des Lebens" diejenige, die unser Leben am meisten verbessern kann. Um es zu meistern, müssen wir rein positive Worte wählen, während wir sprechen. Ebenso wichtig ist es für uns, rein positive Gedanken zu denken, auch wenn wir uns in der Privatsphäre des eigenen Verstandes „selbst unterhalten". Diese rein positive Sprache basiert auf einem universellen Gesetz namens „Gesetz der magnetischen Anziehung", das jede Sekunde eines jeden Tages am Werk ist, unabhängig davon, ob wir es wahrnehmen oder nicht. Wenn wir verstehen, wie wir in Harmonie mit diesem unveränderlichen Gesetz arbeiten können, ist das Leben viel einfacher. Wenn wir es jedoch nicht kennen, kann das Leben eine ziemliche Herausforderung sein. Dieses Gesetz besagt: „Worüber wir nachdenken, ist das, was wir bewirken und womit wir unseren Geist füllen, womit unser Leben voll ist." Mit anderen Worten, was auch immer wir denken, reden, beobachten oder uns vorstellen, ist genau das, was wir (wissentlich oder unwissentlich) selbst anziehen! Darüber hinaus interpretiert das Leben alles, was wir denken oder sagen, ganz wörtlich, sodass wir uns unserer Sprache sehr bewusst sein müssen, um das anzuziehen, was wir wirklich wünschen. Um diese Sprache gründlich zu erlernen und sie fließend sprechen und schreiben zu können, sollten Sie vielleicht den *Level I Miracle Mastery Playshop* besuchen. Wenn Sie es vorziehen, zu Hause alleine zu lernen, werden Sie das Deluxe Miracle Starter Kit (siehe Website) als eine großartige Ressource empfinden.

## Was tun glückliche Menschen?

- Sie sehen immer die Großartigkeit in jedem einzelnen Menschen, den sie treffen.
- Sie sehen die Schönheit und die Begünstigungen im Leben, unabhängig von den Umständen.
- Sie schätzen alles, was sie bereits haben, bevor sie um etwas Anderes bitten.
- Sie finden in jedem Moment etwas zum Lieben und Bewundern an allem und jedem.
- Sie erlauben sich, all ihre Gefühle zu spüren, so dass sie wählen können, welche sie behalten und welche sie loslassen wollen.
- Sie betrachten das Leben mit den Augen der Ehrfurcht und wundern sich wie ein kleines Kind, das absolut weiß, dass alle Dinge wirklich möglich sind.
- Sie umfassen alle Aspekte des Lebens, sowohl positive als auch negative, denn Kontrast ist ein äußerst wertvolles Werkzeug. Indem sie einfach wissen, was sie nicht wollen, können sie besser erkennen, was sie bevorzugen. Was könnte einfacher sein als das?
- Sie lassen das, was ihnen nicht mehr positiv dient, völlig los: Dinge wie Widerstand, Ressentiments, Verurteilung von sich selbst und anderen, Angst und Bindung an das Ergebnis. (Wenn Sie sie loslassen, lassen sie Sie los!)
- Sie halten den Raum für sich selbst und andere, um ihr Gleichgewicht in der perfekten Zeit wiederherzustellen, auf eine Weise, die alle segnet und fördert. Dies ist eines der liebevollsten und unterstützendsten Dinge, die wir für uns selbst oder andere tun können.

- Sie lieben andere, auch wenn andere weniger liebevoll zu ihnen sind. Wenn andere Menschen etwas tun, das als beleidigend angesehen werden könnte, sagen sie einfach zu sich selbst: „Das ist nur, weil sie zu diesem Zeitpunkt keinen besseren Weg kennen. Wenn sie es besser könnten, würden sie es sicherlich besser machen." Das ist es, was wir bedingungslose Liebe vom Feinsten nennen.

Wenn Sie es sich zur ständigen Absicht machen, diese Prinzipien zu praktizieren, können Sie sehr wohl „die glücklichste Person, die Sie kennen" und ein „Unwiderstehlicher Magnet für Wunder" werden!

## Die bestgehüteten Geheimnisse des Lebens

- Sie haben immer, immer, immer, immer, immer Recht!
- Womit Sie Ihren Verstand füllen, ist Ihr Leben voll.
- Sie bekommen immer mehr von dem, was Sie aufrichtig schätzen.
- Worauf auch immer Sie sich konzentrieren, wird normalerweise in Ihrem Leben viel größer.
- Sie erhöhen die Chancen, Ihre Ziele zu erreichen, indem Sie sie einfach aufschreiben.
- Achten Sie immer darauf, wohin Sie gehen, denn Sie werden immer dahin gehen, wo Sie hinschauen.
- Der schnellste Weg, wieder in den Fluss des Lebens zurückzukehren, ist, etwas (alles) zu finden, was man schätzen kann.
- Sie laden automatisch mehr von dem ein, worüber Sie nachdenken, darüber reden, beobachten oder sich vorstellen.
- Sie können sich im Moment gut fühlen, indem Sie sich an etwas Angenehmes aus der Vergangenheit erinnern.
- Sie können sich jetzt gut fühlen, indem Sie sich etwas vorstellen, worauf Sie sich in Zukunft freuen.
- Um Freude und süße Inspiration zu erfahren, lassen Sie alle Verurteilungen los und lassen Sie sie gehen.
- Wenn Sie eine Entfernung erfolgreich zurücklegen wollen, müssen Sie sowohl Angst als auch Widerstand loslassen.

- Die Bindung an Ergebnisse ruft Angst und Zweifel hervor, was nur dazu führt, dass Sie darauf verzichten.
- Wenn Sie Frieden und Zufriedenheit erleben wollen, müssen Sie sowohl Hass als auch Ressentiments loslassen.

## Ein genauerer Blick auf Schritt #1 des 15-Minuten-Wunders - Der Anerkennungsschritt

*„Wunder geschehen überall und jederzeit, aber nur diejenigen mit einer „Haltung der Dankbarkeit" scheinen sie zu bemerken."*

*Autor unbekannt*

Der Anerkennungsschritt ist der erste Schritt im 15-Minuten-Wunder-Prozess aus einem ganz bestimmten Grund. Er ist die Nummer eins, weil er die Tür für alle anderen Schritte öffnet, um zu unserem größten Vorteil zu arbeiten. Anstatt nur eine typische „Dankesliste" zu erstellen, bittet uns dieser Schritt zu erklären, warum wir dankbar sind. Wenn wir auf diese Weise über unseren Segen nachdenken, können wir nicht umhin, unseren Sinn für Wertschätzung zu vertiefen, was uns erkennen lässt, wie sehr wir bereits glücklich sind. Einige Menschen fühlen sich in der Lage, durch die Verwendung des Wortes Dankbarkeit ein tieferes Gefühl der Wertschätzung zu erlangen. Wenn dies für Sie zutrifft, formulieren Sie diesen Schritt einfach wie folgt um: „Ich bin so dankbar... weil..." Dankbarkeit ist die magische Brücke zu einem nachhaltigeren Gefühl der Freude, und Freude ist der Schlüssel, um „die glücklichste Person zu werden, die Sie kennen".

Wir stellen fest, dass die meisten Menschen, die sich für das 15-Minuten-Wunder interessieren, in einem Zustand der Sehnsucht und des Verlangens nach anderen Dingen in ihrem Leben sind. Wie sich herausstellt, wollen die meisten von ihnen entweder etwas, das sie nicht haben oder etwas, das sie nicht wollen (oder beides). Leider ziehen sie in ihrem Zustand des Bedürfnisses und Flehens unwissentlich mehr von dem an, was sie nicht wollen - mehr Mangel, Einschränkung und Nichtbeachtung! Für ein erfüllteres Leben empfehlen wir Ihnen, es zu Ihrer ständigen Absicht zu machen, alle Sehnsüchte, Begierden und Bedürfnisse in Anerkennung, Dankbarkeit und Erfolg zu verwandeln.

*Wertschätzung rettete unsere Ehe*
Der Stress, über die Runden zu kommen und zu versuchen, Ron für drei Jahre am Leben zu erhalten, begann uns beide völlig zu überwältigen. Alles in unserem Leben begann auseinanderzufallen, auch unsere 20-

jährige Ehe! Ein befreundeter Arzt schlug mir vor, dass ich an einen ruhigen Ort gehen und alles aufschreiben sollte, was ich an Ron schätze. Es dauerte eine ganze Weile, bis ich meinen Widerstand und meinen Groll lange genug losließ, um etwas sehr Lobendes zu schreiben. Sobald ich angefangen hatte, schrieb ich jedoch mehrere Seiten mit leuchtenden Kommentaren über den Mann, den ich 20 Jahre zuvor geheiratet hatte. Obwohl ich es ihm nie gezeigt habe noch er es jemals gelesen hat, antwortete Ron am nächsten Morgen mit enormer Wärme und Zärtlichkeit auf mich. Infolgedessen lösten sich alle Feindseligkeiten und Bedenken vollständig auf. Nur 12 Stunden nachdem ich diese kleine Schreibübung gemacht hatte, war unsere gescheiterte Beziehung vollständig geheilt und unsere Liebe zueinander größer als je zuvor. Das war wirklich ein Wunder, wenn man bedenkt, dass wir fast acht Monate lang kaum gesprochen hatten. Meiner Meinung nach ist Wertschätzung für das Wohlbefinden, was Sauerstoff für die Atmung ist!

*Dankbarkeit rettete Rons Leben.*
Als Ron an Krebs litt, fand er es sehr schwierig, IRGENDETWAS zu schätzen. Schließlich, einen Tag nachdem die Ärzte gesagt hatten, dass er es vielleicht nicht einmal durch die Nacht schaffen würde, traf er die Entscheidung, etwas Anderes zu tun. Weil er das Beste aus der verbleibenden Zeit machen wollte, wandte er seine Aufmerksamkeit bewusst von Tod, Sterben und Vernichtung auf das Leben und die Liebe in jedem Moment, den er noch hatte. Was geschah, war erstaunlich! Er schaffte es nicht nur durch die Nacht, sondern fühlte sich auch am nächsten Tag etwas besser. Als er einen weiteren glorreichen Tag feierte, fühlte er etwas mehr Kraft und Ermutigung. Nach ein paar weiteren Tagen wurde er schließlich aus dem Krankenhaus entlassen. Ron schrieb treu sein 15-Minuten-Wunder jeden Tag für drei Monate und kehrte dann zu seiner regelmäßigen Untersuchung zurück. Die Ärzte waren völlig ratlos! Nach einer Vielzahl von Tests konnten sie in seinem Körper nicht einmal eine Spur von Krebs finden. Sie erklärten ihn für völlig krebsfrei! Obwohl die Ärzte es eine „spontane Remission" nannten, WISSEN Ron und ich, dass es nichts anderes als ein Wunder war!

*Wir bekommen immer MEHR von dem, was wir schätzen.*
Die Dinge, für die wir LIEBE, DANKBARKEIT und EHRLICHE WERTSCHÄTZUNG ausdrücken, erweitern sich auf natürliche Weise. Das Leben ahmt humorvoll meine geliebte Großmutter nach, als sie das

Abendessen servierte. Wenn ich sie zu einem bestimmten Gericht beglückwünschte, das sie liebevoll zubereitet hatte, hat sie mir sofort eine zweite Portion gegeben. Das Leben macht genau das Gleiche - es stellt immer sicher, dass wir MEHR von dem bekommen, was wir LIEBEN und WERTSCHÄTZEN!

*Vorteile der Wertschätzung*
- Sie hat nur positive Nebenwirkungen.
- Sie bietet eine wunderbare Abkürzung zu Wundern.
- Sie überflutet Ihren Körper mit immunstärkenden Endorphinen.
- Sie bringt Sie mit der Geschwindigkeit des Denkens zurück in den Fluss des Lebens.
- Sie ist die Laterne, die das hellste Licht in Ihrer dunkelsten Stunde spendet. - Sie bietet Ihnen eine völlig legale Möglichkeit, ein „natürliches High" zu genießen.
- Sie bewirkt, dass Sie ein wunderbares Gefühl des „Nachhausekommens" spüren.
- Sie sorgt für sofortiges Wohlbefinden.
- Sie ist die Hauptursache für „anhaltende Freude".

## 15-Minuten-Wunder - Erfolgsgeschichten

Die folgenden Erfolgsgeschichten stammen von unseren Lesern und Absolventen von Miracle Playshops, die die einfachen Prinzipien von The 15-Minute Miracle angewendet haben. Dies ist nur eine kleine Auswahl an Geschichten, um Ihnen Ideen zu geben, worauf SIE sich freuen dürfen.

### Gesundheit

Ron Aldana, dem von seinen Ärzten gesagt wurde, dass er eine sehr schlechte Überlebenschance habe, gewann sein Wohlbefinden vollständig zurück und ist nun völlig krebsfrei.

Stephanie Coffin, die über anderthalb Jahre lang unter den Schmerzen, Krämpfen und Müdigkeit der Multiplen Sklerose litt, überwand jedes Symptom von MS in nur drei Wochen.

Debba Boles, die seit über fünf Jahren Symptome von klinischer Depression und intensiven Suizidgefühlen hatte, ist nun dankbar, am Leben zu sein. Sie ist wirklich „lebendiger Beweis für lebendige Wahrheit".

Laney Boyle, die seit über 32 Jahren durchschnittlich 28 Mal schwere Kopfschmerzen pro Monat hatte, sagt, dass ihre Migräneepisoden dramatisch abgenommen haben.

Gemma Bauer, die über 10 Jahre lang unter chronischen Schmerzen durch rheumatoide Arthritis litt, berichtet, dass sie viel glücklicher und gesünder ist als je zuvor. Als Bonus erreichte sie auch ihr ideales Körpergewicht, ihre ideale Form und Größe.

### *Berufung*

Dr. Kim Jameson, die sich eine eigene Praxis und eine niedliche und gemütliche Hütte auf dem Land wünschte, konnte ihre beiden Träume gleichzeitig verwirklichen.

Carol Gibbons, die nach wiederholter Arbeitslosigkeit sehr entmutigt war, bekam einen spannenden Job, der ihre kühnsten Erwartungen weit übertraf.

Debbie Voltura, die die Idee des Singens als Lebensunterhalt liebte, wurde von Louise L. Hay engagiert, um das Publikum im ganzen Land musikalisch zu inspirieren.

### *Wohlbefinden*

Cheri Carroll, die über 100.000 Dollar und 30 Jahre auf der Suche nach persönlicher Erfüllung verbrauchte, ist heute in jedem wichtigen Bereich ihres Lebens ekstatisch glücklich und erfolgreich.

Judy und Kenny Dotson, die sich nach mehr Harmonie in ihrer Ehe sehnten, verlieben sich durch ihr 15-minütiges Wunder jeden Morgen aufs Neue.

Gayle Marie Bradshaw, die nicht vor Gruppen sprechen konnte, ist nun in der Lage, Zielgruppen jeder Größe komfortabel, selbstbewusst und dynamisch anzusprechen.

Lisa Racine, die viele Lebensbereiche extrem herausfordernd fand, genießt heute reichlich Wohlstand, liebevolle Familienbeziehungen und strahlende Gesundheit.

Brent Carroll, der das Leben, sich selbst und Gott völlig aufgegeben hatte, ist so dankbar, am Leben zu sein, weil er jetzt sieht, dass alles im Leben ein kostbares Geschenk ist.

### Wohlstand

Alice Cabral, die um genau 625 Dollar bat, gewann 626 Dollar in der Lotterie, weniger als 24 Stunden nachdem sie ihren ersten Playshop besucht hatte (der zusätzliche Dollar bezahlte das Lotterielos).

Glenda Dean, die in ihrem Versicherungsgeschäft außergewöhnliche Verkaufsrekorde erzielen wollte, übertraf schnell ihre kühnsten Erwartungen. Nicht nur das, sondern sie zog auch unerwartetes Einkommen im Wert von über 17.000 Dollar an.

Sheila und Arnold Estep, die sich mehr finanzielle Freiheit wünschten, wurden nur wenige Tage nach dem Besuch ihres ersten Miracle Playshop Multimillionäre.

*Was haben alle diese Menschen gemeinsam?*

- Jede einzelne dieser Personen erledigte ihr 15-minütiges Wunder schriftlich.
- Sie alle sagten, dass sie sich in dem Moment, in dem sie sich in den Prozess einbringen, besser fühlen.
- Sie sahen sich bereits in ihrer gewünschten Lebensqualität.
- Sie alle hatten den Wunsch, mehr FREUDE in ihrem Leben zu erleben.
- Sie waren alle bereit, die Güte des Lebens zu erfahren.

## Wie man zum „Unwiderstehlichen Magneten für Wunder" wird

Das Manifestieren von Wundern in Ihrem Leben ist viel einfacher, als Sie vielleicht denken. Ich fühle mich berechtigt, das zu sagen, WEIL ich zu einem Zeitpunkt in meinem Leben, als meine ganze Welt auf dem Kopf stand, ein „Unwiderstehlicher Magnet für Wunder" wurde. Es lag an den Herausforderungen, dass ich einen unglaublich einfachen Weg entdeckte, um meine Energie zu erhöhen und in den „Fluss des Lebens" zu gelangen. WEIL mein Mann im Sterben lag, WEIL unsere 20-jährige Ehe „in die Brüche gegangen war" und WEIL wir fast bankrott waren, habe ich mich endlich ergeben und um Hilfe gebetet! Es begann eines Tages, als ich laut zum Leben rief: „Zeige mir entweder einen Weg, mehr Freude in meinem Leben zu haben, oder komm einfach und nimm mich jetzt mit!"

Mit anderen Worten, ich wollte, dass das Leben mir entweder einen Weg zeigt oder mich wegbringt, und ich hatte absolut keine Erwartung an das Ergebnis! Nur wenige Augenblicke später wurde ich inspiriert, etwas auf ein Blatt Papier zu schreiben, das letztendlich dazu führte, dass mein Mann sein Wohlbefinden wiedererlangte, unsere Beziehung zu einer „Ehe im Himmel" wurde und unser Geschäft fast über Nacht wieder auf die Beine kam! Was ich an diesem Tag aufgeschrieben habe, entpuppte sich als Vorläufer des magischen Prozesses, den wir heute das 15-Minuten-Wunder nennen. Nachfolgend sind die fünf wichtigsten Dinge aufgeführt, die Sie wissen sollten, um unwiderstehlich zu werden, wenn es darum geht, Wunder in Ihr Leben zu bringen:

1. Klären Sie Ihre Träume und Wünsche, indem Sie sie aufschreiben.
2. Schätzen Sie, was Sie bereits haben, bevor Sie nach mehr fragen.
3. Denken Sie darüber nach, reden Sie darüber und stellen Sie sich nur das vor, was Sie wollen.
4. Achten Sie darauf, wie Sie sich in jedem Moment fühlen (Gefühle de Wohlgefühls oder des Unbehagens).
5. Machen Sie es sich zur ständigen Absicht, „die glücklichste Person zu sein, die Sie kennen".

## Abkürzungen zur Manifestation

Der schnellste und einfachste Weg, Ihre Wünsche in die Realität umzusetzen, besteht darin, bewusst zu schätzen, was Sie BEREITS haben, bevor Sie nach mehr fragen. Hierin liegt der Schlüssel zum Erfolg und zur persönlichen Erfüllung. Konzentrieren Sie sich darauf, was in Ihrem Leben funktioniert und was in der Welt richtig ist, egal wie klein oder scheinbar unbedeutend es sein mag. Bald werden weitere Dinge mit wenig oder gar keinem Aufwand Ihrerseits in Ihr Leben treten. Da Sie beim Ausdruck von Dankbarkeit keine negativen Emotionen erleben können, ist es ein wunderbares Werkzeug, das Sie benutzen können, wenn Sie sich schnell gut fühlen wollen!

## Ein Beispielschritt in der Manifestation:
## Der Schritt „Erzähle-eine-Vision"

> „Alle Dinge, für die ihr betet und bittet, glaubet, dass ihr sie bereits empfangen habt und sie werden euch gewährt werden."
> Markus 11,24

Da ich absolut ALLES sein, tun und haben kann, sehe ich mich BEREITS das Folgende zu genießen:
- Ich habe viel Zeit, um mich den Dingen hinzugeben, die ich gerne tue!
- Ich bin in der Lage, ein wohlhabendes Leben zu führen, indem ich etwas tue, was mir Spaß macht!
- Mein Körper ist in besserer Verfassung als je zuvor in meinem ganzen Leben!

Viel Spaß dabei, wenn Sie einen voll bezahlten „Schöpfungs-Urlaub" in Ihrer Phantasie haben. Erlauben Sie Ihrem Verstand, spielerisch die positiven Möglichkeiten der Zukunft zu erforschen. Der schnellste Weg, Wunder in Ihr Leben zu bringen, ist, Ihre Träume bereits verwirklicht und Ihre Wünsche bereits erfüllt zu sehen. Genießen Sie das Gefühl der Wertschätzung und Zufriedenheit, während Sie Ihr perfektes Leben auf dem Spielplatz Ihrer Phantasie gestalten. Dieser innovative Schritt ermöglicht es Ihnen, Dinge zu manifestieren, die Ihre kühnsten Erwartungen übertreffen, denn er lädt Sie ein, Ihre Träume mit „der Geschwindigkeit des Denkens" zu verwirklichen. Alles, was Sie in Ihrer Phantasie visualisieren können, hat das Potenzial, in Ihrem Leben real zu werden, also nehmen Sie sich ausreichend Zeit, um Ihre Träume und Wünsche zu ehren. Denken Sie daran: „Man muss einen Traum haben, damit ein Traum wahr wird."

Experimentieren Sie mit den faszinierenden Prinzipien der positiven Erwartung. Glauben Sie einfach in Ihrem Herzen, dass Ihre Wünsche bereits erfüllt wurden (auch wenn physische Beweise noch nicht offensichtlich sind). Dies ist wirklich der mächtigste Bestandteil in Ihrer Rezeptur der bewussten Schöpfung, denn er bewirkt, dass Ihr Unterbewusstsein Ihre bewussten Wünsche erfüllt. Überlegen Sie - wenn Sie die Programmierung Ihres Computers (Ihres Unterbewusstseins) erfolgreich ändern können, können Sie auch die „Druckausgabe" Ihres Lebens erfolgreich ändern. Was Sie mit diesem Schritt in wenigen Minuten erreichen können, dauert oft mehrere Wochen, Monate oder Jahre, in denen Sie Affirmationen wiederholen, um dasselbe zu erreichen!

Entscheiden Sie einfach, was Sie wollen und rufen Sie es hervor, indem Sie F-Ü-H-L-E-N, wie wunderbar es wäre, es zu erleben. Konzentriere Sie sich nur auf das, was Sie lächeln, lachen und Sie mit dem Leben verbunden fühlen lässt - diese unglaublich wunderbaren Gefühle, die dazu führen, dass die Schleusen des Wohlbefindens sich für Sie weit öffnen!

Ihre Aufgabe ist zu wissen, was Sie bereit sind zu sein, zu tun und zu haben. Die Aufgabe des Lebens ist es, sich um alle Details zu kümmern (das Wer, Wann, Warum, Wo und Wie). Konzentrieren Sie sich also einfach auf das, was Sie sich wünschen, und überlassen Sie den Rest dem Ermessen derselben großartigen Macht, die alles was ist, geschaffen hat. Da Sie sehr wahrscheinlich bekommen, was immer Sie verlangen, beachten Sie, dass Sie die Änderungen auf eine Weise zu Ihnen einladen, die mit Ihrem Wohlbefinden in Einklang steht. Zum Beispiel, bitten Sie darum, dass die Dinge genau zur richtigen Zeit und auf eine Art und Weise zu Ihnen kommen, die Sie total begeistert. Andernfalls können Sie bekommen, was Sie wollen, aber NICHT zur richtigen Zeit oder in einer Weise, die unbequem ist. Wie Walt Disney oft zu denen sagte, die sich danach sehnten, ihre kreativen Ideen in physische Realitäten umzusetzen: „Wenn du es träumen kannst, kannst du es tun!"

Ron sagt mir immer: „Das Leben ist nur eine große Leinwand – trage so viel Farbe auf, wie du willst." Der amerikanische Milliardär Donald Trump sagt: „Da man sowieso denken muss, kann man genauso gut groß denken!" Da Sie absolut alles sein, tun und haben können, was sich Ihr Verstand vorstellen kann, was wählen Sie jetzt für Sich selbst? Wie sieht Ihr größter Traum aus? Was bringen Sie aus Ihrer Vergangenheit mit, das Sie weiterführen wollen? Betrachten Sie die Dinge so, wie sie sein KÖNNEN - nicht beschränkt auf das, was sie im Moment SIND. Die Visualisierung ermöglicht es Ihnen, alles, was Sie sich wünschen, in der Privatsphäre Ihres eigenen Geistes zu erleben. Da alle erstaunlichen Manifestationen in der Phantasie beginnen, empfehlen wir Ihnen, sich zu erlauben, so oft wie möglich dort zu spielen. Laut Albert Einstein, dem ultimativen Genie des 20. Jahrhunderts, ist „Phantasie wichtiger als Wissen"!

Stellen wir uns für einen Moment vor, dass Sie Regisseur, Produzent und Star Ihrer eigenen Fernsehsendung sind. Erzählen Sie mir alles über sich selber und was in Ihrem Leben vor sich geht. Indem Sie die folgenden Fragen beantworten, können Sie ein buntes Weltbild malen, um das Leben Ihrer Träume zu beschreiben. Erstellen Sie Ihre Angaben, um das zu reflektieren, was Sie erleben möchten, als ob es bereits so wäre. Indem Sie in der ersten Person/Präsenz schreiben oder sprechen, verstärken Sie die Effektivität dieses Schrittes erheblich.

Beispiele für Ihre Erklärungen
- Ich bin mit Abstand „der glücklichste Mensch, den ich kenne".
- Ich genieße mehrere Ströme von passivem Einkommen!

Basierend auf dem, was Sie sich wünschen, beantworten Sie diese Fragen in der ersten Person / Gegenwart mit ganzen Sätzen:
- Wie ist Ihr allgemeiner Zustand des Seins?
- Welchen Grad an Wohlstand genießen Sie?
- Was machen Sie derzeit beruflich? - Wie ist der aktuelle Stand Ihres Liebeslebens?
- Worauf Sind Sie am meisten stolz und worüber am meisten begeistert?
- Was tun Sie, das für Sie am Lohnendsten ist?
- Was ist Ihre neueste und größte Errungenschaft?
- Wie geht es Ihrer körperlichen, geistigen und emotionalen Gesundheit?
- Welche ergänzenden Dinge sagen die Leute über Sie?
- Was tun Sie, um zum Wohlergehen anderer beizutragen?

HERZLICHEN GLÜCKWUNSCH! Sie sind jetzt ein „Unwiderstehlicher Magnet für Wunder"!

Ich LIEBE den „Erzähle eine Vision"-Schritt absolut, weil er es mir erlaubt, ein Gefühl für den Himmel auf Erden zu schaffen. Wenn ich die Realität durch die Linse meiner Vorstellungskraft betrachte, verschwinden Schwierigkeiten, Hindernisse fallen weg, die Verlorenen werden gefunden, die Kranken werden gesund, die Dunkelheit wird hell und die rauen Stellen werden glatt. Die Phantasie ist die Kraft, die wir alle besitzen, in der wir die Harmonie, Einheit und Schönheit der Dinge sehen können. Es ist das, was uns mit dem Göttlichen verbindet und ein unbeschreibliches Gefühl von Ehrfurcht und Staunen hervorruft. Das Beste von allem ist, dass es uns ermöglicht, durch das „was SCHEINT zu sein" die positiven Möglichkeiten von „was KANN sein" zu sehen.

> „Vorstellungskraft ist das MÄCHTIGSTE Wort im Wörterbuch. Es ist die magische Lampe, die den Geist erhellt. Sie bringt großartige Ideen ins Rampenlicht. Sie verbannt die Dunkelheit. Sie ist das Herzstück des kreativen Denkens."
> *Wilferd A. Peterson*

## 15 einfache Wege, um Ihr Leben zu be-wundern.

1. Konzentrieren Sie sich in erster Linie auf das, was Sie erleben WOLLEN.
2. Beobachten Sie, wie wunderbar Sie sich fühlen, wenn Sie Dankbarkeit ausdrücken.
3. Stellen Sie sich das Leben vor, wie Sie es sich wünschen, mindestens 15 Minuten am Tag.
4. Schätzen Sie alles, was Sie BEREITS haben, bevor Sie um etwas anderes bitten.
5. Lernen Sie, in Harmonie mit den Naturgesetzen zu arbeiten, die die Qualität Ihres Lebens bestimmen.
6. Entscheiden Sie sich, was Sie erleben möchten; dann treten Sie zur Seite und lassen das Leben die Details sorgfältig ausklügeln.
7. Verstehen Sie das Gesetz der magnetischen Anziehung, das besagt: „Was Sie denken, ist das, was Sie hervorbringen."
8. Feindseligkeiten loslassen - an ihnen festzuhalten ist wie Gift zu trinken und zu erwarten, dass jemand anderes stirbt.
9. Erlauben Sie dem Leben, Ihren Becher konsequent und reichlich zu füllen, damit Sie anderen helfen können, ihren Becher zu füllen.
10. Denken Sie daran, proaktiv FÜR etwas zu sein, stärkt Sie sehr und zieht Lösungen an.
11. Akzeptieren Sie andere so, wie sie sind, indem Sie Ihren Wunsch, sie zu beurteilen und zu kontrollieren, vollständig loslassen.
12. Bringen Sie Ihre Ziele zu Papier und Sie werden sie wahrscheinlich schneller und einfacher erreichen.
13. Erkennen Sie, wie Sie sich gerne fühlen, und bitte Sie darum, mehr von diesen Gefühlen zu erleben.
14. Ahmen Sie die positiven Eigenschaften nach, die Sie bei sehr erfolgreichen Menschen schätzen.
15. Kreieren Sie eine bestimmte Absicht, bevor Sie etwas unternehmen.

## Häufige Hindernisse, um Ihre Wünsche zu manifestieren

### Warum „Positives Denken" einfach nicht genug ist

Auch wenn der Erfolg sicherlich mit positivem DENKEN beginnt, müssen wir letztendlich positive MASSNAHMEN ergreifen, um positive ERGEBNISSE zu erzielen. Der letzte Schritt zur persönlichen Erfüllung ist jedoch, einen Zustand des positiven SEINS zu erreichen. So viele unserer Klienten sagen uns, dass sie sich früher als sehr positiv empfunden haben, bis sie begannen, auf die Art und Weise zu achten, wie sie sich ausdrückten. Sie waren ziemlich schockiert, als sie feststellten, dass sie am häufigsten in Begriffen sprachen: 1) was sie NICHT mögen, 2) was sie NICHT wollen, und 3) was sie am meisten FÜRCHTEN. Nachdem sie die „Universale Sprache des Lebens" (eine rein positive Sprache) gelernt haben, erkannten sie bald, dass sie mehr darüber denken und sprechen mussten, was sie WOLLEN, anstatt sich so sehr auf das zu konzentrieren, was sie NICHT WOLLEN. Als sie anfingen, ihre Aufmerksamkeit ausschließlich auf das zu lenken, was sie VORZUGSWEISE erleben möchten, wurde das Leben plötzlich zu einem Spiel, das viel mehr Spaß machte. Der positive Fokus bringt nicht nur viel höhere Dividenden, sondern bietet auch die Möglichkeit, mit weniger mehr zu erreichen! Was könnte besser als das sein?

### Warum Affirmationen nicht immer funktionieren

Obwohl Affirmationen sehr ermächtigend sind, gelingt es ihnen oft nicht, das Unterbewusstsein dazu zu bringen, etwas für wahr zu halten, wenn alle Beweise dagegen sprechen. Die meisten Menschen benötigen eine Brücke zur Glaubwürdigkeit, bevor Affirmationen viel Nutzen bringen. Obwohl die Worte „Ich bin" und „Es ist" extrem mächtig sind, laden sie Ihren inneren Kritiker (IK) oft ein, einen regelrechten Ausflugstag auf Ihre Kosten zu haben. Wenn Sie zum Beispiel übergewichtig und außer Form sind und Sie immer wieder wiederholen: „Ich habe mein perfektes Körpergewicht und die perfekte Größe", würde der IK wahrscheinlich murmeln, „Ach ja? Hast du dich in letzter Zeit im Spiegel angeschaut? Sei realistisch!" Wenn Sie jedoch diese Aussage umformulieren und sagen:

„Ich liebe es, wenn ich mein perfektes Körpergewicht und meine perfekte Größe habe", würde der IL (Ihr Innerer Lehrer) wahrscheinlich sagen: „Es ist mir eine Freude, dir immer MEHR von dem zu geben, was du liebst, großartig. Bitte gestatte mir, dir zu zeigen, wie du einen fitten und schlanken Körper auf unterhaltsame und einfache Weise gestalten kannst." So albern das auch klingen mag, es hat sich als enormer Vorteil für diejenigen erwiesen, die es praktizieren. Ohne etwas anderes zu ändern, als ihre Affirmationen mit „Ich liebe es, wenn..." zu beginnen, hat eine unserer Absolventen des Playshops über 35 Pfund in weniger als 10 Wochen abgenommen!

## Warum beim Tagebuch-Führen der Schuß manchmal nach hinten losgeht

Einige unserer Leser haben gesagt: „Ich schreibe seit Jahren treu Tagebuch und, wenn überhaupt, ist mein Leben sogar NOCH schwieriger geworden". Dafür gibt es eigentlich einen sehr logischen Grund. Wenn Sie darüber schreiben, wie SCHLECHT alles ist, ziehen Sie leider genau die Menschen, Orte und Dinge an, die Sie am meisten fürchten. Das einzige Mal, wenn ich mich wohl fühle, etwas Negatives zu erwähnen, ist, wenn ich darüber schreibe, nur um es freizulassen und loszulassen. Der Akt des Schreibens ist ein wunderbares Kraftwerkzeug, wenn man damit beschreibt, was man sich wünscht. Wenn Sie es jedoch benutzten, um Ihre Feindseligkeiten zu entfachen, wird es zu einer selbstsabotierenden Waffe, die dazu bestimmt ist, Ihre Freude zu untergraben. Mit anderen Worten, alles das, WOFÜR Sie sind, befähigt Sie; all das, WOGEGEN Sie sind, schwächt Sie. Deshalb ist es wichtig, dass Sie kluge Entscheidungen treffen, wenn es darum geht, die Dinge schriftlich festzuhalten. Die alten Menschen des Nils waren davon überzeugt, dass das Schreiben die Dinge wahr macht. Wenn dies der Fall ist, was wollen Sie dann heute in Ihrem Leben WIRKLICH machen?

## Warum die traditionelle Therapie nicht immer effektiv ist

Obwohl die traditionelle Therapie sehr wertvoll sein kann, lädt sie uns oft ein, uns auf Dinge zu konzentrieren, die NICHT funktionieren, auf

Dinge, die uns bedrücken und auf Dinge, die uns dazu bringen, Angst und Schmerz neu zu erleben. „Was auch immer wir mit FÜHLEN im FOKUS haben, wird GRÖSSER." Wenn wir uns zu sehr auf die negativen Aspekte des Lebens konzentrieren, ziehen wir genau das an, was wir NICHT WOLLEN! Wenn wir zum Beispiel zulassen, dass eine unglückliche Kindheit unsere Gedanken in unserem Erwachsenenalter dominiert, berauben wir uns buchstäblich der Freude, die das Leben uns so sehr wünscht. Wenn wir uns mit „was in unserem Leben schief läuft" beschäftigen, laden wir versehentlich viel mehr Dinge ein, damit es schief geht! Deshalb ist es für uns so wichtig, die Größe der Kraft zu verstehen, die wir besitzen. Wenn wir anfangen, uns auf unsere Segnungen zu konzentrieren, ziehen wir MEHR Segen an. Wenn wir unsere Aufmerksamkeit auf „das Richtige in der Welt" lenken, beginnen wir eine viel höhere Lebensqualität zu erleben. Wenn Sie bereit sind, das Leben zu leben, das Sie lieben, und das Leben zu lieben, das Sie leben, laden wir Sie ein, die ganze Güte des Lebens zu schätzen, die Sie bereits haben, und sich dann in den positiven Möglichkeiten zu sonnen, die auf Ihre Entdeckung warten. Verwenden Sie nur 1% Ihrer Aufmerksamkeit, um sich auf das zu konzentrieren, was Sie nicht wollen, und 99%, um sich auf das zu konzentrieren, was Sie bevorzugen. Darin liegt der Schlüssel, um ein zukunftsfähigeres Leben zu führen. Wie sich herausstellt, sind Liebe, Freude und Lachen wirklich die beste Therapie, denn sie geben Ihnen ein gutes Gefühl und bieten nur positive Nebenwirkungen!

## Warum das, was wir wollen, uns nicht immer glücklich macht

Ich dachte immer: „Wenn ich nur alles haben könnte, was ich will, dann wäre ich glücklich." Erst 1995 (als das Leben mir alles brachte, worum ich in Gedankengeschwindigkeit gebeten hatte) wurde mir klar, dass dies definitiv nicht der Fall war! Es war, als würde ich in mein Lieblingsrestaurant gehen und alles auf der Speisekarte bestellen und versuchen, alles auf einmal zu essen. Auch wenn alles köstlich wäre, so wäre es doch extrem überwältigend. Es war wie der Versuch, den Durst zu stillen, indem man aus einem Feuerhydranten trinkt! Obwohl ich alles erhielt, was ich wollte, wollte ich es oft nicht mehr, sobald ich es bekam. Da wurde ich inspiriert, folgende Bitte dem Leben zu stellen: „Bitte bring mir nur das, was mir zu diesem Zeitpunkt am besten dient, auf die am besten geeignete Weise, und zum höchsten Wohl Aller führt. Anstatt immer das zu bekommen, was ich will, arrangiere bitte, dass ich das will, was ich bekomme." Indem ich dem Leben erlaubte, seinen großartigsten Plan auf diese Weise zu enthüllen, bin ich viel glücklicher und viel zufriedener.

## Warum die Reichen reicher und die Armen ärmer werden

Haben Sie sich jemals gefragt, warum einige Menschen im Leben sehr erfolgreich sind, was liebevolle Beziehungen, gute Gesundheit und Wohlstand betrifft, während andere überwältigende Herausforderungen in einem oder mehreren dieser Bereiche zu haben scheinen? Wenn Sie sich Ihrem Zuhause nähern, haben Sie sich jemals gefragt, warum SIE sich manchmal absolut unbesiegbar fühlen, während Sie sich zu anderen Zeiten wie ein hilfloses Opfer der Umstände fühlen?

Um dieses ungelöste Geheimnis zu entwirren, müssen wir zuerst wissen, wie wir unwissentlich unerwünschte Dinge in unser Leben ziehen, um besser zu verstehen, wie wir bewusst das anziehen können, was wir bevorzugen. Dieses einmalige Bewusstsein wird uns ein unschätzbares Geschenk geben, das wertvoller ist als das ganze Gold in Fort Knox. Als ich zum ersten Mal erfuhr, wie ich MEIN sogenanntes „Los im Leben" erworben habe, war ich schockiert und erstaunt zugleich! Wenn Sie den nächsten Absatz lesen, werden Sie wahrscheinlich anfangs erstaunt sein, aber wenn Sie ein wenig weiterlesen, werden Sie entdecken, wie SIE die Kraft haben, ein glücklicheres, erfüllteres Leben auf eine Weise zu schaffen, die einfacher und lohnender ist, als Sie es sich je erträumt haben!

Die schockierende Nachricht ist: WIR sind die Schöpfer UNSERER eigenen Erfahrung. WIR sind diejenigen, die sowohl das, was wir nicht wollen, als auch das, was wir wollen, anziehen und schaffen! Alles, was wir erleben, basiert auf dem, was wir WÄHLEN zu denken, zu reden, zu beobachten und uns vorzustellen. Was wir glauben, hat auch einen enormen Einfluss auf das, was in unserem Leben vorherrscht. Alles, wozu wir „ja" sagen, laden wir automatisch zu unserer Erfahrung ein (ah ja). EBENSO laden wir in unser Leben ein, wozu wir immer „nein" sagen (oh-oh).

Mit anderen Worten, worauf wir unsere Aufmerksamkeit richten (ob es gewollt oder ungewollt ist), ist das, worum wir wissentlich oder unwissentlich bitten, in unserem Leben Wirklichkeit zu werden. Wenn Sie endlich erkennen, dass „Energie dorthin fließt, wo Ihre

Aufmerksamkeit hingeht", werden Sie hoch motiviert sein, Ihre Aufmerksamkeit ausschließlich auf das zu richten, was Sie sich wünschen!

Es ist wahr! Unsere Gedanken haben die Kraft, unsere Realitäten zu erschaffen - sowohl gute als auch schlechte, gewünschte und unerwünschte! Wir wollen damit sicherlich nicht andeuten, dass jemand absichtlich unerwünschte Erfahrungen anzieht und schafft. Übrigens sind sich die meisten von uns selten bewusst, wie wir positive Umstände in unser Leben ziehen. Wenn wir es versäumen, bewusst zu wählen, was wir im Leben bevorzugen, sind wir dazu verdammt, ein durchschnittliches Leben zu leben. Worauf wir uns auch immer konzentrieren, es ist genau das, was wir erwarten können, ins Leben zu rufen. Deshalb ist es in unserem Interesse, es zur Gewohnheit zu machen, die positiven Möglichkeiten des Lebens zu visualisieren, anstatt uns mit Dingen aufzuhalten, die uns Sorgen bereiten. Wenn Ihnen der Zustand des „Was ist" nicht gefällt, dann verschieben Sie Ihre Aufmerksamkeit bewusst und stellen sich „das Leben Ihrer Träume" vor. Vor allem ist es wichtig, dass Sie sich vorstellen, dass Ihre Wünsche bereits erfüllt wurden. Dies ist der goldene Schlüssel, der die Tür zu wunderbaren Manifestationen öffnet. Da wir eine Lebensqualität anziehen können, die der Qualität unserer Gedanken entspricht, können wir bewusst günstige Bedingungen in unserem Leben schaffen. Wir können die Kraft unserer Gedanken, Worte, Gefühle und Vorstellungskraft nutzen, um die Qualität unseres Lebens bewusst zu verbessern. Das bedeutet, dass wir KEINE Opfer sind und dass NICHTS ohne unsere Zustimmung wirklich Macht über uns ausüben kann.

Es ist so aufregend zu erkennen, dass die meisten Bedingungen in unserem Leben normalerweise nichts anderes sind als Ausdruck unserer Gedanken, Gefühle und Überzeugungen. Noch einmal, was auch immer wir denken und worüber wir reden, ist das, worum wir bitten, es zu erreichen!

Warum also werden „die Reichen reicher"? Vielleicht liegt es daran, dass sie die Tendenz haben, sich auf den Wohlstand zu konzentrieren, und dadurch ziehen sie mehr Fülle an. Und warum werden „die Armen ärmer"? Vielleicht liegt es an ihrer überwältigenden Angst vor Knappheit, die sie dazu bringt, sich auf die Armut zu konzentrieren. Leider veranlassen sie ihre einschränkenden Überzeugungen, unwissentlich genau die Dinge anzuziehen, die sie am meisten fürchten, was zu noch mehr Mangel und Einschränkung in ihrem Leben führt. Wenn wir uns überfordert fühlen, hilft es, sich daran zu erinnern, dass der Zustand nur vorübergehend ist und Angst nur das Kurzwort ist für „Alles zu vergessen ist in Ordnung".

Wenn wir positiv fokussiert sind, ziehen wir natürlich eine Fülle von Gutem in unser Leben. Wenn wir jedoch negativ fokussiert sind, werden wir eher viele Beweise für Mangel und Einschränkung wahrnehmen. Beide Szenarien sind perfekte Beispiele für das Gesetz der magnetischen Anziehung in Aktion. Denken Sie daran... dieses unveränderliche universelle Gesetz ist immer am Werk. Wie Sie alles erleben, hängt davon ab, wie Sie sich entscheiden, Ihre Aufmerksamkeit zu fokussieren. Nehmen Sie sich heute Zeit, sich auf Dinge zu konzentrieren, die Sie sich wünschen wie: Fülle, Ausgeglichenheit, Gesundheit, Glück, Harmonie, Frieden, Verspieltheit, Wohlstand, Liebe, Schönheit und nachhaltige Freude. Beobachten Sie jetzt, was Sie beginnen, magisch anzuziehen und zu erschaffen!

## Empfohlene Literatur und Webseiten

Jacquelyn Aldanas Werk
- Playshops und Bestellinformationen für die Bücher von Frau Aldana finden Sie unter www.15MinuteMiracle.com
- Jacquelyn Aldana, *The 15-Minute Miracle Revealed, Inner Wisdom* Publications, Los Gatos CA, 2003.
- Jacquelyn Aldana, *Miracle Manifestation Manual II, Inner Wisdom* Publications, Los Gatos CA, 2003.
- Jacquelyn Aldana, *Make Room for Miracles, Inner Wisdom* Publications, Los Gatos CA. (Demnächst)
- Jacquelyn Aldana, *Shortcuts to Miracles, Inner Wisdom* Publications, Los Gatos, CA, 2003.

Andere Autoren, die einen ähnlichen Ansatz verfolgen
- Lynn Grabhorn *Excuse Me, Your Life is Waiting: The Astonishing Power of Feelings*, Hampton Roads, 2000.
- Lynn Grabhorn, *The Excuse Me Your Life is Waiting Playbook*, Hampton Roads, 2001

Kapitel 11

# Ein „meditativer" Ansatz: Lernen und Identifizieren von Spitzenzuständen mithilfe von Biofeedback des Gehirns am Biocybernaut Institute
*von Dr. James Hardt*

## Vorwort von Grant McFetridge

Ich hörte von Jim zum ersten Mal über Artikel, die er in den 70er Jahren geschrieben hat. Zu dieser Zeit war ich auf dem College, aber fasziniert von den Potenzialen des menschlichen Gehirns. Jim war mittendrin und arbeitete spannend mit den damals unbekannten spirituellen Wegen von Zen und Yoga. Mein Leben ging in eine andere Richtung, und so konnten wir uns erst 1996 bei einer der Konferenzen zur Transpersonalen Psychologie in Asilomar, Kalifornien, treffen. Jim hielt einen Vortrag über Biofeedback im Gehirn, und danach sprachen wir mieinander. Er erwähnte, dass er ein Phänomen erlebt hatte, das völlig außerhalb unserer kulturellen Überzeugungen lag - die Verschmelzung von Bewusstsein und Erinnerung der Menschen, wenn Gehirnströme synchronisiert[1] wurden. Dieser Effekt der Verschmelzung von Bewusstseinen war etwas, das mir im Rahmen der schamanischen Ausbildung beigebracht worden war, aber ich hatte nie gehofft, es aus der westlichen harten wissenschaftlichen Perspektive zu verstehen.

---

1   Dr. Hardt nennt es „geteiltes Feedback™", wenn zwei oder mehr Personen zur gleichen   Zeit und in der gleichen Kammer ein Gehirnwellen-Feedback-Training absolvieren und dabei ihre eigenen Töne UND die der anderen hören und ihre eigenen Ergebnisse sowie die der „anderen" sehen.

Ich war begeistert von dem Versprechen, dass die Arbeit, die ich versuchte, aus westlicher Sicht verstanden werden konnte. Ich werde diesen Moment immer schätzen.

Wir haben uns im Laufe des nächsten Jahrzehnts nur noch wenige Male getroffen. Die Begegnungen waren kurz, aber jedes Mal ergab sich etwas Nützliches und Faszinierendes aus unseren ganz unterschiedlichen Ansätzen zur Erreichung einer außergewöhnlichen geistigen und körperlichen Gesundheit. Letztes Jahr hatte ich die Gelegenheit, mich mit einer Reihe von Experten für Hirnbiofeedback zu treffen, als unser Institut versuchte, Wege zu finden, Spitzenzustände anhand von Hirnstromsignalen zu identifizieren. Zu meiner Überraschung hatten diese anderen Experten keine Ahnung, worauf ich mich beziehe, noch irgendeinen Glauben, dass es möglich wäre. Dies machte deutlich, wie bahnbrechend und außergewöhnlich Jims Werk war.

Wir fühlen uns sehr geehrt, dass er zu diesem Buch beigetragen hat. Mehr Informationen, als in diesem Kapitel enthalten sind, und die Möglichkeit, Trainingserfahrungen zu sammeln, finden Sie im Internet unter www.biocybernaut.com.

## Einführung

In diesem Kapitel untersuchen wir den Zusammenhang zwischen Spitzenzuständen des Bewusstseins und Gehirnströmen, bekannt als Elektroenzephalogramm oder EEG. Darüber hinaus werden wir uns mit dem äußerst wichtigen Thema des kulturellen Kontextes befassen, in dem wir unsere Arbeit zur Untersuchung von Spitzenzuständen und den außergewöhnlichen Fähigkeiten und Fertigkeiten, die Spitzenzustände verleihen, leisten. Die Menschen die mit Fähigkeiten und Fertigkeiten ausgestattet sind, die in Spitzenzuständen verfügbar sind, und die Menschen, die Spitzenzustände studiert haben, sind eine kleine Minderheit in der westlichen Mainstream-Kultur, in der sie leben. Auch gute Techniken zum Auslösen von Spitzenzuständen waren einfach nicht verfügbar. So hatten nur wenige Menschen jemals von Spitzenzuständen gehört und noch weniger hatten die Gelegenheit, zu versuchen, sie zu erlangen. Es war selten, dass Menschen mit Spitzenzustands-Fähigkeiten mehr als einen winzigen Prozentsatz der Menschen in einer bestimmten Kultur ausmachten. Das bedeutete, dass in der Vergangenheit die Vorteile von Spitzenzuständen nicht zur Verfügung standen, um Probleme zu lösen und zum Wachstum von Individuen und ihrer Kulturen beizutragen. Das wird sich ändern.

Jetzt haben wir einen wichtigen neuen Akteur in unserer modernen Zeit - Wissenschaft und Technologie zur Untersuchung von Gehirnströmen. Die Gehirnwellenmesstechnik kann nun die Unterschiede zwischen Spitzen- und Normalzuständen validieren, indem sie die zugrundeliegenden Unterschiede in den Gehirnwellen aufzeigt. Die Rückkopplungstechnologie der Gehirnströme kann Menschen, die nicht über die Gehirnströme der Begabung verfügen, helfen, diese Gehirnströme und die mit diesen veränderten Gehirnströmen verbundenen Spitzenzustände schnell zu entwickeln. Eine Wissenschaft und eine Technologie zu haben, um Spitzenzustände zu validieren und zu induzieren, nutzt die Überzeugungen der vorherrschenden Kultur in Wissenschaft und Technologie, um einen Teil ihres Widerstands gegen Veränderungen zu umgehen.

Spitzenzustände des Bewusstseins können von Experten durch die Messung der Hirnstrommuster mit entsprechend komplexen Hirnstrommesstechniken abgebildet werden. Dies ist etwas, das von vielen Menschen, die sich für Spitzenzustände interessieren, nicht sonderlich geschätzt wird. Im Allgemeinen sind einfache Messungen für diese Aufgabe unzureichend, denn das Gehirn ist so komplex, dass unsere Bemühungen, es aus wissenschaftlicher Sicht zu verstehen, auch komplex sein müssen. Einige dieser Daten basieren auf Techniken und Technologien, die einzigartig für unsere Arbeit am Biocybernaut Institute sind und nicht von anderen Forschern verwendet werden. Wir haben hier in den USA und in Indien Langzeitstudien mit außergewöhnlichen Menschen durchgeführt, die Hirnstrommuster zeigen, die bei vielen Forschern und lizenzierten und zertifizierten Experten Alarm schlagen sollten. Solche ungewöhnlichen Gehirnwellenmuster würden oft zu sofortigen pathologischen Diagnosen führen, während in Wirklichkeit fortgeschrittene spirituelle Zustände die Ursache für diese außergewöhnlichen Gehirnwellenmuster sind.

Wir werden auch beschreiben, wie Gehirnwellen-Biofeedback (Neurofeedback) erfolgreich für aktive Interventionen eingesetzt werden kann. Mit einem geeigneten Neurofeedback-Training kann man auf die Traumata zugreifen, die den Zugang zu Spitzenzuständen des Bewusstseins blockieren und sie heilen; oder bestimmte Zustände können direkt über das Biofeedback erreicht werden, vorausgesetzt, es gibt keine störenden Traumata. Die Biocybernaut-Technologie und -Methodik und die im Rest dieses Umfeldes verfügbaren Technologien werden beschrieben und verglichen.

## Die wichtigsten Annahmen der Gehirnwellen-Biofeedback-Technologie

Eine der wichtigsten Erkenntnisse zur Biofeedback-Arbeit des Gehirns ist, dass es eine Verbindung zwischen spezifischen Gehirnwellenmustern und spezifischen Fähigkeiten und Fertigkeiten gibt. Diese Verbindung ist zentral für alle Hirnstromtechnologien zur Messung und zum Training von Spitzenzuständen. Das grundlegendste Prinzip dieser Verbindung nenne ich das „Psychophysiologische Prinzip", welches besagt:

„Jede Erfahrung (bewusst oder unbewusst), die du als lebender Mensch machst, hast du NUR, weil du ein bestimmtes, wenn auch komplexes Muster der zugrundeliegenden Gehirnaktivität hast."

Alles andere folgt daraus. Als Konsequenz davon können Sie Ihre Erfahrung oder Ihre Fähigkeiten nur ändern, wenn sich Ihre zugrundeliegende Gehirnaktivität ändert. Und wenn Ihre Gehirnaktivität endet, dann hören Sie auf, irgendwelche der Erfahrungen oder Fähigkeiten eines lebenden Menschen zu haben. Der Hirntod ist die akzeptierte medizinische Definition des Todes. Ihr Herz kann aufhören oder sogar entfernt werden, wie bei einer Herztransplantation, und solange es Maschinen gibt, die Ihr Blut mit Sauerstoff versorgen und bewegen, können Sie weiterleben und Erfahrungen machen. Aber wenn Ihr Gehirn nicht mehr funktioniert, hören Sie auf, die Erfahrungen und Fähigkeiten eines lebenden Menschen zu haben.

Nach diesem psychophysiologischen Prinzip zu arbeiten ist das, was ich die Axiome des Biofeedbacks nenne. Das erste Axiom von Biofeedback ist: „Jeder Prozess in deinem Gehirn, Geist oder Körper, über den du genaues, sofortiges und vernünftiges ästhetisches Feedback erhalten kannst, kannst du lernen zu kontrollieren."

Das psychophysiologische Prinzip und das erste Axiom des Biofeedbacks bedeuten natürlich, dass:
1. Die Gehirn-EEG-Aktivität ist mit allen Erfahrungen korreliert, einschließlich Trauma auf der negativen Seite und mit positiven Spitzenzuständen auf der positiven Seite.
2. Es bedeutet auch, dass die Veränderung der Gehirnaktivität, insbesondere der EEG-Aktivität, ihrerseits die Erfahrung von Traumata und Spitzenzuständen verändert.

Wenn wir auf diesen zweiten Punkt eingehen, können wir sehen, dass angemessene Veränderungen in der Hirnaktivität es einer Person ermöglichen kann, vergangene Traumata zu heilen, und sobald diese Traumata geheilt sind, hat die Person dann leichteren Zugang zu diesen

Veränderungen in der Hirnaktivität, die den subjektiven Zustand (Phänomenologie) der Person in das ändern, was viele als einen Spitzenzustand bezeichnen, von denen es sehr viele gibt, mit sehr unterschiedlichen Eigenschaften und sehr unterschiedlichen Phänomenen.

Andere Axiome des Biofeedbacks folgen schnell, einschließlich derer, die spezifizieren, dass die Steuerung viel Übung erfordern könnte - und könnte in der Amplitude oder Größe der Wirkungen durch die Bedürfnisse des Körpers begrenzt sein. Zum Beispiel ist die Senkung der Herzfrequenz auf einen Schlag pro Tag wahrscheinlich in den meisten Fällen nicht damit vereinbar, dass der Körper am Leben und gesund bleibt. Wenn wir über das psychophysiologische Prinzip und die Axiome des Biofeedbacks sprechen, müssen wir verstehen, dass sie in vollem Umfang für gewöhnliche Menschen gelten, sogar für Menschen in vielen Spitzenzuständen. Sie dürften jedoch nicht auf Erleuchtete zutreffen, die die Gesetze der Physiologie und des psychophysiologischen Prinzips überschritten haben. Zum Beispiel beschrieb Ram Dass ein Ereignis, bei dem sein Guru, Neem Karoli Baba, einmal einen großen Klumpen Arsen aß, der zehn Männer getötet hätte, und alle weiblichen Anhänger um den Guru herum begannen zu jammern und zu weinen: „Oh Babaji, verlasse uns nicht". Der Guru lachte nur und sagte: „Wo soll ich hin?" Und dann ist ihm nichts Schlimmes passiert. Sein Bewusstsein hatte das psychophysiologische Prinzip überschritten.

## Jims Geschichte
## Meine Leidenschaft für die Arbeit mit Gehirnwellen-Biofeedback

Ich möchte mir einen Moment Zeit nehmen, um Ihnen einen persönlichen Hintergrund über meine Entdeckung des Zusammenhangs zwischen dieser Gehirnwellentechnologie und Spitzenzuständen zu geben. Im Jahr 1968, als unsere Geschichte beginnt, war ich schon dreimal Versuchsperson im Alpha-Feedback-Labor von Joe Kamiya gewesen. Die drei vorherigen Sitzungen (Teil einer laufenden Studie) hatten drei Tagen früher in der Woche stattgefunden, und jeder Tag hatte etwa 50 Minuten tatsächliche Feedbackzeit. Ein Labortechniker hatte die Kopfhaut-, Ohr- und Masseelektroden angebracht, mich in die schall- und lichtreduzierte

Kammer begleitet und die Geräte aus einem angrenzenden Raum überwacht. Wenn Anweisungen gegeben wurden oder das Ende der Sitzung angekündigt werden sollte, sprach der Techniker über eine Sprechanlage.

Aber diese vierte Sitzung sollte anders sein. Nachdem ich in den formellen experimentellen Sitzungen von dem trällernden Ton fasziniert war, von dem gesagt wurde, dass er die Aktivität meines Gehirns widerspiegelt, kehrte ich ins Labor zurück, um herauszufinden, dass keine Experimente geplant waren. Also fragte ich die Freundin des Laborleiters, ob ich „ans Feedback angeschlossen" sei und durfte selbstständig mit den Feedback-Signalen experimentieren. Diese Laborantin war sympathisch, befestigte die Elektroden, begleitete mich in die Versuchskammer, ging dann raus und schloss die Tür. Dann startete sie die elektronische Anlage, ging ohne mein Wissen eine Etage höher und beteiligte sich an einem anderen Projekt, da ich keine Daten für eine der laufenden Studien des Labors generierte.

Sie vergaß den Praktikanten in der Experimentierkammer und ging mit dem Rest der Laborcrew zum Mittagessen hinaus. Während sie beim Mittagessen war, erinnerte sie sich plötzlich, 3 Stunden später, dass sie ihre Versuchsperson nicht überprüft hatte. In großer Eile, verließen alle das Restaurant und hasteten zurück ins Labor. Dann brachen der Techniker und acht bis zwölf weitere in die Rückmeldekammer ein und unterbrachen die letzten Phasen eines unglaublichen Abenteuers.

Ich saß in einem dunklen, schalldichten Raum, und es gab wenig zu tun, außer dem Ton zuzuhören. Der Ton würde einen seiner Ausbrüche starten, und ich würde versuchen, ihn zu ignorieren, aber ich konnte dies nur für einen Bruchteil einer Sekunde tun, bevor meine Aufmerksamkeit umschwenken und sich auf den Ton konzentrieren würde. Wenn dies der Fall war, schrumpfte der Ton wie ein Ballon, der von meiner bewussten Aufmerksamkeit gequetscht wurde. Aber dieser Bruchteil einer Sekunde war wie ein Keil für mein Verständnis. Indem ich jeden Ausbruch etwas verlängerte, bemerkte ich, dass meine Punktzahlen immer größer wurden, also machte ich damit weiter. Ich wusste es damals nicht, aber ich praktizierte den Zeugen, distanzierte mich von den Prozessen meines Bewusstseins, und es gab keinen Zweifel daran, dass Erfolg mit Scheitern verbunden war. Wenn ich es versäumte, meine Aufmerksamkeit davon abzuhalten, sich auf das Ereignis eines Tonausbruchs zu konzentrieren, würde dieser Ausbruch dramatisch und sofort unterdrückt werden.

Diese Art von fast sofortigem Feedback beschleunigt einen sehr schwierigen Prozess des Lernens in Selbstwahrnehmung, der jahrelang mit weniger Erfolg verlaufen wäre, wenn ihm das Feedback gefehlt hätte. Als die Punktzahlen langsam größer wurden und der Ton für einen längeren Teil in jeder zweiminütigen Etappe laut blieb, bemerkte ich ein seltsames Gefühl von Leichtigkeit. Wo mein Körper gegen den Stuhl und den Boden gedrückt hatte, begann der Druck dem Gefühl einer sanften Berührung zu weichen. Als ich dies „bemerkte" und mich darauf konzentrierte und anfing, darüber nachzudenken, wurde ich sofort durch den Ton alarmiert, der leiser und weicher wurde. Und ich hatte noch einen weiteren Hinweis: Reflektierendes oder analytisches Denken stand der Alpha-Verbesserung im Weg.

Dieser Hinweis half enorm, denn bis dahin hatte ich noch nicht ganz verstanden, dass ich mit meiner Haltung des „Nicht-Wahrnehmens" das rationale und analytische Denken suspendierte. Ich erkannte, dass ich mir tatsächlich des Ton-Ausbruchs bewusst gewesen war, auch wenn ich meine Aufmerksamkeit nicht auf ihn gerichtet hatte. Die eigentliche Arbeit bestand darin, sich des Ton-Ausbruchs mit den egoistischen, analytischen Bewusstseinsmodi bewusst zu sein, sich aber nicht darauf zu konzentrieren. Ein gewisser Teil von mir, das Ego-Zentrum, das sich mit Dingen beschäftigte, mit Erfolg oder Misserfolg, entspannte sich plötzlich, und ich sah mich über dem Stuhl schweben, der sich mitten in einem kleinen Raum befand, der mit dem lauten Alpha-Feedback-Sound gefüllt war. Schwebend über dem Stuhl? Schwebend!?? Meine entspannte Distanz verflüchtigte sich, und ich erwachte fast wie aus einem Traum in ein rationales und analytisches Bewusstsein zurück. Natürlich nahm das Tonvolumen von der lauten Intensität her stark ab, so dass ich wusste, dass ich wach war und nicht schläfrig oder eingeschlafen war, während ich dieses „Schweben" erlebte. Wenn ich eingeschlafen oder schläfrig gewesen wäre, hätte kein lauter Ton (der viel Alpha enthält) verschwinden können, als ich zum rationalen Bewusstsein „erwachte".

„Ich schwebte über dem Stuhl", und staunte vor mich hin. Ich erkannte sofort, dass meine mentale Konzentration auf das Geschehen das Geschehen beendet hatte, so dass ich so schnell wie möglich die distanzierte Haltung wieder einnahm und der Ton wieder anstieg. Bald darauf blickte ich wieder von einer Position in der Nähe der Decke des Raumes auf meinen Körper herab, obwohl ich in der totalen Dunkelheit nichts sehen konnte, was ich nicht erklären konnte. Es war keine normale Art des Sehens.

Ich hatte fast Angst, mich mit der faszinierenden Situation auseinanderzusetzen, weil ich gelernt hatte, dass das Begreifen der Situation, in der ich mich befand, mich fangen und herunterziehen würde und den Ton und meine Punktzahlen reduzieren würde. Also schwebte und beobachtete ich nur und versuchte, die ständige Verlockung - zu bewerten, zu spekulieren, zu analysieren, zu begründen, zu gratulieren - abzuwehren. Das Letzte war besonders lästig. Nach einer besonders großen Reihe von Erhöhungen der Punkte, die mich unbeschreiblich hoch, leicht, weich, klar und rein fühlen ließen, schlüpfte ich auf einen flüchtigen, stolzen Gedanken. Ich erlaubte einem konzeptionellen Gedanken, durch meinen Kopf zu blitzen: „Mensch, mir geht es ziemlich gut." Und ich stürzte ab! Ich stürzte wieder in mein normales Bewusstsein. Das Begreifen hat mich gefangen und heruntergezogen. Während ich kämpfte, um die desinteressierte Gelassenheit des Hochalphastatus und seines lauten Tons wiederzuerlangen, bemerkte ich das allmähliche Eindringen des Bedürfnisses meines Körpers nach Luft. Ich hatte nicht geatmet. Ich lebte soweit losgelöst von meinem physischen Körper, dass nicht mehr genügend Bewusstsein vorhanden war, um meine Atmungsprozesse zu steuern.

Ich fühlte mich bereit für das Eintauchen in anhaltende Ekstase. Mein Blick folgte den Spuren nach unten und ich war gespannt darauf, die Abfolge der Mulden und Hügel zu sehen, von denen ich mir vorstellte, dass sie dem ersten Sturz folgen würden. Aber ich war erschrocken zu sehen, dass die Schienen, anstatt sich wieder in Bodennähe nach oben zu bewegen, unerbittlich nach unten bohrten, eindrangen und von dem schwärzesten Loch verschluckt wurden, das ich je gesehen hatte. Die Schwärze schwappte wie eine Flüssigkeit an den Schienen und an den Rändern des Loches.

Als ich nach unten in Richtung dieser verschlungenen, umhüllenden Schwärze ging, verstand mein Ego-Ich durch einen Blitz der Intuition, dass, wenn es diesen Ort betrat, die Auflösung des Egos eintreten würde und es nicht mehr unter Kontrolle sein würde. Also erzählte mir mein Ego die große Lüge und erfüllte meinen Verstand mit dem warnenden Gedanken, dass, wenn ich diesen Ort betreten würde, ich nie wieder auftauchen würde, und ich würde aufhören zu existieren. Da ich ein Physikstudent mit protestantischem fundamentalistischem religiösem Hintergrund war, war ich völlig unwissend über mystische Erfahrungen, Egoauflösung, Transzendenz usw. ... und ich glaubte törichterweise an die selbstsüchtige Warnung meines Egos... und ich geriet in Panik. Ein geräuschloser Schrei von Angst und Unwilligkeit erfüllte meinen Geist.... und natürlich verschwand mein Alpha sofort, so dass der Feedback-Ton verschwand; dann verschwand die ganze Szene, und ich fiel zurück in denjenigen, der im Stuhl in Joe Kamiyas Feedback-Labor saß.

Den Rest des Nachmittags verbrachte ich damit, die Geschichte meines Abenteuers zu erzählen und zu wiederholen. Danach lief ich zwei Tage lang herum und fühlte mich leicht und beschwingt und war mir überhaupt nicht sicher, ob ich den Boden berührte, der etwa 2 Fuß unter den Sohlen meiner Schuhe blieb. Vier Monate später, immer noch bewegt von der Realität des Geschehens und nachdem ich gehört hatte, dass ähnliche Dinge in der Meditation passieren können, begann ich mit dem Raja-Yoga-Unterricht, um mich auf eine weitere Begegnung mit dem Unmanifestierten vorzubereiten, die ich aufgrund meiner Unwissenheit und mangelnden Bereitschaft zu fürchten und zu vermeiden gelernt hatte.

Diese Erfahrung war so tiefgreifend, dass ich mein ganzes Berufsleben dem Bestreben gewidmet habe, die Technologie zu schaffen, um diese Erfahrung am effektivsten an andere weiterzugeben und diesen Prozess wissenschaftlich zu untersuchen, damit er verstanden werden kann, damit er hinsichtlich der Eignung von Methoden und der Bandbreite der Nutzenergebnisse bewertet werden kann und damit er schließlich von den Fachwissenschaftlern akzeptiert werden kann. Diese Suche führte mich in den letzten 30 Jahren auf einen Weg, bei dem ich zunächst feststellte, dass der Einzelne die angeborene Fähigkeit hat, seine eigenen Gehirnströme zu kontrollieren (im Gegensatz zum „konventionellen Denken"), und dann zweitens eine Technologie und Methodik zu entwickeln und zu optimieren, mit der er die tiefgreifenden und weitreichenden Vorteile erzielt, die sich aus der freiwilligen Kontrolle der Aktivität des zentralen Nervensystems ergeben.

## Hintergrund - Eine kurze Geschichte des Gehirn-Biofeedbacks

Es gab Zeiten großer Aufregung über die Möglichkeiten eines solchen Gehirntrainings (wie in den späten 60er und frühen 70er Jahren). Es gab aber auch Ernüchterung, als schlechte Technologie und die Unkenntnis der geforderten Ausbildungsprotokolle (die rigoros sein müssen) zu vielen Fehlern der Alpha-Forscher führten. Aufgrund dieser Unwissenheit konnte eine Mehrheit dieser frühen Hirnstrom-Feedbackstudien bei den freiwilligen Auszubildenden keine Alpha-Zunahmen produzieren.

Die neue Wissenschaft des Biofeedbacks wurde im April 1962 durch einen Bericht von Dr. Joe Kamiya (meinem ehemaligen Lehrer, damaligen Kollegen und Mitautor) ins Leben gerufen, wonach Menschen tatsächlich die freiwillige Kontrolle ihrer eigenen Gehirnströme erlernen konnten. Das Training des Brain-Wave-Feedbacks wurde vor allem als Förderung von Entspannung und geistiger Kreativität angekündigt. Hirnwellenstudien der Meditation stellten fest, dass Meditierende eine tiefgreifende Kontrolle über ihre Gehirnströme ausüben konnten, und es wurde angenommen, dass das Feedback der Gehirnströme eine „sofortige Zen-Erfahrung" ermöglicht. Spekulationen wurden mit Behauptungen verwechselt, und Ende der 60er Jahre kam es zu einem Sturm der Medienaufmerksamkeit. Dieser Sturm der öffentlichen Aufmerksamkeit auf übertriebene oder unbegründete Behauptungen hat die konservativen Behörden der medizinischen, psychiatrischen und psychologischen Gemeinschaften gestört. Sie und andere Hüter des Status quo waren nicht zufrieden mit dem, was sie über Neurofeedback hörten.

Infolgedessen begannen eine Reihe von herausragenden Wissenschaftlern, Alpha-Brain-Wave-Feedback-Studien durchzuführen, um die öffentlichen Behauptungen zu widerlegen. Viele dieser herausragenden Wissenschaftler waren mit der umfangreichen klassischen Literatur der wissenschaftlichen Forschung über Gehirnströme und Psychophysik nicht vertraut, insbesondere mit der Arbeit an der Psychophysik der Alphawellen. Infolgedessen setzten ihre Studien nicht das ein, was sich dem optimalen Design oder der ergonomischen Feedback-Technologie annäherte.

Ohne ein fundiertes Verständnis der Ursachen für das natürliche Wachsen und Schwinden von Alpha-Rhythmen erwies es sich als recht schwierig, Menschen erfolgreich darin zu schulen, ihr Alpha zu erhöhen, was dazu führte, dass die meisten Alpha-Forscher in den 70er Jahren ihren Probanden nicht beibrachten, wie man die Alpha-Aktivität erhöht, was offensichtlich zu einer Flut von Publikationen führte, die besagten, dass Alpha-Feedback nicht funktionierte. Einige dieser Berichte deuteten sogar darauf hin, dass den Menschen von Natur aus die Fähigkeit fehlte, die Kontrolle über ihre Alpha-Aktivität zu erlernen. Die meisten dieser Forscher wussten nicht, dass ihre unvollständigen Ergebnisse durch nicht-ergonomische Feedback-Technologie und unangemessene Trainingsprotokolle verursacht wurden, und praktisch alle verwendeten zu wenig Feedbackzeit. In diesen Berichten fehlten auch alle Alpha-bezogenen Vorteile. Wenn die Vorteile mit erhöhtem Alpha einhergehen, dann bedeutet das Fehlen eines Alpha-Anstiegs, dass es keinen Nutzen gibt.

Einige im Kulturinstitut mögen tatsächlich erleichtert gewesen sein, dass Alpha-Feedback nachweislich nicht funktioniert, wenn man bedenkt, welche Schwierigkeiten bei der Bekämpfung der psychedelischen Drogenbewegung und der Bewegung, die damals als „Gegenkultur" bezeichnet wurde, bestanden. Die weit verbreitete Annahme, dass Alpha-Feedback eine elektronische Technologie zur Bewusstseinserweiterung und -transformation sei, wurde nun durch den bestehenden Konsens sogenannter Experten widerlegt. Also ging der Satz raus: „Gehirnwellen können NICHT willentlich kontrolliert werden." Infolgedessen ging die Alpha-Hirnwellen-Feedback-Bewegung Mitte der 70er Jahre in den Untergrund, und das meiste Hirnstromtraining geriet in Vergessenheit als eine weitere Bewusstseins-Modeerscheinung, die durch die psychedelischen 60er Jahre hervorgebracht wurde.

Die große klinische und allgemeine Begeisterung, die für das „Biofeedback" geweckt wurde, konnte jedoch nicht wieder in die Flasche zurückgesteckt werden. Diese Energie und dieser Enthusiasmus wurden durch die negativen Erkenntnisse von Experten daran gehindert, in die Gehirnwellenforschung zu gehen, also ging all diese Energie stattdessen in die Durchführung von „Biofeedback" mit der NICHT-Gehirnaktivität des Körpers. Biofeedback wurde zum Synonym für die peripheren Modalitäten der Muskelspannung (Lernen, die Muskeln zu entspannen), der Hauttemperatur (Lernen, die Hände und Füße zu wärmen) und der elektrodermalen Reaktion (Lernen, die elektrischen Reaktionen der Haut zu verändern, die durch flache oder vorübergehende Emotionen induziert werden).

Brain-Wave-Feedback war bis zu meinem *Science* Dokument 1978 als falsche Hoffnung oder schlimmer noch als falscher Hype angesehen worden, so dass es fast kein Interesse an meiner Arbeit aus den USA gab. Fast jeder hatte die offizielle Linie abgekauft, dass Brain-Wave-Feedback nicht funktionierte und dass die Menschen ihre Alpha-Aktivität nicht erhöhen konnten. Der Geist blieb bis 1989 in der Flasche eingeschlossen, als Gene Peniston (in Zusammenarbeit mit Kulkowski) ein Dokument veröffentlichte, das zeigte, dass der schlimmste der schlimmsten Alkoholiker, der unheilbare Abschaum des Veteranenverwaltungssystems, in 80% der Fälle durch Hirnstrom-Feedback-Training für Alpha- und Theta-EEG vom Alkoholismus geheilt werden konnte. Dadurch wurde der Korken aus der Flasche gezogen und der Geist entkam wieder. Bald darauf gab es eine ganze Gesellschaft für neuronale Regulation, die sich dem Feedback der Gehirnströme widmete. Die meisten der Menschen dort wollten jedoch die neue Technologie zur Behandlung von Krankheiten einsetzen, für die es eine Versicherungsrückerstattung gab, und es gab kein großes Interesse an Spitzenzuständen oder den paranormalen Fähigkeiten, die einige Spitzenzustände betreffen.

## Verständnis des Standard-Biofeedbacks des Gehirns und seiner Grenzen

Obwohl es bald große Veränderungen geben wird, wenn die Menschen die Kraft und den Umfang des Gehirnwelle Feedback-Trainings wiederentdecken, ist der größte Teil der Arbeit, die heute von Biofeedback-Klinikern geleistet wird, immer noch mit den peripheren Modalitäten der Hauttemperatur, Muskelspannung und elektrischer Leitfähigkeit (oder Widerstand) der Haut beschätigt. Periphere Feedbackmodalitäten sind in der Regel nur bei der Behandlung einiger peripherer Symptome wirksam. Die peripheren Modalitäten sind weitgehend ineffektiv, wenn es darum geht, zentral mit dem Gehirn selbst zu arbeiten. Dies beschränkt die Ergebnisse auf die Behandlung von Symptomen und nicht auf die Behandlung der zugrundeliegenden Ursachen.

Da potentielle Hirnstrom-Biofeedback-Praktiker bis in die letzten Jahre durch eine äußerst unzureichende Ausrüstung eingeschränkt waren und weil sie weiterhin durch mangelndes Wissen über geeignete Hirnstrom-Trainingsprotokolle eingeschränkt sind, wurde Biofeedback auf die peripheren Modalitäten beschränkt. Insbesondere erkennen die meisten Forscher nicht die entscheidende Bedeutung einer kurzen (weniger als 350 ms) Reaktionszeit zwischen dem Hirnstromsignal und der Audiotonrückmeldung und die entscheidende Notwendigkeit langer Sitzungen zum Üben der Rückmeldung. Biofeedback ist aus offizieller Sicht eine interessante Merkwürdigkeit von begrenzter Leistung und begrenzten Einsatzmöglichkeiten geblieben. Infolgedessen wurde Biofeedback von den Ärzten nicht sehr geschätzt.

## Der Unterschied zwischen dem Hardt-Biocybernaut Programm und dem Standard Hirn Biofeedback

Das intensive Alpha One Training des Biocybernaut Institute verwendet modernste Verstärker und Filter zur Analyse des EEGs, um in Echtzeit akustisches Feedback in Verbindung mit detaillierter Nachbesprechung und Stimmungsanalyse zu liefern. Das Biocybernaut Institute bietet Fortbildung für alle Gehirnströme und -kombinationen sowie gemeinsames Feedback- und Kohärenztraining.

1. Das Biocybernaut Institute hat aus über 30 Jahren wissenschaftlicher Forschung Trainingsprotokolle und fortschrittliche Geräte entwickelt.
2. Wir verwenden die Integration von Zeit und Amplitude, nicht die prozentuale Zeit über dem Schwellenwert. Daher hat unser Training eine hohe Feedback-Tiefe, nicht nur eine einfache Zweipunkt-Feedback-Art, wie sie in anderen Systemen üblich ist.
3. Unsere Trainingsabschnitte sind auf jeweils zwei Minuten optimiert. Fast alle anderen Systeme verwenden Trainingsabschnitte, die zu kurz oder zu lang sind.
4. Unsere Trainingseinheiten geben jeden Tag mindestens eine, zwei oder mehr Stunden-Neurofeedback. Fast alle anderen Protokolle sind zu kurz.
5. Unsere Trainingsreihe beginnt mit einem intensiven siebentägigen Alpha One Training. Andere Trainingsprogramme sind zu kurz.
6. Unsere Trainingsprogramme sind sehr intensiv. Sie verbrauchen den größten Teil jeden Tages, an dem sie stattfinden. Dazu gehören tägliche Einführungen, Basistests,

Verbesserungsfeedback, Stimmungsskalierungstests, Nachbesprechung nach der Sitzung, Lesen von EEG-Diagrammen, Punktestandanalyse und Diskussion der Stimmungsskala. Andere Trainingsprogramme sind nicht annähernd so intensiv.

7. Unsere Trainings werden von Trainern mit akademischer Ausbildung, Biofeedback Society Certification und spezifischer Biocybernaut Certification durchgeführt. Andere Systeme bieten keine hoch qualifizierten Biofeedback-Trainer.
8. Biocybernaut EEG-Verstärker und -Filter entsprechen dem neuesten Stand der Technik. Sie sind die genauesten Filter, die es gibt. Andere Systeme können nicht unseren Spezifikationen entsprechen.
9. Einige Systeme sind auf Hirnwellen-Beteiligung (Frequenz folgt der Antwort, FFR, binaurale Schläge) anstelle von Feedback angewiesen. Dies ist nicht so effektiv und auch nicht so natürlich wie der Biocybernaut-Prozess, da die Entrainage externe Frequenzen verstärkt. Das ist Faschismus, der dem Gehirn auferlegt wird. Im Biocybernaut-Prozess können Sie auf die Prozesse Ihres eigenen Gehirns vertrauen, um seine eigenen Frequenzen zum maximalen Nutzen zu finden. Das Biocybernaut Institute konnte mindestens einem Auszubildenden helfen, mentale Schwierigkeiten, die durch ein Entrainmentssystem eingeführt wurden, umzukehren.
10. Biocybernaut Feedback ist ein angenehmes (ästhetisches) Klingen für das Ohr, bei Verwendung von Musikinstrumenten mit 5.1 Soundsystemen. Andere Systeme verwenden eine einfachere Audio-Feedback-Technologie.
11. Unser Feedback ist multimodal und die Modi werden zu sehr geeigneten Zeiten sehr angemessen genutzt. Andere Trainingssysteme verwenden Single Mode Feedback oder Mix Modalitäten, die für die Verbesserung der Gehirnströme schädlich sind (meist unter Verwendung von visuellem Feedback mit offenen Augen).
12. Das Biocybernaut-Training nutzt intensiv die Analyse der Stimmungsskala mit Gesprächen. Heimgebrauchssysteme sind rein maschinengetrieben mit wenig menschlicher Interaktion.
13. Das Biocybernaut-Training unterscheidet deutlich zwischen Unterdrückungstraining und Verbesserungstraining für ein

effektiveres Lernen. Einige Systeme und Trainings durchsetzen Unterdrückung mit Verbesserung.
14. Das Biocybernaut-Training wird mit geschlossenen Augen durchgeführt. Wenn Menschen ihre Augen öffnen, wird Alpha fast immer unterdrückt. Einige Systeme sind auf visuelles Feedback (Augen offen) anstelle von akustischem Feedback (Augen geschlossen) angewiesen.
15. Das Biocybernaut Institute verwendet individuell applizierte Kopfhaut-Elektroden mit hochwertigen Gelen für maximale Empfindlichkeit. Einige andere Systeme verwenden ineffektive Elektrodensysteme wie Stirnbänder.
16. Das Biocybernaut Institute beinhaltet hemi-kohärente Analysen zur Verbesserung der Kohärenz der Gehirnströme in allen Trainingseinheiten. Viele andere Systeme übersehen dies völlig.
17. Das Biocybernaut Institute verwendet keine unterschwelligen oder auto-hypnotischen Nachrichten. Einige andere Systeme vermischen ihre Trainings mit diesen Nachrichten. BI glaubt nicht an den Einsatz von Tricks. Die Ergebnisse aus dem Biocybernaut-Training sind fundiert und grundlegend.

Spezifische Ergebnisse von Hirn-Biofeedback-Prozessen sind unter anderem:
- Verbesserung und Spaß an Fähigkeiten und Fertigkeiten,
- Verbesserung der mentalen Klarheit und Effektivität,
- Wiederherstellung jugendlicher Gehirnströme, wodurch einige Auswirkungen des Alters umgekehrt werden,
- Aufbau von Selbstachtung und Selbstvertrauen,
- Steigerung des emotionalen und körperlichen Wohlbefindens,
- Verbessertes spirituelles Bewusstsein,
- Besserer Zugang zu Vergebung und Unabhängigkeit,
- Entwicklung Ihrer natürlichen Intuition und Problemlösungsfähigkeiten,
- Unter Druck ruhig und konzentriert bleiben,
- Effektiver und kreativer mit weniger Stress arbeiten,
- Von einer erhöhten Produktivität profitieren.

Die Trainings helfen Ihnen, zuerst bewusster zu werden und dann Ihre oft unbewussten negativen Emotionen wie Traurigkeit, Wut und Angst zu heilen.

## Mit Brain Wave Biofeedback zur Erreichung von Spitzenzuständen

Kein Kapitel, in der Tat kein Buch, könnte auch nur annähernd alle möglichen Bewusstseinszustände abdecken. Wir sollten beachten, dass die Buddhisten über 150 Zustände auf dem Weg zur Erleuchtung beschreiben und sogar gezählt haben. Jeder von ihnen würde natürlich seine eigenen Gehirnaktivitätsmuster haben. Einige der Veränderungen der Gehirnaktivität zwischen den Zuständen sind subtil und konnten selbst von einem erfahrenen klinischen Elektroenzephalographen nie bemerkt werden, besonders wenn die Veränderungen hauptsächlich in tiefen subkortikalen Strukturen auftreten. Hier bräuchten wir die Kraft der Magnetoenzephalographie (MEG), um Veränderungen in der Gehirnaktivität zu erkennen, die tief im Gehirn auftreten. MEG kann 6-7 cm von jeder Oberfläche des Gehirns aus sehen und so die Gehirnaktivität messen, die tief im Gehirn in tiefem kortikalen und tiefem subkortikalen Material auftritt und Feedback dazu geben. In vielen Fällen wird ein leistungsfähiger Computer benötigt, um diese subtilen Veränderungen in der Oberfläche und der tiefen Gehirnaktivität zu erkennen. Andererseits sind einige andere Veränderungen der Gehirnaktivität, die mit Verschiebungen zwischen einigen anderen Zuständen verbunden sind, für einen mäßig gut ausgebildeten Beobachter des EEG ganz offensichtlich.

Da wir nicht mit einer „Bedienungsanleitung" für unser Gehirn geboren sind, müssen wir diese Dinge selbst herausfinden. Aber angesichts der Ähnlichkeit aller Menschen, die so sehr eine einzige Spezies sind, dass alle Menschen sich untereinander kreuzen können, wurde entdeckt, dass das Muster eines Spitzenzustands für eine Person wahrscheinlich sehr ähnlich dem Muster desselben Spitzenzustands für eine andere Person ist. Jetzt müssen wir die sehr realen Unterschiede zwischen Rechts- und Linkshändern berücksichtigen, und es gibt Entwicklungsänderungen in der Hirnstromaktivität von Kindern und altersbedingte Veränderungen in der Hirnaktivität älterer Erwachsener (die durch ein entsprechendes Hirnstrom-Feedback-Training umgekehrt werden können). Wenn Sie mir jedoch sechs hochbegabte Menschen mit der gleichen Händigkeit geben können, die zuverlässig das gleiche Muster für begabtes Verhalten physisch, mental, emotional, spirituell oder psychisch produzieren können, kann ich geeignete Messungen ihrer Gehirnaktivität durchführen und aus etwa 200 Parametern genügend relevante Informationen extrahieren, um eine hyperdimensionale Karte ihrer Gehirnaktivität zu erstellen. Diese Karte kann dann verwendet werden, um andere Menschen zu trainieren, um das gleiche oder sehr ähnliche begabte Verhalten zu erzeugen, indem man patentierte Algorithmen verwendet, um die Gehirnaktivität der nicht begabten Menschen so zu trainieren, dass sie eng mit der Gehirnaktivität der begabten Menschen übereinstimmt. Und wir brauchen etwa ein halbes Dutzend Meister oder Experten, um einen ausreichend zuverlässigen Datensatz zu erhalten, um die hyperdimensionalen Gehirn-Karten zu erstellen, die dann für die Ausbildung anderer zur Erzeugung dieser Begabung verwendet werden können.

Das Gehirn lernt ein vollständiges Muster schneller als ein Stück eines Musters, also je vollständiger wir den Gehirnzustand der Meister darstellen können, desto schneller und einfacher wird es für andere sein, zu lernen, diese Muster der Meisterschaft in einer Fähigkeit oder Fertigkeit zu duplizieren, einschließlich der Fähigkeit, wertvolle Spitzengehirnzustände zu erreichen. Das Oberflächen-EEG ist keineswegs alles, was es an Gehirnaktivität gibt, daher erfordern einige Spitzenzustände mehr als nur übereinstimmende Muster, die aus dem Oberflächen-EEG abgeleitet werden. Es hat sich gezeigt, dass es mit großen Montagen von z.B. 121 Elektroden und leistungsstarken Computern, die offline[nicht in Echtzeit] arbeiten, möglich ist, die Details der elektrischen Aktivität über das gesamte Volumen des Gehirns abzuleiten. Dies ist zwar für Diagnosezwecke nützlich, nicht aber für Feedback, das in Echtzeit erfolgen muss. Das Biocybernaut Institute *System and Method Patent #4,928,704* legt bei Brain-Wave-Feedback fest, dass Feedback genau, unmittelbar und angemessen ästhetisch sein muss. Und Unmittelbarkeit ist definiert mit weniger als 350 Millisekunden. Langsamer als 350 ms ist das Lernen beeinträchtigt und das Feedback „fühlt sich matschig" und von der phänomenologischen Realität des Feedback-Trainierenden getrennt an.

## Dauerhaftigkeit und Vergänglichkeit in Gehirnwellenzuständen

Jede Erfahrung, die Sie haben, erfordert eine spezifische grundlegende Gehirnaktivität. Die Wahl und Kontrolle dessen, was Sie erleben werden, ist so einfach wie die Wahl und Kontrolle Ihrer Gehirnaktivität. Die meisten Menschen können ihre Gehirnaktivität ausreichend kontrollieren, um einzuschlafen und bei Bedarf aufzuwachen. Diejenigen, die über außergewöhnliche geistige Fähigkeiten verfügen, haben einfach zusätzliche Feinheiten der Selbstregulierung des Gehirns zur Verfügung.

Lernen, die Feinheiten der eigenen Gehirnfunktion zu verstehen und zu kontrollieren, eröffnet weite neue Bereiche von Fähigkeiten, Fertigkeiten und experimenteller Erfüllung. Es geht einfach darum zu lernen, den eigenen Bio-Computer effektiver zu bedienen, und die Belohnungen übersteigen Ihre derzeitige Vorstellungskraft, so wie sich eine zweidimensionale Person das Leben in einer dreidimensionalen Welt nicht vorstellen kann. Sie müssen zuerst den Wechsel in eine neue Denkweise, einen neuen Standpunkt machen, um die Auswirkungen dieses neuen Standpunktes zu verstehen.

Wir gelten als begabt, wenn wir die idealen Gehirnströme einschalten können, um mit jeder einzelnen Situation fertig zu werden. Die gute Nachricht ist, dass man nicht mehr als Begabter geboren werden muss. Es gibt jetzt eine Technologie und eine Trainingsmethode, die es fast jedem ermöglicht, die Fähigkeiten zu erlernen, wie man seine Gehirnströme je nach Situation verändern kann.

Wie wir später in diesem Dokument sehen werden, haben kreative Menschen die natürliche Fähigkeit, einen anderen (Hochalpha)-Gehirnzustand anzunehmen, wenn sie an einem Problem arbeiten. Diese Fähigkeit, in einen anderen Gehirnzustand zu treten, gibt ihnen einen neuen Geisteszustand, der ideal ist, um kreativ zu sein. Somit sind sie vollständig miteinander verbunden. Ohne diese Fähigkeit, die Gehirnaktivität zu verändern, ist die Person nicht kreativ. Die Fähigkeit zur freiwilligen Kontrolle unserer Gehirnaktivität ist ein Schlüssel. Der andere Schlüssel ist das Erleben der Feinheiten und das Wissen, welche Veränderungen im Gehirn für jede Situation notwendig sind.

## Ethische Reinigung und Spitzenzustände des Bewusstseins

Es ist wichtig zu beachten, dass es Voraussetzungen dafür gibt, dass eine Person solche Hirnwellenzustände und die damit verbundenen phänomenologischen Zustände erreicht. Es muss eine ethische Reinigung stattfinden, sonst kann die Person die mit den fortgeschrittenen Zuständen verbundenen Gehirnströme nicht aufrechterhalten. In der vorliegenden Form des Neurofeedback-Trainings des Biocybernaut Institute gibt es formale Arbeiten zur Vergebung, die ein wichtiger

Bestandteil der Alpha One und der Theta One Brain Wave Trainingsprogramme sind. Die computergestützte Stimmungsskala identifiziert vergrabene und unbewusste negative Emotionen und dann coacht der Trainer jeden Teilnehmer, wie er die Interaktion mit der Neurofeedback-Technologie nutzen kann, um eine ethische Reinigung zu erreichen. Der Auszubildende wird angewiesen, nach seiner eigenen persönlichen Vergebungsmethode zu suchen, um mit den Wunden von Traumata und den negativen Emotionen von Wut, Feindseligkeit, Angst, Traurigkeit, Unglück und Depression umzugehen und diese zu heilen. Wenn ein Auszubildender nicht in der Lage oder nicht bereit ist, diese gründliche ethische Reinigung durchzuführen, oder wenn der Trainierende eine Bindung an Wut oder eine der anderen negativen Emotionen hat, dann wird dieser Trainierende NICHT in der Lage sein, die hohen Amplituden, lang anhaltenden Alpha-Spindeln zu erreichen, die in beiden Gehirnhälften kohärent sind. Wenn Sie nicht bereit sind, die ethische Reinigung und Klärung durchzuführen, dann ist Ihnen die Tür zu den höheren Zuständen verschlossen. Biocybernaut Neurofeedback beinhaltet eine gründliche ethische Reinigung, die den Verstand und das Herz für die Möglichkeit von Spitzenzuständen öffnet.

## Meditationszustände und Gehirnwellen-Biofeedback

In einer Studie in Japan untersuchten die hoch angesehenen Wissenschaftler Kasamatsu und Hirai Zen-Mönche aus den beiden Zen Sekten Soto und Rinzai. Jeder Mönch wurde von seinem Zen-Meister, seinem Roshi, nach dem Grad seiner spirituellen Entwicklung bewertet. Interessanterweise wurde niemand in seiner spirituellen Entwicklung als „Fortgeschritten" eingestuft, wenn er weniger als 21 Jahre tägliche Praxis der Zazen-Meditation hinter sich hatte. Dann wurde jeder der Mönche an EEG-Elektroden angeschlossen und seine Gehirnströme während seiner Ausübung der Zazen-Meditation gemessen. Die erste Erkenntnis war, dass je höher die Bewertung der spirituellen Entwicklung eines Mönchs durch seinen Zen-Meister war, desto mehr Alphawellen hatte er in seinem Zazen-Meditations-EEG. Und dann gab es noch Feinheiten und Nuancen. Wenn sich ein Zen-Mönch vom Anfänger zur Mittelstufe und zum Fortgeschrittenen entwickelte, nahm sein Alpha an Kraft zu und breitete sich auch auf seinem Kopf nach vorne aus. In der am weitesten fortgeschrittenen Gruppe, von denen alle mehr als 21 Jahre tägliche Meditationspraxis hatten, gab es all diese Veränderungen sowie die

Entstehung von Thetawellen an frontalen Stellen am Kopf [F3 und F4 im Internationalen 10-20 System der EEG-Positionen].

Genau dieses gleiche Muster von Alpha- und Theta-Änderungen wird regelmäßig in den Gehirnwellen der Biocybernaut Alpha One Teilnehmer erzeugt. Anstatt jedoch 21 oder mehr Jahre zu benötigen, dauert es mit der Biocybernaut-Technologie und -Methodik nur sieben Tage. Anhand von Daten von 17 rechtshändigen, nicht-meditierenden Auszubildenden im Alter von 20 bis 64 Jahren, die das siebentägige Alpha One Training von Biocybernaut absolviert haben, sehen wir Gehirnströme, die praktisch identisch mit fortgeschrittenem Zen sind. Diese Veränderungen sind zunehmende Alpha-Amplitude, Alpha-Ausbreitung nach vorne auf dem Kopf, Alpha-Verlangsamung in der Frequenz, und die Entstehung von frontalem Theta. Wir wissen, dass die Technologie die Dinge beschleunigt, und jetzt wissen wir, dass die Biocybernaut-Technologie den Prozess der Meditation und das Erreichen von Gehirnwellenmustern beschleunigt und die damit verbundenen Zustände, die die fortgeschrittensten Praktizierenden der Zen-Meditation charakterisieren.

## Psychisches Sehen und psychische Heilung

Während einer Zeit während meiner Arbeit bei UCSF studierte ich in meinem Labor zahlreiche bekannte Psychologen. Einige hatten hellseherische Fähigkeiten und die Fähigkeit, in die Zukunft zu sehen. Andere hatten medizinische Diagnosefähigkeiten und einige konnten diese Diagnosen aus der Ferne durchführen, ohne physisch beim Patienten anwesend zu sein. Einige von ihnen konnten eine psychische Heilung für einen Patienten durchführen, der anwesend war, oder in einigen Fällen sogar für jemanden, der viele Kilometer entfernt war. Alle von ihnen hatten ungewöhnliche Hirnwellen-Aufzeichnungen, mit reichlich wacher Theta und sogar Delta-Aktivität. Und wenn sie ihr psychisches „Zugreifen", „Sehen" oder „Heilen" ausübten, stieg die Menge an Theta und Delta oft dramatisch. Wäre einer von ihnen mit der Technik getestet worden, die heute als QEEG [Quantitatives EEG] bekannt ist, in der Gehirnströme aufgezeichnet und mit „normativen" Datenbanken verglichen werden, wären sie als „abweichend" bezeichnet worden und es wäre versucht worden, ihre abweichenden Gehirne zu „reparieren", um sie „normal" zu machen. Eine interessante neue Geschichte betrifft einen begabten Computerprogrammierer, der zum Biocybernaut Alpha Training kam. Er war ein Experte für Datenbankdesign und hatte verblüffende Gaben und Fähigkeiten, leistungsfähige neue Software zu entwickeln. Er war an einer Studie beteiligt, bei der wir einen Techniker eingeführt hatten, der über die Aufnahme von QEEG-Aufzeichnungen verfügte, sodass wir die Ergebnisse des Biocybernaut Alpha Trainings anhand der „Ansichten" der QEEG-Techniken und Analysemethoden betrachten konnten, indem wir QEEG-Aufnahmen sowohl vor als auch nach den sieben Tagen des Biocybernaut Alpha One Trainings durchführen ließen.

Dieser Praktikant war zunächst wie der Mr. Spock aus Star Trek. Er war sehr rational und hat ziemlich viel in seine mächtigen intellektuellen Fähigkeiten investiert, die sein Broterwerb für sich und seine Familie waren. Aber im Laufe seines Biocybernaut Alpha-Trainings begann er, kraftvolle Erfahrungen zu machen, die als mystische Erfahrungen beschrieben werden können. Arthur Deikman hat die fünf Marker der mystischen Erfahrung beschrieben: (1) Intensive Realität, (2) Ungewöhnliche Empfindungen, (3) Übersinnliche Phänomene, die zu einer Person jenseits des Bereichs der fünf Sinne wahrgenommen werden, (4) die Erfahrung der Einheit oder Einsseins mit der gesamten Realität, und (5) Unaussprechlichkeit oder Unfähigkeit, mit Worten beschrieben zu werden. Dieser begabte Computerdatenbank-Designer begann, mächtige Erfahrungen zu machen, die Elemente aus all diesen fünf Kategorien der mystischen Erfahrung enthielten. Und irgendwann wurde er bzw. sein rationaler Verstand alarmiert, dass diese neuen Phänomene so mächtig und alltäglich werden könnten, dass er sie nicht mehr abschalten konnte. Also versuchte er, sie abzuschalten. Und natürlich gingen sie alle schnell weg, und dann war er noch verstörter, dass er sie nicht sofort wieder aufrufen konnte. Dies ist eine der kraftvollen Lektionen des Biocybernaut Gehirnwelle-Trainings: Sie bekommen nur so viel, wie Sie verarbeiten können.

Obwohl er erst begonnen hatte, einige der Aspekte der mystischen Erfahrung abzurufen, wurde sein Verständnis für die Natur der Realität grundlegend verändert, und er kam später wieder, um weiteres Alpha-Training zu machen, um Fähigkeiten zu erlangen, diese neu gefundenen Dimensionen der Realität zu erforschen. Aber bevor er das tat, ließ er einen Tag nach Abschluss seines siebentägigen Biocybernaut Alpha One Trainings eine weitere QEEG-Aufnahme machen. Die QEEG-Protokolle wurden dann zur Analyse durch die Fachkräfte der QEEG-Interpretationen verschickt. Etwa eine Woche später erhielt ich einen alarmierenden Anruf von einem Arzt, der in der Lage war, QEEG-Aufzeichnungen zu lesen und zu interpretieren. Er sagte, dass es in der ersten QEEG-Aufzeichnung, die auf einen Hirntumor hinwies, eine

Frontal-Delta-Aktivität gab. Und er fügte auf sehr alarmierende Weise hinzu, dass diese Delta-Aktivität in nur einer Woche [der Woche des Alpha-Trainings] so stark zugenommen habe, dass es sich um einen sehr aggressiven, gefährlichen und schnell wachsenden Hirntumor handeln müsse. Und dieser MD QEEG-Spezialist forderte mich auf, mich sofort mit dieser Person in Verbindung zu setzen und ihr zu sagen, dass sie sofort einen CAT-Scan machen müsse, um zu sehen, ob der Hirntumor operabel ist, und wenn nicht, dann sofort mit Bestrahlung und Chemotherapie zu beginnen.

Das ist nicht die Art von Nachrichten, die Sie jemandem bringen wollen, aber ich übertrug pflichtbewusst und so sanft wie möglich die alarmierenden Informationen, und der begabte Computerdatenbank-Designer ging sofort los und bekam eine Reihe von sehr gründlichen CAT-Scans, die absolut nichts fanden.

Er war und ist völlig frei von Hirntumoren.

Diese Delta-Aktivität, die in seinem rechten Frontalhirn im Zusammenhang mit seinen beginnenden Erkundungen tiefer mystischer Erfahrungen zunahm, wurde von diesem MD QEEG-Spezialisten jedoch als so abweichend angesehen, dass er davon sprach, dass dieser Teil des menschlichen Gehirns durch eine Strahlenbehandlung herausgeschnitten oder zerstört werden sollte.

Spitzenwerte werden von einem sehr breiten Spektrum traditioneller Fachleute und Laien routinemäßig missverstanden, und dies ist nur ein sehr sorgfältig dokumentiertes Beispiel für dieses häufige Missverständnis.

## Kundalini[2] Gehirnwellenprofil

Diese Entdeckungsgeschichte beginnt mit einer Ausbildung, die einen Zen-Meister und einen seiner Freunde (JH) umfassen sollte, der kein Zen-Meditierer war. Der Zen-Meister konnte nicht teilnehmen und JH kam allein. JH war ein ruhiger und bescheidener Mann. Er war ein zurückhaltender Mensch. In einer Menge von zwei Personen würde er nicht bemerkbar sein. Und doch war er bei IBM sehr begehrt. Er hatte für IBM gearbeitet und befand sich derzeit in einem dreijährigen bezahlten Urlaub, von dem IBM erhoffte, dass er sich entscheiden würde, wieder

---

[2] Für eine detaillierte Beschreibung der Kundalini siehe Gopi Krishnas *Kundalini: The Evolutionary Energy in Man*, Shambhala: 1971.

für IBM zu arbeiten. Wir waren neugierig, wie ein so schlichter, ruhiger und bescheidener Mann für IBM so wertvoll sein kann.

Dann hörten wir seine Geschichte. Er war mittlerer Mitarbeiter bei IBM und arbeitete in Marseille, Frankreich. Es war Sommer und er geriet in einen dieser schrecklichen französischen Staus, wo stundenlang Hörner blasen und die Franzosen aus ihren Autos steigen und mit den Fäusten kämpfen. Während dieser Tortur, in Hitze, Lärm und Not, hatte er eine außerkörperliche Erfahrung (OBE). Sein astraler Körper löste sich von seinem physischen Körper und er flog umher und beendete Kämpfe und half den Menschen, sich zu beruhigen. Danach war er grundlegend verändert.

Plötzlich verfügte dieser mittlere Mitarbeiter über gewaltige Kräfte, die von IBM schnell erkannt und genutzt wurden. Bevor JH seinen Urlaub nahm, hatte er für IBM Wunder vollbracht. So wollte IBM beispielsweise eine Fabrik in einem asiatischen Land haben, um bestimmte IBM-Produkte herzustellen. Im Alleingang würde JH in dieses Land gehen, das Bauland finden, über den Kauf des Grundstücks verhandeln, die Bauunternehmer finden, um die Gebäude zu bauen, alle Bauverträge verhandeln, alle behördlichen Genehmigungen, den Bau überwachen und dann alle für den Betrieb dieses Vorhabens erforderlichen Personen einstellen und schulen, alle notwendigen Ausrüstungen bestellen und wieder mit allen an solchen Importen beteiligten Regulierungsbehörden zusammenarbeiten; dann würde er die neu eingestellten Leute dazu bringen, die Produktionsausrüstung einzurichten, während er die lokalen Führungskräfte für den Betrieb findet, einstellt und schult; und dann würde er IBM eine komplette Anlage übergeben, die effizient die von IBM gewünschten Produkte produziert. Kein Wunder, dass IBM bereit war, JH eine dreijährige bezahlte Freistellung mit der Hoffnung zu gewähren, dass er am Ende der drei Jahre zu IBM zurückkehren würde. Und das war alles, eine Hoffnung. Er war zur Rückkehr nicht verpflichtet.

OK, also dieser unscheinbar aussehende und zurückhaltende Mann hatte einige unglaubliche Kräfte. Doch zunächst, in den ersten Tagen des Trainings, sahen seine Gehirnströme unauffällig aus. Er hatte etwas Alpha auf seinen Hinterhauptkanälen (O1 und O2), aber es war ziemlich klein in der Amplitude, wenngleich er sich ausdehnen und die Alpha-Spindeln für einige Sekunden stützen konnte. Aber die anderen sechs Kanäle (C3, C4, T3, T4, F3, F4) hatten eine sehr geringe Alpha Amplitude und es war unregelmäßig. Der dritte Tag sollte jedoch eine große Überraschung bringen. Plötzlich, aus dem Nichts, brachen diese anderen sechs Kanäle in eine sehr amplitudenstarke rhythmische Delta-Aktivität aus.

Manchmal hatte er ein Ganzkörperzucken kurz bevor das Delta entstand oder gerade als es wegging; manchmal nicht. Da er vierkanaliges Alpha-Feedback von den O1-, O2-, C3- und C4-Kortikalstellen erhielt, gab es in seinen Feedback-Tönen keine Reflexion dieser bemerkenswerten Delta-Aktivität, die nicht durch die Alpha-Filter ging. Am Ende des Tages enthielt seine Befragung keinen Hinweis auf die Art dieser bemerkenswerten synchronen Delta-Aktivität mit hoher Amplitude über den größten Teil seines Kopfes. Seine beiden Hinterkopfstellen, O1 und O2, setzten seine normalen bescheidenen Alpha-Aktivitäten fort während dieser phänomenalen Delta-Episoden. Das allein war etwas für die Rekordbücher: Alpha und Delta zusammen im Wachhirn. Die meisten Neurologen würden sagen, dass dies unmöglich ist, und wenn sie den Lügendetektortest sehen würden, wären sie alarmiert und würden sagen, dass es gefährlich und sicher pathologisch ist. (Dies geschah später in dieser Geschichte, als ein Harvard-Neurologe durch eine solche EEG-Aufzeichnung alarmiert wurde).

Als JH seine Polygraphen-Aufzeichnungen gezeigt wurden, die ein wichtiger Teil der Nachbesprechung sind, die jeder Sitzung des Biocybernaut Neurofeedback-Trainings folgt, bot er keine nützlichen Informationen an und zuckte einfach mit den Schultern und sagte nichts. Ich war nicht bereit, die erstaunlichste Gehirnwellenaufnahme, die ich je gesehen hatte, unerklärlich in Vergessenheit geraten zu lassen, also sagte ich meiner Assistentin Maureen: „Wir werden ihn morgen wieder in Ordnung bringen. Wir haben 16 Lautsprecher in dieser Trainingskammer, und wir können jede beliebige Kombination von Gehirnströmen an einen oder alle dieser Lausprecher senden. Normalerweise verwenden wir während des Alpha One Trainings nur vier Lautsprecher, aber morgen werden wir sechs weitere Lautsprecher einschalten. Jeder dieser sechs EEG-Kanäle, die die Delta-Aktivität zeigen, wird Feedback von jeder Delta-Aktivität geben, die morgen auf einem dieser Kanäle auftreten kann. Und wenn er das tut, was er heute getan hat, wird er dort hineingesogen werden, weil die Delta-Aktivität, die er heute gezeigt hat, wirklich groß war und es wird sich in sehr LAUTE Töne verwandeln, wenn es morgen genauso abläuft. Und jedes Mal, wenn er diese Delta-Sache macht, wird er sofort von den lauten Tönen überrollt werden, und er wird nicht in der Lage sein, mit den Schultern zu zucken und uns zu sagen, dass er nicht weiß, was er während dieser Ereignisse getan hat."

Und das haben wir getan. Wir sagten ihm, was wir vorhatten und baten ihn, wahrzunehmen und sich daran zu erinnern, was er tat, wenn diese zusätzlichen sechs Lautsprecher losgehen würden und laute Töne abgeben würden. Und wieder am vierten Tag machte JH diese riesigen Deltawellen synchron an sechs Stellen auf seinem Kopf, während seine

Hinterkopfstellenpunkte O1 und O2 weiterhin ihre bescheidene Alpha-Aktivität zeigten. Und als er das tat, gab es sehr laute Töne aus den Delta-Lautsprechern.

Als die Sitzung vorbei war und ich anfing, JH über seine Sitzung zu interviewen, war meine erste Frage: „OK, was haben Sie gemacht, als diese Delta-Lautsprecher einen lauten Ton von sich gaben?" JH hob seine vogelartige Stimme nur ein wenig an und sagte: „Oh, das war, als die Kundalini auftauchte." Ich war erstaunt und erfreut. Ich hatte Yoga studiert und sieben Jahre lang Yoganandasmeditation praktiziert, und ich hatte viel über die kraftvolle Energie der Kundalini gehört und gelesen. Ich rief aus: „Nun, warum hast du mir nicht gesagt, dass du Kundalini hast?" JH zuckte schüchtern mit den Schultern und flüsterte: „Nun, ich wusste nicht, ob Sie wissen, was das ist." Er sagte nicht viel mehr, aber er sagte uns, dass die Entstehung seiner bemerkenswerten Kräfte, die für IBM von so großem Wert waren, mit der Erweckung seiner Kundalini-Energien zusammenfiel, die nach seiner außerkörperlichen Erfahrung während dieses schrecklichen sechsstündigen Verkehrsstaus in Marseille begannen.

Es dauerte viele Jahre, bis ich die Daten über JHs Kundalini-Hirnwellen-Aufnahme in einer wissenschaftlichen Konferenz präsentierte, und als ich es tat, wählte ich Rob Kalls jährliche Winter-Brain-Conference. Nachdem ich die Geschichte erzählt und die Übersichten der bemerkenswerten EEG-Aufzeichnungen gezeigt hatte, kam Dr. Gary Schwartz von Harvard und Yale und jetzt von der Arizona State University, um mir ins Ohr zu flüstern. Er erzählte von einer Zeit in Harvard, als er dort Professor für Psychologie war, als ein Student zu ihm kam. Dieser Student sagte, dass er Kundalini Yoga praktizierte und er bestand darauf, dass Gary seine Gehirnströme aufzeichnet. Gary war verständnisvoll genug, um der Bitte des Studenten nachzukommen. Und er wurde belohnt, indem er eine EEG-Aufzeichnung sah, die bemerkenswert aussah wie die EEG-Aufzeichnung, die ich gerade der Winter-Brain-Conference gezeigt hatte. Ich fragte Gary, was er mit dieser Aufnahme gemacht habe. Er sagte, er sei beunruhigt, weil er wisse, dass die konventionelle Wissenschaft es nicht für möglich hielt, sowohl Alpha- als auch Delta-Aktivität im Wachhirn zu haben. Also brachte er die alarmierende „unmögliche" EEG-Aufzeichnung und die Unterlagen zu einem Freund von ihm, der Neurologe in Harvard war. Der Harvard Neurologe war in der Tat beunruhigt und warnte Gary: „Lass ihn das nicht noch einmal auf dem Universitätsgelände machen." Aber der Neurologe bat Gary, ihm die Polygraph-Aufzeichnung zu leihen, damit er diese einigen seiner Kollegen in der neurologischen Abteilung zeigen konnte. Dann verlor er prompt die Polygraph-Aufzeichnung. Dies ist symbolisch dafür, wie die Wissenschaft oft mit anomalen Daten umgeht.

Nachdem ich Garys ganze Geschichte gehört hatte, bemerkte ich, dass sich Leute in unserer Nähe versammelten, und ich erkannte, dass das letzte Ereignis der Nacht kurz bevorstand. Dies sollte eine Podiumsdiskussion werden, und sowohl Gary als auch ich waren in diesem Forum. Ich fragte Gary, ob er bereit wäre, der gesamten versammelten Konferenz dieselbe Geschichte zu erzählen, die er mir erzählt hatte. Gary hatte noch nie zuvor in einem wissenschaftlichen Umfeld darüber gesprochen und er war ein wenig nervös und widerstrebend. Aber ich ermutigte ihn, und dann war ich sehr erfreut, als er zustimmte, diese Geschichte öffentlich zu erzählen. Das hat viele nützliche Dinge bewirkt. Zuerst validierte es auf eindrucksvolle Weise die Realität und die Gültigkeit der bemerkenswerten Polygraph-Aufzeichnung, die ich gerade in meinem vorherigen Vortrag gezeigt hatte und es warf ein deutliches Licht auf die allzu üblichen Wege, wie die Mainstream-Wissenschaft mit anomalen Daten umgeht: zerstört sie, zensiert sie, klassifiziert sie, verliert sie. Spitzenzustände, selbst solche, die für Konzerngiganten wie IBM von großem Wert sind, haben dennoch die Macht, Angst in die Herzen von Neurologen und anderen Hütern der Tore, Schiedsrichtern der Realität und Zensoren des Anormalen oder Ungewöhnlichen zu bringen. Alle von uns, die sich für Spitzenzustände interessieren und diese studieren, müssen sich dessen bewusst sein. Wir dürfen nicht so tun, als könnten wir diese Phänomene in einem geschützten Garten Eden untersuchen. Wir müssen bereit sein, die bemerkenswerten Phänomene miteinander zu teilen, die uns alle faszinieren, die wir dieses allgemeine Interesse teilen, und wir müssen bereit sein, offen miteinander und mit den größeren Zielgruppen, die wir erreichen wollen, umzugehen.

## Gehirnwellen und Persönlichkeit

Betrachten wir das Verhältnis zwischen EEG-Veränderungen und Veränderungen in der Persönlichkeit. 1973 schloss ich eine Analyse einer Forschungsstudie ab, die zwei Gruppen von Männern im College-Alter trainierte: Sehr hohe und sehr niedrige Angst. In dieser Studie arbeitete ich mit College-Kollegen, die in den oberen und unteren 10% der Angst-Skala lagen. Ich benutzte die Welsh Angst Skala, die erste Größe des MMPI (Minnesota Multiphasic Personality Inventory) ist. Was ich sah, war, dass, wenn Männer in der Gruppe mit hoher Angst ihr Alpha EEG erhöhten, ihre Angst zurückging. Angst und Alpha waren signifikant und negativ korreliert, aber nur in der Gruppe mit großer Angst. In der Gruppe der niedrigen Angstzustände wurden Alpha-Zunahmen mit einem Gefühl verbunden, „high" und bewusster zu sein. Die Männer mit niedriger Angst berichteten über Alpha-bezogene Gefühle von Fliegen, Schweben, Licht, Leichtigkeit und riesigem Raum, und einige von ihnen kamen in solche Glückszustände, als ihr Alpha zunahm, dass sie spontane Orgasmen erlebten, während sie allein in der ruhigen und dunklen Feedbackkammer saßen und sich nicht bewegten. Dies war der erste starke Beweis dafür, dass Gehirnstrom-Feedback Menschen von der Funktionsstörung in Richtung Überfunktionalität bewegen konnte und dass es Phasen gab, die Menschen durchlaufen mussten, während sie diese Arbeit machten. Es schien, dass niemand die Glückszustände bekam, bis sie ihre Persönlichkeitsstörungen gelöst hatten, was sie durch das Alpha-Training tun konnten, das ich entwickelte, testete, verfeinerte und verbesserte. 1978 veröffentlichte ich ein Dokument im *Science Magazine*, in dem ich die Veränderungen in den Angstmerkmalen und -zuständen dokumentierte, die zuverlässig bei erlernten Veränderungen in der Alpha-Aktivität des EEGs vorgewiesen wurden.

Einige Zustände sind komplex und zeichnen sich durch viele verschiedene Arten der Hirnaktivität und viele Stellen im Gehirn aus, andere sind simpel genug, dass Veränderungen der EEG-Alpha-Aktivität an einem oder einigen wenigen Stellen des Gehirns diese Zustände signifikant verändern können. Indem ich den Menschen zweimal vor ihrem Alpha-Training und einmal (mindestens) nach ihrem Training Unmengen von Persönlichkeitstests gab, sammelte ich die Daten, um die Zusammenhänge, vielleicht sogar die kausalen Zusammenhänge zu bestimmen zwischen der durch das EEG aufgezeichneten Hirnaktivität und den Dimensionen der Persönlichkeit, die durch angesehene und weit verbreitete Persönlichkeitstests wie das MMPI, das Myers-Briggs Type Inventory (MBTI), das Personality Orientation Inventory (POI), die Clyde Mood Scale (CMS), die Multiple Affect Adjective Check List (MAACL) und das Profile of Mood States (POMS) indiziert sind. Wie Sie aus dieser Liste ersehen können, haben einige der Tests Persönlichkeitsmerkmale gemessen, die von den meisten Psychiatern und Psychologen als stabil über die gesamte Lebensdauer des Erwachsenen angesehen wurden. Andere Dimensionen, die als Stimmungen oder Geisteszustände bezeichnet werden, wurden als zeitlich variabeln und plötzlichen Veränderungen unterworfen, verstanden. Interessanterweise zeigten sowohl Merkmale als auch Zustände Veränderungen, die mit den

Veränderungen der Hirnaktivität korrelierten, die ich bei meinen Probanden (oder die sie in sich selbst produzierten) mit meiner immer effektiveren Technologie und Programmen des Brain-Wave-Feedback-Trainings erzeugte.

## Heilung von traumatischem Material mit dem Biocybernaut-Training

Eine der Entwicklungen, die das Biocybernaut-Training von anderen Systemen unterscheiden, ist eine signifikante Veränderung der Computerprogramme, die die Stimmungsskalen verwalten und bewerten und eine damit verbundene signifikante Veränderung in der Art und Weise, wie die Ergebnisse der Stimmungsskalen den Teilnehmern präsentiert werden. Informationen über die Reaktionslatenzzeitpunkte der Antworten eines Auszubildenden auf jedes der Stimmungsskalenelemente wurden bereits mit einer Genauigkeit von einer Hundertstelsekunde erfasst. Zu dieser Softwarefähigkeit habe ich die Berechnung der deskriptiven Statistiken für jede der verschiedenen Antworten hinzugefügt. Plötzlich wurde es für den Auszubildenden und den Trainer möglich, subtile Details über die Reaktionsmuster des Auszubildenden zu erfahren. Hinzu kam die statistische Signifikanzprüfung der Antworten. Ich erkannte bald, dass einige dieser statistischen Muster Hinweise auf einen alternativen Teil des Verstandes waren, der mit unerkannter (und damit begrabener) Wut oder Angst oder Schuld oder Traurigkeit oder was auch immer gefüllt war.

Ausgestattet mit diesen neuen Werkzeugen konnte ich so funktionieren, als wäre ich telepathisch oder hellsichtig, aber mit dem zusätzlichen Vorteil, dass meine Erkenntnisse durch Messdaten unterstützt wurden, die wissenschaftlich aus den eigenen Antworten der Teilnehmer abgeleitet wurden. Nachdem die vergrabenen emotionalen Blockaden eines Trainierenden durch die neuen computergestützten Stimmungsskalen identifiziert worden waren, kamen sie oft sehr schnell ins Bewusstsein. Und sobald die emotionale Blockade bewusst geworden war, war es dem Auszubildenden dann schnell möglich, im Alpha-Training am nächsten Tag die „Ladung" oder Valenz der Emotion durchzuarbeiten.

Die Erinnerung an ein hochgeladenes emotionales Thema im Alpha-Training würde zunächst das Alpha blockieren oder unterdrücken, und die Feedback-Töne würden sich abschalten und die Werte würden fallen. Aber dann wäre die Herausforderung für die Auszubildenden, neue Wege zu finden, wie sie mit ihren eigenen Erfahrungen mit dieser Emotion und den Ereignissen dahinter umgehen können. Dies ist eine der wichtigsten

Wachstumserfahrungen des Biocybernaut-Prozesses, und die Auszubildenden würden durch ihre Angst oder Wut oder Schuld oder Traurigkeit viel schneller wachsen, als sie es für möglich gehalten hätten.

Was bedeutet es, durch eine Emotion wie Wut zu wachsen? Wir alle wissen, dass die Unterdrückung von Wut nicht funktioniert. Das führt zu Herzinfarkten, Geschwüren, Unglück und gelegentlichen gewalttätigen Wutausbrüchen. Andererseits funktioniert das „Ausdrücken" von Wut auch nicht sehr gut. Wenn jemand übt, Wut auszudrücken, dann entwickelt er normalerweise die Gewohnheit, Wut auszudrücken, er wird zu gut darin, und es wird zu einer Form des öffentlichen Verschmutzens. Was wir brauchen, ist, zur Quelle der Erfahrung von Wut im Kopf zu gelangen und zu lernen, wie wir einen neuen Standpunkt zu dieser Erfahrung einnehmen können.

Im Biocybernaut-Prozess haben die Auszubildenden eine tägliche Bewertung ihrer Emotionen durch computergestützte Stimmungsskalen sowie Tiefeninterviews mit hochqualifizierten Trainern, die ihnen helfen, versteckte, vergrabene und latente Emotionen zu erkennen. Sobald das Bewusstsein für diese Emotionen auf die Ebene des bewussten Selbstbewusstseins gehoben wird, kann der Teilnehmer damit beginnen, den Prozess des Hirnstromtrainings zu nutzen, um die Kontrolle über seine emotionalen Prozesse zu erlangen.

Wenn Einzelpersonen Gehirnaktivitäten-Feedback erhalten, können sie sich auf eine Weise verändern, die ihnen mehr Objektivität, mehr Selbstaufrichtigkeit, mehr Selbstverantwortung, mehr Wahlmöglichkeiten und eine gewisse Freiheit von kultureller Konditionierung verleiht, was alles überraschende und positive Folgen haben kann. Mit einem geeigneten Gehirnaktivitäts-Training können Einzelpersonen ihre Fertigkeiten und ihre Fähigkeiten verbessern, und sie können sowohl lernen, wie man neue wünschenswerte Erfahrungen macht (Glück, Vitalität, Zufriedenheit) als auch, wie man aufhört, unerwünschte alte Erfahrungen zu machen (wie Angst, Depression, Paranoia).

Tatsächlich können Menschen lernen, wie sie die Kerndimensionen ihrer Persönlichkeit verändern können, indem sie ihre Gehirnaktivität ändern, so wie die grundlegenden Eigenschaften eines Computers durch das Laden eines neuen Betriebssystems verändert werden können. Durch die Änderung ihrer Gehirnaktivität können Menschen ihre Verhaltensmerkmale ändern und sie können lernen, wie man fast jeden Prozess in ihrem Verstand und ihrem Körper reguliert. Ein Mensch mit einer solchen Bandbreite an Fähigkeiten liegt weit außerhalb des Bereichs der kulturellen Normen.

## Empfohlene Literatur und Webseiten

Eine umfangreiche Liste von Meilenstein-Dokumenten ist auf der Website des Biocybernaut Institute von Dr. Hardt unter www.biocybernaut.com verfügbar. Für interessierte Laien empfehlen wir die folgenden Publikationen:

- Doug Boyd, *Conversations with a Cybernaut* (in Kürze).
- Barbara Brown, *New Mind, New Body: Bio Feedback: New Directions for the Mind,* Harper Collins, 1974. Ein früher Visionär auf dem Gebiet des Neurofeedback. Eine der ersten Personen, die das Potenzial von Biofeedback zur Transformation der Menschheit erkannt hat.
- James V. Hardt, *"Pathways of the Mind: In the Master's footsteps with technology"* in Nous Letter: Studien in Noetics, Vol. 2(1), S. 26-29, 1975.
- James V. Hardt, „Alpha EEG Feedback: Closer Parallel with Zen Than Yoga" in *Proceedings of the Association for Applied Psychophysiology and Biofeedback*, 24th Annual Meeting, Los Angeles, CA, 25-30 März 1993a.
- James V. Hardt und R. Gale, „Creativity Increases in Scientists Through Alpha EEG Feedback Training" in *Proceedings of the Association for Applied Psychophysiology and Biofeedback*, 24th Annual Meeting, Los Angeles, CA, 25-30. März 1993b.
- James V. Hardt, *„An Example of the Kundalini Experience Viewed Through Multi-Channel EEG"* in *Proceedings,* FutureHealth's Key West Conference, EEG '96, Key West, FL, 8. bis 13. Februar 1996.
- James V. Hardt, „The Ultimate Peak Performers: Alpha Feedback Training for US Army Green Berets" in der *6th Annual Winter Conference on Brain Function/EEG, Modification & Training*, gesponsert von FutureHealth, Vol. 6, Palm Springs, Kalifornien, 6. bis 9. Februar 1998.
- James V. Hardt, „Brain Energy Training: A Technology and Method for Spiritual Growth [the Biocybernaut Process]" in ISSEEEM, Boulder, CO, Juni 2000.
- Peter Russell, *The Global Brain Awakens: Our Evolutionary Next Step*, HarperCollins, 1983. Ein Visionär, der eine moderne

Perspektive auf Teilhard de Chardins mystische Weltvision über den Höhepunkt der menschlichen Entwicklung hat.

# Kapitel 12

## Persönliche Berichte über Spitzenzustände des Bewusstseins

### Einführung

Bei unserer Arbeit mit Spitzenzuständen des Bewusstseins geht es darum, dass reale Menschen ihr Leben auf erstaunliche und wunderbare Weise leben. In diesem Abschnitt werden wir Ihnen eine kleine Kostprobe der Lebenserfahrung mehrerer Menschen - in ihren eigenen Worten - geben, die in relativ dauerhaften Spitzenzuständen leben oder gelebt haben. Aus Platzgründen decken wir nur eine kleine Anzahl der möglichen Zustände ab, die Menschen haben. Einige der Zustände stammen aus Band 2, sind aber enthalten, um Ihnen einen Vorgeschmack auf das zu geben, was kommen wird.

Dieses Kapitel versucht, Schlüsselfragen zu beantworten, die unsere Schüler an Menschen stellen, die sich in Spitzenzuständen befinden. Würde ich überhaupt einen Spitzenzustand des Bewusstseins haben wollen? Wie wichtig sind Spitzenzustände wirklich, da sie viel Zeit und Mühe erfordern können? Welchen Spitzenzustand würde ich wollen, oder würde ich sie alle wollen? Wie würden sich die Spitzenzustände auf meinen realen Alltag auswirken? Wie würde sich mein neuer Spitzenzustand auf die Menschen um mich herum auswirken, besonders auf die mir näherstehenden? Würde ein Spitzenzustand meine körperliche Gesundheit beeinträchtigen? Würde ein Spitzenzustand die Art und Weise verändern, wie ich mein Leben lebe?

Einige der Menschen in diesem Abschnitt hatten ihr ganzes Leben lang einen Spitzenzustand. Sie zeigen, wie anders das Leben sein kann, wenn man so aufwächst. Diese Menschen veranschaulichen, was es bewirken würde, Ihren eigenen Kindern einen Spitzenzustand mitzugeben. Andere bekamen ihren Zustand später im Leben, einige durch den Besuch einer unserer Lehrveranstaltungen. Einige der Menschen befinden sich in relativ kleinen Zuständen, andere haben radikal neue Wahrnehmungen und Fähigkeiten.

Wir hoffen, dass Sie sich von dem inspirieren lassen, was Sie in diesem Kapitel lesen. Viel Spaß!

## Ein Beauty Way Zustand, der während des Studiums erworben wurde.

Rene ist ein Mann in den 60er Jahren, der sich mit Ingenieurwesen beschäftigt. In seinen früheren Jahren suchte und fand er eher zufällig einen Weg, um sich in einen permanenten Zustand des Beauty Way zu begeben. Ich habe einige Jahre für ihn gearbeitet, und ich muss sagen, er war der einzige inspirierende Manager, den ich je hatte - es hat tatsächlich Spaß gemacht, in der von ihm geschaffenen Atmosphäre zu arbeiten. Hier ist, was er zu sagen hatte:

> Wie sieht ein Spitzenzustand aus? Es scheint wie eine gewöhnliche Realität zu sein, die nur weniger überladen ist - so wie der realisierte Zen-Praktizierende eine gewöhnliche Realität erlebt - etwa einen Meter über dem Boden. Das Leben ist da mit all seinen Schmerzen, Problemen, die es zu lösen gilt und Enttäuschungen, die es zu erleben gilt - aber es geht einfach weiter. Es gibt immer die Erkenntnis, gleichzeitig mit den Kämpfen und Misserfolgen, dass es eine weitere Chance gibt, einen weiteren Tag zu beginnen; dass alles, was im Leben passiert, nicht das Ende, sondern Teil eines laufenden Prozesses oder einer Erfahrung ist.
>
> Stellen Sie sich das Leben so vor (um eine abgenutzte aber gut geeignete Metapher zu verwenden:) Sie werden in einem Boot in der Mitte eines unendlich breiten Flusses mit vielen Stromschnellen, deren Schwierigkeitsgrad Ihnen unbekannt ist, ausgesetzt. Sie können kentern, an Land geworfen werden oder ertrinken. Aber nehmen wir an, Sie hätten vorher ein Stück Wissen erhalten - wenn Sie auf sich selbst vertrauen, ist jedes Schnelle navigierbar. Der unbekannte Fluss wird dann nur noch zu einer Übung der Aufmerksamkeit.
>
> Ich fühle mich nicht besonders oder isoliert, aber ich weiß, dass viele - vielleicht die meisten - Menschen das Leben nicht so betrachten, wie ich es tue. Wie kam bin ich denn dazu, das Leben so zu betrachten? Wie habe ich dieses Wissen über den Fluss bekommen? Ich denke, es brauchte viele Erfahrungen, bis mir zwei Dinge klar wurden: Erstens wirken als Voraussetzung für das Leben in diesem Universum immer viele Kräfte auf uns ein; und zweitens gibt es nur eine steuernde Kraft, die wir erlernen können - und zwar unsere eigene. Ich sage erlernen, weil ich all die Ideen, mit denen wir

aufgewachsen sind, Hilfe zu erbitten von Eltern, Freunden, Engeln, Gott, wenn man in Schwierigkeiten ist: (wann sonst bitten wir um Hilfe?) verwerfen musste. Nicht, dass sie keine Ratschläge geben könnten oder dass wir nicht auf Ratschläge hören sollten. Aber es liegt an jedem von uns, Entscheidungen zu treffen und weiterzumachen. Und die nächste logische Schlussfolgerung war einfach, dass ich, wenn sie mir nicht helfen konnten, ihnen sicherlich auch nicht die Schuld für das geben konnte, was mir passiert war.

Das Problem damit, in einem Spitzenzustand zu sein (wenn es ein Problem gibt), ist, dass du letztendlich akzeptierst, dass du selbst derjenige bist, der für dich verantwortlich ist. Der Vorteil ist, dass du jetzt, da du aufgehört hast, anderen die Schuld für dein Leben zu geben, damit weitermachen kannst, es so zu leben, wie du es willst.

## Später im Leben eine Verbindung zu Gaia und dem Schöpfer erreichen

Wayne Ngan ist ein bekannter Töpfer, der auf einer Insel in British Columbia, Kanada, lebt. Er hat in Kanada und China unterrichtet und ist ein reizender älterer Mann, der gerne mit Menschen spricht. Er war bereit, über seinen eigenen Spitzenzustand zu sprechen, den er sich als junger Mann angeeignet hatte, und wie dieser sein Leben beeinflusst hat. Er hatte nicht immer diesen Zustand. Tatsächlich waren seine frühen Jahre sehr schmerzhaft und schwierig und er wuchs in Armut in China auf. Er beendete nie die Schule, er kämpfte mit der englischen Sprache, als sein Vater nach Kanada emigrierte, sein Finger ist verdreht von Schlägen, die er erhielt, und er kannte seinen Vater kaum. Als Junge wurde er im Leben und in der Schule wegen seiner Unfähigkeit „mitzuhalten", beschämt.
    Seine Geschichte ist besonders wichtig, weil der Zustand, den er hat und die Art und Weise, wie er dorthin gelangt ist, das widerspiegelt, was Jacquelyn Aldana in Kapitel 10 erzählt. Und sein Ratschlag ist ähnlich wie ihrer.
Das folgende ist eine Abschrift eines Gesprächs, das ich mit ihm in seinem Haus geführt habe. Ich hoffe, dass Ihnen dieses kurze Treffen mit Wayne genauso viel Spaß macht wie mir.

*Was würdest du wollen, dass die Leute, die diesen Artikel lesen, von dir lernen?*
Als ich hier in diesem Land anfing, saß ich auf diesem nackten Parkplatz und fragte mich, wie ich das in einen Lebensunterhalt verwandeln konnte. Es ist nicht nur der Parkplatz. Du bist es und was du weißt und was du in dir hast, und harte Arbeit, um die Harmonie in dir hervorzubringen. Jetzt habe ich Gärten, einen Teich, ein Haus.

Der Garten wird zu deinem Gemälde. Wenn man den Teich betrachtet, kann man die Spiegelungen im Wasser sehen. Man sieht die Käfer schwimmen, das Licht bewegt sich. Es ist erstaunlich, das alles zu sehen. In der Gegenwart zu sein, hier zu sein und auf den Teich zu sehen. Die Geräusche der Vögel, der Wind - es ist eine natürliche Musik. Du könntest Musik komponieren, malen, abstrakte Malerei nachbilden. Es ist unendlich, wenn du Komfort und keinen Stress spürst. Dein Wesen muss frei sein, damit dir die natürliche Umgebung helfen kann. Alles wird ein Teil von dir, und das ist aufregend.

Siehst du den kleinen weißen Punkt auf dem Käfer? In der Erinnerung weißt du, dass er Augen und Flügel hat, aber in diesem Moment, diesem Augenblick, siehst du einfach, dass es eine reine Bewegung ist - es ist wie ein Stern im Raum. Du kannst seine erstaunlichen Linien in der Kunst einfangen. Sein Schatten kann in eine Skulptur verwandelt werden, das Wasser in eine Glasschicht. Überall ist Kunst, ist Skulptur. Du kannst so viel tun, sogar die Geschichte eines Kindes schreiben.

*Was ist deine innere Erfahrung, damit wir deinen Zustand identifizieren können?*
Vor einiger Zeit war ich für ein paar Tage nicht gesund. Irgendwie habe ich das höchste Wesen gebeten, mein Blutsystem innerlich zu reinigen. Mein ganzes Wesen fühlte sich nach ein paar Tagen gut an. Wenn du bereit bist zu fragen, auf die ehrlichste und notwendigste Weise, kommt das höchste Wesen herein.

Ich hatte vor ein paar Jahren eine Operation am offenen Herzen. Dadurch hatte ich eine „innere Christus"-Erfahrung. Es war jenseits von Zeit und Raum - man konnte es nicht messen.

Ich wiege 125 Pfund. Ich könnte in einen kleinen Haufen Asche verwandelt werden. Doch was ich bin, ist etwas Anderes. Wenn man diesen Ascheberg einebnet, wird er zum Nichts, das man nicht sehen kann oder das eine Skala nicht messen kann. Wie kannst du deine Seele, deinen Geist und deine Liebe messen? All das ist es, was alles zusammenhält, Atmung, Sein, das Wesentliche des Lebens. Die Wissenschaft kann nur bis dahin gehen.

Wenn zum Beispiel jemand mitten in der Nacht anruft, stolpert man benommen herum. Dann kannst du dich von wo auch immer du warst, zusammenreißen und antworten - das ist Magie, um dieses Bewusstsein zu sehen, wie unser eigenes Inneres funktioniert.

*Würdest du über die Erfahrung mit dem Inneren Christus sprechen?*
Sie gab mir eine innere Sicherheit. Die physische Umgebung kann eine Belastung sein, ein sehr beschreibender Teil des Lebens. Im Inneren Christus findest du das innere Herz, wer du bist, das alle Dinge in sich trägt. Jenseits von Substanz. Du bist mit allen Menschen verbunden, der Natur, den Pflanzen, dem Meer, den Blumen, den Sternen und der Galaxie. Und das macht es so spannend.

*Würdest du anderen empfehlen, dass sie herausfinden, was du hast? Ist es so wichtig, dass sie danach suchen, egal was passiert?*
Einige Menschen durchlaufen das Bildungssystem. Nachdem sie es durchlaufen haben, ist der Job, für den sie so hart gearbeitet haben, unter Umständen nicht mehr da, oder aus anderen Gründen bricht alles zusammen. Sie stehen nicht in Kontakt mit dem, was sie sind. Wenn du deine eigene Leidenschaft findest, deine Gabe im Leben - wenn du sie findest, kannst du daran arbeiten, sie erweitern. Am Ende hast du mehr, eine innere Sicherheit, dein Leben fühlt sich im Universum wohler an, weil du aus dem Zentrum dessen kommst, was du bist.

Wissen ist eine kalte, unbefriedigende Seite des Lebens, und so ist das moderne Leben. Auch der Mensch ist ein riesiger Computer, es ist alles da, er ist mit dem Universum verbunden. Er benötigt kein Gerät, seine Verbindung ist direkt. Es gibt mehr Mysterium, mehr Schönheit, mehr Ganzheit.

Heute geht es um Geschäft, Kontrolle wie in der Regierung, Computer, um Dinge zu steuern. Die Menschen vergessen ihren eigenen Körper, ihre eigene Seele und ihren eigenen Geist.

*Warst du schon immer so?*
Ich habe nicht viel Bildung. Obwohl Stufe neun, mit einem D in Kunst (kichern). Nicht gut für das normale System, ich passte nicht dazu, also musste ich meine eigene Richtung finden. Als Junge in einer schwierigen Situation überleben, Fische von Hand zum Essen fangen. Ich kann das jetzt transzendieren und in Harmonie verwandeln. Es ist innerlich, weil ich in eine tiefere Ebene vordringen musste.

Kinder in schwierigen Situationen können Selbstmord begehen. Wir sind nicht geboren, um zu sterben, wir sind geboren, um zu leben. Die Wahl zu Überleben verwandelt Trauer in Kunst, in Leben, in Mysterium, in Drama.

Wenn du die finanzielle Möglichkeit hast, musst Du dich nicht an der Idee festhalten, dass das Leben hart ist. Du kannst es übersetzen in, dass Leben ist einfach, find den Inneren Christus, verwandle dich in Harmonie mit allen Dingen.

Ich denke, Harmonie ist damit verbunden, mit unserem inneren Wesen verbunden zu sein. Wenn du dich nicht mit dieser inneren Wärme verbindest, ist die Harmonie weit entfernt. Wenn du mit dir selbst in Kontakt bist, wird das Konzept der Harmonie sinnvoll.

Die Menschen aus dem Westen sind mehr in den Christus vertieft, der mit dem dünnen Körper gekreuzigt wurde. Buddhisten verehren den dickeren Buddha, aber der wahre Geist, die wahre Seele und der Geist sind jenseits von Dick oder Dünn. Du stirbst nicht, wie ein Stern, wie das Wasser, das wir trinken, die Luft, die wir atmen, eine Art zeitlose Sache. Arbeit kann dich von dem ablenken, was real ist.

Du kannst „Christus" nicht töten, weil es eine Art zu sein ist. Der physische Körper kann getötet werden, aber was real ist, das ist darüber hinaus. Was hinter dem Leib Christi steckt, ist Licht. Es hält alles zusammen. Es verschwindet nicht mit dem Tod.

*Wenn du deine Augen schließt, ist es innerlich hell in dir?*
Oh, ja. Wenn du das physische Auge schließt, sehe ich, dass alles Energie ist. Du schaltest den „Fernseher" aus, und das innere Sehen wird substanzlos und schwerelos fortgesetzt. Diese Art von Vision erregt mich. Du schließt die Augen, deine anderen Sinne werden intensiviert. Wenn das passiert, verändert sich dein Bewusstsein. Dann kannst du es in deine Kunst übertragen. Du überträgst es in

deine innere Harmonie. Es ist eine andere Art zu sehen. Manchmal können unsere physischen Augen davon ablenken.

*Gibt es etwas, das du den Leuten sagen möchtest, die das lesen?*
Ich finde es gut, wenn man seine Leidenschaft früh erkennt, besonders bei Kindern. Wenn du deine Leidenschaft entdeckst, kannst du auf diesen Bereich hinarbeiten. Die Eltern wissen nicht, wie sie die Kinder führen sollen, sie arbeiten so hart. Dann übernehmen die Schulen, und du wirst wie ein Truthahn gestopft. Dein Wesen wird im Nichts erstickt, du verlierst dein eigenes Wesen und deine Leidenschaft. Es ist schwer, dieser Schublade zu entkommen, in die die Schule dich steckt, und diese Schublade bleibt in deinem Unterbewusstsein stecken.

Ich denke, es braucht Mut, das zu tun, was man gerne tut, denn normalerweise zahlt es sich nicht aus - deshalb mache ich so viele Dinge (lacht).

Ich hatte so viel Demütigung und Dramatik in meinem Leben. Es zwang mich, meine eigene innere Wahrheit zu finden. Wenn ich genug Zeit habe, kann ich mein eigenes Universum entdecken – das sagt mir zu.

## Ein Workshop-Teilnehmer kommt in den Inner Peace Zustand durch Heilung eines Problems mit der Whole-Hearted Healing Methode

Jenny Heegel besuchte vor einigen Jahren eine WHH - Therapieausbildung. Mit dem WHH-Prozess heilte sie ein Problem, das sie in einen relativ dauerhaften Spitzenzustand brachte. Zuerst war sie sehr besorgt, weil sie keine vergangenen Traumata spüren konnte, an denen sie während der WHH-Übungen arbeiten konnte, aber sie war erleichtert, als sie feststellte, dass dies für jemanden in dem Zustand, in den sie gerade eingetreten war, normal war. Es ist ein paar Jahre her seit diesem Workshop, und ihr Zustand ist unverändert geblieben.

Danke Mary,

... ich sprach mit einigen Freunden nach meinem Kurs in Wundern über meine neu gefundene „Freiheit" und mein wunderbares Leben, Liebe, etc. Ich beschrieb, wie ich es „bekommen" habe, dass wir aus Pams Radical Forgiveness Workshop ein eigenes Lebensspiel erschaffen. Gegen Ende unseres Mittagessens begann mein unterer Rücken zu schmerzen. (Ich habe regelmäßige intensive Rückenschmerzen etwa alle 3 Monate oder so seit letztem April). Ich wollte an diesem Abend zum Indigo Girls Konzert gehen und hoffte verzweifelt, dass dieser Schmerz verschwinden würde. Ich rief Alan an, um eine Ersatz-Reiki-Heilung durchzuführen, und fing an zu weinen, als er damit begann. Nach dem Telefonat machte ich WHH, EFT und arbeitete einige Traumata durch, aber mein Rücken tat immer noch weh. Ich ging zum Konzert und traf mich am nächsten Tag mit der WHH-Gruppe und Alan und ich unterstützten uns gegenseitig bei WHH, aber der Schmerz hörte nicht auf.

Ich bekam keine Bilder, aber ich kann mich anhand von Gedanken und Gefühlen durch verschiedene Traumata bewegen. Die, an denen ich arbeitete, waren die Rückenschmerzen, die in Wehen und Geburtsschmerzen mündeten. Ist es seltsam, dass ich in der Lage bin, leicht auf die Emotionen zuzugreifen? Pamela erwähnte, dass ich verschiedene unterschiedliche Spitzenzustände durchmachte. Ich bin mir nicht sicher, woran ich an dieser Stelle arbeitete.

Außerdem wollte Alan, dass ich mitteile, dass mein ADD weg zu sein scheint, ich kann mich auf die Arbeit konzentrieren, auch wenn um mich herum Lärm ist (Arbeitszimmer Hölle). Ich bin nicht mehr wie früher durch Lärm irritiert. Ich spielte kürzlich Klavier und konnte die Musik lesen und spielen und sogar ENJOY spielen (es klang wunderschön). Es war davor so eine lästige Pflicht, als ich Unterricht nahm. Ich kann während der Arbeit bei meiner Aufgabe bleiben, bin ruhig und geduldig. Ich kaue immer noch an meinen Nägeln herum, aber seit dem Workshop haben sie nicht mehr geblutet.

Danke,
Jenny

(Ein paar Tage später...)

Danke Mary,
ich weiß nicht, was mit dem ADD-Kram passiert ist. Ich hatte damit eine Menge Angst. Ich erlebe derzeit keine intensive Angst, Wut oder Traurigkeit, es sei denn, ich gehe mit WHH „dorthin".

Ich ging mit Freunden zum Abendessen und eine Person griff die andere verbal an. Früher wäre ich zusammengezuckt und hätte versucht, die Sache zu glätten. Ich fühlte mich nicht verantwortlich, ich beobachtete sie nur und erkannte, dass sie beide Schmerzen hatten - und diese liebten.

Ich kann mich kaum erinnern, die Person zu sein, die ich vor 3 Wochen war. Dieser Zustand ist so befreiend. Ich werde auf die „kauenden" Emotionen achten und dich wissen lassen, was passiert.

Licht und Liebe,
Jenny

## Ein lebenslanger Hollow und Inner Brightness Zustand

Susanne ist eine 22-jährige Frau, die seit ihrer Geburt im Zustand Hollow und Inner Brightness ist. Dies ist der Soll-Zustand des Prozesses in Kapitel 8 und der einfachere in Band 2. Es ist möglich, dass sie auch andere Zustände hat. Aus unserer Sicht ist sie eine außergewöhnlich ausgeglichene, freudige Person, die ein Leben führt, das man von außen nur als magisch bezeichnen kann. Ihre Kreativität, ihr Servicegefühl, ihre Gnade und ihre Fähigkeit, ihre Wünsche zu manifestieren, müssen erlebt werden, um sie als glaubwürdig anzusehen. Als Erwachsene bemerkt sie, dass sie selten, wenn überhaupt, Schmerzen oder Verletzungen hat, gerade so wenig wie eine Papierschnittverletzung.

Ihr Bericht über die Lebenserfahrung ist besonders wichtig, da er zeigt, wie sich die Persönlichkeit eines Menschen auf der Grundlage dieses Zustandes entwickelt. Da dieser Zustand relativ selten ist, ist dieser Bericht besonders ungewöhnlich. Die meisten der Daten, die wir darüber haben, stammen von Menschen, die sie später im Leben in unseren Workshops oder auf andere Weise erworben haben.
Insbesondere fragten wir sie, welche potenziellen Nachteile ein solcher Ausnahmezustand mit sich bringen könnte, damit Menschen, die selbst erwägen, in diesen Zustand zu wechseln, beurteilen können,

welche Auswirkungen er in ihrem persönlichen Leben haben könnte. Ich war selbst neugierig, wie sie das Leben in einer Welt fand, die mit Menschen im durchschnittlichen Bewusstsein gefüllt war, bei solchen Aktivitäten wie der Suche nach einem liebenden Partner, und so weiter.

Sie war so freundlich, über ihre alltäglichen Erfahrungen in ihren eigenen Worten zu schreiben:

### Körpererfahrung
Was meine Körpererfahrung im Allgemeinen betrifft... wenn ich sitze und einfach die Ruhe meines Körpers erlebe... es gibt Licht... und es gibt Leere oder einen riesigen Raum... je nachdem, wie jemand meine Erfahrung interpretieren würde...

### Körperliche Gesundheit
Meine Gesundheit ist gut... mein Körper ist körperlich stark...mein Immunsystem ist erstaunlich stark (auch bei wiederholten Reisen in Länder der Dritten Welt habe ich meine Gesundheit aufrechterhalten)...und ich bin schön...

Ich habe nur sehr wenige Erfahrungen mit Verletzungen, Krankheiten oder Schmerzen gemacht - ich bekam Ohrinfektionen im Alter von 2-6 Jahren (3 bis 5 Mal im Jahr). Ich erinnere mich an ein paar typische Knieschürfungen, Schnitte und Beulen als Kind... und ich hatte Streptokokken im Alter von 7-14 Jahren (2 oder 3 mal im Jahr)... die alle im Moment etwas wehtaten, aber schnell geheilt sind. Ich fühle, dass ich ganz sanft auf Schmerzen reagiere... und ich genoss tatsächlich die eiskalten Umschläge und die spezielle Behandlung, die ich während meiner kranken Momente erhielt...abgesehen davon habe ich vielleicht alle 3 Jahre eine Erkältung... wenn überhaupt...und das war's.

### Beurteilung
Ich liebe es zu sehen, dass ich die gleiche innere Essenz wie die nächste Seele habe. Ich sehe mich nicht anders als andere. Ich bin mir oft nicht bewusst, ob andere mich verurteilen. Ich glaube, dass es nur wenige Menschen gibt, die mich überhaupt mit den Urteilen konfrontieren würden, die sie über mich haben. Wenn jemand kommuniziert, liebe ich es, in die Reflexionen einzutauchen, die er erlebt. Ich liebe es, für das Wachstum zur Verfügung zu stehen, das man bereit ist, mit mir zu teilen... Ich fühle mich sehr wenig verurteilt von anderen.

### Herausforderungen

Ich liebe Herausforderungen... Herausforderungen bieten mir einen Moment, um zu enthüllen, was einst verborgen war. Ich genieße das Wachstum, das ich bei der Bewältigung von Herausforderungen erlebe. Ich fühle mich oft schöner und strahlender, nachdem ich mich selbst konfrontiert habe und die Gelegenheit genutzt habe, die Realität im Inneren zu vertiefen... Persönlich hatte ich in meinem Leben soweit wenige Herausforderungen. Die Herausforderungen, die kommen, scheinen sehr begrenzt im Vergleich zu den unendlichen Segnungen in diesem Leben zu sein.

### Materielle Aspekte

Ich liebe die materiellen Aspekte des Lebens... Ich habe alles und nichts. Die materiellen Visionen, die in mein Bewusstsein gelangen, scheinen auf magische Weise in die physische Realität zu gelangen. An diesem Punkt ist das, was ich besitze, minimal. Meine materiellen Wünsche erscheinen auf wundersame Weise auf einem lustigen, fabelhaften Tablett direkt vor mir, wenn ich bereit und verfügbar bin, eine bestimmte Vision zu manifestieren. Ich fühle, dass die materiellen Aspekte des Lebens für mich in einer natürlichen Entwicklung ankommen...

### Geld

Ich liebe Geld... Noch einmal, ich habe alles, aber nichts Diesbezügliches jetzt in meinem Leben. Finanziell gesehen scheinen die Beträge in perfektem Timing zu kommen und ihren Zweck im Jetzt zu erfüllen. Ich bin mir bewusst, dass ich das finanzielle Gleichgewicht beibehalte und die Prioritäten ehrlich halte, wenn ich Geld ausgeben möchte. Ich tendiere dazu, nicht in etwas Neues zu investieren, bis ich mir sicher bin, dass weitere Bareinnahmen auf dem Weg sind. Ich genieße das Geld und fühle, dass ich den Geldreichtum verdient habe, der mir in diesem Leben zur Verfügung steht...

### Arbeit

Ich liebe die Arbeit. Ich weiß nicht, ob meine Arbeit bei mir ankommt oder ob ich bei meiner Arbeit ankomme. Es scheint gleichzeitig zu geschehen. Ich bin einfach eine Seele, die hervortritt, und gerade wenn ich für die Arbeit zur Verfügung stehe, ist Arbeit für mich da. Meine Arbeit scheint die Verbindungen zu erfüllen, die anderen fehlen, um ihre persönlichen Visionen zu manifestieren. Ich lasse oft Dinge geschehen... und das auf angenehme Weise. Ich werde zu einer Reihe von Arbeitserfahrungen geführt... die alle einen kreativen, spirituellen oder gastfreundlichen Aspekt beinhalten. Auch wenn ich persönlich nicht körperlich verfügbar bin, kann ich in der Regel einen Kontakt oder einen Vorschlag zur Unterstützung erhalten. Meine Lebensweise ist meine Arbeit. Die kreative Arbeit, die den finanziellen Gewinn auslöst, erscheint winzig im Vergleich zu der größeren Arbeit, die in jedem Moment dieses Lebens geschieht...

*Nachteile des Zustandes, in dem ich mich befinde.*
Also....der Nachteil, so zu sein... es ist kein Nachteil für mich...während andere das Gefühl haben, dass es an Verbindung zu mir mangelt...Ich fühle mich mit ihnen verbunden...während andere eigene Erfahrungsreisen haben (und einige können in den einigen Augen schädlich oder negativ sein)..... Ich empfinde keine Verwirrung über ihre Art zu sein. Ich vertraue darauf, dass das, was sie erleben, das ist, was sie erleben müssen...und dass die Erfahrung für das Ganze gültig ist...der Schein und das Urteil können trügerisch sein. Ich habe das Gefühl, dass etwas viel Größeres passiert... und wir alle müssen die ganze Reise machen, um vollständig zu unserem Verständnis zu gelangen.

Ich fühle, dass ich wie alle anderen werde, sobald ich anfange zu denken, dass ich anders bin...

# Erlangung des Hollow Zustandes und der Spitzenfähigkeiten durch den Prozess in Band 2.

Pamela Black nahm vor einigen Jahren an unserem Workshop teil. Sie durchlief den in Band 2 beschriebenen Prozess für den Hollow Zustand und hatte dramatische Veränderungen in ihrem Bewusstseinszustand und ihren Bewusstseinsfähigkeiten. Obwohl einige der Veränderungen wie die Spitzenfähigkeiten, die wir nicht im Visier hatten, nach einer Weile verblassten, blieben andere wiederum einige Jahre bestehen. (Wir haben erklärt, warum dies manchmal der Fall sein kann, als wir den Trauma-Heilungsansatz für Spitzenzustände in Kapitel 9 beschrieben haben.) Pamela fand auch heraus, dass sie den Zustand nach Belieben zurückholen konnte, wenn dieser verblasste.

Einer der wichtigsten Gründe, den Hollow Zustand zu erwerben, ist die drastische Erhöhung der Fähigkeit, traumatisches Material schnell und mühelos zu heilen. Pamela nennt einige Beispiele dafür und heilt Dinge, die ein Mensch im durchschnittlichen Bewusstsein überhaupt nicht oder bestenfalls nur mit großen Schwierigkeiten tun könnte. Nachfolgend finden Sie eine Kopie der damals an Dr. Mary Pellicer gesendeten E-Mails sowie einige Nachveröffentlichungen.

> Hi, Leute,
> hier sind ein paar echte Rückmeldungen über meine letzten 24 Stunden und den Versuch, sich an diese neue Landschaft zu gewöhnen. Maria, als Antwort auf deine Frage, ja, ich bin diffus. Ich höre nicht bei meinem eigenen Körper/Haut auf, ich breite mich ziemlich weit aus, aber mit unterschiedlichen Entfernungen (von Hausgröße bis Marsgröße), und wenn ich meine Aufmerksamkeit verlagere, kann ich sie nach Belieben verändern, aber ich denke, dass ich ziemlich genau hausgroß bleibe, wenn ich nicht darüber nachdenke. Was die Haut betrifft, so fühle ich sie manchmal mehr als anderes (wie Hohl-sein), aber sie scheint eine andere Sache als die Ausbreitung zu sein. Die Ausbreitung fühlt sich dauerhaft an, wie 100% der Zeit, aber Hohlsein und Hautlosigkeit fühlen sich teilweise an, und jetzt, da ich daran denke, werde ich damit spielen, ob sie gleichzeitig kommen und gehen können (miteinander verbunden sind).
>
> Als ich nach Hause fuhr, „spürte" ich die lebendige Energie des Pflasters, im Unterschied zur Energie des Mittelstreifens oder der Straßenböschung. Habe mit der Vorhersage experimentiert (basierend auf dem Erfassen der Fahrbahn), in welche Richtung die Straße als nächstes kurven würde - links oder rechts. Ganz einfach, und ich hatte eine 50/50 Chance, richtig zu liegen, aber ich fand es ziemlich erstaunlich, dass ich mehr als 40 Mal richtig und nur 3 Mal falsch lag. In allen 3 Fällen hatte ich mich „wirklich bemüht", die Fahrbahn zu fokussieren/zu spüren; als ich mich zurückzog und es lockerer anging oder es für einen Augenblick vergaß, lag ich 100 Prozent richtig.
>
> Auch auf der Fahrt ging ich in/aus dem Hollow Zustand, war mir aber sehr bewusst, dass ich Lastwagen überhole, fühlte sie in meinem Feld, fühlte, wenn jemand unachtsam war und scharfe/gefährliche Bewegungen machte. Aber nicht, indem ich die anderen Fahrer wahrnahm, wie ich es erwartet hätte. Es war mehr das Erkennen des Energiefeldes, und die scharfe Bewegung im Feld, wenn ein großes

Objekt durch es hindurch schwebte, gesteuert von einer Energie, die unharmonisch war (die Absicht oder Nachlässigkeit des Fahrers oder so). Sehr merkwürdig. Jetzt kann ich verstehen, was der Planet in uns (Menschen) wahrnimmt, wenn wir unaufmerksam und wütend und unvorsichtig sind.

Ich fühlte den Fahrweg, formte mein Auto in ihn, als „wir" fuhren (weil ich sehr schnell fahre und das Gefühl von zusätzlicher Antriebskraft mag). Ich war sehr bewusst vom fast Vollmond und den erstaunlichen Wolken in diesem großen, großen und hellen Himmel (definitiv der Big Sky Zustand). Ich konnte mich ausstrecken und die wuscheligen Baumkronen spüren. Als ich in Atlanta ankam und durch meine Lieblingsstraßen fuhr, konnte ich spüren (hören?), wie die Bäume mich zu Hause begrüßten - sie kennen mich definitiv!- und es war so schön und unerwartet, dass ich fast Tränen der Freude hatte. Ich fuhr sehr langsam und bewunderte ihre im Mondlicht gebadeten Wesen. Ich war auch auf kleine Kreaturen im Unterholz aufmerksam geworden.

Ich kam nach Hause und fand eine E-Mail von einem „Gentleman-Freund" vor, die als ziemlich negativ angesehen werden könnte. Reagiert auf der Skala mit dem Wert 3 (wäre vor einer Woche 8 gewesen - er lässt mich ihn nicht küssen, kannst du dir das vorstellen?? -aber ich hatte am Wochenende an diesem Thema gearbeitet), also fühlte ich immer noch CPL (Ruhe, Frieden und Leichtigkeit) in dem Moment. Ich machte ein „Standard-TAT", flippte dann durch die Generationen rückwärts (mit dem „Kartenspiel" und dem induzierenden Hollow-Trick) und kam zu einem 1/2 Punkt (ich weiß, es war nicht 0, aber es war 4 Uhr morgens und ich war auf meinem Kreuzzug, okay?). Habe 4 Stunden geschlafen, bin aufgestanden, habe mich großartig gefühlt, ging zurück in WHH, um die Hälfte zu beenden, ging in den Ei-Zustand kurz vor der Empfängnis, bearbeitete die „oh, Gott, nur 24 Stunden, beeilen, beeilen, beeilen" Befürchtung, dann automatisch zurück in einen Vorempfängnis Zustand, „kleiner Fleck" mit einem gedämpften Gefühl von Angst (noch etwas CPL (Ruhe, Frieden und Leichtigkeit) unter all dem). Bearbeitete den Fleck, indem ich ihn umgab (während ich auch darin war, wie wenn ich mich mit mir selber umgab) und Hollow hervorrief und dann anfing zu wachsen. Bis ich draußen im Unendlichen war, gewann ich definitiv den vollen Hollow zurück, so stark wie damals, als wir die Übungen zum ersten Mal beendeten und ich zum Mars ging.

Ich entschied mich, auf Helligkeitsunterschiede zu achten, also schloss ich nicht nur meine Augen und bedeckte sie mit den Händen, sondern steckte mein Gesicht in das Kissen, um sicher zu sein, dass die Ablesung richtig war, aber achtete darauf, meine Augen nicht zu berühren, da der Druck auch die Helligkeit verändert. Ich fand heraus, dass, wenn ich mir 5 Minuten gab statt 30 Sekunden, die Dinge hinter den Augenlidern tatsächlich etwas heller wurden. Ich denke, dass ich etwas geschwankt habe, um das Niveau 5-6, aber ich denke, dass es eine Kerbe gab, jetzt 6-7. Die Skala der Helligkeit ist hart für mich; ich denke, wir alle haben einen anderen numerischen Sinn, also möchte ich eine fotografische Graustufen Skala, mit der ich arbeiten kann und die ich verschicken kann, damit du mir deine Vorstellung von 7 oder 10 oder 3 mitteilen kannst. Ich werde weiter überprüfen, aber ich denke, ein wenig warten ergibt ein besseres Ergebnis, als nur einen schnellen Blick darauf zu werfen.

Ich habe am Montag einen Augentermin und lasse es dich wissen. Ich erwachte heute Morgen und geriet für einen Moment in Panik, weil ich dachte, ich hätte in meinen Kontaktlinsen geschlafen; ich sah die Dinge nicht ganz klar, aber mit bloßen Augen viel klarer, als ich sie in Erinnerung hatte. Aber wenn ich meine Kontaktlinsen mit ihrer Stärke einsetze, sind die Dinge auch klar, also bin ich verwirrt (und heile wahrscheinlich)."

(Am nächsten Tag lacht sie über eine der häufigsten Auswirkungen des Entfernens der Hülle - den Drang, alte Sachen zu reinigen und wegzuwerfen:)

„Mary, das ist wirklich eine verzerrte Realität.
Ich bin gestern Abend nach Hause gekommen, und heute Morgen, nach nur 4 Stunden Schlaf, bin ich dabei, meinen Herd zu reinigen (ausgerechnet jetzt) und merke, dass ich summe.
Das ist krank.

Gibt es noch mehr?

Benommen,
Pamela

(Zwei Wochen später:)

„Feedback zu meinem Hollow-Zustand: Ich bin mir nicht sicher, ob ich Hollow gut halten kann, denn einige Durchlässigkeiten sind eingetreten (ich fühle etwas Haut, obwohl ich immer noch diffus bin), da ich bei einigen Dingen Emotionen hatte. Ich weiß, dass das nächste Trauma bevorsteht, um es zu heilen, und bin sehr dankbar, denn ich wollte einen Zustand haben, aus dem ich weiterhin eine legitime Reinigung durchführen kann. Und auch sehr dankbar, dass die Emotion viel leichter ist, als ich sie vor einer Woche verspürt hätte, und darunter liegt eine Schicht CPL (Ruhe, Frieden und Leichtigkeit). Vielleicht ist es das, was du mit Emotionen meinst, die in einem Spitzenzustand anders sind, also behalte ich vielleicht wirklich den Spitzenzustand, nachdem ich Traumata zur Heilung finde, und werde wieder in den vollen Spitzenzustand zurückkehren, wenn ich diese auflöse.

Ich benutzte auch noch einmal die TAT/rückwärtsgehend in der Zeit für die Generationsthemen (wie das Blättern durch ein Bilderbuch oder ein Kartenspiel) und benutzte auch einfach nur eine „Vision des Bildes, um dann dieses mit Licht zu befüllen"-Technik und löste schnell ein paar Dinge.

Das letzte Stück ist nur ein Feedback für dich und Maria, um eine Art Dokument über die Zustände und was zu erwarten ist, zu haben, für diejenigen von uns, die sie getroffen haben und im „heilige Scheiße!" Land herumlaufen, während sie über die eigenen Füße stolpern. Es könnte dir helfen, 6 Millionen individuelle Fragen nicht beantworten zu müssen.

Ich halte meine Zustände nicht immer und überall, nur es ist ganz anders, doch gleichzeitig fühlt es sich an wie der logische nächste Schritt von dort, wo ich stehe. Vielen Dank, wirklich; die Sprache ist hier so unzureichend.

Das größte Stück, das ich während des Workshops geheilt habe, war Angst/Sicherheit; ich weiß, dass es noch mehr zu tun gibt (viele Traumata um Angst, denke ich), aber der Unterschied zwischen heute und früher ist GROSS. Es ist nicht so, dass ich jeden Tag mit Angst lebte oder dass ich oft Angst hatte, aber es gab eine zugrundeliegende Wachsamkeit dem Leben gegenüber und den Grenzen, die ich heute einfach nicht mehr fühle. Und eine zugrundeliegende Freude, die immer öfter präsent zu sein beginnt, ist jetzt immer da.

Zwei Wochen später, und ich empfinde immer noch Dankbarkeit für die Arbeit, die ihr mitgeteilt habt, die ich nicht in Worte ausdrücken kann.

Pamela

# Ein Hollow Zustand und ein Bewusstsein, das nach individueller Arbeit über die Haut hinausgeht

David Burnet ist ein Freiwilliger, der im Osten der USA lebt. Er hatte bereits bis zu einem gewissen Grad den Zustand Inner Brightness und mit Hilfe von Dr. Pellicer gelangte er mit Hilfe des Regressionsprozesses in den Hollow Zustand. Ich denke, Sie werden diese gekürzte Version seiner E-Mail faszinierend finden.

*Alter 14 oder 15 - Licht und Helligkeit, für ein paar Wochen.*
Ich hatte Bücher von Alan Watts studiert und versucht zu erlernen, wie man ein fotografisches Gedächtnis entwickelt. Ich hatte vor, mentale „Schnappschüsse" von dem, was ich sah, zu machen und zu versuchen, später genaue Duplikate davon zu sehen. Lernen, mehr und mehr zu bemerken und sich daran zu erinnern, über ein breiteres Bewusstseinsfeld hinweg.

Plötzlich wurde alles sehr hell und sehr einfach. Meine geistigen Fähigkeiten schienen zu springen. Mentale „Fotos" zu machen und sie wieder aufzurufen war einfach. Das Lernen und Studieren in der Schule war plötzlich auch einfach. Es gab eine Verbundenheit mit allem und jedem, obwohl ich das nicht besonders betonte.... es war mehr so, als ob sich das FELD meines Bewusstseins und damit alles darin verändert hätte.

Ich konnte mich leicht an alles erinnern, woran ich mich erinnern wollte.

Ich hatte ein starkes Gefühl - das ist etwas schwer in Worte zu fassen -, dass der Schlüssel darin lag, nicht „Nein" zu sagen, was ein „Ja" ermöglichte. Zum Beispiel nicht mit dem Ego/reaktiven Geist zu reagieren... die Dinge einfach SEIN zu lassen.

Das Leben war hell, einfach, freudig... und ich auch.
Das dauerte ein paar Wochen, dann begann der Zustand sich abzunutzen und zu zerstreuen.

Durch Hilfe von Mary (Pellicer) habe ich etwas über den Hollow Zustand gelernt und ihn in verschiedenen Graden erlebt. Der Durchbruch kam, wenn ich mich recht erinnere, durch eine Heilung eines Generations-Traumas die anscheinend auf sehr klassische Weise verlief.

Mein Körpergefühl ist jetzt oft (vielleicht sogar normalerweise) größer oder ausgedehnter als mein physischer Körper, meine Haut. Es ist ziemlich einfach, einfacher als vorher, noch weiter zu werden. Ich kann häufig andere Menschen und Umstände in meinem „Raum" aufnehmen, mit unterschiedlichem Grad an intuitivem Wissen... und manchmal auch tun.... was mit ihnen verbunden scheint.

Herzliche Grüße und Segenswünsche,
David Burnet

## Erwerb des Wholeness Zustandes durch Rebirthing

Nemi Nath ist eine australische Rebirtherin, deren untenstehender Bericht von ihrer Entdeckung dessen handelt, was den Wholeness Zustand ausmacht. Ihre Geschichte stammt aus einem Artikel über Plazentatraumata, der über ihre Website unter www.breathconnection.com.au zu finden ist. Ich danke Frau Nath für ihre Erlaubnis, ihre Arbeit zu nutzen.

*Ganz und gar nicht: Eine persönliche Fallgeschichte*
Das erste Mal, dass ich meinem „Plazenta-Trauma" begegnete, war während meiner allerersten Rebirthing-Sitzung, die zufällig von meiner Geburt handelte. Ich sah, wie etwas in einen weißen Emaille-Eimer geworfen wurde und war mir nicht sicher, was es war. Damals fragte ich mich, ob es die Plazenta war, aber weil ich mich ihr so nahe fühlte und der Schmerz, den sie im Eimer hatte, so groß war,

interpretierte ich sie als einen toten Zwilling, der ohne Erwähnung entfernt wurde.

Der Eimer erschien viele Male in späteren Sitzungen und verursachte jedes Mal das gleiche Maß an Trennungsschmerz, der ungelöst blieb. Ich überlegte oft, ob der Inhalt die Plazenta sein könnte, verwarf aber den Gedanken bzw. das Gefühl, weil ich glaubte, dass die Plazenta ein Teil der Mutter sei, schließlich heißt sie auf Deutsch auch Mutterkuchen. Die Intensität des Gefühls für dieses „Sein" im Eimer bestätigte meinen Glauben, dass es sich dabei um mehr als eine Nachgeburt handeln müsse, die 1947 nicht viel mehr als ein verwerflicher Überrest von der Geburt war.

*Meine Symptome beim Plazenta-Trauma*
Etwa einen halben Tag nach dem Gespräch (mit Shivam Rachana, Autor von Lotus Birth) wanderte ich herum und überlegte, was die Symptome meiner Nabelschnurdurchtrennung / Plazentatrauma sein könnten. Ich war mir sicher, dass ich die Symptome haben würde, weil ich wusste, dass meine Nabelschnur sofort durchtrennt wurde, und mir klar wurde, dass ich die Symptome auf etwas Anderes zurückführen musste. Während dieser Stunden entwickelte sich in meinem Bauch, direkt in der Magengrube, ein ganz vertrautes Gefühl der Angst. Es verschärfte sich bis zu dem Punkt, von dem ich wusste, dass ich mir einen ruhigen Raum gönnen musste, um diese Erfahrung zu erforschen. Mit bewusster, verbundener Atmung war ich sofort da, im Mutterleib, fühlte meine Plazenta und mich als Einheit. Ich setzte meine Plazenta als Teil von mir wieder ein, ein äußeres Organ, das während des Übergangs vom Universum über meinen Vater und durch den Körper meiner Mutter in meine selbständige Existenz eine sehr spezifische Funktion hatte.... Ich fühlte mich ganz und vollständig, wirklich ganz, wie ich mich noch nie zuvor gefühlt hatte.... Und ich dachte, meine Sitzung wäre damit abgeschlossen.

Doch das Gefühl der Angst kehrte innerhalb weniger Minuten zurück, diesmal etwas rechts von dem Ort, an dem es zuerst erschienen war. Als ich mein ganzes Bewusstsein hineingleiten ließ, wurde ich mir zweierlei von mir bewusst. Das eine war das Ich, mit dem ich mich normalerweise identifizierte, und das andere war ein etwas kleineres Ich, mit dem ich mich auch manchmal identifizierte, aber seine Trennung nie so deutlich erkannt hatte wie jetzt. Ich konnte leicht von einem zum anderen gleiten. Das Kleinere schien nicht verkörpert zu sein, und sein Gefühl war, wie im Wachzustand zu träumen. Der Größere Teil war derjenige, mit dem ich mich normalerweise identifiziere und duch den ich in meinem wachen Bewusstsein lebe.

*Die Plazenta hat auch Gefühle.*
Ich bemerkte, dass das Gefühl der Angst aus dem kleineren Teil kam und beschloss, dort zu bleiben, um es vollständig zu erleben. Ich entdeckte, dass meine Plazenta Angst hatte. Dieses Gefühl der Angst war anders als das Erleben von Angst in einem Teil meines Körpers. Es ist schwer zu beschreiben. Es war, als wäre meine Plazenta ein eigenständiges Wesen mit einer eigenen Intelligenz gewesen (ich dachte früher, dass es ein Zwilling war), und dass sie Gefühle hatte, die von denen des Babys getrennt waren. Sie hatte ihr eigenes Trennungstrauma von mir, daher kam die Angst zurück, nachdem ich meines integriert hatte. Ich bemerkte auch, dass der Ort dieser Angstgefühle an zwei verschiedenen Stellen in meinem Bauch gewesen war, wie ich oben beschrieben habe.

*Die Geburt des Ätherkörpers*
Nun erinnerte ich mich an Teile von Rachanas Vortrag über die Funktion der Plazenta, nachdem die Nabelschnur vollständig ausgetrocknet war und einige Tage nach der Geburt,...... dass der Ätherkörper des Babys die Plazenta noch viel länger umgibt als die Zeit der physischen Übertragung zwischen Plazenta und Baby, und dass die ätherische Übertragung auch unterbrochen und unvollständig ist, wenn die Schnur durchtrennt wird, bevor sie sich natürlich von selbst vom Nabel löst. Der ätherische Körper, der für das normale physische Auge unsichtbar ist, ist ein großer Teil von uns wie die Erdatmosphäre für die Erde. Ich konnte spüren, dass ich im hier und jetzt durch die frühe Nabelschnur-Durchtrennung noch zwei getrennte Teile meines Ätherkörpers hatte. Einer war in dem anderen, wie ein kleiner Ballon in einem großen, und jetzt war es meine Aufgabe, sie zu einem Einzigen zu verschmelzen.

*Verschmelzung meines ätherischen und physischen Körpers*
Dieser Teil der Sitzung dauerte lange, mehr als eine Stunde, bevor ich aufstehen konnte. Ich half mir selbst, indem ich ein kleines weiches Kissen hielt, um das kleine Teil leichter zu spüren. Der Verschmelzungsprozess war nichts, was ich bewusst „tun" konnte. Ich hatte ein Gebet ausgesandt, um darum zu bitten, und es begann. Die Empfindungen dieses Prozesses waren ziemlich physisch. Die

Hitze hat sich in meinem Bauch angesammelt und sich bis zum Hals ausgedehnt. Beide Teile von mir mussten ihre eigene Identität aufgeben. Ich sprach mit dem kleineren Teil und ermutigte ihn, dass er danach größer sein würde, viel größer und ich ermutigte mich auf die gleiche Weise. Es war eine liebevolle und göttliche Verschmelzung mit Mir, dem wahren Ich, Ich machte Liebe mit mir selbst.

Es gab auch sehr lustige Momente. Ich hatte das Gefühl, dass mein Kopf über die beiden Blasen ragte, die am Verschmelzungsprozess beteiligt waren. Ab und zu rutschte mein Kopf in die Blasenalchemie und der Prozess stoppte, bis mein Kopf wieder über Wasser war. Dieses Gefühl, meinen Kopf über Wasser zu haben, ist auch heute noch in mir, während ich den Artikel schreibe. Es half mir, den Zusammenführungsprozess fortzusetzen, der auch nach dem Beenden der Sitzung fortgesetzt wurde.

*Was ich gelernt habe*
Die Effekte der Sitzung wurden fortgesetzt und sind immer noch im Gange (drei Monate nach dem Ereignis, als ich diesen Artikel schrieb). Täglich bemerke ich, dass meine Wahrnehmung der Realität anders ist, da ich meine Umgebung und mich selbst aus einem ganzen Selbst heraus wahrnehme. Das ist unmöglich zu beschreiben für jemanden, der den Prozess der Wiedervereinigung der Plazenta nicht durchlaufen hat. Weil wir etwas als Ganzes bezeichnet haben, das nicht ganz ist, hat unsere Sprache kein Wort für ein „besser als das Ganze". Ich werde es ganz vollständig als Ganzes bezeichnen. Das Ganze fühlt sich einfach anders an als vorher. Mein Energiekörper fühlt sich klarer, ausgerichteter und weniger überladen an, als hätte ich ein paar Möbelstücke gegen ein Stück ausgetauscht, das dem Zweck aller vorherigen dient. Ich bin in einem permanenten Zustand der Freude und mein Herz fühlt sich warm an und ich bin ständig in mich selbst verliebt. Ich glaube, das ist der Zustand der kosmischen Freude, der in den östlichen Philosophien als unser natürlicher Zustand des Seins bezeichnet wird. Jetzt, ein Jahr nach der Erfahrung, ist die Nabelschnur zu meiner Freude auch in intensiven und emotionalen Situationen immer noch intakt. Ich habe etwas Trauer für das, was ich vermisst habe, und Traurigkeit für all die Menschen, die es immer noch vermissen, ganz und vollständig ganz zu sein.

Als Rebirther/Trainer habe ich eine neue Fähigkeit, die wahre Ursache von Trennung und Verlassenheitstrauma wahrzunehmen, die durch die Nabelschnur-Durchtrennung verursacht wurde, und wie die Effekte durch alles, was wir tun, fließen und unsere Beziehungsfähigkei beeinflussen. Natürliches Loslassen unserer Plazenta bedeutet zu lernen, wie man Dinge beendet, wie man verlässt, wie man sich in Ganzheit vollendet und weitermacht. Es geht darum zu wissen, wann man gehen und etwas Neues anfangen soll. Es geht darum, sich vollständig zu fühlen und in Ganzheit zu dem Geliebten zu kommen und um die Unabhängigkeit, mit einem vollen Herzen sich selbst zu geben.

## Spontanes Entfernen der Hautgrenze und Verbinden mit dem Schöpfer

Nachfolgend finden Sie eine Abschrift eines Gesprächs mit Kate Sorensen über ihre Erfahrung im Alter von 22 Jahren, als sie mit einer Säule aus weißem Licht verschmilzt, zum Schöpfer geht und ihre Hautgrenze verliert. (Diese Zustände werden in Band 2 behandelt.) Sie beschreibt anschaulich ihre Erfahrungen, wie dies geschehen ist und wie sich der Zustand danach anfühlte. Obwohl Kate einige Wochen später zum Alltagsbewusstsein zurückkehrte, haben wir dieses Transkript beigefügt, weil es den Zustand ziemlich gut veranschaulicht.

Wir haben diese Aufnahme auch aus einem anderen Grund aufgenommen. Kates Geschichte veranschaulicht eines der Probleme beim Erwerb großer Spitzenzustände - was passiert, wenn man sie aus irgendeinem Grund verliert? Menschen, die einen Spitzenzustand verlieren, besonders einen großen, erkennen, was sie verloren haben, und beschreiben es oft als „aus dem Himmel geworfen". Sie kämpfen, manchmal in Verzweiflung und Hoffnungslosigkeit, um das zurückzugewinnen, was sie verloren haben. In Kates Fall versucht sie seit über zwanzig Jahren, in diesen Zustand zurückzukehren, nur mit sporadischem Erfolg. Diese Suche hat seitdem einen Großteil ihres Lebens und die Wahl der Arbeit und ihrer Aktivitäten geprägt. Sie ist die Gründerin von Trauma Relief Services, Direktorin der Traumatic Incident Reduction Association und organisierte die ersten energiepsychologischen Konferenzen.

Ich bin von Sarasota aus nach Miami gefahren, um an einem Abendprogramm mit Sufi-Praktiken für Frauen teilzunehmen. Dies beinhaltete das Chanten des Namen Gottes und anderer Dinge auf Arabisch (viele Vokallaute, die mit verschiedenen Chakren resonieren), in einer höheren Tonhöhe, als ich es gewohnt war. Wir machten auch einige Visualisierungen und Meditationen - ich erinnere mich an eine unbekannte, die sich auf Maria, die Mutter Jesu, konzentrierte. In den letzten zwei Monaten war ich auf dem Highway auf den Kopf gefallen und litt unter zwei Lungenentzündungen und hatte im Rahmen der Kur eine Fastenreinigung durchgeführt. Am Tag nach der Frauengruppe fühlte ich mich nicht sehr stark, also blieb ich allein und aß sehr leicht. Ich legte mich am Nachmittag hin, um mich auszuruhen, döste und durchlief einige Traumzustände, an die ich mich jetzt nicht mehr erinnere. Dann befand ich mich in einem gräulichen würfelförmigen Raum. Mein Vater stand ruhig links von mir und meine Mutter stand rechts von mir.

Meine Mutter sprach ununterbrochen, immer weiter und weiter. Im Wesentlichen beschrieb sie alle Überzeugungen, die sie hatte, und sagte mir mit anderen Worten: „Das ist Realität, und man muss sie akzeptieren, das ist alles, was man tun muss. Ich sage dir, wie es ist, jeder weiß das und du musst es auch akzeptieren." Als ich zuhörte und zuhörte, begann ich mich niedergedrückt zu fühlen. Mein Kopf beugte sich nach vorne, und ich fühlte mich immer schwerer und schwerer. Mein Bewusstsein wurde stumpfer und düsterer, als ich das, was sie mir gab, annahm. Dann fand ich irgendwie die Kraft, gerade zu stehen. Ich schaute meiner Mutter in die Augen und sagte „NEIN". Das „NEIN" war nicht besonders laut, aber es fühlte sich riesig, greifbar, kraftvoll an, möglicherweise aus meinem Hals-/Herzbereich kommend. Es ist von mir zu meiner Mutter übergegangen. Als es sie erreichte, erstarrte sie. Ich fing an, mich schuldig zu fühlen und dachte: „Äh, oh, so sollte ich nicht mit meiner Mutter reden. Was, wenn ich ihr wehtue, was, wenn ich sie töte? Aber bevor die Schuldgefühle zu groß wurden, fühlte ich Energievibrationen, einen Energieschub, der durch meine Füße kam. Er bewegte sich durch meine Beine, durch meinen Körper und durch die Oberseite meines Kopfes.

Als die Energie nach oben explodierte, wurde mein Bewusstsein mit ihr herausgehoben, aus der Spitze meines Kopfes. Ich blickte auf die Szene hinunter und sah meinen Körper mit den Händen über meine Brust gekreuzt und ich nach vorn gebeugt. Ich dachte einen Moment lang: „Ich bleibe besser dort und kümmere mich um meinen Körper, er könnte umfallen." Dann dachte ich: „Ich lasse meine Eltern sich darum kümmern, sie machen so etwas gerne." Damit fühlte ich mich entlassen und fegte nach oben in einem großen Rauschen von weißem Licht, einer Erweiterung der gleichen Energiewelle, aber die ganze Landschaft war verschwunden. Alles, was mir bewusst war, war die lodernde Säule aus weißem Licht, die sich gleichzeitig auf und ab bewegte. Im Nachhinein könnte ich sagen, dass es sich anfühlte, als hätte es etwas mit dem Reich des Schöpfers zu tun. Die summende Säule war wie ein gottbezogenes Phänomen. Ich würde nicht genau sagen, dass dies Gott sei, aber vielleicht am ehesten, dass ich als Mensch Gott direkt erleben konnte.

Zusammen mit dem weißen Licht gab es ein enormes brummendes Geräusch, das sich aus allen Richtungen um mich herum nach innen zu bewegen schien. Als es das Zentrum erreichte, gab es im Rauschen eine donnernde Stimme, die nur drei Worte sagte: „NUR DER EWIGE GOTT." Dann schien die ganze Sache in etwas überzugehen, wofür ich noch nie Worte hatte; vielleicht ging ich in ein Feld der Leichtigkeit und Klarheit, ich bin mir nicht sicher.

Schließlich wurde ich mir meines Körpers im Raum in Miami bewusst und öffnete die Augen. Alles war anders: heller, leiser, klar, sehr lebendig und schön. Ich fühlte mich sehr, sehr gut, mit einem Gefühl der ruhigen Freude. Mein Körper fühlte sich an, als hätte er keine Dichte, es gab keine Hindernisse im Inneren, keine Barriere an meiner Haut, alles fühlte sich vereint an und doch floß Energie. Meine Emotionen sprudelten und bewegten sich frei und ohne Anhaftungen. Nach einer Weile kehrten die Leute ins Haus zurück und ich bemerkte Bereiche, in denen die Energie floss, Bereiche von Turbulenzen, andere Orte, an denen sie feststeckte. Mein Sinn für all das war eher kinästhetisch als visuell, aber sehr klar. Ich fühlte mich, als könnte ich die Absichten aller direkt spüren, als könnte ich die Energie spüren, als würde ich „hinter die Kulissen" auf eine Ebene schauen, auf der wahre Absichten existierten. Manchmal waren diese Absichten in Übereinstimmung mit dem, was die Leute sagten und taten, manchmal schienen die Absichten anders zu sein als der Anschein, den die Leute erweckten. Wo Menschen versuchten, zwei Dinge auf einmal zu tun, könnte ich ein paar Worte sagen, um den Konflikt anzusprechen, und sie würden ihn lösen, oder ich könnte mit meiner Absicht Kontakt aufnehmen und ihn lösen. Allein durch die

Bewegung meines Körpers würde er die gesamte Energie in die Situation verschieben.

Während dieses Zustandes wusste ich bis zu einem gewissen Grad, was in der Zukunft passieren würde, ich wusste, was die Leute sagen würden, bevor sie es sagten, ich wusste, wann jemand auftauchen würde, solche Dinge. Ich fühlte, dass sich meine Wahrnehmungen ausdehnten, als könnte ich Dinge durch Wände hindurch wahrnehmen, ich war nicht den üblichen Sicht- und Geräuschgrenzen unterworfen. Ich fühlte mich viel präsenter als sonst. Ich habe mich schnell daran gewöhnt und spürte ein Gefühl der Anmut. Die Barriere an der Haut ist noch immer weg. Ich war glücklich mit meinem Körper verbunden, aber ich fühlte Licht, mein Körper war eine Form im gesamten Energiefeld der Welt, sowohl der sichtbaren Welt als auch der Welt, die man eine Welt der subtilen Energien nennen könnte.

Dieser Zustand dauerte 2 oder 3 Wochen, während dieser Zeit hatte ich viele tolle Abenteuer. Kleine Wunder geschahen häufig. Ich entschied mich, die Schule zu verlassen, ich hatte eine überraschend gute Zeit mit meinen Eltern über Weihnachten, während derer es für mich so aussah, als würden sie sich ganz anders verhalten als sonst. Ich landete wieder in Florida mit zwei ehemaligen Freunden, wirklich großartige Jungs, mit denen ich weiterhin befreundet sein wollte, aber nicht als Liebhaber. Sie waren über mich und jeweils auf den anderen ärgerlich und ich fühlte mich sehr festgefahren und schuldig. Ich erinnere mich, wie ich ihre beiden unglücklichen Gesichter betrachtete und die Leichtigkeit verlor, wie ein Ballon, der vom Himmel fiel. Mit all meinen Programmen über Sex und das Sein und was andere Leute von mir wollten, war ich sehr verwirrt. Ich fühlte mich wirklich festgefahren. Ich verlor nicht nur das Licht, sondern fühlte mich auch sehr unglücklich. Ich hatte das Gefühl, dass ich „es" - die Hülle, den Nebel - wieder zurück hatte, obwohl ich dagegen ankämpfte und mich ihm widersetzte. Meine Vermutung ist, dass es mit einer Kombination aus früheren Ereignissen zu tun hatte, die ausgelöst wurden, und mit meinen eigenen Urteilen über mich selbst. Ich stimmte wieder mit der Realität meiner Mutter überein: „Oh ja, ich bin nicht wirklich gut, ich bin klein, ich vermassle es, ich kann nicht verantwortungsvoll mit Mächtigkeit umgehen, schau, was für ein Chaos ich angerichtet habe." Ich hatte nicht die Fähigkeiten, mit Beziehungsproblemen auf dieser unlösbaren Ebene umzugehen, auf der die Menschen verschiedene Dinge wollten, die einfach nicht zusammenpassten.

Es war wahrscheinlich nicht nur ein Zufall, dass dieser Durchbruch nach etwa fünf Monaten gewissenhafter täglicher spiritueller Praxis gelang. Dazu gehörten Yoga, bewusste Atmung und das Singen bestimmter Namen Gottes auf Arabisch, die Vokallaute hervorgerufen haben, die im Herzen, im Hals, im „dritten Auge" und im Kronen-Chakra schwingen.

## Fazit

Dieses Kapitel ist nur ein Vorgeschmack auf die Vielfalt der Erfahrungen und Aussagen, die wir im Laufe der Jahre in unserer Arbeit erlebt haben. Obwohl die Veränderungen für die beteiligten Personen zum Teil sehr neu und dramatisch anders waren, wäre niemand bereit, das aufzugeben, was er jetzt ist. Wir hoffen, dass dies eine Inspiration für Ihre eigene Hoffnung auf ein besseres und erfüllteres Leben ist.
Für weitere Berichte über Spitzenerfahrungen und -zustände der Menschen und eine nützliche bibliografische Auswahl verweise ich Sie auf Rhea Whites Website „Exceptional Human Experience Network" unter www.ehe.org.

# Anhang A

## Ein Index der Spitzenbewusstseinszustände Wahrscheinlichkeit des Vorkommens

## Anzahl der Zustände

Wir glauben, dass es mindestens 17 große Zustände und eine Vielzahl von Subzuständen und Kombinationszuständen gibt. In diesem Bereich muss noch viel mehr getan werden, da es oft sehr schwierig ist herauszufinden, ob sich eine Person in einem einzigartigen Zustand oder in einem kombinierten Zustand befindet (sie kommen leider nicht mit Untertiteln). Die folgende Liste ist vorläufig, und wir sind sicher, dass sie Fehler enthält. Es ist einfach das Beste, was wir bisher haben. Darüber hinaus müssen wir viel mehr Arbeit leisten, um die wichtigsten Entwicklungsereignisse für jeden von ihnen zu identifizieren. Das sollte uns noch ein paar Jahre beschäftigen....... Viele der Zustände in dieser Liste beziehen sich auf Band 2, aber sie sind auch in Band 1 enthalten, um interessierten Lesern ein Gefühl für die Bandbreite der Zustände zu geben, die wir bis jetzt isoliert haben. Die wichtigsten Variablen, die wir bisher identifiziert haben, sind:

- Dreifachhirn-Zustände und ihr Verschmelzungsgrad.
- Connection to the Creator (Verbindung zum Schöpfer) (Ebene des hellen Selbstbewusstseins).
- Body boundary (Körper-Begrenzungs-Zustände).
- Connection to the Void (Verbindung mit der Leere).
- Connection to Gaia (Verbindung zu Gaia), dem planetarischen Bewusstsein/Kreativprinzip.
- Connection to the Realm of the Shaman (Verbindung zum Reich der Schamanen) und das Sakrale.
- Interne und externe Bewusstseinszustände.
- Gut/Böse-Zustände.
- Verschiedene Arten von Inner Light (Inneres Licht) Zuständen.
- Diverse Zustände.

## Namenskonventionen

Wie wir in der Einleitung erwähnt haben, war die Benennung der Zustände schwierig. Wenn der Zustand bereits einen bekannten Namen hatte, haben wir versucht, ihn zu verwenden, wie zum Beispiel „The Beauty Way". Wir sind uns bewusst, dass dies zu Problemen führen kann, wenn unsere Definition nicht ganz die gleiche wie die anderer Menschen ist, aber in Zukunft erwarten wir, dass sich die Namen und Definitionen stabilisieren, da mehr Menschen mit Spitzenzuständen arbeiten werden. Ein Beispiel für einen möglicherweise fragwürdigen Zustandsnamen wäre der Christus-Bewusstseinszustand. Für andere Zustände haben wir versucht, das auffälligste Merkmal als Namen zu verwenden. Einige haben unterschiedliche Eigenschaften für Männer und Frauen, und in diesem Fall haben wir willkürlich die männliche Version gewählt, wie zum Beispiel bei dem Zustand „Underlying Happiness".

Wenn wir einen Zustand beschreiben, der sich aus zwei weiteren Zuständen zusammensetzt, kombinieren wir einfach die Namen mit dem Dreifachhirn-Zustand zuerst (falls zutreffend) und nennen ihn einen Kombinationszustand. Wenn ein Kombinationszustand bereits einen bekannten Namen hatte, haben wir ihn verwendet. Beachten Sie, dass einige Zustände, wenn sie kombiniert werden, Eigenschaften verleihen, die keiner von beiden allein besitzt. In diesem Fall nennen wir es einen synergistischen Zustand. Zum Beispiel ist der Beauty Way ein synergistischer Zustand, der bereits einen bekannten Namen hat und der eine Qualität der „Lebendigkeit" hat, die die einzelnen Zustände nicht haben.

## Schätzungen des Auftretens

In der kurzen beschreibenden Liste der Spitzenzustände unten haben wir einige Schätzungen der Wahrscheinlichkeit ihres Auftretens in der allgemeinen Bevölkerung sowie eine Wahrscheinlichkeit dafür aufgenommen, wie viele Menschen den Zustand zumindest so erlebt haben, dass sie ihn bewusst in Erinnerung behalten haben. Sie basieren auf der kaukasischen nordamerikanischen Bevölkerung. Leider können diese Schätzungen aufgrund von Messproblemen und winzigen Stichprobengrößen (siehe Band 2 für unsere Messtechniken) völlig ungenau sein, aber wir haben sie als Ausgangspunkt aufgenommen, um den Menschen ein Gefühl für die relative Rarität zu geben. Ich wäre nicht überrascht, wenn die Schätzungen um den Faktor 10 bis 100 abweichen würden, insbesondere für die selteneren Zustände! Wir vermuten, dass unsere Schätzungen, wenn überhaupt, zu optimistisch sein könnten, d.h. es gibt weniger Menschen in der Allgemeinbevölkerung als unten angegeben. Ein weiteres Problem bei der Durchführung dieser Schätzungen besteht darin, die Trennschwelle für Menschen zu definieren, die sich nur teilweise in einem Zustand befinden.

Diese Überlegungen führen zu einer Liste von Fragen. Viele von ihnen werden sich mit mehr Arbeit und der Entwicklung besserer Messwerkzeuge selbst lösen:

- Beziehen wir Menschen ein, die in den Zustand hinein- und herausfallen (d.h. die Stabilität des Zustandes), und wenn ja, wie viel Prozent der Zeit müssen sie im Durchschnitt im Zustand sein, um aufgenommen zu werden?
- Wo ist die Trennlinie für jemanden, der sich nur teilweise im Zustand befindet?
- Wie machen wir extern überprüfbare und wiederholbare Messungen, auf die sich unabhängige Prüfer einigen können?
- Wenn wir die Selbst-Meldungen zur Bestimmung von Prozentsätzen verwenden, wie messen wir dann die Vollständigkeit des Zustands anhand von Kernmerkmalen?
- Haben wir eine genaue Liste der Kernmerkmale für jeden Zustand?

Wie wir in Kapitel 4 erwähnt haben, können Schätzungen des Auftretens auch theoretisch basierend auf den Wahrscheinlichkeiten generiert werden, dass ein bestimmtes Entwicklungsereignis mit genügend Traumata abläuft, um den Spitzenzustand nach der Geburt zu blockieren. Derzeit haben wir keine groß angelegten Tests durchgeführt, um die zugrundeliegenden Wahrscheinlichkeiten zu messen, dass eine durchschnittliche Person es erfolgreich schafft, ein bestimmtes Entwicklungsereignis unbeschadet zu überstehen. Wir gehen jedoch davon aus, dass es möglich sein könnte, diese Wahrscheinlichkeiten zu messen, indem man einen Gaia-Befehl mit Messgeräten für die galvanische Hautreaktion (GSR) verwendet, um das Auftreten und den Umfang des Traumas zu bewerten. Mit diesen Informationen können Gesamtschätzungen über das Auftreten eines bestimmten Spitzenzustands berechnet werden. Dies kann als Gegenkontrolle bei tatsächlichen Messungen des Auftretens der Zustände in der Allgemeinbevölkerung verwendet werden und könnte tatsächlich dazu verwendet werden, die Existenz unbekannter Traumata im

Entwicklungsstadium vorherzusagen, wenn die Zahlen im Einzelfall nicht gut übereinstimmen.

Ein weiteres Problem, das wir haben, ist die Identifizierung, ob eine Person tatsächlich einen Spitzenzustand erlebt hat oder sich in einem bestimmten Zustand befindet. Als wir in der Vergangenheit Fragebögen ausfüllen ließen, fanden wir Leute, die sich nicht in einem bestimmten Zustand befanden, aber sie hatten davon Merkmale. Dies geschah, weil wir gezwungen waren, allgemeine englische Wörter zu verwenden, um Aspekte des Zustands zu beschreiben, Aspekte, die sie noch nie zuvor erlebt hatten und die falsch in Erfahrungen übersetzt wurden, die sie kannten. Siehe Band 2 für weitere Informationen zu diesem Problem und den Methoden, mit denen wir die Zustände gemessen haben.

Ein potenziell viel genauerer Weg, dieses Problem zu lösen, ist die Verwendung von Biofeedback-Geräten des Gehirns. Kapitel 12 und Band 2 behandeln die Möglichkeiten dieses Ansatzes. Dies würde uns eine objektive und wiederholbare Messtechnik und Schätzungen geben, von denen wir uns überzeugt haben. Wir hoffen, dass wir in Zukunft viel mehr wiederholbare und überprüfbare Techniken zur Verfügung stellen können, um diese Messungen durchzuführen.

## Dysfunktionale Zustände die das Mehrfachhirn-System betreffen (Band 1)

Zustand „Unterdurchschnittliches Bewusstsein"
- Merkmale: Ungewöhnlich durcheinander, ein unterdurchschnittliches Leben.
- Ursache: Körper und Solarplexus-Hirn kommunizieren nicht. Es sind keine weiteren Spitzenzustände vorhanden.
- Kommentar: Gefunden bei Psychotherapie-Klienten und bei vielen mehrfach entwicklungsbehinderten Klienten.
- Frequenz: Nicht bestimmt.

*Gehirn-Sperre-Zustände:*
Hinweis: Wir haben uns entschieden, diese Zustände nach den Ursachen zu benennen anstatt nach ihrem dominanten Merkmal, da wir nicht sicher sind, ob bei einigen Menschen diese Merkmale auch traumabedingte Ursachen haben können. Es gibt alle möglichen Kombinationen von Gehirn-Sperre-Zuständen - wir listen hier nur diejenigen auf, mit denen wir persönliche Erfahrungen gemacht haben.

Dies sind dysfunktionale Zustände, weil sie einen Verlust der damit verbundenen Gehirnfähigkeiten mit sich bringen, obwohl sie sich für die Person besser als normal anfühlen.

Zustand „Verstandeshirnsperre"
- Merkmale: Unfähigkeit, Urteile zu fällen oder Entscheidungen zu treffen. Es gibt einen Frieden und eine Ruhe in dem Zustand, selbst mit der Frustration, dass man die Entscheidungen nicht abwägen kann.
- Ursache: Das Verstandeshirn wird gesperrt.
- Kommentar: Soweit uns bekannt, ist es kein gängiger Name.
- Frequenz: Unbekannt.

Zustand „Verstand-Herzhirnsperre"
- Merkmale: Der Körper fühlt sich an, als wäre er aus Luft gemacht, ohne Grenzen. Der untere Bauch fühlt sich jedoch „voll" an, als hätten wir eine große Mahlzeit gegessen. Keine Fähigkeit, Emotionen zu spüren oder Urteile zu fällen.
- Ursache: Das Verstand- und das Herzhirn sind gesperrt.
- Kommentar: Kann auch als der Zustand „Pearl Beyond Price" aus der sufischen Tradition bekannt sein.
- Frequenz: Unbekannt.

Zustand „Herz-Körperhirnsperre" (Samadhi)
- Merkmale: Ein überwältigendes Gefühl von Frieden, Zeitlosigkeit und fast keinem Bedarf an Sauerstoff oder Luft.
- Ursache: Das Herz- und das Körperhirn sind gesperrt.
- Kommentar: Könnte als Zustand „Heart-Body Shutdown" bezeichnet werden.
- Frequenz: Unbekannt, aber selten

Zustand „Herzhirnsperre"
- Merkmale: Unfähigkeit, Emotionen zu spüren. Das Gefühl, dass andere Menschen nur Objekte sind.
- Ursache: Das Herzhirn ist abgeschaltet.
- Kommentar: Wahrscheinlich eine der Hauptursachen für soziopathisches Verhalten.
- Frequenz: Unbekannt.

## Spitzenzustände die das Mehrfachhirn-System betreffen (Band 1)

Zustand „Durchschnittliches Bewusstsein"
- Merkmale: Leben in (oft subtiler) Angst. Ganz im Sinne der Wirkung der Emotionen anderer Menschen. Reaktivität.
- Ursache: Der Körper und das Solarplexus-Hirn sind miteinander verbunden oder kommunizieren zumindest. Die Bewusstseine der Dreifachhirne komunizieren nicht. Das Buddhahirn ist normalerweise mit dem Gehirn des Verstandes verschmolzen.
- Kommentar: Ist in keinster Weise ein Spitzenzustandt.
- Frequenz: Sehr verbreitet.

Zustand „Inner Peace" (Innerer Frieden)
- Merkmale: Ein anhaltendes Gefühl des Friedens, auch wenn man andere, sogar schmerzhafte Emotionen empfindet. Vergangene Traumata sind nicht mehr mit einer emotionalen Ladung verbunden.
- Ursache: Verstandes- und Herzhirn sind miteinander verschmolzen
- Kommentar: Eine Teilmenge des Beauty Way Zustandes.
- Frequenz: Nicht bestimmt.

Synergistischer Zustand „Beauty Way" (auch Walking in Beauty genannt)
- Merkmale: Ruhe, Frieden und körperliches Gefühl der Leichtigkeit.
  
  Die Vergangenheit scheint nicht traumatisch zu sein - Erinnerungen sind ohne Emotionen.
  Sich total lebendig fühlen, und alles um Sie herum fühlt sich auch lebendig an.
  Alles hat eine Art von Schönheit, sogar Müll.
  Spirituelle Wahrheiten sind offensichtlich.
  Kein Träumen.
  Kein grundlegendes Gefühl von Angst.
  Leben ganz in der Gegenwart.
  Keine Spannung wie in den Sommerferien als Kind.
  Vogelgeräusche sind lebhafter.
  Übernimmt nicht die emotionale Belastung anderer Menschen.

Sie gehorchen nicht automatisch den „Experten", indem sie ihr eigenes Wissen aufgeben.
Mit einer Ausbildung können viele schamanische Dinge gemacht werden.
Stiller Verstand d.h. keine Stimmen oder Hintergrundgeräusche.
- Ursache: Eine Kombination des Inner Peace-Zustandes (mit der Verschmelzung von Verstand und Herz) mit einer begrenzten Verbindung zum Schöpfer. Schafft eine unbewusste Entscheidung, Wahrnehmungen kontinuierlich positiv zu gestalten. Die Komponentenzustände interagieren synergetisch, um neue Merkmale zu erzeugen.
- Kommentar: Ein wichtiger Zustand für den Schamanismus und für die körperliche und geistige Gesundheit. Eine bessere Beschreibung des Zustandes könnte „Aliveness" (Lebendigkeit) sein, wie es von Harville Hendrix verwendet wird, aber wir wählen vorerst das bekanntere Label „Beauty Way" . Wird gut beschrieben in Eckhart Tolles Buch „The Power of Now" (Die Kraft der Gegenwart).
- Frequenz: Schätzungsweise treten sowohl dieser Zustand als auch der Inner Peace Zustand bei 8% der Gesamtbevölkerung relativ kontinuierlich auf, weitere 14% können ihn erkennen.

Zustand „Underlying Happiness" (Zugrundeliegendes Glück).
- Merkmale: Ein Gefühl des Glücks liegt allen anderen Gefühlen zugrunde. Es existiert gleichzeitig auch mit schwierigen Gefühlen wie Traurigkeit oder Wut. Bei Frauen ist ein anhaltendes Liebesgefühl dominanter, wobei das Glück ebenfalls vorhanden ist.
- Ursache: Herz und Körperhirn verschmelzen miteinander.
- Kommentar: Es ist kein Hindernis, dass die Vergangenheit sich emotional traumatisch anfühlt.
- Frequenz: Schätzungsweise 9% relativ kontinuierlich, weitere 12% erkennen ihn.

Zustand „Big Sky" (Großer Himmel)
- Merkmale: Die Welt fühlt sich riesig an. Wenn man in den Himmel schaut, fühlt es sich gigantisch an. Ihre Grenzen verschwinden, besonders über Ihrem Kopf.

- Ursache: Körper-, Verstand- und Buddhahirn verschmelzen miteinander. Das Gefühl des riesigen Himmels kommt von einem Körpergefühl der relativen Entfernung zwischen Objekten und dem Körper.
- Kommentar: Ich bin mir nicht sicher, ob ich diesen Zustand genau analysiert habe. Behandeln Sie ihn so, dass er möglicherweise auf ein anderes Phänomen zurückzuführen ist. Hier muss noch mehr gearbeitet werden.
- Frequenz: Nicht bestimmt.

Zustand „Brains Communicate" (Gehirne kommunizieren)
- Merkmale: Die Dreifachhirne können miteinander kommunizieren. Gehirne interagieren wie eine dysfunktionale Familie.
- Ursache: Die Bewusstseine aller Gehirne berühren sich und kommunizieren miteineander.
- Kommentar: Ein nützlicher Zwischenzustand, aber nicht so wertvoll oder dramatisch wie ein Verschmelzen. In einem Perry-Diagramm überlappen sich die Kreise alle leicht.
- Frequenz: Geschätzte 12% relativ kontinuierlich, weitere 23% erkennen ihn.

Zustand „Deep Peace" (Tiefer Frieden)
- Merkmale: Tieferes friedliches Gefühl als beim Beauty Way. Ein Gefühl der Ausgeglichenheit, Gleichmäßigkeit, keine Irritationen. Fühlt sich an, als wäre das physische Herz tiefer im Körper. Man fühlt sich leichter. Nicht mühelos, aber nicht so schlimm wie normales Bewusstsein. Gehirne sind sich ihrer gegenseitig bewusst, können direkt kommunizieren, und Sie sind sich ihrer auch gleichzeitig bewusst.
- Ursache: Die Bewusstseine der Gehirne sind überlagert, aber nicht vollständig verschmolzen. Keine hohlen Empfindungen im Körper.
- Kommentar: Ein Zwischenzustand, den wir nicht zu erreichen versuchen.
- Frequenz: Nicht bestimmt.

Zustand „Hollow" (Hohl sein)
- Merkmale: Der Körper fühlt sich in der Haut hohl an. Alle Körperteile fühlen sich „kontinuierlich" an. Emotionen haben eher eine kognitive als eine affektive Qualität.
- Ursache: Alle Gehirne verschmelzen miteinander.
- Kommentar: Chakren werden nicht zusammengeführt. Gehirne sind nicht mit dem Reich des Schamanen verbunden.
- Frequenz: Schätzungsweise 7% relativ kontinuierlich, weitere 12% erkennen ihn.

Zustand „Wholeness" (Ganzheit)
- Merkmale: Das Wort „Ganzheit" ist das treffendste für diesen Zustand und wird spontan von denjenigen verwendet, die ihn erwerben. Ein Gefühl der Vollkommenheit, bei dem nichts fehlt. Musik ist besonders lebendig.
- Ursache: Eine Verschmelzung von Plazenta- und Spermiumschwanz-„Energie" oder-„Bewusstsein" mit den anderen Dreifachhirnen.
- Kommentar: Das Gefühl der Ganzheit existiert unabhängig vom Verschmelzungszustand der anderen Gehirne.
- Frequenz: Nicht bestimmt.

## Zustände, die den Schöpfer einbeziehen (Band 2)

Zustand „Creator Awareness" (Schöpfer-Bewusstsein)
- Merkmale: Kann direkt mit dem Schöpfer „sprechen" und das Bewusstsein auf diese Ebene des freien Seins bringen.
- Kommentare: Bezogen auf den Zustand „Creator Light" (Schöpfer-Licht).
- Frequenz: Sehr selten (geschätzt auf 0,003% relativ kontinuierlich, geschätzt werden zusätzliche 0,01% ihn erkennen).

Zustand „Creator Light" (Schöpfer-Licht)
- Merkmale: Ein Innenlicht, das sich in einigen Fällen über die Hautgrenze hinaus erstrecken kann. Es hat eine intensive weiße Farbe, nicht ein breitbandiges Licht wie das Sonnenlicht.

- Ursache: Eine begrenzte Verbindung zum Schöpfer. Wahrscheinlich handelt es sich um die Lichtkugeln, die vom Schöpfer bei bestimmten Entwicklungsereignissen in den Körper gelangen.
- Kommentare: Im Zustand „Realm oft the Shaman" wird das helle Weiß mit dem fluoreszierenden Schwarz vermischt. Die Menschen beschreiben dieses „Licht" als intensiv oder energiegeladen. Fühlt sich oft so an, als ob es von oben kommt. Kann verwendet werden, um Regressionen zu machen, wie im „Life Review" der Nahtoderfahrung. Tritt in verschiedenen Helligkeitsstufen auf.
- Hinweis: (auch in der Kategorie „Inner Light" klassifiziert)
- Frequenz: Nicht bestimmt.

## Zustände, welche die Körpergrenze oder die „Hülle" betreffen (Band 2)

Zustand „No skin" (Keine Haut)
- Merkmale: Kein Gefühl, eine Hautgrenze zu haben. Ereignisse im Allgemeinen führen nicht dazu, dass man die Perspektive verliert, und Ereignisse fühlen sich nicht mehr persönlich an, zumindest nicht mehr auf den ersten Blick. Im Allgemeinen auch bei dem „Hollow" Zustand zu finden, so dass sich der gesamte Körper anfühlt, als wäre er nur aus Luft gemacht.
- Ursache: Dieser Zustand ist das Ergebnis der Entfernung der Generations-Ego-Hülle an der Hautgrenze und anderer weniger starker Schichten.
- Kommentare: Die offensichtlichste Schicht ist an Generationstraumata gebunden. Wir nennen es die „Hülle", weil sie normalerweise ziemlich undurchlässig ist. Diese Schicht kann sehr durchlässig werden, was das Gefühl vermitteln kann, dass sie entfernt wurde, wobei sie es in Wirklichkeit nicht ist. Die Grenze fühlt sich an, als würde sie im „Hollow"-Zustand ein wenig „brennen".
- Frequenz: Nicht bestimmt.

## Zustände, die die Leere betreffen (Band 2)

Zustand „Void Connection" (Verbindung mit der Leere)
- Merkmale: Ein Gefühl, dass das ultimative Leer-Sein der Leere, die über alle physische Existenz hinausgeht, in einem selber ist. Mit dem Gefühl, endlich zu wissen, wer man ist.
- Kommentar: Dies ist der Zustand, den wir beim Verschmelzen mit der Leere erreichen, während die „Hülle" auf Hautebene entfernt wird. Die Leere kann in anderen Traditionen als das Unendliche oder das Tao bezeichnet werden, aber das Wort „Leere" passt erfahrungsgemäß.
- Frequenz: Sehr selten (geschätzt 0,005% relativ kontinuierlich, geschätzt weitere 0,02% erkennen ihn).

## Zustände, die Gaia einbeziehen (Band 2)

Zustand „Gaia Communication" (Gaia-Kommunikation)
- Merkmale: Die Fähigkeit, mit Gaia über ein oder mehrere Dreifachhirne zu kommunizieren (d.h. mit einem Körperempfinden, einem Gefühl oder einer Vision, oder mit dem Hören). Bestenfalls ist es eine klare Übertragung von Informationen auf allen Ebenen.
- Ursache: Die vollständige Gaia-Verbindung ist ein natürlicher Zustand. Diese Verbindung wird durch Traumata um missverstandene Gaia-Befehle blockiert.
- Kommentar: Von Tom Brown Jr. wird er als „Inner Vision" bezeichnet, wahrscheinlich, weil er meist über Bilder mit Gaia kommunizierte. Wir haben den Namen geändert, weil es verwirrend war, dass der primäre Kommunikationsstil eines anderen Gehirns verwendet wurde und weil es wie die Fähigkeit klang, die eigenen inneren Organe zu sehen.
- Frequenz: Nicht bestimmt.

Zustand „Creative Principle" (Kreativprinzip)
- Merkmale: Das Gefühl, selbst die Essenz der Kreativität zu sein.
- Ursache: Man verschmilzt ganz und komplett mit Gaia. Ein tieferer Zustand als nur die Kommunikation mit Gaia.

- Kommentar: Die Dreifachhirne können wählen, ob sie diese Verbindung zu Gaia individuell herstellen wollen. Wenn Sie sie mit all den Dreifachhirnen erfahren, erleben Sie sich selbst als das Schöpfungsprinzip oder gleichbedeutend mit „Brahma, dem Schöpfer der Welten". Es fühlt sich ganz anders an, wenn der Zustand teilweise mit einem Gehirn nach dem anderen erlebt wird. Zum Beispiel fühlt sich diese Verbindung für das Körperhirn sehr sexuell an, wie bei der Kreativität der Fortpflanzung.
- Frequenz: Sehr selten (geschätzt 0,035% relativ kontinuierlich, geschätzt zusätzlich 0,17% erkennen ihn.)

Zustand „Unbounded Awareness" (Unbegrenzte Bewusstheit)
- Merkmale: Die Dinge in der Umwelt fühlen sich an, als wären sie im eigenen Körper. Der Mensch kann sich selbst als alles erleben, worauf er sich konzentriert, wie z.B. Tiere oder Pflanzen.
- Kommentare: Beschreibungen, die oft in der schamanischen Literatur zu finden sind. Kann eine Teilmenge des Spaciousness (Räumlichkeit) Zustandes sein, aber höchstwahrscheinlich ist es ein Gaia Bewusstseinszustand.
- Frequenz: Sehr selten (geschätzt 0,01% relativ kontinuierlich, geschätzt zusätzlich 0,025% erkennen ihn).

Zustand „Radical Physical Healing" (Radikale Physische Heilung).
- Merkmal: Gibt die Fähigkeit, praktisch alles in wenigen Minuten zu heilen.
- Ursache: Blockiert durch Plazentatod, Generations-Traumata und andere Faktoren.
- Kommentare: Wir glauben, es ist die Heilungsfähigkeit, ausgelöst durch eine starke Gaia-Verbindung.
- Frequenz: Nicht bestimmt, aber sehr selten.

## Zustände, die das Reich des Schamanen und das Sakrale einbeziehen (Band 2)

Unterzustand „Sacred Body" (Sakraler Körper)
- Merkmale: Ein Teil oder der ganze Körper strahlt ein Gefühl der Heiligkeit aus.

- Ursache: Eine teilweise Verbindung zum Reich des Schamanen. Wahrscheinlich aufgrund einer Schwächung der Dreifachhirne, die „so tun als ob". Bei einer Person trat der Zustand mit einer Verschmelzung des Solarplexus- und Herzhirns auf.
- Kommentare: Ein Unterzustand des vollen Zustandes „Realm of the Shaman".
- Frequenz: Nicht bestimmt.

Zustand „Realm of the Shaman".(Reich des Schamanen).
- Merkmale: Bewusstsein, dass jedes Gehirn der physische Ausdruck riesiger, heiliger Wesen ist, die wie Totempfahlbilder im Reich des Schamanen aussehen, einem Ort voller leuchtender Schwärze. Sie, als eine Sammlung dieser heiligen Totempfahlwesen, erleben sich selbst in einem winzigen menschlichen Körper. Fühlen sich extrem heilig. Können die Gehirne verschmelzen oder trennen, entsprechend „Wesenheit" für jedes Gehirn an diesem Ort sein.
- Ursache: Sich selbst im Reich des Schamanen erleben, indem man die Selbstidentitäten der Gehirne fallen lässt und das CoA in die „Totempfahl"-Wesenheiten im fluoreszierenden schwarzen Reich versetzt.
- Kommentare: Ein besserer Name wäre „heiliges Nichts" gewesen oder „Heiliges Totem-Selbst". Wir haben uns jedoch dafür entschieden, das bestehende Label aus der Arbeit von Tom Brown Jr. zu verwenden. Es besteht auch die Wahrscheinlichkeit, dass der Zustand in der yogischen Tradition als Akashic Records bezeichnet wird.
- Frequenz: Sehr selten (geschätzt 0,005% relativ kontinuierlich, geschätzt weitere 0,01% erkennen ihn).

Synergistischer Zustand „Sacred Body and Brain Light" (Sakraler Körper und Gehirn-Licht)
- Merkmale: Der Körper fühlt sich heilig an, und wenn die Augen geschlossen sind, entsteht das Gefühl, helle fluoreszierende Schwärze zu sehen.
- Ursache: Die gleiche wie bei den Einzelzuständen.
- Kommentare: Die Schwärze ist ein Teilblick in das Reich des Schamanen. Dieser synergistische Zustand lässt den

Gehirnlichtzustand in sich selbst anders erscheinen und verwandelt ihn in eine schwarze Fluoreszenz.
- Frequenz: Nicht bestimmt, aber selten.

Synergistischer Zustand „Realm of the Shaman and Brainlight" (Reich des Schamanen und das Gehirn-Licht)
- Ursache: die gleiche wie bei einzelnen Zuständen.
- Merkmale: Der Körper fühlt sich heilig an, man kann sich selbst so sehen, als ob dieser aus Totempfahlbildern besteht, und der Raum darin ist ein helles fluoreszierendes Schwarz.
- Kommentare: Die Kombination von Zuständen lässt den Zustand des Gehirn-Lichts in sich selbst anders erscheinen und verwandelt es in eine schwarze Fluoreszenz.
- Frequenz: Nicht bestimmt, aber sehr selten.

Die Zustände, die das Reich betreffen, können alle zu anderen hinzugefügt werden, die die bereits beschriebenen Dreifachhirne betreffen. Wir erstellen kombinierte Zustandsnamen, indem wir einfach die einzelnen Namen zusammenfügen. Nachfolgend finden Sie einige Beispiele. Diese treten bei den Zuständen des Reichs des Schamanen ziemlich regelmäßig auf, da es in der Regel viel Vorarbeit erfordert, das Reich überhaupt zu erleben.

Kombinationszustand Sacred Body und Wholeness
- Merkmale: Das Gefühl ist „Ich bin von Gott". Der ganze Körper fühlt sich intensiv geheiligt an. Diese Eigenschaften kommen zu dem Gefühl von Whoelness (Ganzheit) hinzu.
- Ursache: Kombination aus einer begrenzten Verbindung zum Reich des Schamanen und dem Dreifachhirn-Zustand Wholeness.
- Frequenz: Nicht bestimmt.

Kombinationszustand Hollow, Sacred Body und Flow Awareness (Hohl-Sein, Sakraler Körper und Fluss-Bewusstsein).
- Merkmale: Die Gleichen wie die einzelnen Zustände zusammen. Mühelos und ohne Überlegung.
- Ursache: Das Gehirn verschmilzt zu einer goldenen Kugel. Chakren verschmelzen zu einer einzigen Scheibe. Eine begrenzte Verbindung zum Reich des Schamanen.
- Frequenz: Nicht bestimmt.

Kombinationszustand „Wholeness, Hollow and Sacred Body (Ganz-Sein, Hohl-Sein und Sakraler Körper)
- Merkmale: Der Körper fühlt sich leer, ganz und sakral zugleich an. Eine begrenzte Verbindung zum Reich des Schamanen.
- Frequenz: Nicht bestimmt.

## Interne und externe Bewusstseinszustände (Band 2)

Zwei Zustände in dieser Gruppe sind offensichtliche Spitzenfähigkeiten. Wir glauben, dass sie das Ergebnis eines bestimmten Spitzenzustands sind, aber bis wir nicht überprüfen können, welcher Zustand es sein könnte, lassen wir sie als Spitzenfähigkeiten bestehen. Wir erwarten, dass wenn wir herausfinden, welcher es ist, der Zustandsname und der Fähigkeitsname gleich sind.

Fähigkeit „Inner Vision" (Innere Vision)
- Merkmale: Sehen, Fühlen und Bewegen im eigenen Körper oder im Körper anderer.
- Ursache: Nicht bestimmt.
- Kommentar: Ist eine Spitzenfähigkeit. Wahrscheinlich ein eigener Unterzustand. Dies ist eine Teilmenge der Fähigkeit des zellulären Bewusstseins. Der Name steht unglücklicherweise im Widerspruch zu Tom Brown Jr.'s Wahl des Namens der „Kommunikation mit Gaia-Fähigkeit". Vielleicht könnte „Interner Fokus" eine alternative Namenswahl sein.
- Frequenz: Sehr selten (geschätzt 0,025% relativ kontinuierlich, geschätzt weitere 0,03% erkennen sie).

Fähigkeit „Cellular Awareness" (Zelluläres Bewusstsein)
- Merkmale: Ein Bewusstsein für jede Zelle im Körper, aber nicht, als ob man da drin wäre und sie berührt.
- Ursache: Nicht bestimmt.
- Kommentare: Wahrscheinlich ein eigenständiger Zustand.
- Frequenz: Selten (geschätzt 0,01% relativ kontinuierlich, geschätzt weitere 0,06% erkennen sie).

Zustand „Brain Light" (Gehirn-Licht)
- Merkmale: Ein diffuses „weiches" klares Licht im Inneren des Körpers. Kann an jedem Ort erlebt werden, an dem das Dreifachhirn sein Bewusstsein durch die CoA Bewegung in den Mittelpunkt stellt. Fühlt sich grenzenlos an und wirkt wie Sonnenschein.
- Ursache: Ist das Licht, das das Dreifachhirn mit unbehindertem Selbstbewusstsein hat.
- Kommentare: Dieser Zustand erlaubt es den Menschen, nach Belieben zu regressieren. Auch nützlich für eine Vielzahl anderer Zwecke, wie z.B. die Verschmelzung mit dem Bewusstsein anderer Menschen. Wenn man mit den Zuständen Reich des Schamanen oder Heiliger Körper lebt, erzeugt man eine helle Fluoreszenz in dem Reich des Schamanen-Schwarz, anstatt ein helles Auftreten zu haben. Kommt in unterschiedlicher Helligkeit vor. Der volle Zustand ist extrem hell.
- Frequenz: Schätzungen zufolge sind 90% dunkel in 90% der Zeit, 10% sind 50% hell in 50% der Zeit, 0,5% sind vollständig hell in 90% der Zeit, 0,5% sind vollständig hell für 100% der Zeit.

Zustand „Unbounded Awareness" (Unbegrenztes Bewusstsein)
- Merkmale: Das auffälligste Merkmal ist, dass Menschen sich selbst als alles erleben können, worauf sie ihre Aufmerksamkeit richten, wie z.B. Tiere oder Pflanzen. Die Dinge in der Umwelt fühlen sich an, als wären sie im eigenen Körper.
- Kommentare: Beschreibungen, die oft in der schamanischen Literatur zu finden sind. Kann eine Teilmenge des Räumlichkeits-Zustandes sein.
- Frequenz: Sehr selten (geschätzt 0,01% relativ kontinuierlich, geschätzt weitere 0,025% erkennen ihn).

Zustand „Spaciousness" (Räumlichkeit)
- Merkmale: Der Zustand hat eine Reihe von Erfahrungen mit mangelnder Reaktivität und emotionaler „Großzügigkeit" bis hin zu einer tieferen Erfahrung, ein Beobachter zu werden, dessen Bewusstsein mit einem hellgrauen Medium verschmilzt, das im Raum verteilt ist. In dieser tieferen Ebene ruhen Objekte wie der Körper einfach im grauen Medium und sind schwer wahrnehmbar.

- Ursache: Scheint bei der ersten Kontraktion während der Geburt verloren zu gehen.
- Kommentare: Sehr wichtiger Zustand für die Heilung (siehe Band 3).
- Frequenz: Nicht bestimmt.

## Gut und Böse (Band 2)

Gut/Böse Wahl
- Merkmale: Bei stressigen Ereignissen eine oft subtile Wahl zwischen Gut oder Böses fühlen - mit der daraus resultierenden Wahl in Handlungen oder Gedanken.
- Ursache: Eine Entscheidung, die kurz vor der Geburt von jedem Gehirn individuell getroffen wird.
- Kommentare: Dies ist nicht wirklich ein Zustand, sondern eine vorgegebene Entscheidung.
- Frequenz: Schätzungen lauten: Zugang zum Bösen bis zu einem gewissen Grad - 95% der Bevölkerung. Nur 5% haben nie Zugang zum Bösen. Niemals auf das Böse zugreifen oder bis zu maximal 1% der Zeit - nur 8% der Bevölkerung.

Zustand „Christ Consciousness" (Christusbewusstsein)
- Merkmale: Unglaubliche Liebe und Stärke, fühlt sich an, wie wir uns vorstellen, dass Jesus sich gefühlt haben muss.
- Ursache: Wir vermuten, dass es eine Wahl des Guten in jedem Gehirn ist. Noch nicht bestätigt.
- Kommentar: Ich glaube, so fühlt es sich an, wenn alle Gehirne das Gute oder die Liebe wählen. Es fühlt sich sehr an, als wäre man Liebe und fühlt nicht nur Liebe. Es kann ein kombinierter Zustand oder ein eigener eindeutiger Zustand sein. Ich ermittle weiter.
- Frequenz: Nicht bestimmt

Erfahrung „Bereich Medizin"
- Merkmale: Ein metaphysischer „Ort", wohin das Bewusstsein gehen und alles erschaffen kann.

- Ursache: Der Zugang wird durch ein präzelluläres Hirntrauma unmittelbar nach den „unendlichen Ringen" blockiert.
- Kommentare: Diese Reihe von Traumata schafft die Bedingungen, die das Dreifachhirn veranlassen, das Böse zu wählen. Die Wahl dieser Formulierung stammt aus Tom Brown Jr.'s Werk. Der Satz „creative area" (kreativer Bereich) passt besser zum Erlebnis, aber wir haben uns für das bestehende Label entschieden.
- Frequenz: Nicht bestimmt.

## „Innere Helligkeitszustände" die das Innere Licht betreffen (Band 2)

Es gibt mehrere Zustände, die eine Erfahrung von Licht innerhalb (und außerhalb) des Körpers beinhalten. Wir kennen derzeit zwei, und wir vermuten, dass es noch weitere gibt. Eine Person mit nur einer Art von innerem Licht dazu zu bringen, zu erkennen, welches sie hat, ist schwierig, da die verbalen Beschreibungen schwer auf die innere Erfahrung anzuwenden sind. Um uns diagnostizieren zu helfen, welche Zustände eine Person hat, fragen wir sie zunächst, ob sie sich selbst als „helles Innere" oder als „inneres Licht" erlebt. Dann können wir weitere Fragen stellen, um den jeweiligen Lichtzustand zu identifizieren.

Beachten Sie, dass Menschen im Zustand des Sakralen Körpers oder im Reich des Schamanen nicht immer erkennen, dass sie einen inneren Lichtzustand haben - ihr Inneres sieht für sie fluoreszierend schwarz aus. Wir empfinden, dass das Wort „Helligkeit" sowohl diese Qualität eines „hellen Dunkels" als auch das typischere innere Lichterlebnis erfasst hat und wir verwenden es oft, wenn wir Zustände bei Menschen identifizieren. Beachten Sie auch, dass wir in unserer WHH-Therapie oft das Wort „leicht" oder „Leichtigkeit" erwähnen, um einen der Endpunkte beim Heilen eines Traumas zu beschreiben, wenn es sich anfühlt, als hätten wir ein Gewicht vom Rücken entfernt. Um Verwirrung zu vermeiden, neigen wir daher dazu, das Wort „Helligkeit" zu verwenden, wenn wir über die inneren Zustände der Lichterfahrung sprechen. Daher nennen wir diese Gruppe von Zuständen „Innere Helligkeit" als Gesamtnamen.

In Zukunft können wir diese Nomenklatur ändern, wenn wir bessere Möglichkeiten finden, die Zustände zu spezifizieren, aber im Moment hoffen wir, dass dies dazu beiträgt, Verwirrung zu vermeiden.

Diese Zustände sind bereits in anderen Kategorien aufgeführt, werden aber hier an einem Ort platziert, an dem Licht verwendet wird, um bei der Suche nach den Zuständen zu helfen.

Zustand „Brain Light" (Gehirn-Licht)
- Merkmale: Ein diffuses „weiches" klares Licht im Inneren des Körpers. Kann an jedem Ort erlebt werden, an dem das Dreifachhirn sein Bewusstsein durch die Bewegung des CoA zentriert hat. Fühlt sich grenzenlos an und wirkt wie Sonnenschein.
- Ursache: Ist das Licht, das das Dreifachhirn mit unbehindertem Selbstbewusstsein hat.
- Kommentare: Dieser Zustand erlaubt es den Menschen, nach Belieben zu regressieren. Auch nützlich für eine Vielzahl anderer Zwecke, wie z.B. die Verschmelzung mit dem Bewusstsein anderer Menschen. Wenn man mit den Zuständen Reich des Schamanen oder Sakraler Körper lebt, erzeugt man eine helle Fluoreszenz in das Reich des Schamanen-Schwarz, anstatt ein helles Aussehen zu haben. Kommt in unterschiedlicher Helligkeit vor. Der volle Zustand ist extrem hell.... Ebenfalls aufgeführt unter der Kategorie „Interne und externe Bewusstseinszustände".
- Frequenz: Schätzungen zufolge sind 90% dunkel in 90% der Zeit, 10% sind 50% hell in 50% der Zeit und 0,5% sind 90% der Zeit voll hell. Auch 0,5% für 100%.

Zustand „Creator Light" (Schöpfer-Licht)
- Merkmale: Ein Innenlicht, das sich in einigen Fällen über die Hautgrenze hinaus erstrecken kann. Es hat eine intensivere weiße Farbe, nicht ein breitbandiges Licht wie Sonnenlicht.
- Ursache: Eine begrenzte Verbindung zum Schöpfer. Wahrscheinlich handelt es sich um die Lichtkugeln, die vom Schöpfer bei bestimmten Entwicklungsereignissen in den Körper gelangen.
- Kommentare: Im Zustand Reich des Schamanen wird das helle Weiß mit dem fluoreszierenden Schwarz vermischt. Die Menschen beschreiben dieses „Licht" als intensiv oder energiegeladen. Fühlt sich oft so an, als ob es von oben kommt.

Kann verwendet werden, um Regressionen zu machen, wie im „Life Review" der Nahtoderfahrung. Auftreten in verschiedenen Helligkeitsstufen. Auch in der Kategorie „Zustände mit Beteiligung des Schöpfers" aufgeführt.
- Frequenz: Nicht bestimmt.

## Diverse Zustände

Zustand „Inner Harmony" (Innere Harmonie).
- Merkmale: Das Fleisch des Körpers strahlt ein Gefühl der Harmonie aus.
- Ursache: Noch nicht bestimmt.
- Frequenz: Nicht bestimmt.

Zustand „Ekstase"
- Merkmale: Fühlt sich an wie ein anhaltender Endorphinschub.
- Kommentar: Das scheint es zu sein, worauf sich der Sufi-Lehrer Rumi bezogen hat.
- Frequenz: Schätzungsweise 1,5% relativ kontinuierlich, 3% ausreichend, um es zu bemerken.

Zustand „Inner Gold" (Inneres Gold).
- Merkmale: Das Innere des Körpers verwandelt sich in eine tief leuchtend goldene Farbe für eine innere Sicht. Wenn die Gehirne verschmelzen, hat die entstehende Kugel eine goldene Farbe.
- Kommentar: Wir sind uns nicht sicher, wofür das gut ist, aber die Alchemisten hielten es eindeutig für wichtig. Menschen, die eine umfassende innere Entwicklung durchlaufen, erreichen letztendlich diesen Zustand. Es kann etwas mit vergangenen Leben oder unserem Speziesbewusstsein zu tun haben.
- Frequenz: Nicht bestimmt.

Zustand „Past Life Access" (Zugang zu Vorleben)
- Merkmale: Kann auf vergangene (oder zukünftige) Leben zugreifen, entweder mit Schwierigkeiten oder nach Belieben. An der Grenzlinie verschmelzen alle vergangenen und zukünftigen Lebzeiten mit dieser.

- Ursache: Die Fähigkeit/der Zustand wird durch ein Eisprungstrauma blockiert.
- Kommentare: Andere Leben können auch auf dieses zugreifen. Siehe Kapitel 7.
- Frequenz: Nicht bestimmt, kommt aber bei verschiedenen Therapien kurzzeitig vor.

Zustand „Flow Awareness" (Flussbewusstsein)
- Merkmale: Ein Gefühl, dass Energie von hinten nach vorne fließt, als ob sie aus der Bewegung von Luft von hinten kommt.
- Ursache: Verschmelzung aller Chakren zu einer Scheibe in der Nähe des Solarplexus.
- Kommentare: Die Eigenschaften werden von Menschen im Durchschnitts- oder Hollow-Zustand etwas anders erlebt. Siehe Kapitel 7.
- Frequenz: Nicht bestimmt.

## Anhang B

# Eine Zeitleiste von Entwicklungsereignissen

Diese unvollständige Liste der Entwicklungsereignisse dient als Hilfe, um die in den Bänden 1, 2 und 3 verwendeten Ereignisse in ihre chronologische Reihenfolge zu bringen. Weitere Informationen zu den Entwicklungsereignissen finden Sie in den Büchern und Webseiten in Kapitel 4. In den folgenden Fällen bezieht sich die Abkürzung (Bn) auf den Band n und (Km) auf die Kapitelnummer m in dem Band. Einige der wichtigsten Probleme, die in jeder Phase auftreten können, sind nur als Referenz aufgeführt.

***Etwa 6 Monate vor der Geburt der Mutter ist die Mutter ein Fötus im Schoß der Großmutter.***
Präzelluläre Dreifachhirne, die separat in „unendlichen Ringen" gebildet werden. (B2)
- Trennungstrauma, wenn sie sich vom Ring anderer Gehirne lösen.

Bewegung durch unendliche Ringgrenzen. (B2)
Zugang zu „Medicine Area" (B3)
Der Körperbeutel bildet sich um das präzelluläre Körperbewusstsein. (B3)
- Der Körperbeutel erwirbt Generations-Traumata. Gesehen als Silbermotive, die in Flüssigkeit schweben.

Koaleszenz von präzellulären Ei-Gehirnen, Herz und danach Verstand gelangen in den Körper im Bereich des Blinddarms. (K6)
- Voraussetzung für „Seelenraub" wird hier gesetzt. (B3)

Das Meridiannetz wächst während der Koaleszenz. (K7)
Chakren verankern sich während der Koaleszenz im Netz. Formen einzelne Chakra-Kugel. (K7)

***Kurze Zeit später entwickelt sich die präzelluläre Eizelle weiter.***
Das präzelluläre Ei geht in einen „Brunnen" und wird golden. (K8)

### Die Mutter wird aus dem Schoß der Großmutter geboren.
- Mögliches Ei-Trauma während der Geburt der Mutter.

### Zwei Monate vor der Empfängnis, beim Vater.
Ähnliche Ereignisse für präzelluläre Spermienhirne wie für Eizellen, wie oben beschrieben.
- Wesentliche Unterschiede sind zusätzliche Chakren und unterschiedliche präzelluläre Formen.

Das Spermium entwickelt sich. Pflegezellen schützen das Spermium.
- Oftmals Verletzungen, bei denen ein Spermium von anderen Spermiumschwänzen getroffen wird.

Durchtritt der Spermien durch Muster der amerikanischen Einheimischen in Hodenröhren. (K7)

### Etwa 1 Tag vor der Empfängnis, in der Mutter.
Das Ei reift.
Der Kokon des Netzes des Eis wird aufgelöst.
Es bildet sich eine Überlagerung der Zellen um die Eizelle (um sie zu nähren). (K7, B2)
Eisprung - Ei wird aus der Eierstockblase ausgestoßen.
- Fühlt sich der Geburt ähnlich an und verursacht ein späteres Geburtstrauma.

Bewegung nach unten im Eileiter.
- Sekretion von Anziehungsduft für das Spermium.
- Mögliche mechanische Beschädigung während des Durchgangs.
- Mögliche chemische Schäden durch „giftige" Mutter.

Ejakulation durch den Vater beim Sex.
- Mögliche Schäden während der Ejakulation, da die Spermien kollidieren.
- Möglicher Konflikt mit Spermien von anderen Vätern.

### Minuten vor der Empfängnis.
Das Ei wählt das Spermium aus, das hell erscheint.
Ein nicht traumatisiertes Ereignis fühlt sich an wie eine königliche Hochzeit. (K6)
- Ein Trauma kann dazu führen, dass sich das ausgewählte Spermium in Konkurrenz mit anderen Spermien befindet.

Das Ei streckt seine „Arme" aus, um das Spermium in die Brust zu ziehen.
- Häufig mechanische Verletzung durch zu hartes oder schräges Aufschlagen des Spermiums an der Eizelle.

*Empfängnis*
Der Spermium-Schwanz löst sich von dem, was sich wie der obere Rücken anfühlt.
- Trauma, wenn das Bewusstsein des Spermiumschwanzes stirbt.
- Wenn bei der Eizelle die Schale zu früh aushärtet, reißt sie den Spermiumschwanz auf, anstatt dass er sich richtig lösen kann.

Der Kopf des Spermiums öffnet sich und die Chromosomen kommen heraus.
- Wird als Todesereignis empfunden.

Der Sack um das Spermium herum geht zur Eiwand.
Chromosomen bewegen sich wie ein Bündel Kupferdrähte durch das Ei.
Chakren verschmelzen.
Zelluläre Dreifachgehirne aus Eizelle und Spermium verschmelzen. (K6, K8)
Lichtkugel dringt in neue Zygote ein. (B2)

*12 Stunden nach der Empfängnis, erste Zellteilung.*
Kann als ein weiteres Todes-Trauma erlebt werden.

*6 Tage nach der Empfängnis, Einnistung.*
*Eintritt in die Gebärmutter.*
- Fühlt sich an, als würde man in einen riesigen Hohlraum fallen oder wie auf einer Achterbahn, die aus dem Ruder läuft.

Verlust der Schicht von Nährstoffzellen um die Zygote herum. (B3)
Der Ei-„Kopf" trifft auf die Gebärmutterwand. (K6)
- Mögliches Trauma, dass es sich nicht oder nur teilweise implantieren kann.

Der Bauch entrollt sich und wird in die Gebärmutterwand eingesetzt.
Flüssigkeit, die von der Zygote in die Wand ausgestoßen wird.
Dier Lichtkugel tritt in die Gebärmutterwand und dann in den Kopf der Zygote ein. (B2)
- Mögliches Trauma, wenn die Lichtkugel von der Mutter behalten wird und sich nicht in die Zygote bewegt.

*Von der Empfängnis bis zur Geburt, während des Wachstums des Fötus.*
Zahlreiche Entwicklungsereignisse. Einige können sich auf Spitzenzustände beziehen.
In dieser Zeit kann eine Vielzahl von schweren Traumata auftreten.
- Traumata schaffen Bedingungen für einen späteren „Seelenraub". (B3)

- Traumata rund um den Versuch, in das Reich zu fliehen, um dem Trauma zu entkommen. (B2)

**Bis 6 Wochen nach der Empfängnis.**
Die meisten Schwangerschaften wurden bestätigt.
- Häufig werden jetzt Abtreibungsversuche gemacht.
- Inzwischen morgendliche Übelkeit.

„Undiagnostizierter" Zwilling, in der Regel ist er innerhalb der 6 Wochen tot.
- Zwillingstodtrauma kann „göttliches Heimweh" verursachen und wird in Beziehungen nachgestellt.

**7-9 Monate nach der Empfängnis.**
Das Baby spürt, dass sich der Raum in der Gebärmutter verengt. Mutter beginnt, sich unwohl zu fühlen. Später wird sie atemlos herumlaufen, ohne Platz zum Einatmen.

**Geburt** (siehe Stanislav Grofs *The Adventure of Self-Discovery* für Beschreibungen der Geburtsstadien der perinatalen Matrix[BPM]).
Wahl zwischen Gut und Böse kurz vor Beginn der Geburtssequenz. (B2)
Einleitung der Geburtssequenz, wenn der Gaia-Befehl „Trenne dich von der Mutter" gegeben wird. (B2)
- Im Allgemeinen verlieren die Dreifachhirne ihre Verschmelzung und die Fähigkeit, Gaia zu hören. Das Baby bewegt sich mit dem Kopf zuerst und legt ihn in das Becken.
- Kann später im Leben Schwindel und Übelkeit verursachen.

Die Kontraktionen beginnen. Einige Bewegungen übernehmen den Kopf und fügen ihn in knöcherne Strukturen ein. (Start von BPM 2 im System von Grof.)
- Das Baby fühlt sich hilflos, es gibt nichts, was es tun kann.
- Intensive Wut auf die Mutter.
- Vergewaltigung und vergewaltigendes Vorläufertrauma.
- Zähneknirschen ist ein häufiges Symptom.

Erste Kontraktion. (B2)
- Intensivstes Trauma der Geburtssequenz. Unbeabsichtigte Trennung vom Schöpfer, dem Reich, den anderen Dreifachhirnen und allem anderen. Kann sich wie eine totale Vernichtung anfühlen.
- Größeres Trauma wegen erstem Sauerstoffmangel, da das Blut durch das Zwerchfell der Mutter reduziert wird.

Zweite Kontraktion. (K7)
- Die Entscheidung für Leben/Tod wird hier getroffen. Blockiert die Gaia-Verbindung. Wahl zum Altern und Sterben und wie lange man lebt.

Mehr Kontraktionen bei geschlossenem Gebärmutterhals.
- „Keine Ausgangsmöglichkeit" der ersten perinatalen Sequenz von Grof. Normalerweise intensive Wut auf die Mutter. Vergewaltigungstrauma bei der Mutter aktiviert.

Der Gebärmutterhals beginnt sich zu öffnen und die Bewegung durch ihn beginnt. (BPM 3 in Grofs System beginnt mit dem allmählichen Vortrieb des Fötus durch den Geburtskanal.)
- Das Gefühl, die Verbindung zur Mutter zu verlieren - Verlassenheit.
- Mutter ist typischerweise 5 bis 30 Minuten lang sehr verärgert, mit Panikgefühlen, will ihre Meinung ändern, weiß nicht, was sie tut, kann es nicht, Tränen. In der Geburtshilfe als „Übergangsphase" bezeichnet.
- Mutter hat Schmerzen, will typischerweise Medikamente. Diese sind ein großer Schock für das Baby.
- Freude verbreitet sich im Baby, weil es sich weiter durch den Gebärmutterhals bewegt. Mutter fühlt sich erleichtert.

Durch den Geburtskanal bewegen. Fötus in Abstieg und Kopfrotation.
- Trauma um die Kopfrotation herum und oft Schädelschäden, wenn er die untere Wirbelsäule der Mutter quert.
- Kann zu schlechtem 3D-Sinn und schlechter Orientierung, Richtungs-Verwirrung führen.

Austritt des Köpfchens und Geburt. (BPM 4 im System von Grof.)
- Bei den meisten Babys Gesicht zur Wirbelsäule. Selbstwertgefühl-Probleme, da das Baby zum ersten Mal gesehen wird.
- Normalerweise dreht der Arzt den Kopf des Babys in die falsche Richtung!
- In den 50er Jahren viel Trauer und vulkanische Wut, weil die Krankenschwester das Baby an der Geburt hinderte, bis der Arzt eintraf.
- Oftmals starker Sauerstoffmangel, wenn die Nabelschnur komprimiert wird.
- Blendendes Licht und Schmerzen in den Augen, wenn das Baby kalten und fluoreszierenden Lichtern ausgesetzt wird.

Erwirbt die Hautgrenze („Hülle") wie eine Teerschicht, wenn das Baby die Scheide verlässt. (B2)

***Das Baby ist raus aus der Mutter.***
Erster Atemzug.
- In der Regel traumatisch, da die Nabelschnur zu schnell durchtrennt wird, bevor das Blut aus der Plazenta ausfließt.

Die momentane „Wahrheitserfahrung" ist vorbei. (B2)
Der temporäre Zugriff auf den Archetyp ist vorbei. (K7)
Nabelschnurdurchtrennung. (Kann vor oder nach dem ersten Atemzug sein.)
- In westlichen Krankenhäusern meist zu früh. Trauma um das Blut, welches durch das zu frühe Abschneiden der Nabelschnur nicht aus der Plazenta in das Baby fließen kann.
- Die Hülle härtet mit dem Schneiden der Nabelschnur aus.

Der Gebärmutterhals zieht sich weiter zusammen.
Plazentare Trennung und ihr Todes-Trauma. (K6, K8)
- Die Trauma-Reaktion auf den Plazentatod ist der Verlust des Wholeness-Zustandes.

Das Baby wurde oft von der Mutter entfernt und in ein anderes Zimmer gebracht.
- Riesiges Verlassenheits- und Einsamkeitstrauma.
- Oftmals Trauma, wenn man das Baby zu fest in Decken wickelt.

# Glossar

***Angewandte Kinesiologie:*** Entwickelt für die Chiropraktik, verwendet wechselnde Muskelkraft, um auf verschiedene Probleme und Empfindlichkeiten gegenüber Toxinen zu testen. Geht fälschlicherweise davon aus, dass der Körper sich seiner eigenen Agenda nicht bewusst ist. Das gleiche Prinzip wie Muskeltest oder Pendeln.

***Atemarbeit:*** Hyperventilation über einen längeren Zeitraum anwenden, um die Heilung zu erleichtern. Es gibt eine Vielzahl von Prozessen.

***BSFF (Be Set Free Fast)***: Erfunden von Larry Nims, ein Ableger von TFT mit nur 3 Meridianpunkten. Ebenfalls wichtig für die Technik namens Instant BSFF, bei der der Prozess intern so programmiert ist, dass er bei einem Stichwort auftritt.

***Buddhahirn:*** Die präfrontalen Lappen im Gehirn. Wird erlebt wie eine riesige, massive Buddha-Statue über dem Kopf. Normalerweise verschmolzen mit dem Verstandeshirn.

***Buddhahirn-Strukturen***: Sehen aus wie Kabel oder Behälter im Inneren des Körpers, wirken wie die Filmidee eines fremden Implantats. Erstellt vom Buddhahirn während eines Traumas. Verursachen oft körperliche Schmerzen.

***Chakren:*** Energiezentren, die mit verschiedenen Bereichen des Körpers verbunden sind. Sie „sehen" aus wie weiße oder farbige Kugeln mit geometrischen Merkmalen. Können zu einer weißen Scheibe in der Nähe der Körpermitte verschmelzen.

***CoA (Center of Awareness)***: Mit einem Finger können Sie Ihr Bewusstseinszentrum finden, indem Sie darauf hinweisen, wo „Sie" in Ihrem Körper sind. Kann an einem bestimmten Punkt sein oder diffus und sowohl innerhalb des Körpers als auch außerhalb.

**Coex (Verdichtete Erfahrung)**: Von Dr. Grof geprägt, beschreibt das Phänomen der regressiven Heilung, dass sensorisch bedingte Traumata gemeinsam aktiviert und miteinander verknüpft werden.

**CPL (Calm, Peace, Lightness - Ruhe, Frieden, Leichtigkeit)**: Der Endpunkt der Heilung eines Traumas, der verursacht wird, wenn der Klient in einen Spitzenzustand gerät, normalerweise vorübergehend.

**Dreifachhirn:** Das Gehirn besteht aus drei verschiedenen biologischen Gehirnen, die durch die Evolution gebildet werden. Sie sind der R-Komplex (Körper), das limbische System (Herz) und der Neokortex (Verstand). Jedes ist selbstbewusst, für verschiedene Funktionen gebaut und denkt durch Empfindungen bzw. Gefühle und Gedanken.

**Durchschnittliches Bewusstsein**: Eine Person, die keine Spitzenzustände hat, außer einem gewissen Grad an Solarplexus-Körper-Verbindung. Der häufigste Zustand in der Bevölkerung.

**EFT (Emotional Freedom Technique):** Eine Therapie, die das Klopfen auf Meridianpunkte verwendet, um emotionale und körperliche Beschwerden zu beseitigen. Klassifiziert als Powertherapie, in der Unterkategorie einer „Energie"- oder „Meridian"-Therapie.

**Entwicklungsereignis:** Ein kurzzeitiges Ereignis biologischer Veränderung oder Erfahrung, welches der sich entwickelnde Organismus, sei es Spermium, Ei, Fötus, Baby, Kind oder Erwachsener, als Teil des Entwicklungsprozesses durchläuft. Beispiele sind Empfängnis, Einnistung, der erste Herzschlag, etc.

**Entwicklungsereignis-Modell**: Erklärt das Vorhandensein oder Fehlen von Spitzenzuständen, Erfahrungen und Fähigkeiten aufgrund von Traumata vor der Geburt.

**Focusing**: Erfunden von Dr. Gendlin, es geht darum, sich des Körperbewusstseins bewusst zu werden (welches mittels „Empfindungs-Sinn" kommuniziert), um traumatisches Material freizusetzen.

**Gaia**: Das biologische Bewusstsein des Planeten Erde. In bestimmten Bewusstseinszuständen sieht es äußerlich aus wie die abgeflachte Seite eines riesigen Balls oder Gebäudes, mit vertikalen und horizontalen Linienstrukturen darauf. Unsere Spezies nimmt einen Bereich der Struktur ein.

*Glossar*

***Gaia-Befehle:*** Schritte in Entwicklungsereignissen werden von Gaia geleitet und berücksichtigen die aktuellen Gegebenheiten. Die Befehle für die Schritte können in die gesprochene Sprache übersetzt werden.

***Generationstrauma:*** Probleme oder Überzeugungen wurden durch die Familienlinie weitergegeben. Kann geheilt werden.

***Herzhirn:*** Das limbische System oder das Gehirn alter Säugetiere. Denkt in Sequenzen von Emotionen, erlebt sich selbst in der Mitte der Brust.

***Instabiler Zustand:*** Ohne Wartung geht der Spitzenzustand verloren.

***Innerer Friedenszustand***: Ein Bewusstseinszustand, in dem sich die emotionale Vergangenheit einer Person nicht mehr emotional traumatisch anfühlt. Ein Unterzustand des Beauty Way.

***Koaleszenz:*** Das Entwicklungsereignis, bei dem sich die physisch getrennten präzellulären Gehirne zu einem zellulären Organismus verbinden. Sie tritt im Inneren des elterlichen Embryos kurz nach der Einnistung in die Gebärmutter der Großmutter, 9 Monate vor der Geburt des Elternteils, auf.

***Körperhirn:*** Das Reptiliengehirn, an der Schädelbasis. Denkt in Körperempfindungen. Erlebt sich im Unterbauch. Auf Japanisch bekannt als Hara. Es ist das Gehirn, mit dem wir kommunizieren, wenn wir Rutengehen oder Muskeltests durchführen.

***Kombinationszustand:*** Zwei oder mehr gleichzeitig erlebte Spitzenzustände. Die Merkmale der Kombination sind die Summe der einzelnen Merkmale.

***Kundalini:*** Charakterisiert durch das Gefühl einer kleinen Wärmezone (etwa ein Zoll Durchmesser), die sich langsam die Wirbelsäule hinauf bewegt. Kann monatelang und in einigen Fällen jahrelang andauern, stimuliert Traumata und andere ungewöhnliche „spirituelle" Erfahrungen und löst bei den meisten Menschen schwere Probleme aus.

***Löcher:*** Sie „sehen" aus wie schwarze Löcher im Körper, fühlen sich an wie unendlich tiefe, mangelnde Leere. Werden während einiger

Therapien angetroffen. Sind verursacht durch körperliche Schäden am Körper.

**Meridiane**: Energiekanäle, die sich durch den Körper winden. Werden bei Therapien wie Akupunktur und EFT benutzt.

**Muskeltest:** Kommunikation mit dem Körperbewusstsein durch die Verwendung von Muskelkraft als Indikator. Der gleiche Mechanismus wie bei der angewandten Kinesiologie; die Begriffe werden manchmal austauschbar verwendet.

**OBE (Out-of-body-experience - Außerkörperliche Erfahrung):** Eine Erfahrung, bei der sich Ihr „Selbst" außerhalb des physischen Körpers befindet und es dennoch sehen kann.

**Organellenhirne**: Die selbstbewussten Organellen in der Spermium-, Ei- oder Zygote-Zelle, die sich später zu den mehrzelligen Gehirnen des Fötus entwickeln. Verwendet auch unter den Begriffen „zelluläre" oder „subzelluläre" Gehirne.

**Perry-Diagramm**: Ein Diagramm, das Kreise verwendet, um den Grad der Verschmelzung zwischen den Dreifachhirnen anzuzeigen.

**Plazentahirn**: Das selbstbewusste Plazenta-Bewusstsein.

**Powertherapie**: Von Dr. Figley geprägterBegriff, angewandt auf extrem effektive Therapien, die Symptome von posttraumatischen Belastungsstörungen und anderen Problemen beseitigen.

**Präzelluläres Gehirn**: Das selbstbewusste Gehirn ist ein unabhängiger Organismus, bevor es als Organellenhirn in die Ei- oder Samenzelle eingebaut wird.

**Präzelluläres Trauma**: Trauma, das dem biologischen System, dem Prototyp der Eizelle oder des Spermiums, geschieht, bevor sich die Eizelle oder das Spermium zu einer Zelle gebildet haben.

**Psychologische Umkehr**: Das Individuum hat eine Gegenverpflichtung auf der Ebene des Körperbewusstseins zur Heilung oder zu Spitzenzuständen. In Energietherapien wird die Heilung blockiert, wenn die Gegenverpflichtung nicht behandelt wird. In WHH bewirkt es, dass der Klient nicht heilen will, blockiert aber die Heilung nicht direkt.

*Glossar*

**Radikale körperliche Heilung**: Eine besondere Art der körperlichen Heilung, die in wenigen Minuten stattfindet. Das Heilungsspektrum umfasst Verletzungen, die normalerweise nicht heilen können, wie Narben, Wirbelsäulenverletzungen etc.

**Rutengehen**: Verwendung eines Pendels oder einer Rute, um mit dem Körperbewusstsein zu kommunizieren. Gleicher Mechanismus wie bei Muskeltest oder angewandter Kinesiologie.

**Selbst**: Der Teil von uns, der sich selbst als „Ich bin" erlebt. Er ist ewig. Der Teil von uns, der in all unseren vergangenen Leben ist. Auch Geist genannt. Auch bekannt als das bewusste Bewusstsein.

**Selbstidentität:** Jedes der biologischen Gehirne gibt vor, dass es jemand oder etwas anderes ist.

**Schamanische Zustände:** Zustände, die im Schamanismus geschätzt werden. Typischerweise geht es um den Körper oder eine Verbindung zu Gaia.

**Schale:** Eine Schicht direkt auf der Haut, die uns das Gefühl gibt, Haut zu haben und unser Bewusstsein auf unseren Körper beschränkt hält. Kann als brennend oder schmerzhaft empfunden werden.

**Schamanenreich**: Heimat des heiligen Selbst; sieht aus wie fluoreszierender schwarzer Samt. Ein Zustand, in den Schamanen eintreten, um andere schnell zu heilen. Siehe Tom Brown Junior's *The Vision* für weitere Beschreibung.

**Schöpfer:** Ein erfahrbarer „Ort", dem Menschen bei Nahtoderfahrungen begegnen. Es sieht aus wie ein flaches Licht, das sich selbst bewusst ist.

**Spermiumschwanz-Hirn**: Das selbstbewusste Bewusstsein des Spermiumschwanzes.

**Spirituelle Notlage:** Eine Erfahrung, die normalerweise als Bezug zu spirituellen oder mystischen Traditionen eingestuft wird, die als traumatisch oder überwältigend bis hin zur Ebene einer Krise erlebt wird.

***Spitzenerlebnis:*** Ein kurzlebiger Spitzenzustand oder eine andere ungewöhnlich gute Erfahrung.

***Spitzenfähigkeit:*** Eine Fähigkeit, die im durchschnittlichen Bewusstsein nicht vorhanden ist.

***Spitzenzustand:*** Einer von etwa 15 großen Bewusstseinszuständen, der Erfahrungen und Fähigkeiten vermittelt, die im durchschnittlichen Bewusstsein nicht erlebt werden können. Fühlt sich als eine enorme Verbesserung des durchschnittlichen Zustands an. Kann in Kombination und in verschiedenen Stufen verwendet werden. Es gibt auch eine Reihe von Unterzuständen.

***Stabiler Zustand***: Ein Spitzenzustand, der wartungsfrei erhalten bleibt.

***Subzelluläre Gehirne:*** Die selbstbewussten Organellen in der Spermium- oder Ei- oder Zygote-Zelle, die sich später zu den mehrzelligen Gehirnen des Fötus entwickeln. Entspricht den Worten „Organelle" oder „zellulärem" Gehirn.

***SUDS (Subjective units of distress scale-Subjektive Einheiten der Stress Skala):*** Wird verwendet, um den Grad der Schmerzen bei Traumata zu beurteilen. Ursprünglich von einer Skala von 1 bis 10, ist die übliche Verwendung jetzt von 0 (kein Schmerz) bis 10 (so viel Schmerz wie möglich).

***Synergistischer Zustand:*** Zwei oder mehr gleichzeitig erlebte Zustände, die Merkmale aufweisen, die neu oder anders als die einzelnen Zustände sind.

***TAT (Tapas Acupressure Technique):*** Erfunden von Tapas Fleming, ursprünglich zur Heilung von Allergien, arbeitet er auch an Traumata und anderen Themen. Empfohlen für Generations-Traumata.

***TFT (Thought Field Therapy):*** Das ursprüngliche Klopfen auf die Meridiantherapie. Entdeckte auch das Phänomen und eine Lösung für die „Psychologische Umkehr".

***TIR (Traumatic Incident Reduction - Reduzierung des traumatischen Vorfalls):*** Eine Powertherapie, die Regression verwendet.

*Glossar*

***Trauma:*** Ein Moment in der Zeit oder eine Reihe von Momenten, in denen die Empfindungen, Emotionen und Gedanken gespeichert sind. Verursacht Schwierigkeiten für den Menschen, da er das Verhalten unangemessen steuert. Normalerweise schmerzhafte oder schwierige Erfahrungen, wobei sie auch angenehm sein können. Ein Trauma verursacht eine posttraumatische Belastungsstörung.

***Unendlicher Ring:*** Die Stellen, an denen zuerst das präzelluläre Gehirn entsteht. Sie werden als unendlicher Ring ähnlicher präzellulärer Gehirne erlebt.

***Verschmelzung:*** Die Verbindung, die zwei oder mehrere Gehirne erreichen können. Wenn sie verschmolzen sind, sind sie ein Organismus, ohne dass eine eigene Identität übrig bleibt. Wenn alle Gehirne verschmelzen, ist ihr Bewusstsein wie eine goldene Kugel direkt unter dem Nabel „sichtbar". Kleiner und dichter und fühlt sich mächtiger an als zusammengeführte Gehirne. Wahrscheinlicher Ursprung der Begriffe „Stein der Weisen" und Alchemie.

***Verstandeshirn:*** Der Neokortex oder das Primatenhirn. Denkt in Gedanken, erlebt sich im Kopf.

***Vorleben***: Begegnen einem in einigen Therapien; die Erfahrung, in der Vergangenheit oder der Zukunft mit einem anderen Körper und einer anderen Persönlichkeit gelebt zu haben.

***WHH (Whole-Hearted Healing):*** Eine Technik der Regressionstherapie. Nutzt das Bewusstsein für die außerkörperliche Erfahrung, um Traumata zu heilen.

***Zelluläre Gehirne:*** Die selbstbewussten Organellen in der Samen-, Ei- oder Zygotenzelle, die sich später zu mehrzelligen Gehirnen des Fötus entwickeln. Entspricht dem Ausdruck "Organelle" oder „subzelluläres" Gehirn.

***Zelluläre Erinnerungen***: Erinnerungen an Spermium, Eizelle und Zygote. Dazu gehören Empfindungen, Gefühle und Gedanken. Wird in der Literatur auch allein auf Erinnerungen des Körperbewusstseins angewendet.

***Zusammenführung:*** Zwei oder mehr Personen teilen Bewusstsein und Erinnerungen. Fühlt sich an, als würde die zusammenführende Person größer werden, um die andere Person einzubeziehen. Kann gefährlich sein, da es zu „Seelenraub" kommen kann.

***Zusammenführung von Gehirnen***: Das Bewusstsein des biologischen Gehirns kann in verschiedenen Kombinationen zusammenkommen. Verschmelzung ist eine extremere Erfahrung des Zusammenführens.

# Index

## A

Alchemie 149, 174, 186, 405
Aliveness 377
Alpha 320, 322, 324, 328, 332, 336, 337, 340, 341
Archetypen 97, 189, 210
Aufstiegsprozess 66, 75
Aura 189, 211, 212, 215, 255
außerkörperliche Erfahrung 6, 36, 336, 338, 402, 405
Avatar 59, 66
Axiom des Biofeedbacks 317, 318

## B

Beauty Way xviii, 29, 34, 58, 80, 82, 93, 108, 136, 138, 142, 144, 146, 149, 152, 165, 166, 167, 168, 181, 184, 186, 199, 218, 221, 241, 277, 286, 346, 372, 376, 377, 378, 401
Big Sky Zustand 108, 138, 358, 377
Brennan Barbara 192, 211, 215, 255
Brown Tom Jr. 381, 383, 385, 388, 403
BSFF xvi, 69, 72, 105, 285, 399
Buddhahirn 96, 118, 119, 122, 127, 128, 129, 139, 154, 159, 171, 172, 231, 234, 235, 236, 238, 376, 378, 399
Byron Katie 67, 75

## C

Castenada 6
Chakra 191, 192, 193, 194, 195, 196, 197, 198, 199, 219, 221, 233, 237, 240, 243, 244, 370, 393
Chopra Deepak 44
Coex 91, 115, 400
Communicating Brain Zustand 108, 138, 139
CPL 13, 277, 358, 360, 400
Csikszentmihaly Mihaly 73, 76, 197

## D

D. E. Harding 6
Deep Peace 108, 139, 378
Dreifachhirn-Sperren 130
durchschnittliches Bewusstsein xii, 8, 10, 13, 17, 18, 19, 28, 29, 37, 38, 39, 58, 107, 110, 121, 122, 123, 126, 127, 128, 139, 180, 183, 196, 219, 239, 269, 274, 275, 285, 354, 357, 376, 400, 404

## E

EFT xi, 9, 66, 69, 72, 85, 96, 100, 105, 191, 223, 262, 269, 272, 274, 280, 281, 282, 283, 285, 286, 287, 289, 352, 400, 402
Einnistung 84, 89, 149, 168, 184, 211, 213, 220, 225, 246, 248, 250, 253, 255, 256, 395, 400
EMDR 9, 24, 105, 163, 223, 259, 285
Emerson William 90, 104, 187, 223, 257, 258
emotionale Intelligenz 114
Empfängnis 82, 83, 89, 92, 93, 119, 140, 149, 153, 162, 163, 164, 165, 166, 167, 168, 171, 177, 179, 184, 193, 194, 195, 199, 211, 212, 213, 221, 224, 225, 236, 241, 242, 243, 244, 253, 255, 256, 271, 279, 280, 284, 358, 394, 395, 396, 400
erlernte Hilflosigkeit 21
Erleuchtung 17, 45, 46, 329

# F

Felt-Sinn 113, 400
Figley Charles 9, 402
Fluss 72, 189, 196, 293, 294, 297, 302, 384
Flussbewusstsein 391
Focusing 113, 400

# G

Gaia xi, 43, 74, 95, 143, 210, 226, 289, 294, 347, 371, 381, 382, 385, 396, 397, 400, 403
Gaia Instruktionen 261
Gaia-Befehl 88, 217, 227, 373, 381, 396, 401
Gaia-Kommunikation 381
Gehirne verschmelzen 67, 124, 140, 379, 390, 405
Gendlin Eugene 106, 113, 147
Generationstraumata 88, 97, 180, 380, 401
Grabhorn Lynn 60, 71, 75, 313
Gray John 164, 186

# H

Harding 23, 68
Harner Michael 6, 24, 62, 63
Hemisynch 63
Hendricks 59
Hendricks Gay 39, 51, 72, 75, 88, 106, 287
Hendrix Harville 143, 146, 377
Herz-Körpersperre 132, 375
Herzsperre 107, 108, 131, 133, 375
Hirntod des Spermiums 165
Hollow 39, 70, 108, 126, 131, 132, 139, 140, 142, 149, 153, 158, 160, 181, 183, 184, 185, 197, 200, 217, 218, 220, 222, 225, 241, 246, 263, 278, 353, 356, 357, 358, 360, 361, 362, 379, 380, 384, 385, 391
Holotropische Atemarbeit 115
Holotropisches Atmen 80, 98, 108
Humanistischen Psychologie 4, 23

# I

Induktionstechnik 54, 62, 63, 74
Inner Gold 149, 174, 175, 217, 218, 225, 390
Inner Peace xi, 12, 33, 34, 58, 70, 71, 80, 108, 135, 136, 142, 143, 144, 149, 165, 166, 167, 183, 184, 202, 221, 261, 262, 264, 268, 269, 270, 272, 273, 274, 277, 278, 279, 283, 285, 286, 287, 351, 376, 377
Invulnerability 134, 143

# J

Jung Carl 174, 186

# K

Koaleszenz 135, 157, 159, 160, 162, 167, 171, 172, 179, 184, 185, 191, 193, 194, 197, 198, 204, 212, 219, 220, 221, 223, 228, 231, 233, 236, 237, 240, 243, 244, 246, 255, 393, 401
königliche Hochzeit 163, 177, 394
körperbasierende Therapie 39, 51
Kundalini 7, 18, 19, 164, 338, 343, 401
Kurs in Wundern 45, 352

# L

Larimore Terry xvi, 104, 187, 223, 257, 258
Lebensqualität iii, iv, 1, 3, 4, 10, 27, 56, 73, 74, 76, 107, 291, 302, 310, 312
Loch 96, 169, 176, 321
Lösungsansatz des Dualismus 54, 66, 74

# M

MacLean Paul 110, 111, 112, 118
Martin Seligman 22
Maslow Abraham 4, 5, 23, 275
meditative Praktiken 58, 60, 74
Meridiane 43, 159, 189, 191, 197, 198, 214, 233, 239, 240, 243, 402
Millman Dan 64

Monroe Robert 76
Monroe-Institutes 63
Moody Raymond 23, 207, 214, 215
Moody Raymond Jr 23
Musik 67, 75, 97, 103, 228, 236, 241, 242, 249
Musik der Sphären 97, 98, 210
Muskeltest 112, 399, 401, 402, 403

## N

Nahtod 102
Nahtoderfahrung 23, 43, 152, 165, 166, 214, 380, 390, 403
Nahtoderfahrungen 19
Nath Nemi 172, 173, 186, 250, 362
Notfall-Netzwerk 130

## O

Organelle 119, 153, 155, 156, 161, 163, 174, 185, 402, 404, 405
Ozark Research Institute xvi, 263, 266, 270

## P

Palmer Harry 59
Paradigma ix, xv, 1, 2, 3, 20, 22, 30, 32, 38, 39, 40, 41, 42, 43, 46, 47, 50, 100, 102, 152, 225, 275
Pendeln 399
Perry-Diagramm xv, 121, 122, 123, 124, 125, 127, 139, 140, 141, 277, 378, 402
Plazentahirn 120, 141, 155, 231, 232, 402
Plazentatod 173, 174, 242, 382, 398
posttraumatische Belastungsstörung 9, 262, 402, 405
Powertherapie xi, xix, 9, 10, 12, 13, 24, 64, 65, 69, 70, 72, 95, 98, 99, 100, 105, 106, 151, 257, 258, 265, 267, 269, 276, 285, 400, 402, 404
Powertherapien xi, 9

## Q

Qigong 55

## R

Radikale Physische Heilung 382
Reich des Schamanen 100, 161, 173, 222, 379, 382, 383, 384, 385, 386, 388, 389
resiliente Kinder 21
Robert Monroe 6
Rosenberg Marshall 39, 51

## S

Sacred Body 382, 383, 384, 385
Samadhi 7, 16, 108, 132, 375
Sarhan Adnan 64, 75
schamanische oder spirituelle Zustände 56
schamanische Praktiken 62, 94, 95
schamanische Zustände 24, 55, 182
Schwarz Jack 33, 180
Selbstidentität 110, 170, 403
Seligman Martin 59, 72, 73, 75, 76
Solarplexushirn 119, 120, 127, 129, 167, 230, 237
Spermium-Koaleszenz 237
Spermiumschwanz 140, 155, 171, 174, 379, 395
Spermiumschwanz-Bewusstseins 140
Spermiumschwanzhirn 119, 141
Spirituelle Notfälle 17, 20
spirituelle Notfall-Netzwerk 134
Spirituelle Zustände 8, 15, 17, 19, 20, 22, 44, 316
spiritueller Notfall 17, 19, 20, 130
Spirituelles-Notfall-Netzwerk 25
Spitzenerfahrungen x, 5, 8, 11, 12, 13, 15, 22, 23, 30, 32, 35, 36, 39, 41, 62, 79, 89, 117, 144, 145, 189, 370
Spitzenfähigkeiten 23, 35, 37, 63, 103, 356, 385
Stabiler Zustand 404
Stanislav Grof 2, 8, 20, 23, 25, 81, 91, 104, 106, 115, 147, 187, 257, 396

## T

Tapas Acupressure Technique 285, 404
Tapas Acupressure Technique 106, 223
Thought Field Therapy 9, 100, 106, 117, 404
Tolle Eckhart 59, 76, 143, 146, 186
Tom Brown Jr. 24, 59, 61, 63, 71, 85, 125, 146, 152, 199, 200, 207, 215
Transitastronomie 210
Transpersonale Psychologie 6, 8, 9, 10, 11, 15, 32, 314
Traumaheilung 66, 81, 223
Traumatic Incident Reduction 9, 24, 91, 105, 223, 258, 366

## U

Underlying Happiness xviii, 33, 34, 59, 108, 135, 136, 137, 168, 183, 218, 246, 372, 377
Unterdurchschnittliches Bewusstsein 107, 127, 128, 374
Unverwundbarkeit 20, 32, 134, 143

## V

Veränderte Zustände x, 6, 8, 62
verschmelzen 121
Verstandeshirnsperre 107, 130, 375
Verstand-Herzsperre 107
Visual Kinesthetic Dissociation 9, 105, 258
Vorleben 23, 189, 201, 202, 203, 204, 205, 206, 207, 214, 234, 390, 405

## W

Wesselman Hank 25, 95, 101, 202, 207, 215
Whole-Hearted Healing xvi, 10, 12, 13, 30, 39, 81, 87, 150, 151, 157, 158, 276, 284, 351
Wholeness Zustand 108, 119, 140, 141, 149, 172, 173, 174, 181, 184, 204, 207, 217, 218, 220, 225, 255, 362, 379, 384, 385, 398

## Z

Zazen 332
Zen 7, 16, 23, 46, 61, 68, 132, 139, 199, 314, 323, 332, 333, 335, 343, 346

www.ingramcontent.com/pod-product-compliance
Lightning Source LLC
Chambersburg PA
CBHW070007010526
44117CB00011B/1450